Emile Mario Vacano

Wiener Fresken

Emile Mario Vacano

Wiener Fresken

ISBN/EAN: 9783743381513

Hergestellt in Europa, USA, Kanada, Australien, Japan

Cover: Foto ©ninafisch / pixelio.de

Manufactured and distributed by brebook publishing software (www.brebook.com)

Emile Mario Vacano

Wiener Fresken

Wiener Fresken.

Wiener Fresken.

Von

Emile Mario Vacano.

Zweite Auflage.

Preßburg & Leipzig.
Verlag von Gustav Heckenast.
1876.

Inhalt.

Der Sperl und das Spital.
Am Friedhofe.
Das Palais in der Herrengasse.
In der Hausmeisterwohnung.
Die Theaterdame.
Die Ratten des Elends.
Don Juan in Wien.
Die Künstlermansarde.
Der Theaterherr.
Das süße Löchel und der Eßterházykeller.
In der Kirche.
Wiener Lieblinge.
Der Hansjörgel.
Der Hausirer.
Im Prater.

Wiener Fresken.

Der Sperl und das Spital.

Wien ist wie ein Meer von Häusern, wo die Wogen hoch gehen, wo sich eine über die andere thürmt. Und gleich dem Meere bringt die Residenz lebendige Wesen der verschiedensten Gattung: von der dummen Auster an bis zum raubgierigen Hai, von der regungslosen Koralle bis zum graziös tänzelnden Delphin hinauf.

Wenn die Provinz ihre festen Figuren hat, gleichwie der Nebenstrom seine bestimmten Fischarten; wenn in den Dörfern und Marktflecken die uniformen Gestalten des gedrückten oder freigeistigen Schulmeisters, des jovialen oder hochmüthigen Vorstandes, des grübelnden oder des kourmachenden Vikars immer wiederkehren, so hat dafür die Residenz ein unbegrenztes Heer von Physiognomien, ein chamäleonartiges Farbenspiel von Existenzen aufzuweisen. Und das Leben des Meeres ist leichter erschöpft, als das Leben der Residenz. Die Menschen der Großstadt kann man nie in ihre Arten theilen; denn in jeder Artung gibt es hundert Ausnahmen im Hundert, und die Regel hat keine einzige Doppelziffer.

Ich will nun in diesen Geschichten keine Naturgeschichte des Wiener Lebens geben, sondern Porträts zeichnen von Menschen und Häusern: ich werde nicht die Prinzessin oder die Näherin, den Armen oder den Wucherer schildern, sondern eine Prinzessin, eine Näherin, einen Vagabunden und einen reichen Mann.

Was ich hier zeichne, sind nicht Gattungen, sondern Individuen; da ich glaube, daß es unter den Menschen kein Genus, sondern stets nur Persönlichkeiten gibt, wie unter den Wolkenbildern. Nur Bauten und Thiere sind Schablonen.

* * *

Ein junger Mann reiste durch Wien. Er war aus Niederösterreich und der Sohn eines reichen Gewehrfabrikanten, dessen Wohnschlößchen sich an eine stolze Bergeshöhe lehnte, während die Fabrik im Thale unten an der Landstraße dampfte und hämmerte und schmiedete. Florian Leonhardi war ein tüchtiger Geschäftsführer seines alten Vaters, so zu sagen schon der Herr über Alles, trotz seinen jungen Jahren, die noch nicht die Dreißiger erreicht hatten. Er war der hübscheste Mann des Bielachthales und dabei der fleißigste und bravste. Ein, zwei kleine Liebeleien mit Kellnerinen der Bergbauern-Absteighäuser und der „goldenen Ochsen" an der Wallfahrtsstraße muß der Mensch wohl haben in jenen Gegenden ohne Kunstgenüsse und ohne Frauengeselligkeit. Man kann ja doch nicht leben wie ein Haremswächter. Aber diese kurzen, mehr instinktiven Liebeleien mit dem ersten besten Landmädchen ändern nichts an dem Rufe, an dem Arbeitsfleiße oder an der Bravheit eines Landjunkers. Er hat eine Dorfliebschaft, so wie er Makao spielt mit den übrigen Söhnen der übrigen Hammerschmiede, und so wie er den Wein in sich gießt auf den Kirchtägen; hätte man dort eine Frauengesellschaft, ein Theater oder ein Lesekasino, so würde man nicht mit Kellnerinen scherzen, Hazardspiele treiben und sich betrinken.

Florian Leonhardi schaute wunderfrisch in's Leben hinaus mit seinen hellen haselnußbraunen Augen und den weißen Zähnen unter dem dunkelblonden Bärtchen. Der Lodenrock verhüllte seine prächtige Gestalt ebenso wenig wie die Pappenheimer und die grünen Jagdstrümpfe, und das Auerhahnbouquet auf seinem Hute forderte, mit der Spitze nach vorne gekehrt, Jedermann keck heraus, sich mit Florian Leonhardi zu messen.

Florian reiste jetzt durch Wien, um sich seine Braut anzusehen, die er in Linz treffen sollte. Es war die Tochter eines Gefreundten seines Vaters, ein liebes Mädchen, das ihm schon längst bestimmt gewesen war, und das er nun seit fünf vollen Jahren nicht gesehen hatte. Emma, so hieß das Mädchen, war damals noch fast ein Kind gewesen, und hatte dem Florian auf der Waldwiese hinter der Fabrik stets die sechs Grashalme zum Halten gegeben, daß sie sich daraus ihr Orakel binden könne. Emma, die Tochter reicher braver Steirerbürger, hatte auch noch eine ältere Schwester; die war aber so wie todt. Man hatte sie mit zwölf Jahren nach Wien gesandt, daß sie dort als Stuben= mädchen in einem Herrschaftshause „Manieren" lerne, und sie hatte sich auf die schlimme Seite gewendet, und war verschollen. Mit ihrer zweiten Tochter waren nun die Eltern vorsichtiger. Sie behielten sie daheim, und bewahrten sie sammt ihren schlichten, einfachen, herzlichen Provinzmanieren für Florian Leonhardi, der nun kommen sollte, seine Braut anzuschauen. Florian war schon oft in Wien gewesen, drei, vier Tage hindurch, um Bestellungen anzunehmen und persönlich zu be= sprechen. Jetzt aber wollte er wenigstens zwei Wochen dableiben, und alles Schöne sattsam anschauen und anhören. Er hatte die Leder= tasche voller Geld, den Koffer voll eleganter Kleider und das Herz vol= ler Durst nach frohen Genüssen.

Wenn ein Mann vom Lande in die Stadt kommt, so ist seine erste Sorge, dort einen Bekannten zu treffen, der ihn herumführe. Und jeder Landbewohner hat in Wien wenigstens zwei, drei solcher Ver= wandten oder Bekannten, welche die Knabenzeit mit ihm in der Dorf= schule, dann in der Realschule des nächsten Städtchens verlebt haben, und die nun in der Großstadt an einer Bahn angestellt, bei einem Großhändler placirt, oder im Lehrfache bedienstet sind. Von diesen Schul= und Nachbarsfreunden sucht sich der Mann vom Lande den „Feschesten" aus, und meldet ihm seine Ankunft mit der Bitte, ihn am Bahnhofe zu erwarten, und ihn einige Tage hindurch mit seiner Wien= Kenntniß leiten zu wollen. Und der Stadtbeamte wartet auf den Sensen= oder Büchsenfabrikanten, man begrüßt sich mit derber Bur= schenheit und der Stadtbeamte ist einige Tage hindurch an der Seite seines „Jugendfreundes" so blasirt=wienerisch, so sarkastisch=absprechend, so zhlinderstolz, so in Grund und Boden verdorben, als es ihm nur möglich ist.

Franz Grinbeutl, der elegante Buchhalter des berühmten Bank=

hauses Merco Strimbo, hatte Florian Leonhardi im Perron der West=
bahn erwartet, man hatte ein Zimmer im Hôtel Schmalzburg genom=
men und hatte ein kleines Gabelfrühstück gemacht, und wollte sich jetzt
trennen, um einander Abends wieder zu treffen, denn Herr Grinbeutl
mußte Nachmittags auf zwei, drei Stunden in's Comptoir. Franz
Grinbeutl war ein „schöner" Mann mit einem schönen blonden Backen=
barte, gestickter Hemdbrust, elfenbeinernen Manschettenknöpfen und mit
einem seidenen Cachenez versehen, denn man war im Januar. Man
hätte ihn für einen Fürsten oder für einen Schneider halten können.
Florian begleitete seinen Freund in die Stadt. Franzl erzählte ihm,
daß er eine theure Geliebte habe und schilderte ihm ihren Bau. Florian
schämte sich fast, keinen „Bau" schildern zu können, und erinnerte also
wenigstens seinen Schulkollegen an die gewissen „ersten Streiche". In
diesen vertraulichen Mittheilungen besteht das, was man heutzutage
„Freundschaft" nennt, und vor Allem die „Wiener Freundschaft".

Die Geliebte ist stets die Wurzel und das Zentrum der
Wiener Freundschaft: jene Momente einer jugendlichen Schwärmerei, die
von Tod und Ewigkeit spricht, die von Opfern träumt und mit Patro=
clus und Don Carlos fühlt, liegt nicht in der Wiener Luft. Die
Freunde schritten über den Burghof, wo eben eine feierliche Wachab=
lösung mit Musik abgehalten wurde.

Die Wachablösung mit Musik ist für Wien die Oper der Armen.
Im Volke lebt mehr musikalisches Element, als der Banquier und der
Componist glauben. Das Volk sucht in der Trauer die Musik fast
noch eifriger als den Branntwein — nur ist der letztere leichter zu
finden. Das Volk wird froh in den frohen Melodieen der klassischen
Werke, selbst wenn sie keine Tanzmelodie enthalten; das Volk hat einen
merkwürdigen Instinkt für helle Tonarten und für düstere: es ist ein
Vorurtheil der größeren Welt, zu glauben, das Volk brauche Bänkel=
sängermelodieen. Im Gegentheil. Die Offenbachiade, der Strizitanz,
wird heutzutage ausschließlich von der Adelsjugend kultivirt; die Volks=
sängerin mit ihrer Leierkastenzote hat kein anderes Publikum als die
jeunesse dorée, während das Volk umhersucht, eine gute Musik zu
hören: eine jener Musiken, welche uns wie Sonnenschein das Herz
erwärmen, oder wie dunkle Sturmwolken unsere eigene gemeine Trauer in

Thränen auflösen. Es gibt hundert Gestalten aus dem Volke, die am Opernhause stehen bleiben, und daran hinaufblicken wie an den Säulen eines Tempels, der ihnen verschlossen bleibt — für immer. Da steht die Nähterin und der junge Ausläufer vor dem verschlossenen Tempel der Melodie mit sehnsüchtigem Herzen, und eilt dann resignirt weiter zu seinem Elend und in seine Einsamkeit, während der Reiche, der Edelmann und der Wucherer, die in diesem Tempel ihren reservirten Sitz und ihre Stimme haben, ebenfalls vorbei rennen — um zur Volkssängerin Frl. Samstag zu eilen.

Die einzige Oper der Wiener Mittelklasse ist also die Wachablösung im Burghofe. Und das Volk drängt sich da zusammen: mit Stiefeln unter den Armen, mit gefältelter Wäsche im alten Carton, mit der Säge über dem Rücken. In kleineren Garnisonsstädten ist es Sitte, daß die Regimentsmusik allwöchentlich auf offenem Platze ein kleines Conzert hält für Alle, die es hören mögen: der General und der Oberst ist es, der dem Volke dieses Vergnügen macht — aus seiner Kasse. In Wien gibt es keinen solchen Obersten und keinen solchen General. Da sind die Regimentsmusiken in den Ballsälen der Cancandirnen und kosten dort mehr als die Oper. Und nur die Wachablösung im Burghofe ist noch geblieben als „Oper der Armen". Leider fällt sie an Sonn- und Feiertagen aus, da sich da zu viel Gesindel einfinden möchte — welches nur an diesen Tagen frei ist von der Arbeit!

Der alte Burghof verändert in solchen Augenblicken der Musikfreudigkeit sein ganzes Ansehen. Es ist wahr: die Statuetten der Dachfirste, welche die goldenen Weltkugeln tragen und die noch von der spanischen Weltherrschaft des Ersten Leopold erzählen; die Riesenkaryatiden, welche Herkules im Kampfe mit den wilden Thieren darstellen, und die wie ein Conglomerat von gespannten Nüstern, geschwellten Adern und winddurchwühlten steinstarren Haaren den Eindruck eines versteinerten Wuthschreies machen; die Fensterfronten, in denen sich seit so vielen hundert Jahren so viele verschiedenartige Köpfchen gezeigt haben, von der hochtoupirten Kammerzofe der Kaiserin Claudia Felicitas bis zum hochtoupirten sechsten Stubenfräulein einer jetzt lebenden Erzherzogin herab — dieser große Hof mit den stolzen Erinnerungen an spanische Grandezza und französische Allongengröße, in welcher die jetzigen, mit schlotternden Tuchkutten bekleideten, sphynxartig schauenden Offiziere wie eine Anomalie sich ausnehmen, kurz, dieser ganze Burghof ist eine unpassende Dekoration zu einer Regimentsmusik — und notabene für Eine, welche Verdi entschieden poussirt. Das alte Gemäuer scheint sich vergeblich entrunzeln zu wollen; es macht unerhört groteske Anstrengungen: die Sonne kitzelt die Fenster um die Nase, das frohe Gelächter weckt grämliche Echo's wach, die tolle italienische Musik hat wahrhaft jerichonische Keckheiten gegen die alten, verwitterten, ehrwürdigen Mauern; die Karyatiden behaupten, diese Mittagsmusik für's Volk inmitten des Hofes sei wahrhaftig eine Ungezogenheit. Aber die Arbeiter und die Arbeiterinen, dieses schönste und dankbarste Publikum der kaiserlichen Tafelmusik, wächst gleichsam an den Musiktönen, es wächst aus seinem Elende heraus, heraus bis zur Kühnheit der Dankbarkeit: es möchte seinen Kaiser sehen, um ihn lieb zu haben.

Aber der Kaiser fährt heute zufällig nicht durch den Schloßhof. Das Volk trägt seine Liebe auf die Fünfkreuzerbibliothek über, welche erzählt, daß Kaiser Josef manchmal mitten in seinem Hause mitten unter sein Volk getreten sei, und das Volk geht mit dem letzten Marsche aus der Burg, voll Dankbarkeit und voll Liebe für den Kaiser: Wie heißt der? Ist es Franz Josef oder Josef der Zweite? Alles eins. Für das Volk gibt es nur den Kaiser, der ihm eben jetzt eine Freude gemacht hat: und es tauft ihn mit dem Namen, der ihm in's Herz kommt: Franz Josef, wenn es einen Gruß von ihm erhascht hat, Maria Theresia, wenn es einen neuen Roman von der Folteraufhebung liest.

* * *

Florian und Franz, der sesche Gebirgssohn und der Buchhalter von Worliczek's Fabrik, standen mitten im Publikum der Mittagsmusik. „Es gibt hübsche Fischerln von Mädeln da drunter!" — sagte Florian, und drückte den Arm seines Freundes, und hatte ein Gefühl, als habe er seine ganze Heimat vor ganz Wien im Punkte der Liederlichkeit gerettet. — „Das? Ah, bah! Alter, wir müssen uns heute Abend beim Sperl treffen. Denn Wien ist der Sperl. Jeder Fremde geht zum Sperl. Das sagt dir jede Zeitung. Dort wird auch „meine Kleine" sein. Das ist das Höchste, sag' ich dir —!"

„Das ist das Höchste!" Dieser Satz ist für Wien gleich einer Zauberformel. „Das ist das Höchste!" Das heißt in's Praktische übersetzt: „Das ist das Niedrigste." Und der Mann gebraucht den Ausdruck dem Manne gegenüber, um ihm das Laster zu empfehlen, und das Weib dem Weibe gegenüber, um der Freundin eine Lust zu rekommandiren. „Das ist das Höchste!" — Dieser Wiener Satz ist ein Eigenthum dieser Stadt: keine andere Bevölkerung bezeichnet die tiefste Gesunkenheit mit dem Superlativ nach Oben.

Florian Leonhardi war beschämt. „Aber die fesche Blonde dort?" lächelte er unter seinem hübschen blonden Schnurbärtchen hervor.

— „Ach! Kind!" — höhnte der Buchhalter — „hier sind nur Arbeiterinen — sie haben harte Hände. Die echten Mädeln schlafen, die sind ja erst um fünf Uhr Früh vom Sperl nach Hause gekommen, und..."

In diesem Augenblick erhielt Herr Franz Grinbeutl, der stolze Elegant, eine Ohrfeige von feinbehandschuhter Hand. Und die Stimme, welche zu dieser Hand gehörte, rief in rauhen Doppeltönen: — „Du, Franzl, Strizibub, was, du willst mich da nicht einmal kennen?!"

Die Eigenthümerin dieser Hand war eine vollständige Dame — durch den Anzug. Sie war in eine Sammtrobe gekleidet, die in theuren russischen Pelzen überfluthete. Ihr Gesicht war häßlich, aber blendend gemalt. Sie war Eine jener Damen, deren Bekanntschaft der Stolz der Wiener Aristokratie bildet: Rigolboche, La Finette und die Mogador von Paris finden nur in den commis-voyageurs ihr Leben; in Wien finden die Rigolboche's ihre Carriere in den höchsten Wappenträgern. Auch das ist ein Wahrzeichen Wien's gleich dem „Stock im Eisen".

— „Du, Franzl, Strizibub, was, du willst mich hier nicht einmal kennen?" — sagte die Stimme.

— „Oh, die Sali!" — sagte Herr Grinbeutl, und hieb die elegante Dame über den Rücken, als sei sie ein Collega. „Na, was suchst du denn da?" — Diese Worte sprach er in dem Tone, wie man zu einem Hunde redet; nur mit dem Unterschiede, daß man dem Hunde um eine Nüance freundlicher zuspricht.

— „Aber ich geh' zur Madelaine, sie hat mir gestern meinen Fächer mitgenommen. Kommst du heut' zum Sperl?" — sagte die elegante Dame in der pelzüberfluthenden Sammtrobe; und zwar sprach sie in einer Weise, wie man nicht mit einem Bedienten spricht.

— „Weiß nicht. Pack dich!"

— „Esel, pack ein! Bring' wenigstens deinen schönen feschen Freund da mit."

— — — — — — —

— „Wer ist denn diese nobel angezogene Person gewesen?" — fragte Florian.

— „Die? Das ist ja eben meine „Kleine", die Absatz-Sali. Die Königin des Sperls nach der Fiakermili. Na, Abends wirst du sie kennen lernen. Gefällt sie dir?"

— „Sie ist sehr weiß! — Und die ist hier berühmt?"

— „Und wie! Bei Oskar Kramer siehst du ihr Porträt. Wir sehen es im Vorbeigehen."

Die beiden Freunde schritten durch die Kärnthnerstraße. Florian dachte daran, wenn nur das ganze Heimthal es hätte hören können, wie eine berühmte Frau von Wien ihn „fesch" genannt hatte! — Er war wie berauscht. Und Franzl war stolz zum Zerbersten. Sein Freund hatte ja gesehen, was für ein Teufelskerl er war mit den gewissen Damen.

* * *

Abends trafen die zwei Freunde fast zugleich beim Sperl ein. Der Sperl ist ein Lokal, wo man nicht gern allein eintrifft: er macht Einem von unten aus den Eindruck, als komme man in ein Conzert mit wirklicher Musik. Die Stiegen sind mit Festons und Tannenreisig verziert, und man athmet einen frischen grünen Wald, an dessen Bäumen anstatt des Wunderbildes, die Bildnisse Ihrer königlichen Majestäten von Ungarn hängen: ebenso lieblich und schön und stillwirkend. Und mitten aus dem immerduftenden Tannengrün und zwischen den Büsten Ihrer Majestäten hindurch*), tritt man in ein Lokal von drei kleinen Sälen, die stufenweise hinauf und hinab führen gleich Waschküchen; und dort gehen paarweise Frauen hin und her, während außer den Kellnern kein Mann zu erblicken ist: Frauen? nein. Denn Frauen sind lieblicher beruhigt. Mädchen sind es auch nicht. Denn Mädchen bohren ihre Augen nicht in Männerwesten, und mustern nicht allaugenblicklich ihre Strumpfbänder. Es sind keine weiblichen Wesen, denn das Abzeichen der Weiblichkeit ist die Scham. Es sind Phantasmagoricen der Tuilerien: denn weder England noch Hamburg, diese beiden Brutstätten der Prostitution, haben es gleich dem letzten Frankreich gewagt, die Unweiblichkeit zum „Sport" zu erheben. Kurz, diese geschlechtslosen Wesen in hochgehobenen Frauenkleidern promeniren oder tanzen untereinander, mit durstigen Blicken auf die Thüre, bis sich ein genügendes Contingent von Herren gesammelt hat. Dann hören die Kellner allsogleich auf, mit den geschlechtslosen, als Damen gekleideten Wesen zu verkehren, und die „Hetze" geht an.

Wie Herr Grinbeutl und Florian eintraten, war die „Hetz" im besten Gange. Zwei der verfaulten geschlechtslosen Menschenwesen flüsterten einander „laut" zu: „Da kommt Einer im Lodenrocke. Die sind mir lieber als die Grafen."

Und zwei andere dieser Geschöpfe, in lichtgrünem und rosenfarbenem Kleide, stürzten zugleich auf den Herrn Grinbeutl zu, und die Lichtgrüne schrie, indem sie ihm andeutete, daß sie grellrothe Strumpfbänder habe: „Ach, da ist ja der Franzl! Zahlst du Etwas? Setzen wir uns zu einem Tisch, wo ein Kübel steht?"

Und man setzte sich zu einem Tische, worauf ein Kübel stand, Champagner in Eis. In den engen, niedrigen, unheimlichen und altmodischen Lokalen des Sperls sind solche Tische gleichsam die einzigen Zierden: Champagner in Eis! Das erinnert gleichsam an Paris. Leider erinnern die Damen, die sich da herumquartieren, nur an Judenvorstädte polnischer Dorfharems und nie an die wenigstens scheinbare Grandezza der Pariser Abenteurerinnen. Drei Kellner mit drei schmutzigen

---

*) Es wäre ein gutes Gesetz, welches Inhabern gewisser Häuser verbieten würde die Büsten Ihrer Majestäten aufzustellen.

Servietten unter dem Arme oder über der Achsel flogen zur Bedienung herbei. Man bestellte aus der Karte die schlechtesten und theuersten Speisen. „Das ist schön, daß du deinen hübschen Freund mitgebracht hast, Franzl!" — schrie das lichtgrüngekleidete Geschöpf, welches den Formen nach der weiblichen, und den Manieren nach der verworfensten männlichen Race anzugehören schien. Es war die elegante Pelzdame vom Burghofe, die Absatz=Sali, die Königin des Sperl's nach der Fiakermili.

— „Zahlt er Etwas?" — rief ihre Busenfreundin.

— „Das muß der Franzl wissen" — entgegnete die Absatz=Sali, den Franzl fragend, und dabei mit unverschämten Augen auf Florian stierend.

— „Er ist ein reicher Büchsenmachersohn aus dem Gebirge!" — sagte der schöne blonde Franzl, und trat dabei mit seinem Fuße derb auf den Fuß Florian's, und zwinkerte ihm zu. Dann flüsterte er ihm in's Ohr: „Esel! wenn sie nicht wissen, daß du reich bist, tanzen sie ja nicht einmal mit dir!"

Die Absatz=Sali schlang ihren Arm um Florian, und stierte ihn mit dem schrecklichen Blicke an, der aus einem Weiberauge wie eine Thierkrankheit der ekelhaftesten Sorte berührt. „Wie heißt du denn?" fragte sie. „Bleiben wir bis morgen Früh beisammen!" — Sie erwartete, daß er sie zurückstoßen werde — denn das ist für dieses sächliche Geschlecht die stereotype anfängliche Antwort. Aber Florian war zu schüchtern dafür, und antwortete: „Ich heiße Florian Leonhardi, und bin aus Rebs." — Die Absatz=Sali schaute ihn einen Augenblick wie neugierig an. „Aus Rebs!" rief sie. — „Schau, aus Rebs!" — „Kennst du die Gegend?" — fragte Florian sehr erstaunt, denn er konnte sich nicht vorstellen, daß eine dieser Frauen hier jemals die freie Natur oder das Land gesehen habe, so wie wir uns im ersten Momente nicht vorstellen können, daß eine verschrumpfte Mumie jemals ein blü=
hendes, lächelndes, rosenwangiges Mädchen gewesen sei.

Die Absatz=Sali aber bekam sogleich wieder ihr altes Gesicht, und machte eine kecke Grimasse. „Eh, ha!" rief sie und fuhr sich dabei durch die wirren, blonden, glanzlosen Haare. „Wie soll ich eure Dörfer kennen! Was gehen mich denn eure Hundshütten an! Es ist mir nur so dumm vorgekommen, daß Jemand, der so fesch ist wie du, aus einem Orte sein kann, der Rebs heißt! Rebs! Ist denn das auch ein Name? Es klingt wie das Räuspern eines Holzknechts. Du bist doch nicht so dumm wie du ausschaust, weil du von dort weg bist. — Bleibst immer da?" —

— „Sei so gut und sag' ihm das!" — lachte Herr Grinbeutl, hier „Franzl" genannt, in das Gespräch hinein aus seinem Gespräch mit der Rosenfarbenen heraus. „Er ist ein Bräutigam, und fahrt nach Steyr, um sich seine Geliebte heimzuholen, die schöne Emma von der weißen Fabrik. Laßt ihn nicht aus, Mädeln, bis ihr ihm seinen Bräutigamsfrack abgetackelt habt und der schönen Braut einen katzenjammerlichen Skelettmaier schicken könnt'! Das ist eine Ehrensach' für euch!"

— „Jawohl, ist's eine Ehrensach'!" — rief die Lichtgrüne und rüttelte mit heißen beiden Händen an dem Eiskübel. — „Wir müssen den Leuten ein bischen den Geschmack vertreiben am Heirathen, diesen dummen Landgretln am meisten! Wenn's nach denen ginge, so dürften bald keine Tänzer mehr in Wien bleiben für den Sperl! Da hocken sie da zu Haus, dumm und faul, und glauben, weil sie Geld haben und Knödel kochen können, dürfen sie Anspruch machen auf alles Glück von der Welt! Auf die jungen Männer und auf große Häuser, und für Alles das noch auf den Segen der Eltern und von Allen! Du bleibst bei uns, Flori, hörst? G'fall ich dir?" — Und sie schloß ihre Augen, und öffnete den Mund, und machte jenes blöde Gesicht, welches die tiefste Gemeinheit zu ihrem Wappen gewählt hat; und sie sagte ihm solche Schmeicheleien, die der Druck nicht wiedergeben kann. Und sie sagte diese Niederträchtigkeiten mit jener tiefen Stimme, welche diese Art von Frauen kennzeichnet. Es ist dies eine rauhe, gebrochene Holzhauerstimme, die in ihrer schrillen Dumpfheit wie ein Dornenrasseln berührt; wie ein Dornenrasseln nach tausend welkenden Rosenlebzeiten.

— „Sapperlot, hör' einmal, Mädel, wie du die Bräute haffest" — rief der Franzl so laut, daß einige benachbarte Tische einen Champagnerzahler witterten. — „Haffest die Bräute, und heirathest selber so gern!" — Und er schallte lachend auf über seinen Witz. Aber die Absatz-Sali lachte nicht. Sie erhob sich und lehnte sich mit beiden Armen über den Tisch, und schaute die beiden Männer wild an, daß den Florian fast ein Gefühl des Grauens überkam. Sie war so ganz augezogen wie eine feine Dame, der Mousselin mit den Spitzenwolken umbauschte sie so reich; und jung war sie auch noch, und hübsch auch: aber die rauhe, nachtheisere Stimme und die Art, wie sie beim Sprechen den Mund bubenhaft verzog, ließen wieder jenes entsetzliche Mittelding von Wesen erkennen, welche nicht mehr würdig sind ein Weib zu heißen und M u t t e r z u s e i n. Und über ihrem hübschen Gesichte lag etwas Entsetzliches, wie ein Mehlthau der Seele. Es war, als ob die weiße Schminke der Schimmel sei über einem feuchtgewordenen vergessenen Bonbon. — „Ob ich sie hasse!" — rief sie mit konzentrirter Stimme, die so durchdringend klang für die eigene Gesellschaft und dabei so unverständlich durchheisert blieb für die Uebrigen. — „Ja, ich kann sie nicht leiden, diese Bräute vom Lande, ich kann sie nicht ausstehen, versteht ihr?" — Sie sagte das nicht wuthflammend, wie ihre Worte lauteten, sondern mit einer Art von kaltem Groll, der ihre Worte um so schrecklicher machte, wie der Hund gefährlicher erscheint, wenn er, ohne zu bellen und ohne sich zu rühren, die Zähne zeigt. — „Diese Gänse glauben weiß Gott wie brav sie sind, weil sie stets hinter ihrem Nähtische oder hinter ihrem Backtroge hocken, nur damit sie recht fett werden und ihren Freiern gefallen. Man nennt uns W a a r e n! Aber wenn wir das sind, so sind wir auch hübsch genug ausstaffirt, und thun etwas in Geist und Feschheit und Lustigkeit für den Käufer, während diese Bräute von Kindheit auf gemästet und betreut werden für den Einen Käufer, der ihr Mann werden muß, ohne sie zu mögen. Und dabei spielen sie die Rolle unserer G e w i s s e n s b i s s e — und mit welchem Rechte? — Mit dem Rechte, weil sie zu plump sind, um gut zu tanzen, und zu geizig, um ihr Kattunkleid nach der Mode zu verschneiden. Ich hasse diese sogenannten braven Landmädeln, die mit sehr zweideutigen Gedanken an ihrer Ausstattung nähen, und die uns wieder hassen — nicht aus Verachtung, wie sie sagen, sondern aus N e i d!" — Und die Absatz-Sali schlug mit der Faust auf den Tisch, daß sechs Kellner zugleich herbeieilten, mit sechs flatternden Servietten, die über ihren haardünnen Köpfen wehten gleich Segeln von Rettungsbooten.

— „Und darum, Florian, bleib' in Wien bei uns, willst? komm' zu mir, ich hab' dich so gern! Ich kann Fortepiano spielen, und ich kann gut tanzen. Abends gehen wir her zum Sperl. Geh', schau mich nicht so an, Florian, als ob ich dich beißen möchte. Fürchtest du dich vor mir?" — Und die Absatz-Sali lächelte bei diesen letzten Worten.

Nein. Er fürchtete sich nicht vor ihr. Er hätte sich dessen geschämt. Er hatte ja einen Schnurrbart, und er war der kräftigste Schütze, und er trug seinen feschen Lodenrock, und da darf man keine Furcht fühlen.

— „Prosit, Bruder!" — rief Freund Franzl, und hieb ihm auf die Achsel mit den Fingerspitzen, wie es die adeligen Franzl's vom Sperl machen, deren Schüler die Commis' sind. — „Und sei froh; denn ehe du in's Joch der Ehe kommst mit deiner Bäckerstochter, mußt du noch austoben. Sonst kannst du deinen einstigen Söhnen kein abschreckendes Beispiel vorhalten. — Alles Geld, was du bei dir hast, mußt du in Wien lassen und Alles, was du an Lustigkeit angesammelt hast in deiner dröhnenden und einsamen und finsteren Fabrik, ebenfalls. Der Ehestand ist ja schon das Ende vom Lied, und du hast noch gar nicht angefangen. Willst du?" —

So rief der Franzl mit einem unnachahmlichen Franzl-Nasaltone, und sein blonder Elite-Strizibart vibrirte im Gaslichte so golden, und seine Elfenbeinknöpfe an den Manschetten klirrten an den Eiskübel wie Castagnetten, und der versilberte Pfropfen wich seinem gebietenden Daumen, und die Musik begann einen jener sinnverwirrenden Cancantänze, welche wie eine Fluth von wilden Küssen berühren. Und Franzl, froh, die theure Absatz-Sali losgeworden zu sein an seinen „Freund", faßte die Rosenfarbene am blonden Schopfe, und rüttelte sie aus ihrem Halbrausche auf. Die Rosenfarbene war ein dummes Geschöpf, deren lange blonde Locken wie zerbratene Würste aussahen; sie wußte nicht einmal, daß sie frech war, indem sie die Königinen des Sperl's nachahmte. Und die Absatz-Sali faßte den Florian an seiner Kravate, und lachte ihm in seine Haare hinein, und verschüttete im Lachen ihr Glas. Und ein französisches Tänzerquartett der Mesdemoiselles Antoinette und Marguerite und der Messieurs Ganache und Rigaud begann auf der erhöhten Tribüne des Mittelsaales einen grotesken Cancan. Florian lachte wie ein Kind, welches seine Uniform anzieht: er sah von diesem Augenblick an Alles nur mehr in einem Wirbeltanze von Musik und

Gelächter. Es schien ihm, als sei er erst in dieser Stunde geboren worden, als sei der Sperl der eigentliche Zweck des Lebens, und als müsse Alles so sein, wie es sei, und er sei jetzt in die Bahn der Erkenntniß, des Genusses, des Daseins, der Weisheit und des Friedens getreten. Er würde dem Franzl auf die geringste Aufforderung hin die Hand geküßt haben für seine köstlichen Winke, und er würde die Absatz=Sali auch ohne Aufforderung in sein eigenes Haus als geliebte Hausfrau eingeführt haben. Er war eben berauscht; von der Musik, vom Bier, welchem Champagner gefolgt war, und von der Balldame, die wie eine Fee war, und so ganz anders wie alle andern dummen Mädeln: fast wie ein Bursche. Und das Schlimme an einem solchen Rausche ist, daß er mit dem Schlafe nicht verfliegt, sondern dem Fieber gleich von Tag zu Tag wächst.

Der Sperl=Abend begann erst jetzt für die Partie in Vieren. Erst jetzt sah Florian Alles um sich herum deutlich, seit er wußte, daß er die Lichtgrüne lieb habe, und daß ihre Hand auf seinem nickenden Kopfe lag, so klein, so heiß, wie eine Vogelkralle und wie eine Kohle.

Er sah jetzt die Leute an den Tischen um sich. Er sah die Männer, die alle seinem Freunde Franzl ähnlich waren, so verschieden an Alter und Stand sie auch sein mochten. Es waren viele Kavallerie=Offiziere da, aber noch mehr Kavallerie=Kadeten; denn die Kadeten haben noch mehr Credit bei ihren Eltern, und sie glauben auch noch mehr an die Ehre, die ihnen angethan wird durch die Gesellschaft des sächlichen Geschlechtes. Die Offiziers=Physiognomieen in den Wiener Mabilleballen sind distinkt unterschieden von den Cadeten= und den Civil=Typen. Sie sind schrecklich müde um die Nase, die stets den aristokratischen Schwung hat. Die Offiziersnasen der Wiener Sperlbälle tragen immer ihr schönes, scharfgeschnittenes Wappen an sich, aber dieses Wappen ist gleichsam erschlafft und müde, wie eine Schloßfahne unter einem Landregen. Der Adel capitulirt da dem Handlungsdiener, der Raubritter dem Kaufmannswagen; es ist das wie eine Rache, welche das sechzehnte Jahrhundert an dem neunzehnten, der Kaufmannswagen an dem ritterlichen Raubneste nimmt. Das Schloß hat einst den gemeinen Handelswagen genommen, die Gemeinheit des Handlungsdieners gibt jetzt dem Schloßbewohner sein Modebild in Manier und Mode.

Die Offizierstypen in solchen „Bällen" sind auch streng unterschieden von den Kadeten=Typen. Das Offiziersskinn nimmt Generalsdimen=sion an, und ruht todtmatt bis auf die Brust herab, und diese Mattig=keit ist sein Nimbus. Seine Uniform ist da gleichsam seine Krücke, welche die Maske des geldleeren und geistentleerten Adelsdiploms müh=sam unterstützt. Der Kadet dagegen ist frischer, stolzer in diesen Räumen: bei ihm ist ein Eiskübel noch eine That, und er hält die Hände in den Taschen wie ein Gamin. Er glaubt noch an seine Rolle hier, an sein Costüm, an eine wirkliche Liebe, die einen ersten besten Walzer tanzt.

Florian sah alle diese Figuren um sich. Und zwischen Uniformen hindurch sah er seinen lieben Freund Franzl hundertmal vervielfältigt; er sah ihn als Offizier, der Loyalität und Edelmannssinn genug hatte, um die Uniform mit dem neutralen Civilrocke zu vertauschen. Und er sah ihn als Civilisten, dem der Spezereigeruch so zu sagen aus den seidenen Knopflöchern dampfte, „gleichsam" ein Spiegelbild jenes Dampfers, der ihn in einiger Zeit nach Amerika führen sollte. Und er sah ihn alt geworden, haarlos und gekrümmt von Jahren, aber die mageren, zitternden Beine noch immer mit nie dagewesener Energie in die Höhe werfend. Kurz, so verschieden die Herrengestalten des Sperl sind, sie haben alle einen Familienzug, das Kainsmal des Franzl=thums: bei allen Franzl's (man erlaube mir, fortan dieses Wort für die Sperl=Herrengäste zu gebrauchen) ist gemeinsam jener schlaffe Zug um die Augen (diese Spiegelbilder der Seele), welcher anzeigt, daß der Mann langsam auf dem Wege nach abwärts ist, der mit dem sanften Blödsinn endet. Die Franzl's mit siebzehn Jahren (mit siebzehn Jahren!!), die Kadeten, die frisch nach Wien gekommenen Buchhalter und die altadeligsten, also jüngsten Offiziere, alle Die hatten noch manch=mal einen Seelenblick zwischen dem glanzlosen, fischartigen Schauen des angehenden Kretinismus. Die quittirten Offiziere, die Buchhalter, die schon ihr Reisebüchelchen nach Hamburg gelöst hatten, und die ge=mietheten Tänzer, die Alle hatten schon jenes Stieren des Trink= und Liebes= und Tanzwahnsinns, der ein Menschenleben so durchdringen und für sich nehmen kann, wie der Ehrgeiz oder das Studium; nur das Ziel dieser Wege liegt weit, weit auseinander. Eine erschreckliche Figur aber ist der greise Franzl: ach, leider ist der am zahlreichsten ver=

treten. Der greise Franzl ist nie ein quittirter Offizier oder ein lustig=
gebliebener Künstler: er ist stets ein Banquier oder ein altadeliger
Name — denn nur das Geld dieser beiden Racen hält bis in's Greisen=
alter aus — beim Sperl. Der greise Franzl ist die groteske Carrikatur
des Alters. Bei seinem Anblicke vermag man gar nicht daran zu den=
ken, daß das hohe Alter manchmal eine Würde sein kann und ein
Vorbild und eine väterliche Güte, die ihren Heiligenschein schon hier
auf Erden führt in dem Silberglanze des in Ehren grau gewordenen
Haares. Das Greisenthum wird hier zur grotesken, ekelhaften Carrikatur
wie im Silen der Griechen, deren ganzes Land ein großes Sperllokal
gewesen ist. Der greise Franzl ist stets auf's minutiöseste in seinen
Ballhabit gewickelt, der ihm an den Gliedern schlottert wie eine Toga,
so eng er auch immer sein mag. Die alten Glieder, die kaum ihre
Haut zu ertragen vermögen und die marklos hohl aneinander klappern,
fliegen dennoch unermündlich in der Luft umher bei den Klängen des
Cancans, und umflattern die Tänzerin gleich einem Schmetterlings=
vampyre, der im Kampher zum Fasergerüste eingedorrt ist. Man
fragt sich verwundert, welche Zaubergewalt diesen hinfälligen Greis so
lebendig und beweglich macht? Ach, es gibt eine Zaubergewalt, welche
den morschen Körper gleich dem Gifte nicht eher verläßt, als bis der
fallende Sargdeckel die athemlose Nase zerquetscht; und dieser Zauber,
der sich gleich dem Besen in Göthe's Ballade nicht mehr bannen läßt,
heißt: die Sinnlichkeit. Die Sperl=Greise haben niemals Gattinen
oder Kinder. Wenigstens haben sie dieselben nicht mehr in ihrem Leben.
Die Gattin lebt seit Jahren von ihnen getrennt, und der Sohn ist ein
braves Mitglied der menschlichen Race, wenn er nicht, wie so oft, der
Saufkamerade seines greisen Vaters ist und sich mit ihm in den unflä=
thigsten Ausdrücken die Geliebte des Abends streitig macht. Der Sperlgreis
tanzt stets nur mit der Berühmtheit des Tages: mit der Fiakermili, mit
der Berliner=Anna oder mit der Absatz=Sali. Diese Damen lassen den
Sperlgreis nicht auf zwei Sekunden von sich. Der Sperlgreis ist das Fidei=
commiß, das unveräußerliche Eigenthum der Dirne des Tages, wie sie
wiederum sein Eigenthum ist.

  Der Ball mit allen diesen Elementen wüthete also in den engen,
niedrigen, eleganzarmen „Sälen". Die Weiber wetteiferten in heiseren

Stimmen, rohen Ausrufen und schauerlichen Beschlagnahmen, die Männer wetteiferten in erzwungenem Jubel und verlegener Ausgelassenheit. Es gibt einen striften Unterschied zwischen den Sündenlokalen von Wien, Berlin und Paris. In Paris ist die Mabilienne keck aus Nonchalance, sie hat eine rauhe Stimme, weil sie sich verkühlt hat, und sie ist unverschämt in ihrem Tanze, weil sie einen Rausch hat, den sie einen „süßen Wahnsinn" nennt. Sie hat immer die Grazie der Natürlichkeit. In Berlin ist die Cancantänzerin keck und unverschämt, weil sie **fraßhungrig** ist, sie hat eine dünne, heisere Stimme, weil sie **geizig** und **habgierig** ist, und sie ist unverschämt in ihrem Tanze, weil sie mit Einer Einnahme nicht zufrieden ist und die Herzen der Männer zur Lizitation entflammen will. Das Wiener Sperlgeschöpf ist keck und unverschämt **ohne** Grazie, ohne Natürlichkeit, ohne Ehrlichkeit und ohne Rausch, aus reinem Drange nach Gemeinheit und aus Sucht, beleidigt und beschimpft zu werden. Die Wiener Cancanistinen wetteifern darin, nicht wer toller sein kann, gleich den Pariserinen, sondern wer von ihnen sich derber, roher und grotesker benehmen kann. Kein Leichtsinn liegt in ihrem Schreien und keine Ausgelassenheit in ihrer Wildheit. Es ist die reine Sucht, sich als Dirne darzustellen. Die beliebte Haarfarbe dieser Tänzerinen ist blond: aber nicht das Blond, welches wie Gold strahlt oder wie reife Aehren glänzt, sondern jenes künstliche, glanzlose, fahle, aschige, trockene Blond, welches durch Puder erzeugt wird. Nichts darf natürlich sein bei den Nanni's und Sali's, nicht einmal die Haarfarbe. Die Fiakermili war die Vortänzerin aller Tänze. Die Fiakermili hat immer einen Hof von Bewunderern bei ihrem Tanze, die mit herausquellenden Augen ihre ganze Biographie und die Lösung ihres Berühmtseins aus ihr herauslesen möchten. Sie hat ein scharfgeschnittenes Gesicht mit hautainem Ausdruck, eine große, elastische, schlanke Gestalt, kleine Füßchen, und eine gute Art, ordinär zu tanzen, die sich manchmal bis zur Grazie erhebt. Sie hat einen gräulichen Wiener-Jargon, aber dabei einen Tropfen Quartier-latin-Blut in den Adern. Sie tanzte an diesem Abende permanent mit dem schauerlichsten Sperlgreise, der jemals Champagnerstöpsel knallen ließ, und ihr permanentes vis-à-vis war die Absatz-Sali mit „ihrem" Florian. Florian kannte sich kaum vor Trunkenheit und Stolz: die Fiakermili reichte ihm die Hand, die

Fiakermili, die schon im „Kikeriki" und „Floh" persiflirt worden war, deren Tanzschritten vier Bewunderer mit den Augen folgten! Sogar Franzl beneidete ihn, und die Absatz=Sali schaute ihn mit brennenden Blicken an, und raunte ihm in den chassés zu: „Ich bin eifersüchtig, hörst, Gebirgerbub?" —

Gegen Mitternacht begann der ganze Saal sich um ihn zu drehen. Er sah nur mehr seinen Tisch mit dem stets erneuerten Champagnerkübel; die Fiakermili; die Freundschaft, verkörpert in dem stolzen Goldbarte seines Franzl; die Offiziersuniformen; die Musik, welche sich gleichsam vor Lachen schüttelte; die Greise, welche phantastisch anschwollen und zusammenschrumpften im Lichtrayon der Schönheit; der Wetteifer der rauhen Stimmen und der gemeinen Bewegungen; Alles, Alles konzentrirte sich ihm in dem seltsamen, unschönen, aber durch seinen Ausdruck unwiderstehlichen blassen Gesichte der Absatz=Sali, deren Wange er an der seinigen fühlte, und die ihm gleichsam in den Mund hinein sprach: „Ich bin eifersüchtig!" —

Es war nicht der Rausch der Kübelflasche, der ihn so umtoste: es war der Rausch des Gedankens, die Gestalten des Kikeriki und des Floh, die er daheim so oft belacht hatte, um sich herum verwirklicht zu sehen, und diese Gestalten lockten ihn an sich, machten ihn mit sich Eins, und — und die seltsamste Gestalt: dieses kleine, blasse, blondlockige, schwarzschauende, lichtgrüne, faltenwerfende Geschöpf war eifersüchtig auf ihn, und — liebte ihn.

O Gott, Florian war noch nie geliebt worden. Die Braut auf dem Lande hat eine alberne Koketterie der Sprödigkeit, weil sie gesichert ist, und die Wirthstochter macht stets den Eindruck eines Seidelglases, welches sich nach der Taxe austrinken läßt. Aber hier, im Tanzgewühle, im Schäumen des theuersten Weines, unter den Reverenzen der Halbe=Dutzend=Kellner, in den Klängen einer leichtsinnigsten Jubelmusik, wo berühmte Witzblätter=Namen mir nichts, dir nichts Eins wurden mit ihm, da fühlte er, daß er geliebt werde: geliebt bis zur Eifersucht. Und er ward gerührt, gerührt bis zu Thränen, der hübsche, frische Naturmensch mit dem reichen Säckel von der großen Fabrik da drin im Gebirge. Er hielt die Absatz=Sali in der Tanzpause dicht an sein Herz gedrückt, und sie gab ihm den Wein zu trinken, den sie genippt hatte,

und schaute ihn dabei ernst an, finster, trotzig, blaß, aber sie zeigte dabei die Zähne wie der Währwolf, der seine Beute hält. Sie war ein so seltsames Ding: und sie sang dann plötzlich, ohne sich an die Noten zu halten, ganz keuchend noch vom Tanze, in den Athem Florian's hinein, indem sie sich das grüne Kleid wie eine Toga bis an ihre Broche hob: „Es gibt nur a Kaiserstadt, es gibt nur a Wien . . . . Gelt?"
— „Ja," — sagte Florian frisch und mit glänzenden Augen — „und nur Eine Sali, und die bist du!" — Die Sali lachte darauf. Sie war so blaß und so garstig-schön, wirklich wie eine Hex'. — „Aber wir haben noch Zeit. Jetzt hol' einen Wagen, Flori. Ich bin gar so müd'." —

* * *

Ehe der Florian die Absatz-Sali zum Fiaker hinab begleitete, mußten Beide noch Abschied nehmen vom guten Collega Franzl, der mit seinem goldblonden Bart eben in einen scharfgeschliffenen Champagnerkelch gefallen war, und dem man in einem Nebenkabinete das Blut abwischte. Ferner wohnte man noch einer lustigen Szene bei, wo eine Hochdeutsche einer Niederdeutschen ein Birglas (ein Bierglas!) in's Gesicht warf, und einem kleinem Intermezzo, wo Offiziere und Kadeten mit Commis und Banquiers in Streit geriethen über die Königinen ihrer beiderseitigen Eiskübel-Tische, und wo Duell-Karten männlicherseits und Radibua-Beiwörter weiblicherseits hin- und widerflogen. Es war ein herrliches Leben und Weben! Das war also das Ziel des Daseins, das in der einzigen Kaiserstadt Wien seinen vollendetsten Genuß fand! Der Adel, die Industrie und die Schönheit, diese drei hohen Ziele für den Ehrgeiz, den Fleiß und die Liebe: hier sprachen sie ihr schönstes Wort! Wie viel hatte Florian versäumt! Er hatte den Geburtsadel stets mit loyaler Achtung betrachtet: hier konnte er mit ihm ami cochon werden. Er hatte die hohe Industrie in ihren Häuptern stets verehrt: hier konnte er ihre Häupter sammt ihrem erreichten Zwecke sehen; er hatte die Schönheit stets ersehnt: hier kam ihm sogar die „Berühmtheit" bettelnd entgegen, und gab die Schönheit als Zuwage! . . .

* * *

Die nächste Zeit verfloß dem Herrn Florian Leonhardi in Wien wie ein Traum. Er konnte in Gesellschaft der Absatz=Sali seinem Plane: Wien recht durchzukosten, im vollsten Maße genügen. Es ist wahr, er lernte das neue Opernhaus nicht kennen; er hörte nicht die Donna Anna der Dustmann und nicht die Alice der Frau Wilt. Er besuchte kein Beethoven=Conzert und kein Florentiner=Quartett. Aber er besuchte mit ihr die Passionsdarstellungen, die Operette und die Volkssängerinen. Und die Absatz=Sali belehrte ihn über Alles. Sie hielt ihn in der eigenen Wohnung (wo ihm eine alte Zofe das gouter bereitete) bis zur Theater=zeit, und sie belehrte ihn dann mitten im besten Vergnügen, welches der Tag eben bot, über die Genüsse. Er erfuhr, daß Fräulein Wolter eine Gräfin sein werde, daß sie aber noch immer eifersüchtig sei auf Colleginen; daß Frau Gabillon eine Künstlerin sei, daß sie aber keine Gräfin neben sich dulden wolle, weil sie selber diesen Stand verschmäht habe; und er erfuhr, daß Fräulein Baudius sich zum Glauben des Fräuleins Geistinger bekehrt habe, und daß Fräulein Mayerhoff die vereinten Anbeter des Fräuleins Baudius und des Fräuleins Geistinger, heimlich lachend, an ihrem eigenen häuslichen Herde versammle. Er er=fuhr im Orpheum, daß Frau Roth im Josephstädter Theater eines Cancans wegen vom Minister des Innern untersagt werden mußte, und er erfuhr, daß Mademoiselle Finette in New=Orleans geboren worden sei. — Er erfuhr, daß Alles, was er in den Zeitungen als Kunstgröße, als Genie's, als Weltberühmtheit, als Echtheit verehren gelernt hatte, in Wien zu demselben Niveau des Sperlthums geeb=net werde: ganz Wien, in seinen Künstlerinen, in seinen Staats=größen, in seinen Geldhöhen und in seinen Popularitäten erschien ihm nun als ein großer „Sperl". Das war also das Leben der Kaiserstadt; „nur in Wien war ein Leben", das hatte er gelernt; und das Leben war so: das sah er. Man lebte nicht, wenn man das nicht mitlebte. Freilich: für die größte klassische Künstlerin mußte man Graf sein, für die zweitnächste ein Banquier, und bei der Ulke...?"

— Die Ulke's in allen ihren Nüancen besuchte Florian mit der Absatz=Sali. Die Sali's sind niemals eifersüchtig auf die Ulke's. Die Volkssängerin ist immer ein Impuls für die Leichtfertigkeit, den Genuß und das Sinken. Fünf= oder sechsmal die Lieder der beliebteren Volks=

sängerinnen angehört, und man ist an die Zote so gewöhnt, daß man sie in jeder Damengesellschaft wagt —. Das Ohr verliert unbeschreiblich leicht den Unterschied, und nichts ist so schnell abgehärtet wie das Ohr. Wie durch den Umgang mit Falschfingern das am meisten musikalische Gehör zerstört und stumpf wird, so auch das Gefühl für den Anstand des gesprochenen Wortes. Die Sali's, welche einen Liebhaber finden, der im Laster noch nicht **ganz** Cancan-Grotesktänzer ist, führen ihn allabendlich zu einer Ulke. Sie wissen, daß die rücksichtslos gesungene Zote immer von der **Person, die sie singt, abstößt**: die Sängerin ist ihnen also nie gefährlich; sie wissen aber auch, daß die Permanenz der Zote gleich dem Fusel das gesündeste Gefühl entadelt bis zum Nichtunterscheiden des Nektars vom Straßenkothe. Ein Glück ist noch, daß fast keine der Volkssängerinnen Wien's hübsch oder genial ist in ihrer Art. Fräulein Mansfeld sieht aus wie eine näselnde, mißmuthige Gouvernante, die aus Verzweiflung über das Alter wahnsinnig geworden ist und „bänkel"singt. Fräulein Ulke, in die wirklich Mancher verliebt ist, gleicht in der Ignoblesse ihrer Züge einer lebendigen Illustration ihrer Lieder, und die Uebrigen, die Dicken, die Dürren, die Buckligen, die Viereckigen, die Schnarrenden, die Stotternden und die „Aufschiechen" gleichen wohl mehr einem abschreckenden Beispiele, als einer invitation à la luxure.

Florian konnte sich bald keine Abendzeit mehr vorstellen, außer beim Sperl oder bei einer Ulke. Der **Abend! Alles, was dieses Wort einst für ihn eingeschlossen hatte, war daraus verschwunden.** Die langsame, lichte Dämmerung, die über die Berge herüberzieht und ihre Hand auf den First des Fabrikhauses legt, gleichsam als wolle sie die Augen desselben vor dem grellen Feuertone der untergehenden Sonne schützen, und als wolle sie in mütterlichen verhaltenden Tönen den fleißig pustenden Cyklopen zuflüstern: „Nun ruhe aus, mein braver Bursche"; das Geläute der Feierabendglocke, dem wie ein Echo von allen Seiten das Gebimmel der heimkehrenden satten Heerden folgte; die frohe Ruhestunde des Handwerkers, der nun die Feile oder den Hammer ruhen ließ, um nach dem heimkehrenden Dirndl zu sehen; das muntere Zusammenschaaren vieler, vieler Vögel auf ein und demselben Gezweige, und ihr Gezwitscher über die Ereignisse des

Tages; der Haussegen der Großmutter, die nach der Brille und dem Gesangbuche griff; das eifrige Schwatzen der nachbarlichen Kaufmanns=
frau, die sich auf die Hausbank setzte, und zu der sich die müde, lustige Nachbarsbäuerin gesellte; alles das glich dem Florian nach kurzer Zeit schon nicht mehr in dem Worte: A b e n d enthalten. Und wie viele solche verlorene „Abende" betrauerte er jetzt. Der Abend war die M u s i k und das J a u c h z e n; der Abend war die Stunde, wo die Gasflammen aufzuckten und wo von allen Seiten buntbehangene freche Frauengestalten zusammenflatterten.

Florian verlebte eine Zeit in Wien, die er sich nicht „seliger" und nicht „schöner" denken konnte. Die Absatz=Sali war ein wunderbares Chamäleon von Liebe und Trotz, Hingabe und Bosheit, Leichtsinn und Caprize, dunklen Blicken und lichten Zähnen, geballten Fäustchen und goldenen Strahlenlocken. Dem Florian war zu Muthe, als sinke er wie in einem schönen wilden Traume immer tiefer und tiefer in ein wohlriechendes, harmonisch=rauschendes Meer voller Korallenriffe, Nym=
phengesichter und wunderbar zitternden Mondreflexen. „Ich bin so glücklich!" — wimmerte er oft mit der Kindlichkeit des Gebirgssohnes, und grub sein Gesicht gleichsam ein in ihre verschränkten Arme.

Er sah da nicht den Ausdruck ihres Gesichtes, wenn sie sich über ihn neigte.

Oft fragte er sich, ob sie schön sei, wenn sie, den Kopf an seine Brust gelegt, ihre Cigarette dampfte. Nein. Er mußte sich sagen, daß sie nicht einmal so hübsch sei wie alle Andern. Aber „sie war ärger". Ihre wassergrauen Augen wogten in ihren Nüancen wie die Wellen, welche den Fischer nach unten zogen. Er hatte noch nichts auf der Welt so lieb gehabt wie dieses Weib. Er lernte so die Liebe zuerst in ihrer brennendsten, wehrlosesten Weise kennen, wo sie vom Weibe gelenkt wird und geleitet.

Florian hatte sich in der kurzen Zeit sehr geändert. Sein Anzug zeigte all die kleinen Worliczek=Noblesse=Aspirationen eines echten Franzl. Er war nicht mehr so hübsch wie in seinem Lodenrock, aber die Sali sagte: „Du siehst plump aus in der Modekleidung, es ist mir aber lieber so. Ich will nicht, daß du mir zu hübsch wirst. Ich bin eifer=
süchtig. Und dann — dann will ich auch meine Vernunft behalten."

Er lachte, wie er immer that, wenn er sie nicht verstand.

„Esel!" — rief sie, und küßte ihn.

Obwohl er immer im Gasthofe wohnte, war doch seine eigentliche Heimat in der Wohnung der Sali. Dort gabelfrühstückte, speiste, vesperte er, dort las er und dort machte er seine Balltoilette.

Das Wohnungs-Innere bei der Absatz-Sali glich allen Wohnungen dieser Wiener Damen; die Möbel waren buntgewürfelt: neben dem Schaukelstuhle stand ein zerrissenes Tabouret, neben einem prächtigen Wandschirme ein Tisch mit Punschnarben in der Politur. An den Wänden hingen freche Bilder und zwei, drei uralte Reliquienbilder der Quartierfrau. Auf dem Tische lagen elegante Prachtalbums neben Wäschzetteln, und Modejournals neben Pfeifenstechern. Die höchste Eleganz berührte da knapp die Dachkammer, der Fächer den Besenstiel, das Boudoir das numerirte Bett des Armenkrankenhauses.

Für Florian gab es aber nichts Schöneres als diese Improvisation des Lebens. Er fand die Schmeichelei des Luxus gemildert durch die Derbheit des Augenblickes. Die Sali hatte eine alte Mitwohnerin, die verdrießlich und schlumpig im Quartier herumhockte und Alles in Unordnung erhielt; welche die Besuche empfing und nach der Reihe für eine Mutter, eine Erzieherin, eine Kammerfrau, eine Köchin, eine Geschirrwäscherin oder eine eingedrungene Diebin angesehen werden konnte, je nach der Situation, in der man sie antraf.

Florian nun war ebenso je nach der Stunde für die besuchenden Freundinen und Freunde ein Bruder, ein Zahler, ein zudringlicher Bedienter oder ein Sperlagent. Es amüsirte ihn, aus den Blicken der Leute alle diese Voraussetzungen herauszulesen. Er hatte früher seiner Mutter an jedem zweiten Tage geschrieben, daß er durch Geschäftsfreunde in Wien lange aufgehalten sei, und daß er sich Freunde sammeln wolle.

Die Absatz-Sali hat ihn von dieser Robott, wie sie es nannte, glücklich abgebracht. Ebenso von dem Gedanken an Verdienst und an den Fleiß. Er hatte schon zweimal Geld gefordert von daheim, und hatte es erhalten. — „Du bist also schon der Herr über die ganze Sache?" — hatte die Sali gefragt, im Wagen, der sie zum Sperl führte: sie war mit Lilienduft parfümirt, und hatte geäußert, sie wolle sich heute einen großen Affen anzechen. — „Ja," — sagte Florian, — „ich bin schon Herr. Aber rede mir nicht viel davon, ich sollte schon längst wieder zu Hause sein und dem Geschäfte nachsehen."

— „Ach, du hast also solche Eile, deine Steyrer-Gans zu heirathen?"

— „Du weißt, daß ich die Emma nicht mehr heirathen will."

— „Also hast du schon solche Eile, wieder zu arbeiten, dich mit rußigen Gesellen herumzuzanken und zwischen den Oefen zu schwitzen? Hast du denn noch nicht eingesehen, Mensch, wie kurz das Leben ist? Ihr versteht das nicht so auf dem Lande, wie wir hier in Wien. In jeder Straße kannst du täglich Einen zählen, den auf dem Pflaster der Schlagfluß ereilt, der überfahren wird oder der sich zum Dachbodenfenster herausbaumeln läßt. Auf dem Balle, in der Schule, in der Werkstatt, im Comptoir, der Tod ist in Wien überall fleißig. Und du willst arbeiten, arbeiten ohne erst gelebt zu haben! Ich werde auch arbeiten, aber bis ich alt bin. Bist nicht reich genug? Schmutziger, habgieriger, zusammenscharrender Geizhals! Oder bin ich dir zu theuer?..."— Sie wandte sich zornig, heftig athmend ab. Der Florian drückte das weinerlich schmollende Wesen an sein Herz, und vermochte nichts zu sagen, als: — „Geh'! Sei gut! Ich thu' ja nichts mehr, als bei dir sein. Und will nie was Anderes thun!" — „Sag' meiner Seel'!" — rief sie.

* * *

Diese Wiener Damen geben auch Gesellschaften unter sich: nicht nach der Art der Pariser Grisetten, wo arme Maler, Schriftsteller und Studenten den frohen Refrain über den Kartoffel-Liedern der Mabille-Damen singen, die wenigstens daheim bei sich nach dem Herzen und der Jugend lieben wollen; sondern bei diesen Wiener Brouhaha's spielen eben die Franzl's und die Sperlgreise die Hauptrolle. Die Sali's haben ebenso wenig eine Grazie des Herzens, wie sie eine Grazie der Rede haben.

Bei diesen Gesellschaften lieben sich die Sali's untereinander herzlich. Und die Franzl's und die Greise wissen sich nicht aus vor

Entzücken über die Ehre, in die Familiarität einer Sali oder Mili zugelassen zu sein — zu einem Preise, welcher beinahe die fehlende Summe für das Schillerdenkmal decken könnte.

Aber es ist doch ein bezauberndes Gefühl, bei einer Sali zu sein, die in dem renommirtesten Witzblatte von heute früh mit Versen gefeiert wird. Die Franzl's und die Rosi's, die Mili's und die Sperlgreise kauern und stehen, hocken und schweben phantastisch untereinander. Die Sali sitzt auf dem Schoße Florian's, welcher vor Freude roth ist, wie nach dem ersten Prämium. Und ein Franzl liest die Verse des Witzblattes:

— „Die Sali mit'n Absatz
Liebt nichts auf der Welt
— Als — 's Geld, 's Geld, 's Geld,
Ja 's Geld, 's Geld, 's Geld, 's Geld!" —

Alles applaudirt. Florian allein weint vor Rührung. Ihn allein liebt ja die Sali aus Liebe! Denn er hat ja gar kein Geld mehr, seit er vor einer Viertelstunde den Champagner zutragen ließ.

* * *

Eines Tages kam der alte Fabrikherr aus der weißen Fabrik nach Wien mit seiner Tochter Emma. Er hatte lange genug vergebens auf den Bräutigam gewartet, und von der Mutter desselben besorglich angeeifert, kam er selber nach Wien, um nachzusehen, ob der Florian bald sein Gast sein möchte.

Der Florian war wie vom Blitze getroffen, als er hörte, daß sein künftiger Schwiegervater nur drei Thüren weit von ihm wohne und ihn erwarte.

Es war ein weißer, schneewirbelnder Karnevalsmorgen, als Florian über den teppichbelegten Korridor zwischen den Fensterwänden des Hofraumes und den goldgerahmten, ausländischen, bildlich angepriesenen Hôtelannoncen vorüber schritt zu seiner künftigen Braut. Er war wie krank dabei; so krank wie im Halbschlafe nach einem Fieber. Er begrüßte den alten Freund und das junge Mädchen, und er log ehrlich über seinen Wiener Aufenthalt: so eifrig, als ob seine alten

Eltern hinter ihm gestanden wären. Es war ihm wirklich zu Muthe, als sei er plötzlich wieder in einem heimatlichen Fahrwasser. Er liebte dieses Fahrwasser nicht, aber er bewegte sich in demselben nach langer Zeit wieder frei und frisch und kühn. Seine Braut war sehr still, wie gekränkt. Aber in ihren Mundwinkeln lächelte Etwas wie eine kindische Freude über die Hoffnung der Versöhnung. Sie war blond von dem Blond Sali's, und lieblich in ihrem Brautstolze, wie Jene in ihrem wilden Trotze. Das war so seltsam, aber es legte sich um das Herz wie die Erfüllung eines Erwachens. — Florian versprach, Nachmittags mit Herrn Weißhausen und Emma in Wien herumzuschlendern, und Abends mit ihnen in ein Theater zu gehen.

Wie er zur Thüre hinaus war, wußte er aber wieder, daß er das nicht halten könne und wolle, und lief zur Absatz-Sali. Und der sagte er, ganz entsetzt über sich selber, daß der alte Herr mit seiner Braut aus Steyr da sei.

Die Absatz-Sali saß eben vor einem Toilette-Spiegel, und ließ sich die aschblonden Haare von den Wickeln drehen für den Abend. Sie veränderte kaum eine Miene bei der Sache. Nur dachte der Florian bei sich: „sie ist also sonst geschminkt gewesen, weil sie heute so weiß ist?"

Die Sali schickte ihr Mädel hinaus, und fing an sich die Lederwickel selber abzudrehen. — „So gefällt dir also, daß du eine Braut hast?" — sagte sie, und ließ die Arme mit dem letzten Lederwickel in ihren Schoß sinken, und schaute ihn an, umzittert von den blonden, federigen Locken. Und die Sonne, die kalte, schöne, sanfte Wintersonne verklärte die breiten Goldrahmen an den Wänden, in denen Badeszenen plätscherten, und die geöffneten Flacons der Toilette hauchten tropische Düfte aus, so schwül wie in einem Treibhause; und ihre Lippen waren roth wie eine eben zerspaltene Rosenknospe, und zitterten leicht, wie vor dem Saugrüssel der ersten Biene.

Florian's Herz fühlte etwas wie eine Bestätigung seiner ersten, wilden, verderbten Liebe, obwohl er eine Viertelstunde früher vor der „Landbraut" eine — Art von Scham darüber empfunden hatte. Und er wußte nicht was es sei, was ihn so herzlich in diese durstenden Augen treibe, die ihm so bekannt waren wie nie zuvor, und er sagte rasch, innig, ehrlich: — „O nein, Sali. Ich möchte, daß meine Braut weit fort wäre, denn ich möchte nie einem andern Mädchen gehören als dir."

— „Und wenn ich jetzt vor dich hinknieen würde, Flori, und wenn ich dir sagen möchte, ich gönne dich deiner Gans von Braut nicht — und ich kann es nicht aushalten, daß du von mir weggehst, und bleibe bei mir, das Leben ist so kurz, und es kann so schön sein zwischen uns Beiden! Wenn ich das sagen würde, Flori, du würdest mir bleiben, ja?" — Die Absatz-Sali hatte diese Worte nicht deklamirt, sondern ganz rasch, hell und klar vor sich hingesprochen, das schlangenklare Auge auf Florian gerichtet, die Hände im Schoße, das goldene Haar über das schmutzige Blondenpeignoir gestreut.

— „Ich — ich würde sagen, daß ich bei dir bleibe, Sali!" — sagte er wie tröstend.

Sie lächelte nicht darauf. Sie blieb in derselben Stellung, und sagte nur mit einer sehr dünnen Stimme, die so spitz und schrill klang wie ein Schlittschuhstreif auf neuem Eise: — „Ja, aber das ist gar nicht nöthig, Herr Florian Leonhardi. Gehen Sie nur zu Ihrer Braut und zu Ihrem Schwiegervater. Führen Sie die in Wien herum, und begleiten Sie dieselbe nach Steyr. Was schauen Sie mich so an? Verstehen Sie mich nicht? Du hast mir ja gesagt, daß du schon längst bestimmt seist für die Tochter des alten Fabrikanten aus der weißen Fabrik von Steyr. Zuerst, als du noch ein Kind warst, ist's die ältere Tochter gewesen; aber die ist dann zu Grund gegangen, ehe sie ihr Glück kennen lernte, und nun wird's die jüngere sein. Geh' hin. Ich gebe dich frei. Du weißt, daß wir uns auf Monate hinaus versagen wie die Sängerinen an der Hofoper. Und ich habe mich versagt, und kann dich hier nicht mehr brauchen. Du wirst deinen Schwiegervater und deine Braut heute noch auf den Stephansthurm führen, nicht? Um drei Uhr ist die beste Stunde..."

— „Aber, Sali..."

— „Nun, was ist's denn weiter, du Esel? Heirathen kannst du das Ding ja auch..., wenn du willst. Sie ist nur meine Schwester. Weißt? M e i n e S c h w e s t e r! Ich bin die Rosi, die in der Stadt „nicht gut gethan hat". Jetzt geh' und heirath'. Aber das schwöre ich dir, daß ich noch vor der Hochzeit zu meiner Schwester geh' und ihr sag': Du brave, gesegnete, scheinheilige, dalkete Gretl kriegst nur, was ich dir übrig gelassen hab'. Du heirathest meinen Geliebten — prahl' dich nicht!"

Florian mußte erst nach und nach den Sinn dieser schrecklichen Worte fassen. Er, der gesunde Naturmensch, fühlte sich plötzlich bis an den Mund im Schlamme. Er sah wie im Blitze, was er in der Absatz-Sali geahnt, und was er heute in seiner Braut wiedergefunden hatte: die Liebe seiner Knabenzeit, die Schönheit seiner Jugend; es war dasselbe Auge, dasselbe Haar, ihm war jetzt, als habe er in der Sali nur seine Braut voraus geliebt. — Aber, o Gott! Er hatte die Schwester seiner Braut geliebt! — Wie ein Höllenpfuhl blutschänderischer Verworfenheit kam es über ihn, und er entsetzte sich vor dem so geliebten Weibe, das sich jetzt vor ihm erhob, und rief: „Na, hast mich nicht verstanden? Geh' doch und heirathe meine Schwester, wenn du dich getraust, mich als Kranzeljungfer zu bekommen! Nicht wahr? du wirst es jetzt sein bleiben lassen? Denn ich laß dich nicht aus, und wenn es um mein Leben ginge! Ich laß dich ihr nicht, und wenn ich bis zum Papst appelliren müßt'!"

Ihr unschönes Gesicht zeigte sich in seiner wahren Gestalt, und ihr Haar flatterte schlangengleich durcheinander. Er wich entsetzt vor diesem Gifte zurück, aber er war noch kein echter Franzl; er schlug die Kreatur nicht zu Boden und lachte über sie hinweg, er zerknirschte sich nur im Entsetzen vor ihr, und sein zertretenes Herz klagte sie nur mit ihrem eigenen Namen an: — „Aber Sali... aber Sali...!" — Und er drückte seine Hände vor seine Augen und athmete schwer, als wenn er geschluchzt hätte: denn der Abgrund ist schrecklicher als die Hölle, der Fall entsetzlicher als die Folter.

— „Und nein! Und dich laß ich ihr nicht!" — rief die Sali mit zitternder Stimme. — „Mir gehörst du jetzt, mir allein! Oder ich sage deinen Eltern, was wir miteinander getrieben haben, wie du, der Träger ihrer Firma, deinen Namen mit Glassplittern in's Gesicht geschrieben bekommen hast, und ich sage deiner Braut, daß ich, ihre Schwester, dich zu eigen habe wie einen Hund, hörst du? Und das habe ich gewollt, vom ersten Augenblick an, wo ich gehört hab', daß du der Bräutigam von meiner Schwester bist, weil du der meinige

nicht mehr sein konntest, denn ich, ich war ja eine Hur' geworden!
mir bist du bestimmt gewesen, mir, wir haben miteinander gespielt
als kleine Kinder: mir war's bestimmt, in deinem Haus friedlich zu
leben, Kinder zu erziehen für deinen Namen, mir die Hand küssen zu
lassen und stolz zu sein. Aber da haben sie mich in die Stadt ge=
schickt, um Manier zu lernen, in ein großes Haus, durch Protektion
der Kammerjungfer. Und da habe ich geglaubt, weiß Gott wie gut ich
bin und nobel gegen euch Landbagage, und doch habe ich mich auch so
hoch gefühlt wie die Stadtbagage, an deren Tisch ich gegessen habe, und
ich bin recht geliebt worden von den Offiziersgästen dieses Tisches,
und bin so nach und nach in immer bessere Manieren hinein gekommen,
bis ich meiner Herrschaft gleich gewesen bin: aber da hat's g'hapert,
sie war von Adel, und ich war ein Bürgersmädel: sie kommt noch
alle Tag' zur Hoftafel, und ich — ich bin jetzt beim Sperl. O, ich
hab' wieder nach Hause gehen wollen: zuerst zu Fuß; aber da hat
man mich gar nicht mehr in den Marktflecken hinein gelassen: mein
Vater hat mich an der Grenz' erwartet und mich mit seiner Galle
zurückgetrieben, und wenn ich hätte weiter kriechen wollen bis zur
Mutter, hätte mich der Vikar an der Kirchenecke erwartet mit dem Weih=
wedel, mit dem man die bösen Geister austreibt. Und ich hab' doch
sonst nichts angestellt gehabt, als daß ich „feine Manieren" gelernt
hatte in Wien! O Fluch den Vätern, die ihre Kinder vom Lande
in die Stadt schicken, damit sie städtisch werden, und die dann diese
Kinder mit dem Fuß zurückstoßen, wenn sie... Ah, es ist schon gut.
Das zweite Mal kam ich auf dem Schube heim. Aber der Vater ist ja
reich. Er bezahlte die Polizei, und ich durfte nicht in unser Haus,
und seitdem hat er nur eine Tochter, und die wird gesegnet, weil sie
— daheim bleiben durfte, und mein Bräutigam ist auf sie überge=
gangen: aber ich, ich hab' mir ihn selber genommen, und du gehörst
mir, du weißt es! Und ich juble darüber! denn sie soll jetzt voll
Schande allein zurückkommen! Ist sie braver wie ich? Man hat sie
ja nicht in die Stadt geschickt, in den Dienst, um feiner zu werden!
Sie ist immer hinter dem Backtrog gestanden, und prahlt sich jetzt
über ihre Bravheit, und wird gehätschelt, und du sollst ihr wie ein
Pudel aufwarten und sie führen in dein gesegnetes Haus, während

ich...! Aber Gott sei Lob und Dank! Ich hab' dich früher erwischt! Gehörst du mir? Ja oder nein? Geh' doch hin und heirathe meine brave, verhätschelte, dumme Schwester, aber so wahr ich selig werden möchte, wenn es noch angeht — so wahr erzähle ich dem Alten und ihr, daß du schon mir gehörst — Alles! Erinnerst dich, Flori? Was? Wie? Nicht? Ehe, nicht wahr, die ganze Komödie war nicht schlecht — für eine Sperlmamsell! die man nach Wien geschickt hat, um feine Manieren zu lernen! — Und feine Manieren hab' ich, echte Wiener Manieren, das mußt du mir zugestehen — ein' Gauner wie's keinen zweiten gibt, dem man aufsitzen muß — was?! So und jetzt geh'. — Die Leut' warten schon auf dich. Der gute Vater und sein braves Töchterl, deine Braut. Geh' hin und sag', daß du keine Zeit hast, weil ich heute noch mit dir in's Gifthüttel zum Sperl gehen will; und das kann ich nicht mit meinem S c h w a g e r. — Wenn sich übrigens morgen mein Schwesterl noch getraut, dich zum Mann' zu nehmen, ohne sich vor der Blutsünd' und vor dem Herrn Pfarrer zu fürchten, na, so hab' ich nichts dawider. Frag' mich nicht, warum ich's gethan habe; aber ich hasse sie! Ich hasse meine Schwester, das sanfte Geschöpf, denn sie wird belobt, daß sie keinen Armen ohne einen Löffel Suppe vor der Thür läßt, und sie wußte, daß ich lebe, daß ich elend, daß ich verloren sei, und sie ist nicht gekommen, um mich mit ihren Nägeln aus dem Schmutz herauszuscharren, obwohl ich ihr zweimal um Hilf' geschrieben habe... Ich hasse die Emma, ich hasse Alle, die brav sein dürfen, ich hasse Alle, die von ihren Eltern geliebt werden, und vor Allem hasse ich Alle, die Bräute sind, und über Alles, Alles, Alles habe ich d e i n e Braut gehaßt, Florian Leonhardi, mein einstiger Bräutigam! Und ich hätte sie gehaßt, auch wenn sie nicht meine Schwester gewesen wär': frag' mich nicht warum, niemals!! So. Und nun geh', und sag' ihr ab. Denn darum hab' ich dich so tief herabgezogen, daß du einer ehrlichen Ehfrau nicht wieder in's Gesicht schauen darfst, wenn ich ihr Alles erzähl'!... Ich hab' dich aufgemästet für das Fest, daß ich mich rächen kann, und ich h a b e mich gerächt: denn die Emma wär' glücklich geworden mit dir, wie jedes andere Mädel auch, weil du gut bist und brav warst; aber m i r bist du einmal bestimmt gewesen als Kind, und du gehörst jetzt richtig mir — im

Schlechtesten, weil man mich zum Guten hat nicht wieder aufnehmen wollen aus Frömmheit. So! Und jetzt nimm Abschied von deiner Braut: denn das sag' ich dir, sie erfährt die Blutschand', wenn du dich bei ihr haltst: und nimm Abschied von mir, denn du schauderst dich ja zurück, wie ich seh'?!"

* * *

Der Florian ging an diesem Tage mit den beiden Landgästen nicht in der Stadt umher. Wie zerschmettert lag er auf dem Divan ihres ungemüthlichen Gastzimmers, und der alte, katholische, strenge Mann stand mit gerungenen Händen vor ihm, und die Emma hatte nicht zuhören dürfen, sondern nur erfahren, daß die Heirath Null sein müsse. Manchmal kam der Zimmerkellner in seinem rothfuchsigen Wiener Kellnerfrack, und schürte mit der Kohlenschaufel im Ofen. Draußen wirbelte der Schnee so eifrig, wie eine besorgte Menschenseele hoffnungslose Danaïdengedanken wirbelt.

Zuletzt nahm Florian Abschied. Wie er der Emma die Hand reichte, da sah er mit brechendem Herzen in ihrem Gesichte alle Züge der Absatz-Sali, aber nur im Guten. Es war dasselbe Auge, nur leuchtete eine andere Seele dahinter; es waren dieselben Lippen, nur dämmerte ein so gutes Lächeln um dieselben, und es war dasselbe Gesicht, aber eine Thräne, die sich langsam aus dem Augenwinkel stahl, verklärte es. Florian fühlte, daß er die gute Emma geliebt habe in der bösen Tänzerin; er fühlte es um so tiefer, weil er mitten durch seine Erkenntniß hindurch das Wort „Lebewohl" sagen mußte. Er hatte dem alten Herrn in's Gewissen geredet, und der wollte sein verlornes Kind wieder aufnehmen und bei einer Verwandten „wieder brav werden lassen". Daß man ebenso wenig „wieder brav" werden kann als Mensch, wie man als welke Blumenseele nicht mehr duften kann, daran dachte weder der Alte noch der Florian, daran denkt Niemand vom Land, der das Stadtgift nicht kennt. Das Laster ist ihnen fast immer nur der schlechte Ruf; und wenn so ein lasterhafter Bub' oder ein lasterhaftes Mädel zehn Jahre hindurch nichts mehr angestellt haben, d. h. wenn die Gevattern versöhnt sind und der böse Ruf aus

Mangel an Nahrung erhungert ist, dann glaubt man, blüht das Menschenkind wieder so schön auf wie früher. Aber an das denkt Niemand, daß Jesus Christus den Spruch vom bekehrten Sünder so gesagt hat, daß derselbe erst im H i m m e l wieder eine Freude der Engel sein wird.

Der Vater sandte seiner mißrathenen und verstoßenen Tochter einen Brief, in welchem er ihr anzeigte, daß sie zu einer Muhme, die für Geld jeder Verzeihung fähig war, zurückkehren dürfe, und daß sie nach der Besserung eines Jahres wieder zu den Eltern zurückkehren dürfe.

Die Absatz-Sali las den Brief im Negligé, mit halb abgedrehten Lockenwickeln; und sie fing bei der Lesung recht bitterlich an zu weinen. Aber sie weinte zornig: s i e fühlte, daß j e t z t die Verzeihung und die Heimkehr zu spät kamen für sie, und daß sie dieselben nur dem Florian verdanke, — „der mich los haben will!" — Welke Blätter duften niemals wieder, und welke Seelen hegen keinen edlen Gedanken mehr.

Sie spuckte auf den Brief, und sie war an diesem Abende beim Sperl oder beim Schwender die Ausgelassenste unter Allen.

Sie lachte mitten im Tanze darüber, daß sie noch einmal im Leben spinnen sollte, oder um sechs Uhr auf der Hausbank sitzend den Feierabend erwarten. Ihr Tänzer meinte, sie lache aus Liebe.

Da sie nach acht Tagen noch nicht zur Muhme kam, erkundigte man sich nach ihr. Aber die Absatz-Sali, alias Rosalia Weißhaus, hatte ihr Quartier verlassen, und man wußte ihre neue Adresse nicht.

Beim Vater daheim war ein unheimliches Sein eingekehrt: die arme Emma schlich herum wie ein Schatten; sie war so brav geblieben für ihren Bräutigam, und sie hatte ihn so lieb gefunden, nur um ihn für immer zu verlieren. Durch ihre Mutter hatte sie erfahren, wodurch. Frauen wissen einander Alles in Worte zu kleiden. Ein seltsames Element, gleich den Feuerflammen des Incest's, leuchtete über den einfachen Seelen dieses so strenggläubigen Hauses, und der Frieden und das Glück desselben wand sich wie ein ohnmächtiger, nicht ganz zertretener, aber lebensunfähiger Wurm unter dem Fuße der Tage und der Wochen.

Florian Leonhardi war nach Hause zurückgekehrt. Wien, die Stadt seiner ersten und größten Lust, erschien ihm jetzt wie ein Abgrund, der Alles verschlang: sogar die Kindheit! Und die Sali, seine erste und beglückteste Liebe, erschien ihm wie eine wilde Phantasie, die ihm das echte Glück mit der stillen, frommen Emma gezeigt hatte, um es ihm im Augenblicke wieder erbarmungslos zu zertreten. Er arbeitete weiter, und im Wirthshause trank er sein Glas Bier, und machte seinen Lacher über den Branntwein-Trottel des Ortes. Aber das, was früher hellschimmernd vor ihm gelegen war, lag jetzt hinter ihm: das Glück und die Hoffnung und die unbenannte Freude auf den nächsten Tag. Die Berge selber wurden häßlicher dadurch und die Thalstille unheimlicher und die laute Fabriksarbeit wie ein Schmerz.

Zwei Jahre vergingen. — Eines Tages erhielt er aber einen Brief aus Wien. Er war auf grobes Papier geschrieben, und hieß so: „Herr Leonhardi, eine Kranke, welche Sali heißt, möchte Ihnen etwas mittheilen. Sie hat mir nichts gegeben, um den Brief zu frankiren. Sie liegt in unserem Spital der heil. X. im 3. Saale, im 15. Bette, und zeichne mich mit christlichem Gruße Schwester Porciuncula."

Der Florian kam nach Wien und in das Spital.

Die öffentlichen Krankenanstalten einer Großstadt sind viel trauriger wie auf dem Lande. Das Hospital einer Kreisstadt hat weniger Kostgänger, und läßt die Liebe leichter ein. Die feinen Unterschiede des Spitals in der Residenz und in der Provinz kann nur der beurtheilen, der sie durchgemacht hat. Jeder Mensch hat ein Entsetzen vor diesem Orte, wie er sich vor keinem fünfjährigen schweren Kerker entsetzen wird: damit ist nicht gesagt, daß man da lieblos behandelt wird, im Spital. Aber es ist schrecklich, unter ganz Fremden krank zu sein! Die Krankheit ist stets eine Rückkehr zur hilflosesten Kindheit. Und das Kind schreit erbärmlich, auf dem Arme der mildesten Wärterin, nach der vielleicht liebeleeren Mutter. Man ist gewöhnt, das Spital (in der Schriftsprache soll es eigentlich Hospital genannt werden) als einen fürchterlicheren Ort anzusehen, wie ihn selbst die Strohschütte einer Scheune dem Volksauge nicht fürchterlicher bieten kann. Und nicht die Pflege ist daran schuld, denn die barmherzigen Schwestern sind engelgleich geduldig und sanftpflegend, wie viele, viele wirkliche Schwestern und Brüder es nicht sind; und doch ist für den Erkrankenden das Spital ein Entsetzen.

Das Spital in der Stadt gleicht auch darin nicht dem Landspital,

daß es gleich jenem nur Arme beherbergt. Das Stadt=Spital beher=
bergt reiche einsame Greise, hohe Namen des Auslandes, die freundlos
in der fremden Stadt erkrankt sind, den gefeierten alleinstehenden
Künstler und das liebliche Kind, auf welches daheim eine Mutter harrt.
Das Spital in der Stadt ist eine Wohlthat der Menschheit, vor der
sich aber jeder einzelne Fremde entsetzt, wie vor einer prächtigen Gruft:
man will im Sterben lieber vernachlässigt sein von den Seinigen, als
wohlgepflegt von Fremden; die Lieblosigkeit ist da weniger bitter als die
Einsamkeit, denn im Sterben schließt man keine neue Freundschaft.
Und keine Thräne ist also so bitter, wie die, welche wir auf der Trag=
bahre weinen, sobald wir die Thore des großen Spitals hinter uns
haben; die liebevollste Pflege, der freundlichste Arzt, die herzlichste
Nachsicht erwarten uns da: aber alles Das ist schrecklicher, als wenn uns
ein Jugendfreund auf die Strohschütte seiner Scheune hinaus verban=
nen würde; im besten Hospitale wird man zur „Nummer", und in
der Krankheit und im Sterben hat der Mensch, der gewöhnlichste Mensch
selbst, einen unwiderstehlichen Drang, eine Person zu werden: er
klammert sich gleichsam an seine Individualität, die sich ihm am
stärksten und kräftigsten in seiner Kindheit, in den unfaßbaren Banden
des Blutes und der Freundschaft darstellt. Und so kommt es, daß
das Spital die höchste Wohlthat ist, die den höchsten
Undank erfährt: Es ist Christus, der Kinderfreund, den ein Kind
ankreischt: Kreuzige ihn! Es ist Christus, der Heiler des Kranken,
dem der geheilte Kranke nachruft: Er hat den Sabbath entheiligt!
— Und die Diener und die Dienerinnen des Spitals sind die echtesten
Kinder dieses Heilands, wenn sie sanft und mild bleiben vor dem Kranken,
der ihre Medizin abwehrt, und der beim Abschied nur die Erinnerung
eines Fegefeuers mitnimmt.

Die langen Korridors der Wiener Spitäler gleichen Klostergängen:
alte, schwarzgeräucherte Heiligenbildnisse hängen an frischgetünchten Wän=
den. Man glaubt hier in abgeschiedenen, weihwasserfeuchten Klöstern zu
wandeln: aber doch sind es Gänge, die für Niemanden abgesperrt,
sondern für Alle offen sind, die sich unglücklich und krank fühlen; diese
strengen düsteren Klostergänge führen zu Einem allerechtesten Kloster,
zu dem Herde der Barmherzigkeit, dieser schönsten Errungenschaft

der Bergpredigt. Die weiten Säle umfassen eine lange Reihe von Betten: und in jedem Bett ruht eine andere Krankheit, und in jeder kranken Brust stöhnt eine andere Sehnsucht, eine andere Reue oder ein anderer Trotz. Und dazwischen wandeln dunkle, stille Gestalten; sie sprechen nie laut, sie neigen sich nur tief über die Betten und flüstern überall hin einen Trost, eine Hoffnung, eine Besänftigung oder eine Verzeihung. Ihre Hand fährt leicht über die Kissen, und der Trank, den sie reichen, lindert immer. Manchmal haben diese Gestalten lange Controversen mit dem Arzte am Fußende eines Krankenbettes; der Arzt des Spitals nimmt die Krankheit stets nur chirurgisch oder medizinisch: sie tritt ja da dutzendweise auf, und er kann nicht anders. Aber der Krankenwärter und die Krankenwärterin halten den Arzt an auf seinem maschinenhaften Wege, und sie flüstern mit ihm über den Inhalt dieses oder jenes Bettes, und aus der Gattung wird da für den Arzt das Individuum: die Wärterin erkennt in den Nachtwachen stets die Wurzel der Krankheit, und sie eröffnet dem Arzte stets den Weg zur besten Heilung. Man hat einen berühmten Arzt mit Thränen in den Augen auf den Bericht einer Spitalswärterin horchen sehen, nachdem er den Kranken selber mit kurzem Prognostikon verlassen hatte.

Diese Wärter und Wärterinen tragen meist ein geistliches Kleid, aber sind nicht Nonnen und Mönche im eigentlichen Sinne; es bleibt ihnen aus echter Menschenliebe keine Zeit zum Beten, und sie dürfen auch die Keuschheit und die Absperrung der Sinne nicht einhalten: sie müssen unfläthige Phantasieen anhören, und sie küssen oft die Stirne sterbender Sünder.

* * *

In einem solchen Spitale lag die Absatz-Sali im Sterben. Das Spital ist gleichsam die Begnadigung der Sperldamen, ehe sie vom Ballfächer zum Besenstiele der Straßenkehrerin herabsinken. Und in keiner Stadt ist dieser groteske Uebergang so grell wie in Wien. In Paris und Berlin gibt es Sperldamen vom Mabille und vom Orpheum, die eine Art von Berühmtheit genießen in den futilen, leichtlebigen

Broschüren der leichtlebigen Feuilletonisten; kommt dann das Alter oder eine unheilbare Krankheit über die Rigolboche oder über die Pnuust, dann hat dort die Pietät der frivolen Erinnerung ein Recht und einen Bestand. In Wien ist das anders: die Sperldame, welche alt oder krank wird, ist wirklich zum Besenstiele verdammt: der gemeine Wiener erinnert sich wohl stets an sein „Nähtermensch", aber der Sperlwiener nie an seine Tänzerin.

In einem großen, weiten Spitalsaale, in welchem stille, nonnenhaft gekleidete Wärterinen zwischen den Sterbebetten herumgingen, lag die Absatz=Sali, die Invalidin der Freude.

Sie war nicht viel verändert von Gesicht, denn sie war nie voll gewesen; aber man glaubt nicht, wie entsetzlich ein gelbliches Krankenhemd, gelöstes, schweißklebendes Krankenhaar und die Krankenmütze, und das irre Lächeln der Hoffnungslosen ein Freudenmädchen verändern: es ist, als ob aus einem Kusse ein Biß geworden sei, aus einem Walzer ein Todtenmarsch, aus einem Kinderlachen ein greisenhaftes Mundschäumen. Es erbarmt und eckelt zugleich. Die Absatz=Sali hatte die Arme über die Bettdecke herausgelegt, starr, die Finger an einander geschlossen. Und sie sah diese Finger an, neugierig, als wollte sie den Eindruck ihrer Todtenfigur nehmen.

Da erschien der Florian an ihrem Bett: und die letzten eitlen Gedanken ihres vergangenen Lebens wandten sich von der Eitelkeit auf die Rührung, diese beiden Pole des weiblichen Gefühles; und sie fragte ihn, ob ihre Mutter gesund sei, sie erinnerte sich schon seit einigen Stunden an längstvergessene Spielwinkel ihrer Kindheit; vor Allem eine Ecke des Spielzimmers daheim stand klar vor ihren Augen, wie heller Wintersonnenschein über ihr lag; auch eine große Puppe, deren Nasenspitze farbenlos war; weshalb erinnerte sie sich an diesen Tag, an den Wintersonnenschein dieses Tages, an diese Puppe? weshalb wußte sie, daß sie in jenem Augenblicke ein grünes Schürzchen getragen hatte, und daß sie den Geschmack von Butterbrod auf der Zunge fühlte? Sie wußte es nicht, wie sie so wirrdenkend in ihrem Spitalsbette lag und auf den Besucher schaute, der sich mit leisen Trostworten und trauriger Miene an ihre Seite setzte.

Es war ein schöner Augustvormittag. Man hörte ganz leise das

Vögelzwitschern von draußen herein. Die Fenster waren aber erblindet und angelaufen von dem häßlichen Krankendunste, der das ganze Zimmer erfüllte. Dieses Conglomerat von Krankheitsstoffen, Essigdunst und Luftfäule legte sich wie ein Nebel auf jede Brust. Die Kranke lächelte plötzlich ganz verständnißinnig und sagte mitten in die tröstenden Erkundigungen ihres Besuchers hinein: — „Meine Leut' werden kommen, sagst du, Florian? Aber warum denn? Sie haben mich nicht mehr gern gehabt, weil ich schlimm geworden bin. Aber du hast mich gern gehabt, auch wie ich schlimm war; thut dir's leid?" — In seinem Herzen pochte etwas wie ein tiefer Schmerz, und er sagte ihr, daß er es nie bereut habe.

— „Aber ich hab' dir ja dadurch deine Braut wegstibizt, meine Schwester?"

Er sagte ihr wieder etwas Freundliches, und gab ihr endlich seine Hand in die ihrige, die so gelbdurchsichtig und wachsartig offen auf der Bettdecke lag. Ihre Finger schlossen sich um die seinigen. — „Recht hast," — sagte sie, und ihr Lächeln erstarb, und um ihren Mund zuckte es recht weinerlich. — „Fürchte dich nicht vor mir, ich steck' dich nicht an. Ich habe die Lungensucht, weißt?" — Sie schien jetzt aus ihren Fieberphantasieen zu erwachen, und schaute ganz anders als früher, und ihr Lächeln verschwand, und machte einem hilflosen Ausdruck der Angst Platz; eine herzzerreißende Schüchternheit der Scham röthete ihre gelben Wangen für einen Augenblick, und sie senkte ihr Angesicht auf ihre Brust herab, die unter dem groben Hemde zitterte wie im Fieber. — „O Herr Leonhardi," — sagte sie, — „verzeihen Sie mir; o Herr Florian Leonhardi, verzeihen Sie mir."

Er konnte sie nicht mehr lieb haben, seit er erwacht war aus seinem Rausche, und seit er in Emma das ewig verlorene Ziel seiner Liebe erkannt hatte; mit Abneigung, Groll und Schauder hatte er stets an die verlorene Sali gedacht, und mit tiefer Scham an die vergangenen Stunden der Vereinigung mit ihr. Aber eben ein Gedanke an jene Stunden ergriff ihm jetzt mächtig das Herz und wandte es ihm zur Vergebung und zum Mitleid. Es lag Etwas in dem schattenhaften Wimmern ihrer sonst so lauten Stimme, oder in der skeletthaften Zusammengesunkenheit ihrer sonst so beweglichen Gestalt, was ihn mit jenem Schauer ergriff, den der Tod in ein Zimmer wirft, wenn er auch noch so fern davon vorüber fliegt.

— „Was soll ich dir verzeihen, Sali?" — sagte er und wollte ihre beiden Hände nehmen, und ein Drängen lag in seiner Stimme, als ob er alles Gute über sie ausgießen wollte als Trost. Aber sie entzog ihm die mageren Hände, um dieselben wieder zu falten mit der Hartnäckigkeit einer Kranken, die im lichtesten Augenblicke einem Kinde gleich an Einer Idee festhält wie an einem dumpfen Schmerze. War sie denn noch dasselbe Geschöpf, das ihn zuerst durch seine Unverschämtheit lockte, und durch ein Etwas, das noch niemals eine Frau ihm gegenüber je gezeigt? War dieses magere, gelbe Geschöpf mit den bittenden Knochenhänden, welcher das grobe Hemd über die spitzen Schultern herabfiel, dieselbe Tänzerin, die ihr Kleid zur frechsten Quadrillefigur präparirt hatte durch Schnitt und Höschen?

— „Nein," — zitterte sie. — „Nein, Herr Florian Leonhardi, Sie müssen mir verzeihen; Sie müssen mir sicher früher verzeihen. Ich habe Ihnen ja so viel Böses gethan. Und ihr auch. Aber ich konnte es nicht ertragen, daß sie so brav bleiben durfte und so glücklich werden konnte, wissen Sie. Sie ist immer zu Haus geblieben, und da war es keine Kunst, brav zu bleiben. Sie ist vielleicht so schlecht wie ich, aber sie ist nicht allein gekommen nach Wien. Verstehst du das? O Herr Florian, ich konnte es nicht ertragen, daß sie für nichts und wieder nichts von der Mutter und dem alten Herrn gepriesen und gesegnet worden ist, während sie mich nicht einmal vor's Haus haben lassen wollen. Und am wenigsten habe ich es ertragen können, daß sie dich bekommen sollte, der mir bestimmt gewesen ist. Ich hab' ein Recht gehabt auf dich, und so hab' ich dich genommen!"

Ihr Auge glänzte dabei nicht wild, sondern in Thränen. Ein seltsames Wunder machte dem Herzen Florians das Gefühl, als ob das hier seine Emma sei; und ein tiefes Liebesmitleid ergriff ihn. An einem Krankenbette überkommt uns manchmal Etwas wie eine Verwandtschaft mit allem Lebenden, was sterben will. Der Feind oder der Freund wird da zu dem allgemeinen „Begriffe des Nächsten" von Jesus. Es kommt über uns wie eine unbesiegbare, ängstliche Eile, etwas Versäumtes nachzuholen, eine Freundlichkeit, ein Wort oder einen Dank, oder zum wenigsten eine Reuethräne. Und Florian nahm den häßlichen Krankenkopf zwischen seine Hände; er wußte nicht, was ihn aus demselben heller anschaute: die Züge seiner verlorenen, braven, geliebten Braut, oder das Lächeln vieler Liebesnächte, in denen er sich für einen Gott gehalten hatte; er nahm den häßlichen schwachen Krankenkopf an seine Brust, und streichelte die Wange und das wirre Haar, das aus der Krankenhaube strohtrocken hervorstarrte, und diese schmutzige weiße Haube selber. — „Ich hab' ja nichts zu verzeihen," — flüsterte er in ihrem eigenen, halb jammernden, halb schmeichelnden Tone. — „Ich hab' ja nichts zu verzeihen, Sali."

— „O, Sie müssen mir verzeihen, grad' Sie!" — athmete sie keuchend, und der Athem schwellte ihr sichtlich den abgemagerten, lungensüchtigen Hals. — „Denn Ihnen hab' ich ja mehr Böses gethan als allen andern Menschen zusammen, weil sie die Emma nicht heirathen konnten, und weil ich Ihnen das Wien so vergiftet habe, wie es mir vergiftet worden ist."

— „Aber Sali, aber Sali...!"

Die Kranke richtete sich hoch im Bette auf, und indem sie ihre Hände hartnäckig gefaltet hielt, legte sie diese gefalteten Hände auf die Stirne des jungen Mannes, und alle ihre Glieder zitterten vom Frost des Grabes, und Schweißtropfen, die aus der Angst vor diesem Froste entstanden waren, perlten über die wachsartige Stirne. Sie war so häßlich, denn der Tod saß in ihren heftig und kämpfend athmenden Nasenflügeln, und er saß in den gläsern glitzernden Augen, die ihren letzten Glanz sammelten, ehe sie brechen mußten. — „Wien, Flori, weißt, was das ist für ein Geschöpf vom Land, das noch keine Lieb' im Herzen und noch keine Gage in der Tasche hat? Ich hab' oft drüber nachgedacht, aber, ich mein', erst jetzt hab' ich's g'funden. Wien, das ist für das Mädelherz ein großer Saal von Auslagen bei offenem Himmel, die von hellem Gaslicht angelacht sind: so viele Auslagen von Ballkleidern, die den wächsernen Docken so schön steh'n! Und was gibt es für das Herz von einem Mädel Schöneres als das Ballkleid — wenn es noch keinen Geliebten hat? — Und da wird man von den Eltern in die Stadt geschickt, damit wir kochen lernen, oder damit uns eine reichverheirathete gnädige Frau, die in unserem Markt ge=

boren ist, als Stubenmädel aufnimmt; es ist nur, damit wir einst als Bürgermeistersfrauen einen echten Stadtaufputz um's Rindfleisch geben können, wenn der Herr Pfarrer bei uns ißt. Aber für die Rind= fleischgarnitur und für zwei französische Worte muß ein Landmädel oft ihr ganzes Leben zahlen in Wien. Ich habe in einem Herr= schaftshaus für die Gnade des Mittagessens mein väterliches Haus verachten gelernt, aber eine Gräfin bin ich nicht geworden dadurch; nur habe ich gefühlt, daß seidene Kleider gut in die Hand fallen und rauschen, und daß mich der Herr Rittmeister lieber hat als er die gnädige Frau liebt, die bei uns daheim im Schloß geboren worden ist. Und so bin ich aus einer Wiener Landpomeranzen ein Wiener Früchtl geworden, ich bin von der Wiener Burgtheatergallerie bis in einen Sperrsitz hinabgesunken, ich bin von meiner gnädigen Nachbarsfrau aus neidischer Tugend auf der Stelle entlassen worden, ich bin eine Baronin und dann eine Fürstin geworden; dann aber hat mich Nie= mand mehr seinem Freund rekommandirt, und ich bin mir selber den Freund suchen gegangen zum Sperl. Schau, das Wiener Mädel ist nie so schlecht dran wie das Landmädel, Florian, das hab' ich mir in den letzten Tagen oft überdenkt: das Wiener Mensch lernt die Schlechtigkeit gleich in ihrer wahren Gestalt kennen, und wenn's ein Stückerl Bravheit in sich hat, bleibt's brav. Aber die Dirne vom Land, die als Bürgermeisters= oder Postmeisters= oder Kaufmanns= tochter, oder ein Sohn von da, der nach Wien kommt, das Mädel um Manier zu lernen, und der Sohn um zu studiren, die sein schon verloren. — Ja, und da denkt man sich: wenn ich im Seidenkleid nach Haus komm', oder mit einem Grafen in einem und demselben Wagen durchfahre, wie da die Bürgermeisterin schauen wird! Und der Meßner läut' vielleicht die große Glocken! — Man achtet ja zu Haus schon Jeden, der alle Tag die „Wiener Zeitung" kriegt...! Und weißt, dann denkt man sich das Erstaunen daheim; die Bürgermeisterin selber hat nur Ein Seidenkleid, und das hat sie sich von ihrer Mutter überändern lassen..."

Die Kranke fing an, verächtlich zu lachen; ihre wirbelnden Gedanken triumphirten über die Bürgermeisterin daheim: dann erlosch ihr Lachen in einem müden Ausdrucke, sie schloß die Augen und ihr Kopf sank zurück in das blaugestreifte, steife kleine Kissen.

— „Sali!" — rief Florian in ihren Mund hinein — „Rosi!..." — Und wie Bienengesumme berührte die Kranke der Ton aus schöner Zeit. Sie erwachte jäh, und ihre Gedanken wirbelten wieder genau von dem Orte fort, wo sie erstarrt waren: — „Ja," — sagte sie immer leiser, — „und dann haben die jungen Männer in Wien die Haare so glatt geschmiert und der Schnurrbart riecht so gut. Bei uns sind sie so dumm. Das ist auch schuld. Und dann sieht man die Französinen den Cancan tanzen, und das trifft man ja auch — und man sieht, wie große Herren sich vor ihnen niederknieen, und das kann man auch haben, und man denkt zuerst: die werden zu Hause schauen! O, Herr Florian, verzeihen Sie mir! O, Herr Florian, verzeihen Sie mir! Und heirathen sie meine Schwester, ja? O ja, o ja!" —

Die Absatz-Sali fiel in die Kissen zurück, und Florian fing an bitterlich zu weinen; seine ganze Seele schüttelte und schauerte sich vor Gott, vor seiner Vergangenheit, vor diesem Augenblicke. Er gab sich alle Schuld, und der Stadt und einem Dinge ohne Namen. Er wollte die Kranke trösten, aber die hörte nichts mehr. Eine Wärterin kam und betreute sie. Und Florian bat um die Erlaubniß neben dem Bette sitzen bleiben zu dürfen. Und er sagte, daß die Eltern der Kranken noch heute kommen würden. Die Nonne schaute ihn mit einem milden, traurigen und klaren Blicke an. Sie hieß Schwester Lubina, und war in's Kloster gegangen, weil ein geliebter Mann sie am Traualtare verlassen hatte für eine reiche Correspondenzwittwe aus dem Tageblatte, die selbst ihren Erben zu schlecht war.

Wie die Sonne in purpurnen Abendgluthen durch die krankheitsdunstigen Fenster leuchtete, sage die Wärterin: — „Sie fängt schon an zu zittern und zu schwitzen. Der Tod ist sehr schwer!" — Und er nahm die Wärterin zitternd bei der Hand und sagte athemlos: — „Und ihre Schwester ist nicht da. Und ihre Eltern auch nicht!"

Die Schwester schaute ihn wieder an und sagte: — „Aber Sie sind ja da... Sagen Sie ihr etwas Gutes..."

— „Ich? Ich? Mein Gott, ja... Aber was?" — athmete Florian leise. Nur die Liebe weiß zu Sterbenden zu sprechen: das bloße Mitleid oder die Pietät der Erinnerung sucht stets nach Worten; und wenn sie Worte finden, so sind es Worte, die dem Sterbenden sagen:

„Der Tod in deiner Brust ist mir Alles, du aber bist mir nichts."
Und so fragte Florian jetzt: — „Etwas Gutes sagen? Ja, aber was?"
— Und seine Augen füllten sich mit Thränen des Erbarmens. — „Sie ist doch ihre Schwester!" — murmelte er zu sich selber. Die Sali öffnete jetzt plötzlich ihre Augen, und schaute Florian an. Sie hatte schon früher mit ihm gesprochen, aber erst jetzt schien sie ihn zu erkennen. Der Tod scheint Alles licht zu machen um ein Sterbebett, so daß die Luft das Gesicht ihrer Genien bekommt für den Sterbenden, und das Herz der Menschen ihnen offen daliegt wie ihr eigenes. — „Florian!" — schrie sie jäh auf, voller Freude, so schrill, wie nur halberloschene Stimmen schreien können: — „Florian, du bist da, Sie sind da, Herr Leonhardi, o ich küsse Ihnen tausendmal die Hand! Er ist da... er ist da bei mir..."

In dem Nachbarbette warf sich eine kranke alte Gestalt stöhnend herum. — „Schon wieder Eine, die stirbt!" — murmelte das zahnlose Weib. — „Sterben denn hier Alle?" — Die Wärterin wandte sich zu ihr, und suchte sie durch Fragen zu zerstreuen. Florian nahm die magere, aufgerichtete Gestalt, an der das Hemd schlotterte, in seine Arme. Ach! wie oft hatte er dieses Wesen in seinen Armen gehalten, lachend, vom Weinrausche in einen Liebesrausch versinkend. — „Oh, Sali, jetzt ist dir besser!" — murmelte er.

— „Nicht wahr? Der Vater kommt gewiß, und die Emma auch..."

Sie schaute ihm in die Augen, obwohl sie dazu ihr Gesicht von dem seinigen wegbringen mußte. — „Und... und ihr verzeiht mir Alle?" — sagte sie, mit jenem schnarchenden Röcheln in der Stimme, die den mit der Epilepsie Behafteten und den vom Tode Ergriffenen gleichmäßig ist. — „Alle verzeihen? Der Vater hat mich nicht mehr nach Haus nehmen wollen, weißt du? Und die Schwester hat geglaubt, daß sie deine Frau wird, und du, du hast mir nie was gethan, nur immer Liebes und Gutes, und du hast mir eine Weile hindurch geglaubt, daß du mich gern hast, und ich, ich hab' das nur gethan, weil ich dich meiner Schwester nicht gegönnt hab', weil du mir schon früher bestimmt gewesen bist, weil ich nicht ertragen konnte, daß daheim eine Hochzeit sei mit dir, der so hübsch und gut in meinen Weg trat. Florian, du hast mich auch ein bissel gern gehabt, nicht wahr?"

Florian sah mit Entsetzen, wie die Lippen der Sali blau wurden und ihre Augen wie mit Mehl entglanzt. Er öffnete den Mund, er wollte antworten. Aber die Sali ließ ihm nicht Zeit, sie zog ihre Hände wieder von ihm zurück, und sagte hastig, eilig, mit einer Stimme, die gar nicht mehr die ihrige war, mit einem durstigen, lechzenden Ausdrucke in ihrem knochigen Gesichte: — „Nein, ich weiß, Herr Leonhardi, Sie fürchten sich, mich anzugreifen. Aber ich bin nicht krank, daß ich anstecke; Sie müssen freilich glauben, daß es so ist. Aber ich habe die Lungensucht, wissen Sie? Da kriegt man nur keinen Athem, und die Leute können uns dabei die Hand geben ohne Angst. Sie halten mich aber für vergiftet. Was können Sie auch Anderes glauben? Aber ich habe noch mit Ihnen reden wollen. Ich habe ihnen sagen wollen, daß ich nichts dafür gekonnt habe. Wo wollte ich nur gleich anfangen? Ja..."

Sie athmete schwer. — „Sali!" — sagte er, und er zitterte vor Angst. — „Kannst nicht aufstehn? Du solltest weg von hier! Dein Vater hat dir ja verziehn, ich habe ihn darum gebeten; wir haben dich nur nicht mehr gefunden. Er will dich wieder zu Hauf' haben. Ich hab' ihn herbestellt. Wenn ich nur die Emma heirathen könnte, dann wär' ja Alles gut. Du wirst dich zu Hauf' erholen. Es ist so schön in dem Gartel. Weißt, du hast dort immer das größte Beet für dich haben wollen. Mein Gott, mein Gott, kannst nicht aufstehen, Sali? Es wär' so gut, wenn du mit mir nach Haus fahren könntest. Sie, Wärterin! wo ist denn die Wärterin? Du könntest der Emma sagen, daß sie mich doch gern haben darf. Was soll ich denn thun? Warum lachst du denn so? Ist dir besser?"

— „Da daneben liegt eine Kupplerin," — sagte die Sali, ganz wirr in einem schrecklichen Lächeln mit weißen Zähnen. — „Die stirbt sicher nicht. Ich kenn' sie gar gut. Thu' mich aufrichten, denn ich athme besser, wenn mich Jemand im Sitzen haltet. Ja. Nach Hauf'? Ich werd' dir sagen, was dran schuld ist: Wien. Weißt du, wie Wien ist, wenn man vom Land kommt? Aber es ist ja ganz unschuldig zuerst; nur die Auslagen sind schön: vorerst am Graben! Wir haben ja nie solche Kleider gesehn! Und die Wachsdocken drinnen, von denen glauben wir, daß wir grad' so ausschauen müßten wie sie, wenn wir so angezogen wären. An den ersten Tagen denkt man nur: wenn die zu Hauf' das auch sehen könnten! Dann denkt man sich: wenn die mich so aufgeputzt sehen könnten! In den Auslagen am Graben, da ist Alles viel heller und viel schöner wie am Tage. Es ist Alles, der ganze Putz so strahlend licht, als wenn man davon träumen möchte, in der Christnacht, wo man auch im Schlaf Alles voller Christbaumkerzen sieht. Und man denkt sich: wenn ich so was an mir hätte, würde sich jeder Graf in mich verlieben. Denn die Grafen sind für uns noch sehr große Thiere, wenn wir nach Wien kommen, denn wir kennen sie nur als Gutsherrschaft, vor der selbst der Pfarrer sein Buckerl macht. Und bei den Auslagen stehen neben uns seidene Damen, und wir dürfen Alles grad' so anschauen wie sie, und — dann sagen uns die andern Stubenmädeln, daß man leicht Gräfin wird, wenn man Theater spielt, oder auch manchmal, wenn man zum Sperl oder in den Dianasaal geht: da ist's noch sicherer, sagen sie, aber es dauert nicht so lang. Da denkt man dann an die Pfarrersnichte, an die Bäckerleni, an die Schmiedmeister-Rosi, die nur Bauernbuben zum Liebhaber haben, und was die sagen möchten, wenn man dann zu Hauf' käme von Wien; da erzählt man vom Opernhaus, und daß man an den Kaiser angestoßen ist in Schönbrunn, und zuletzt, daß ein Graf mein Geliebter ist, so ein wirklicher Graf, wie auf unserm Schloß wohnt, und man zeigt seine Photographie, und hinten hat er selber was darauf geschrieben. — Das Gefährlichste für ein Landmädel in Wien ist die Erinnerung an ihre Heimat — dort prahlt sich ja Alles, und man will sich mehr prahlen als Alles. Unser Vater hatte uns hergeschickt, um Kochen oder Bildung zu lernen. Das Kochenlernen im Kloster daneben ist recht verrufen, und so schickt uns unser Herr Vater Bürgermeister kochen lernen zu einer Gräfin in Wien... Kochen und gebildet sein, ist uns reichen Landtöchtern ja nöthig..."

Die Sali fing zu lachen an, legte sich wieder in ihren Polster nieder, und in ihrem Halse arbeitete der Athem wie ein Dämon, der unter der Priesterbeschwörung aus dem Leibe eines Besessenen loszukommen sucht. Florian wollte sie wieder aufrichten, aber sie war steif wie Holz. — „Wenn nur der Vater oder die Schwester da wären!" — murmelte er außer sich. Und er verließ ihr Bett, und packte eine Wärterin an den letzten Saalbetten, und sagte: — „Was ist nur zu machen? Sie redet so viel, und kann doch kaum athmen!"

Die Schwester ging mit ihm an das Bett der Röchelnden, und sagte: — „Es gibt Leben, die nicht sterben können, ohne Alles zu sagen, was ihr Herz noch drückt. Es sind das meistens Gebirgsnaturen. Ihre Beichte ist das Sterben. Die Arme da! Sie hat noch keine Ruhe, obwohl sie schon „versehen" ist."

Die Sali richtete sich wieder jählings auf. In ihrem Halse arbeitete es fürchterlich. Ihre Hände suchten nach einem Halte, und faßten die barmherzige Schwester und Florian zugleich. — „Wien!" — röchelte sie. — „Wenn sie uns nur nicht herschicken würden, um Kochen zu lernen oder Bildung in Häusern, wo man Bediente hat... Da sind Alle so stolz auf Liebhaber, und man wird verachtet, wenn man keinen Grafen kriegt, und man will Etwas haben, daß die zu Hause uns anstaunen. — Die Grafen geben immer wenigstens ein Seidenkleid, und sie schreiben auf die Photographie etwas darauf, und im Schloß zu Hause, vor dem der Vater zittert, ist auch kein anderer! O, o, o, sagt dem Vater, er soll mich daheim lassen... ja? Ich habe von Wien geträumt, und soll jetzt so schnell sterben und zur Mutter kommen."

— „Sie stirbt!" — wimmerte Florian aus Angst vor sich hin; denn die Beine der Sali streckten sich unter der Decke strenge aus, und ihre Hände fingen an, an dem Oberbette zu kratzen. Und ihre Augen suchten die Züge Florian's gleichsam zusammen. Eine Wärterin war auf den Ruf Florian's herbeigetrippelt, und sagte: — „Ich will sie noch einmal versehen lassen!"

Der Tod wirft Liebe in jedes Herz an einem Sterbebette, er macht die Blicke der Umstehenden zu Armen, die den Fliehenden fest= halten möchten, und läßt das Zimmer, so traurig, groß, elendgefüllt es auch immer sei, immer dem Vorhofe des Himmels gleichen, den Jesaias gesehen hat, und in welchem man das Rauschen von Engels= flügeln vernimmt: die Kranke faßte mit ihren elfenbeingleichen harten und gelblichen Armen den jungen Mann um den Hals: — „Weißt, warum ich es gethan hab'?" — zischelte sie, ihre Stimme hatte keinen Athem mehr, nur noch den Klang der Seele: — „Ich wollte dir's nicht sagen. Weißt warum ich dir meine Schwester nicht gegönnt habe? Weißt, warum ich Alles gethan habe? Weil ich in meinem ganzen Leben

Niemanden lieb gehabt habe als dich. Die Grafen nicht, die Tänzer nicht. An dich hab' ich gedacht am ersten Wiener Tag: wenn mich der schlimme Flori in so einem Seidengewandl sehen könnt'! Und um so ein Seidengewandl zu kriegen, bin ich dann schlecht geworden, damit meine Mitmenscher nichts vor mir voraus haben sollen: und wie ich am ersten Tag drüber geweint hab', hab' ich wieder an dich gedacht. Und wie ich dich dann wiedergesehen hab', da hat Alles in mir geschrieen: das ist mein Rechter! Und darum hab' ich Alles gethan. Ich hab' dich so gern haben müssen! — Und weißt, weißt, ich möcht' nicht gern nach Wien, um kochen zu lernen, und Bildung: meine Mutter kann so gut kochen und war nicht in den Wiener Herrschaftsküchen, und sie ist so brav und gut, und war nicht Stubenmädel — nur der Vater ist so dumm und stolz, und sagt: das Mädel ist reich, sie soll nach Wien, was lernen... Ich will nicht nach Wien, hörst? Sag's... dem... Vater... Ich möcht' gern deine Frau werden... hörst?..."

* * *

Die barmherzige Schwester betete bei der Leiche ihr Vaterunser, und sie trug selbst das Wasser herbei, um die Todte zu waschen.

Florian weinte eine Weile bitterlich und wie versöhnt. Vielleicht dachte er daran, daß er Emma vielleicht jetzt heirathen dürfte. Der Augustabend sank über den Kirchthürmen der Vorstadt langsam in ein lichtloses, graues, stets höher steigendes Dunkel unter.

Ein Leben unter tausend Wiener Leben war zu Ende. Es handelte sich nur noch um die Frage, ob Florian das Leichenbegängniß in irgend einer Klasse einrangirt haben wollte, oder ob das offene Armengrab gut genug sei für die Nummer des Spitals, die so lange das beste vis-à-vis gebildet hatte für die Fiakermili.

Am Friedhofe.

In den Wiener Zeitungen stand die Trauerkunde, daß eine fremde, eben in Wien anwesende Prinzessin gestorben sei: noch ganz jung, und sie hinterließ unmündige Kinder! Und Kinder, welche in zarter Jugend Waisen werden, haben stets eine düstere Lebensbahn vor sich, mögen sie auch noch so reich, so gesegnet und gehätschelt sein. Sie werden kälter und härter als andere Menschen, und scheuer. Ihr Aplomb ist nie der des Vertrauens, sondern nur der des Selbstbewußtseins.

Die arme, junge, fremde Prinzessin war also todt. In allen Wiener Zeitungen stand die Biographie, dann die Beschreibung der Krankheit, dann die Beschreibung der letzten Augenblicke.

Am folgenden Tage brachten die Blätter die Beschreibung der Einbalsamirung, der Ausstellung und die Details des Katafalks, sammt der Anzahl der Schleifen und Lichter.

Die Abendblätter brachten rührende Züge aus dem Leben der Verblichenen.

Am abernächsten Morgen las man unter den „vermischten Nachrichten" Details aus ihrem Testamente, wie sie für ihre Diener gesorgt und der Kirche gedacht habe. Nachmittags fand der Leichenzug statt.

Es war ein stattlicher, ein pompöser Zug, der durch die unübersehbare Zuschauermenge noch großartiger gemacht wurde: denn das Regellose, welches das Regelmäßige umwogt, erhöht die Größe und die Würde desselben. Reiter mit Trauerfahnen, mit Windlichtern, mit Insignien, Trabanten mit Wappenschildern und Flören, dann der Todtenwagen mit den wehenden Trauerbüschen, unter welchen ein lachender Blumenhügel nach dem Takte des Wagenkollerns hüpfte und tanzte, dieser Hügel von Frührosen, Maiglöckchen, Flieder, Vergißmeinnicht und Treibhausblüthen war von breiten prächtig-schweren Bändern durchzogen und umweht; diese schweren Bänder hatten schwere goldene

Fransen und mit goldenen Buchstaben war der Name der Spender (Vereine und Akademieen) darein gestickt. Und unter dieser Blumen= und Seidenpracht konnte man den Sarg vermuthen. Dann folgten die Wägen; Wägen mit glänzenden Uniformen, mit ordensgeschmückten Röcken und mit schwarzgekleideten Damen. Und hinter den Wägen schloß sich wieder strömend das Volk wie hinter dem israelitischen Zuge die Wellen des rothen Meeres.

Ich betrachtete mir das Leichenbegängniß von dem Quartiere eines alten Musiklehrers aus, welcher in einem „allerhöchsten" Kabinetchen in der Nähe des Opernthaters wohnte. — „Ein schöner Condukt," — sagte ich. — „Die Trauer ist bei Aufzügen fast imposanter als der Jubel."

— „Ja," — sagte der alte Musikmeister. — „Ich sehe fast alle Leichen= züge dieser Gegend an meinem Hause vorüberziehen. Da gewöhnt man's."

— „Aber es gibt nicht viele s o l c h e r Leichenzüge im Jahre."

— „O, mehr als Sie glauben. Es stirbt ja doch fast allwöchent= lich Jemand, der schon einmal in der Zeitung genannt wurde."

Ich fand den Sinn dieser Rede nicht heraus, und versuchte es auch nicht, denn meine Gedanken zogen dem lachenden düsteren Blumen= hügel nach. Und die Musiktöne des Todtenmarsches vibrirten in ge= tragenen Phrasen durch das Menschengesurre zu uns zurück.

Am nächsten Tage brachten die Blätter die Beschreibung der Leichenfeier, noch eine Woche später einzelne Anekdoten aus dem Leben der Todten, und die illustrirten Blätter, auch das Bilder=Witzblatt „Insekt" brachte ihr Bildniß, dann

Dann starb ein berühmter alter Schauspieler, auf dessen Tod man schon gar nicht rechnete, da der Tod ihn vergessen zu haben schien. Und wieder begannen die Zeitungen mit der Todesnachricht, fuhren mit der Krankheit und der Aufbahrung fort, dann kam die Biographie, dann ein Verzeichniß seiner Rollen, dann Anekdoten aus seinem Leben, dann rührende Züge daraus, und das „Insekt" brachte sein Bildniß. Da= zwischen hinein fand der Leichenzug statt, ein Zug, so imposant wie der letzte, nur war der Sarg von einem ganzen Wald von Lorbeeren über= deckt, welcher im leise herabrieselnden Regen klagend rauschte, und von den einzelnen Kränzen riefen die breiten Seidenbänder wieder mit Goldbuchstaben die Namen der Spender — Vereine und Schulen.

— „Kommen Sie recht bald wieder!" — rief mir der alte Musik= meister nach, als ich mich empfahl.

— „Gewiß, gewiß."

— „Uebrigens sehe ich Sie sicher wieder, sobald ein in der Zeitung annoncirter Leichenzug stattfindet, der hier vorbei gelangt."

— „Oho, Sie glauben doch nicht, daß uns sobald schon wieder eine

Größe stirbt, von der die Zeitungen reden, und deren Conduft absonderlich geschmückt ist?"

— „Aber jedenfalls. Schon dem „Insekt" zu Liebe muß allwöchentlich mindestens ein bekannter Name sterben! Und stirbt keiner, so wird der nächstbeste Todte schnell renommirt gemacht."

* * *

Die Sammlung für ein Denkmal des großen Künstlers war noch kaum eröffnet, als ein bekannter Arzt starb. Die Leichenceremonieen wiederholten sich: in allen Vereinen und Akademieen wurde gesammelt auf Blumenkränze und auf goldgestickte Seidenbänder, damit die Welt den Geber erfahre. Das „Insekt" brachte sein Bildniß, die Zeitungen die Biographie und die Anekdoten, und endlich wurde die Subskription auf eine marmorne Grabtafel in medizinischen Kreisen begonnen.

* * *

Ich pflege sonst nie Zeitungen zu lesen, da ich einst an Politik erkrankt war. Ich muß aber gestehen, daß ich von dieser Zeit an täglich einen Blick in die Wiener Zeitungen warf, denn es kam mir nun schon ganz natürlich vor, man müsse allwöchentlich den Nekrolog einer Wiener Berühmtheit darin finden. Vordem hatte ich mich auf diese Nekrologe stets erst aufmerksam machen lassen. Aber jetzt! Du lieber Gott, jetzt war ja eine wahre Epidemie hereingebrochen über große Namen! In den drei Wochen, welche ich in Wien zubrachte, reichte ja ein Wehruf in den andern hinüber! Ich fing also an, die Zeitung täglich nach einer dahingeschiedenen großen Persönlichkeit zu durchforschen. Und — schrecklich zu sagen — ich fand da täglich einen neuen Namen! Ich traute in den ersten Tagen kaum meinen Augen. Täglich, täglich war in Wien ein großer Mann gestorben, dessen Nekrolog und Anekdoten noch nicht beendet waren, als auch schon eine neue Todtenbiographie einer neuen unersetzlichen Größe erschien. Und stets ist ganz Wien „erschüttert", und stets Kränze mit goldgestickten Seidenbändern von allen Vereinen und Akademieen, um den berühmten Mitbürger zu ehren, und stets ein unübersehbarer Menschenschwarm, der sich am Wege sammelte.

Freilich muß ich gestehen, daß mir die meisten, ja fast alle Namen dieser berühmten Todten fremd waren, obwohl ich doch die deutschen Coryphäen der Kunst, der Wissenschaft, der Industrie und des Handels so ziemlich alle zu kennen glaube — dem Namen nach. Es mußten also spezifisch Wiener Berühmtheiten sein; aber wenn es wirklich so große Leute waren, so hätte man doch meinen sollen, daß ihr Name wenigstens im Kaiserstaate ein manchmal genannter gewesen sein sollte?

In dieser Zeit begegnete ich dem guten alten Musikmeister, wie er von einer Probe im Opernhause kam, in dessen Orchester er eine Stelle einnahm.

— „Sie kommen jetzt gar nicht mehr!" — sagte er.

Ich lachte halb. — „Ich will Sie nicht tagtäglich belästigen, verehrter Herr; da Sie nämlich selber behaupten, ich käme nur bei Gelegenheit von ergreifenden Leichenzügen. Und die sind ja jetzt täglich!"

— „Aber das waren sie ja immer."

— „Ja, nur merkte ich nichts davon, da ich die Zeitungen nur dann las, wenn man mir's anrieth eines interessanten Todesfalles wegen. Aber jetzt, jetzt lese ich sie, und... Ach, das arme, arme Wien! Täglich verliert es einen großen Mann, einen edlen Beamten, einen berühmten Industriellen, einen unsterblichen Banquier, einen unersetzlichen Führer. Die Akademieen und die Vereine und die ganze Bevölkerung kommen aus der Erschütterung nicht heraus. Das arme, arme Wien...!"

Der alte Musikmeister lachte mit seinem feinen, faltigen Munde und zog mich auf eine der Geh=Alleebänke nieder, da eben ein prächtiger Frühjahrstag glänzte in seiner duftreichsten und schwellendsten Sommerahnung.

— „Mein liebes Kind!" — sagte der alte Mann, indem er seine dünnen Hände behäbig auf seinen Stock stützte, — „sagen Sie mir einmal, welche waren denn die zuletzt gestorbenen großen Männer?"

— „Ich — die Namen — ich habe die Namen vergessen, verehrter Herr. Und ich muß übrigens in der That gestehen, daß sie mir vor ihrem betrübenden Ableben ganz unbekannt gewesen sind. Es müssen also spezifisch Wiener Größen gewesen sein; aber was für Männer waren das dennoch, deren Tod die ganze Journalistik, alle öffentlichen Institute und Genossenschaften so auf's Tiefste erschüttern und so in Aufregung bringen konnte!"

— „Ja," — sagte der Meister nickend. — „Aber auch nur deren Tod. Alle diese „Berühmtheiten", wie Sie sie nennen, waren bis zu ihrem Tode den Wienern ebenso wenig bekannt, wie Ihnen oder wie mir. Man hörte wohl ab und zu einen dieser Namen nennen, als den eines braven Bürgers, eines guten, redlichen Beamten. Wer sind alle diese Todten? Hofräthe, die kein Wässerchen getrübt haben, Handelsleute, welche mit Glück Geschäfte machten, Fabrikanten, welchen es möglich wurde, jährlich eine neue Fabrik zu bauen und um tausend Arbeiter mehr zu besolden (jedenfalls nicht aus purer Menschenfreundlichkeit), Professoren, welche eben ihre Schüler nicht geradezu aufaßen bei der Prüfung und im Vortrage. Aber über das begrenzte Rahon ihres Wirkens drang weder ihr Name noch ihr Leben. Man sollte denken, ihr Tod müßte ihren Unterbeamten, ihren Schülern, ihren Arbeitern recht wichtig sein, sie würden den Leichnam anständig, reich sogar begraben und beklagen und Alles, und die große Stadt habe dabei nichts zu thun... Es ist noch kein halbes Jahrhundert verflossen, da meldete man in den Wiener Zeitungen den Tod der größten Männer Wiens mit einigen trauernden Zeilen. Der Nekrolog folgte nach, gewöhnlich zuletzt noch ein schlechtes Gedicht. Wenn der große Poet, der große Künstler, der große Gelehrte oder der große Führer so dalag auf seinem Paradebette, da erschienen seine Freunde, seine Schüler, seine Untergebenen oder seine Verehrer, und manche fromme Hand legte manchen prächtigen Kranz auf den Sarg — aber ohne Adresse. Das war für die g r o ß e n Männer. Und jetzt? Wenn Einer eine höhere Stellung einnahm, in welcher er eben kein Dummkopf oder kein Betrüger war, dann wird sein Tod in Wien zum Signal einer Nänie, einer Todtenklage. Alle Zeitungen füllen die Spalten damit. Täglich liest man da in fetter Schrift: „T h i m o t h e u s M ü l l e r — †" oder „L u d w i g M a i e r — †". „Wer ist dieser M ü l l e r?" fragt ganz Wien. „Wer war dieser M a i e r?" Und da liest man denn, welch' herrlichen Mann die Stadt verloren hat, den besten Bürger, den kühnsten Erfinder, den wohlthätigsten Maschinenbauer, den weisesten Professor, oder den patriotischesten Beamten. Man liest, wie seine Arbeiter verzweifeln, seine Untergebenen ihre Entlassung einreichen aus Trauer, seine Schüler protestantisch werden wollen, oder seine Bedienten Selbstmordversuche machen. Und man liest in allen Zeitungen, wie er in der Schule stets der Prämiant gewesen war, wie er als Kind gern Sandbänkchen gebaut habe, wie er als Mann irgend ein tiefgefühltes Werk geschrieben habe. Man liest stündlich breiter und ausführlicher. Denn die Zeitungen sind neidisch aufeinander, und eine will mehr wissen und genauer unterrichtet sein als die andere. Und nun weiß der Leser endlich, welch' entsetzliche Lücke in unser Staats=, in unser bürgerliches Leben gerissen wurde. Die Gesangvereine, die ästhetischen Vereine, die praktischen Vereine sammeln sich zusammen, man räth, schlägt vor, öffnet die Börsen, man gibt mit vollen Händen; denn wenn ein solcher Mann stirbt, eine Zierde unserer Stadt, dann müssen wir uns als echte Bürger zeigen, unser Verein muß zeigen, daß er wirklich ein Verein ist, der — kurz, welcher überall dabei ist, wo —! Aber schön muß der Kranz werden! Schöner muß er sein als der aller unserer Nebenbuhler=Vereine, und wenn wir uns ruiniren! Und recht dick mit Gold gestickt muß unser Name auf dem Bande sein, damit die ganze Welt weiß, daß er von uns ist!" — So heißt es in allen Vereinen. Und die Studenten kommen eine Stunde früher in die Vorlesung, und stacheln einander auf mit begeisternden Reden: „Die Studentenschaft muß auch hier zeigen, daß —!" 2c. Und alle diese Leute folgen ihren Kränzen, und „rühren" sich beim Leichenzuge wirklich in die Stimmung, einen großen Mann zu geleiten, damit sie wenigstens die Unkosten einbringen. Und die Journale, selber erstaunt und gerührt, lassen nun eine pomphafte Beschreibung des Leichenzugs folgen, und es fehlt nicht viel, so wird für ein Monument subskribirt, und mit einem stillen, bescheidenen, braven, harmlosen, gewöhnlichen Manu ist beim Tode plötzlich eine Leuchte der Stadt Wien erloschen."

— „O, jetzt begreife ich's, wie es kommen kann, daß der Würgeengel so unbarmherzig gerade über Wien's großen Männern einherfegt!" — lachte ich laut. — „Und doch ist mir die Sache selber unbegreiflich. Woher diese Wuth der Journale, angesehene Bürger zu Säulen der Gesellschaft zu stempeln nach ihrem Tode, und woher dieses fügsame Eingehen auf die Idee bei den Innungen und Vereinen?"

— „Mein liebes Kind, weil es hier in Wien jetzt Mode ist."

— „Mode!"

— „Ja. Wissen Sie, was das ist, eine Mode in Wien? Sie ist da tyrannischer als das Gesetz; sie hat keine Vernunft oder Logik; sie kommt, man weiß nicht woher, und entsteht, man weiß nicht aus was. Die Mode ist in Wien nicht wie in anderen Städten eine Ueberspanntheit, sie ist eine Krankheit, und noch dazu eine komische Krankheit. So grassirt zum Beispiel hier in Wien eben jetzt die „Mode" des Jubiläums. Seit Grillparzers Jubiläum schon grassirt sie. Seitdem haben schon zwei Hofschauspielerinen, ein Karltheaterkomiker, der Cassier des Wiedner-Theaters, drei Bankdirektoren, ein Lampenputzer des Dianasaals, ein Polizeikommissär, zwei Professoren, und vier oder fünf Greißler ihr Jubiläum gefeiert. Und jedesmal machten die Journale das Publikum schon tagelang früher darauf aufmerksam, und schlossen mit der Bemerkung: „Zahlreiche Freunde und Verehrer (bei den Greißlern hieß es: „jahrelange Kunden") bereiten dem Jubilanten insgeheim prächtige und sinnige Ueberraschungen vor." Und ebenso, wie niemals früher in Wien so viele „allgemein verehrte" Persönlichkeiten gestorben sind wie jetzt, ebenso hörte man da früher höchstens alle zehn Jahre einmal von einem Jubiläum; weshalb? Sind denn die Leute niemals fünfzig Jahre hindurch bei einer Stange geblieben? Das wohl, aber die Jubiläen waren eben noch nicht in der Mode oder wenigstens nur im intimsten Privatzirkel, und die ganze Journalistik echauffirte sich nicht für einen in Ehren und in Treue altgewordenen Bankcommis. Die Einzigen, vor deren Jubiläen wir sicher sind, sind die Ballettänzerinnen, die Opernsängerinnen und — die Dienstmänner; vor den Letzteren, weil ihr Amt noch zu jung ist. — So ist's auch mit der „Mode" der feierlichen Begräbnisse mit Nekrolog und Bandkränzen. Die ersten Samenkörner d i e s e r Mode Neu=Wiens lassen sich freilich leicht ergründen. Zuerst kommen die Zeitungen. Früher sagte man von den einzelnen Blättern: „Dieses bringt g u t e Artikel, jenes minder gute, und dieses die allerschlechtesten. So kam es, daß die Journale wohl in der Q u a l i t ä t wetteiferten und nicht in der M a s s e. Heutzutage aber heißt es hierorts: „Haben Sie schon den und den Fall gelesen?" — „Nein." — „Ja, mein Gott, steht er denn nicht in Ihrer Zeitung?" — „Nein!" — „Aber wie kann man auch ein solches Schundblatt halten, worin nicht A l l e s erwähnt ist? In m e i n e m Journale steht A l l e s!" — (NB. Der erwähnte „Fall" ist oft nur die Arretirung einer Nacht= schwärmerin!) Dadurch werden nun die guten Journale unglaublich depravirt. Um zu floriren, müssen sie in der Quantität gleichen Schritt halten mit den geschwätzigsten Klatschblättern. Es darf ihnen nichts entgehen im ganzen großen Wien, keine Beule auf der Stirne eines Haus= meisterkindes, kein losgesprungener Ziegel einer Brückenverschalung. Sie halten nun die schnellfüßigsten und klatschsüchtigsten Vagabunden als Be= richterstatter. Und da doch von allen Zeitungsübertreibungen die Nekro= loge stets die anständigsten und christlichsten sind, so nimmt man diese den Neuigkeitsschnüfflern am liebsten ab. Wo nun so ein Berichterstat= ter einen Fabriksarbeiter niedergeschlagen, einen Schulpedell zerknirscht oder einen Buchhalter weinend trifft und den Tod des „allverehrten Herrn Chef's" erfährt, da hat er seine Beute. Jetzt braucht er nur noch Details. O, und diese Details fehlen ihm nie. Man weiß ja jetzt, daß der todte Chef in der Zeitung erwähnt wird. Und Jeder, der mit ihm in Be= rührung kam, kann miterwähnt werden oder wenigstens würde das Lüstre des Todten einen Nebenglanz auf den Betreffenden werfen. Und die Details strömen nun reichlich; aus einem guten Menschen wird ein Engel, aus einem tüchtigen Fachmann ein großer Gelehrter, aus einem pfiffigen Industriellen ein Wohlthäter des Landes; eine Hymne will die andere übertreffen; Alle, Alle drängen sich um den Notizenmacher, die Collegen des Todten, die Freunde, der Letzte, mit dem er auf der Gasse sprach, seine Bedienten, denn Alle können ja genannt werden; so wird zwölf Stunden nach dem Tode des Mannes aus der Lebensgeschichte bereits die Legende, und aus der Todesanzeige wird der Nachruf und der Nekrolog. Die vielen öffentlichen Gesellschaften Wiens ergreifen dann solche Gelegenheiten mit wahrer Wonne. „Unser Verein ist noch zu wenig genannt, wir müssen uns da als echte Bürger zeigen. Also schnell einen Kranz für den Katafalk, einen Kranz mit unserem Namen." O, dieser Vereinsname! Sie würden einen todten Schuster feierlich bekränzen, wenn es ginge! Ich habe auch die Blumenverkäufer stark im Verdacht, daß sie die Berichte liefern an die Journale; von einem Goldstickerei=Geschäfte (welch' letztere sonst nur für Kirchen und Paraden Arbeit bekämen) — weiß ich das sogar bestimmt! Und dieser kleine Eigennutz ist es vielleicht, welcher der großen Prahlerei Gelegenheit gibt zu toben — denn die Prahlerei, nichts als die derbste Prahlerei ist es, welche in den meisten Fällen alle diese Leute dazu bringt, ihrem Mitbürger die herkömmliche Apotheose zu bereiten, die bald für den reichen Brauereibesitzer die gleiche sein wird, wie für einen Löwe oder einen Halm. Die Prahlerei und die Kameraderie, die beiden großen Hebel der ganzen modernen Gesellschaft Wiens, sind auch die Hebel seiner allerneuesten, mit so greller Ostentation auftretenden „Pietät gegen todte Mitbürger"."

Die langgezogenen Töne eines Trauermarsches zitterten jetzt wie ferne, sturmdunkle Wellen in die Worte des alten Musikers hinein. Ein Leichenzug mußte von der Wieden aus nahen.

Der Meister erhob sich rasch. Der alte Mann war noch rüstig, beweglich, scharf im Sprechen, in der Geberde, feurig in seinem ganzen Wesen. — „Kommen Sie mein liebes Kind," — sagte er. — „Da kommt wieder eine Apotheose. Gehen wir zu mir hinauf. Ich liebe diesen Todtenmarsch nicht. Ich will Ihnen Einen spielen, der sich mit diesem zusammenreimt und doch ganz anders klingt. Sie wissen nicht, daß ich drei Todtenmärsche geschrieben habe. Woher sollten Sie das auch wissen? Ich habe es Ihnen noch nicht gesagt, und die Welt hat sich nicht darum gekümmert."

Wir gingen heimwärts. Es nahm mich Wunder, daß der alte Herr heute „von selbst" spielen wollte, denn er pflegte sonst nur äußerst selten vor Zuhörern zu spielen außer in Conzerten, was er aber auch schon seit Langem aufgegeben hatte. Die wunderschöne Nachfrühlingsfarbe lag über den Häusern, über den Bäumchen, über allen Leuten selbst; jene jungfräuliche klare Lichtfarbe, welche sich schon langsam zum Sommergold verdichtet. Kein Blättchen bewegte sich, und selbst die Töne des fernen Trauermarsches schienen mit anscheinend unbewegten Flügeln wie ein in der Luft ruhender Adler vorwärts zu schweben. Und auf dem Wege sprach der heute so seltsam in das Todtenthema verbissene Greis noch: — „Ja, nicht bei dem Leichenbegängniß und in den Zeitungen finden Sie den Tod Wiens in seiner wahren Gestalt, sondern nur auf den Friedhöfen. Nach einem solchen Leichenzuge müßten Sie hier glauben, ein Mozart werde begraben, und oft ist es nur ein populärer Turnlehrer. Oder sie tragen aus dem Spital des Kriminals einen schlechten Sarg. Wer weiß, ob der einen Verbrecher birgt, und nicht doch etwa einen Bakunin oder Pinkal. Und so ist es mit den Journalen: darinnen trauert ganz Wien um seine Zierde im Nekrolog der zweiten Spalten. Gehen Sie dann täglich auf den Friedhof, Sie sehen vielleicht nie eine Katze um das Grab schleichen, wenn der Mann nicht etwa Weib und Kinder hinterließ. Oder es wird von einem schlechten liederlichen Burschen gemeldet, der sich aus Furcht vor der Strafe entleibte. Der Friedhof wird Ihnen vielleicht auch da die Wahrheit sagen; denn Sie werden sein Grab stets von frischen Blümchen umkränzt finden. Muß also doch nicht so schlecht gewesen sein, der arme Selbstmörder. Drum, nicht in den Zeitungen und in den Kränzen und den Grabreden sehen Sie den rechten Tod in Wien, sondern auf den Friedhöfen. Besuchen Sie doch einmal Einen, bald. Sie können da hinaus gehen. Ich mag nicht. Ich komme bald genug hinaus ohne müde zu werden und ohne Omnibus."

— „Ich will es thun," — sagte ich.

In seinem Stübchen oben schloß der alte Meister sein altes Piano auf, das ich noch so selten — ach, nur zu selten! gehört hatte. Es war eines jener guten Instrumente, die wie der Wein durch die Zeit nichts verlieren.

Der Musiker hatte das Fenster doppelt geschlossen, so daß man von der Leichenmusik, die sich ohnedies weiter und weiter entfernte, kaum mehr schattenhafte Tonreflexe wahrnahm.

— „Da draußen winselt die Musik über einer Leiche. Wir wollen hier auch ein wenig jammern über u n s e r e Todten," — sagte der Musiker mit einem sonderbaren Blicke auf das leere, bestaubte Notenpult vor sich. Und er begann zu spielen.

Es war seltsam. Er hatte keine Noten vor sich. Dort im Winkel, zwischen der Pendeluhr und dem alten Schlaffessel lagen sie alle, die alten, vergilbten, verstaubten und an den Rändern angefaserten Hefte, welche seine Compositionen enthielten. Es waren viele, viele Hefte, in denen viele Perlen, zu krummen schwarzen Notengnomen verzaubert, auf die Erlösungsstunde harrten, die den Fischer brachte und den Menschenkerker eröffnete dem Sonnenlichte des eigentlichen Perlenlebens, dem Entzücken der Welt. Dort in der Ecke, verstaubt, abgegriffen und schon lange vernachlässigt, lagen also die Notenhefte seiner Compositionen, das wacklige Notenpult vor ihm war leer, und dennoch war sein Auge starr und fest auf dasselbe gerichtet, wie er spielte; es machte den Eindruck, als spiele er nicht auswendig, sondern als lese er seine Composition Note für Note von dem alten Pulte ab. So scharf folgte sein geisterhaft geöffnetes Auge den eingebildeten Notenlinien bis herab zur Platte, um dann wieder von oben angefangen zu lesen, als beginne eine neue Seite. Ein seltsames, beklemmendes Gefühl überkam mich. Wie viele Geister von Tönen, Musikbildern und Klangwellen mußten — für den Greis deutlich sichtbar — dieses kleine Zimmer bevölkern! Dieser verkannte Genius, der seit Jahren in Verbitterung allein lebte mit seinen Träumen, welche Töne waren, war dahin gelangt, seine Zimmer mit den Gespenstern aller seiner verwehten Musikträume zu bevölkern, die für ihn Gestalt annahmen und Gesellschaft waren.

Er spielte einen Trauermarsch — „er jammerte um seine Todten", wie er gesagt hatte. Aber dieser Jammer hatte nichts Krankhaftes, nichts Klagendes beinahe, sondern es war mehr Zorn, dem die Augen voller Thränen stehen; es war der Schmerz eines braven Soldaten über dem ermordeten angebeteten Feldherrn. Es war ein Trauermarsch, in den gewaltigen Tönen, welche wie ein dumpfes Grollen der Rache, oder wie einen kühnen Trotz gegen das erbarmungslose tyrannische Grab ausdrücken. Durch die B=Moll=Melodie drang es manchmal wie Wetterleuchten, welches durch den Trauerflor des trostlosen Abendhimmels zuckt gleich einem Schmerzenszucken, aber auch gleich einem Drohblick. Wie vergrollend endete das Stück. — Der Musiker wandte jetzt sein Auge von dem leeren Notenpulte auf die Tasten nieder. — „Das ist der erste Trauermarsch, den ich mein Lebtag componirt habe. Ich war damals 24 Jahre alt. Mein erster Trauermarsch!" — Und es schaute der Musiker plötzlich zu mir auf, und lachte mit seinem ganzen Gesichte auf eine so höhnische Art, die ihn fast häßlich werden ließ. — „Es starb nämlich damals ein großer und berühmter Patriot, für den ich schwärmte; denn damals schwärmte ich noch und gehörte zur Hoffnungspartei. Und da setzte ich mich hin, wie wir Burschen vom Grabe heimkamen, und schrieb nieder, was ich beim Begräbnisse im tiefsten Herzen gedacht hatte. Diesen Marsch nannte ich: Marcia funebre sulla morte d'un patriota. Jetzt horchen Sie den:"

Und er begann, die Augen wieder stier auf das leere Notenpult heftend, einen andern Todtenhymnus. War es ein Marsch? Ja. Denn das Marschtempo wurde durch den Baß klar und treu festgehalten; aber der Prim wogte in wilden, klagenden, rufenden, ringenden Krämpfen auf und nieder; selbst die Tonart wechselte fortwährend kühn von as in a. Es war wirklich ein Kampf, oder vielmehr das Kämpfen eines einzelnen Riesen gegen eine Uebermacht, ein Kampf des Genius, welcher erdrückt zu werden beginnt und noch nicht daran glauben will; das klagte, rief um Hilfe, wie ein Verirrter im Thiergebrüll des nächtlichen Waldes, das rang trotzig und wimmerte auf....

Nein. Er spielte das Stück nicht zu Ende. Er brach es rasch ab. in einer grellen Passage.

— „Das ist der zweite Trauermarsch, den ich componirt habe. Ich war damals vierzig Jahre alt. Ich nannte ihn Marcia funebre sulla morte d'un artiste. Und ganz zuletzt, ganz zuletzt, als ich noch componirte, vor ein paar Jahren, damals, als ich noch manchmal die Noten dort hervorzog und hierher auf's Pult legte und sie verbesserte, da habe ich zu guter Letzt' noch ein drittes Trauerzeugs geschrieben — so etwa:"

Ja. Das was er jetzt spielte, war deutlich ein Marsch. Nur zu deutlich. Die Seele schien da erdrückt unter dem Taktschlagen des Secund. Der Baß glich hier dem einförmigen Klappen des Hammers auf die Nägel eines Sarges und manchmal dem Ticken des Holzwurmes in einem einsamen, sturmumtosten Haidehäuschen. Und die rechte Hand, brachte sie die Melodie? Nein, denn es war keine Melodie, sondern ein Wimmern; nicht das Wimmern des Schmerzes, sondern das gedankenlose, halbirre Winseln der Verzweiflung. Es war eine herzzerreißende Monotonie der tiefsten Trostlosigkeit in diesem Leichenmarsche. Das war der echteste, der rührendste Trauerchoral, den ich jemals gehört, denn er war o h n e H o f f n u n g; denn in jedem Schmerze, in jedem noch so tiefen Leid, welches noch ein Fünkchen von Hoffnung bringt auf Trost, auf ein Wiederfinden der Seelen, auf einen Gott, mußte anders klingen: d i e s e Musik aber hatte keine Hoffnung mehr und keinen Gott, nur Leichen überall; Leiche Alles, was man vom Leben erwartet hat, Leiche Alles, was man im Leben geliebt hat, Leiche der Erlöser, welcher ein Wunder wirken kann, und Leiche der Glaube an den Vater, der uns jenseits erfüllen soll, was wie hier in Leiden und Siegen erfleht haben. Verwesungsluft wehte durch diesen schauerlichen Todtengesang. Hier jammerte es wahrhaft um die Todten; um die Todten einer einzigen Seele, aber diese Seele hatte die ganze Welt umfaßt! — Es war halb wie das Weinen Petri in Reue, und halb wie das untröstliche Wimmern Magdalena's, da sie das Grab leer fand. „Wo habt Ihr meinen Herrn hingethan? Ich suche ihn, u n d f i n d e i h n n i c h t m e h r!"

— „Das ist das allerletzte Stück, welches ich componirt habe. Ich war damals sechzig Jahre alt," — sagte jetzt der Musiker leise und schaute wieder auf die Tasten herab mit seinem harten Greisengesichte. — „Marcia funebre sulla morte d'un pazzo nannte ich ihn. Seitdem habe ich das Componiren aufgegeben. Man wird so müde, so müde! Und dann nahm es mir zu viel Zeit weg. Abgesehen von den Orchesterproben und den Vorstellungen im Opernhause. Denn jetzt lebe ich auch mehr, ich kümmere mich um Alles was geschieht, um die Gerichtsverhandlungen, um die neuen Banken, um die bösen Anekdoten. Aber gut und passend war's doch, meinen Componisten-Rausch mit einer Marcia funebre zu enden, denn alle, alle die Opuse dort in der Ecke sind ja jetzt todt und Staub. Staub von ungetauften, gottverlassenen Kindesleichen, welche nie das Lächeln und die Liebe der Mutter Welt erfahren haben. Aber wie schwül ist es da, wie in einem Leichenhaus — öffnen sie die Fenster, schnell, schnell, Luft herein, Licht, singen die Vögel, die Sonne horcht zu..!"

Und wie ich dem Lichte, dem frischen duftenden Lufthauche und dem Getriller beide Fensterflügel öffnete, da wühlte der Alte wie verzückt in den Tasten des Instrumentes.

Ich weiß nicht mehr, wie lange er spielte, wie lange ich lauschte; ich weiß nur noch, was er spielte: die Liebe, den Sommer, die Jugend, das Glück, die Vögel und das Gelächter.

Als er endete sagte ich ihm kein Wort des Entzückens oder der Schwärmerei, so voll mir auch das Herz davon war. Was hätte ich ihm auch sagen sollen? Daß die Welt ihn verkenne? Ihn anklagen, daß er sich nicht auf die Straße hinabsetze mit seinen Werken und sie feilbiete wie saures Bier? Ich wußte, daß er Jahre lang gerungen und gekämpft hatte wie Sisyphus, seit seine Locken noch braun gewesen, bis sie zu silberweißen, spärlichen Strähnen geworden waren. Ich wußte, daß er überall angeklopft hatte und versucht; ich wußte, daß einzelne seiner Piècen vom Publikum als wunderbar und klassisch bejubelt, und deshalb eben dann plötzlich verschwunden waren, weil alte Conzertgeber selber Componisten sind, die es nicht lieben, andern Schöpfern den Weg zu bahnen. Ich wußte, daß ihn große Tonheroen einen Gesalbten und Geweihten nannten unter vier Augen, und ihn dann schnell verließen. Sollte ich diesem prächtigen, erlöschenden Genius sagen: „Herr, noch einmal zeige dich der Welt?" — Es war zu spät, denn er hatte sein Herz der Hoffnung zugeschlossen für immer.

Wenn eine Zeitung nur den dritten Theil eines Nekrologenraumes gehabt hätte, den sie für Landesgerichtsräthe verschwendet, für diesen Genius, für dieses reiche, todtgedrückte Leben; wenn eines der vielen Journale nur ein wenig Gluth, ein wenig Eifer gehabt hätte für das der Welt noch minder bekannte Gute und Edle! Wenn Vereine und Akademieen diese ganzen Jahre her nur einen der bescheidensten Kränze gehabt hätten für die Leistungen dieses Mannes in seiner Jugend, wo sie so reiche Blumenspenden haben für das Grab eines jeden Menschen: so wäre ein Leben gerettet worden für die Unsterblichkeit, und für die Welt wäre gerettet worden der Glanz und die Pracht großer, klassischer, schönheitsdurchschimmerter Tonwerke. So aber waren die bestaubten Notenstöße dort in der Ecke wirklich Gräber — Gräber eines todtgebornen Ruhmes: verdammt zu vergilben und zu vermodern und zu zerfallen, wie alles

Große, dem die Gunst und das Glück fehlen. Jene ärmliche Ecke war heilig und düster — wie ein Friedhof.

* * *

Im Hochsommer desselben Jahres besuchte ich zum erstenmale einen Friedhof Wiens.

Es war ein heißer, ein unerträglich heißer Tag. Die Leute suchten den Schatten so ängstlich, wie scheukranke Hunde. Die Conducteure auf den Tramwaywägen glichen sämmtlich Segeltuchstangen, an denen Meerwasser heruntertrieft wie nach einem Sturme. Man konnte an den Häuserreihen, auf welche die Sonne schien, nicht hinabsehen; denn grellweiß und grellblendend lagen sie da in der Sommersonne, die heute in der eigenen Gluth zu zerschmelzen schien.

Wer nur immer konnte, entfloh heute aus den Mauern der Stadt, wo sich die Glühhitze an den bratenden Häusern anlegte und wieder von ihnen abstrahlte wie aus einem Brennspiegel. Auch ich machte meinen Landausflug und zwar nach einem der Kirchhöfe Wiens. Ich hatte nämlich — nicht aus den Zeitungen — den Tod des guten alten Musikers erfahren. In dem Hause, wo er gewohnt hatte, erzählte mir die Frau Hausmeisterin (eine liebe Frau, zutraulich wie eine gezähmte Hyäne), daß er bereits vor vier Tagen begraben worden sei. Auch den Platz, wo er lag, konnte sie mir genau bestimmen: er liegt in der letzten gemeinschaftlichen Grube. Wenn seitdem Niemand gestorben ist, so muß sie noch offen sein.

Was er sein nannte, war verkauft worden. Es waren auch zwei, drei elegante Herren bei der Auktion. Was war mit den Noten geschehen? Sie wußte nicht, ob die zwei eleganten Herren oder der Greißler sie gekauft habe.

Ja. Das ist gewöhnlich das Ende solcher Noten eines glück= losen Berufenen: die Sachen kommen dann in neue glänzende Compo= sitionen von Modemusikern, oder — sie verflattern zwischen Butter= wecken und Paprikaspeck. Glücklich noch die Requiemfetzen oder Sonatenecke, in welchen liebe kleine Kinderhände Bonbons nach Hause tragen.

Und so ging ich nach dem Friedhofe. Von der Linie aus sieht man rechts weit in ein grünes Thal hinab gegen die Donau, vor uns beginnen die Kastanienalleen, welche gegen die villenreichen Vororte führen, und links biegt an tiefen Stadtwällen vorüber zwischen öden Mauern und Holzgittern ein verlassener Weg ein: der Weg zum Friedhofe.

Die Wiener Friedhöfe gleichen nicht Gärten, sondern Städten, so viele Bäumchen und Büsche auch da seien. Die Monumente sind zu gleichförmig, meistens blos in den Statuetten oder der Arabeske ver=

schieden, so daß man sie für die Palasthäuser einer Miniaturstadt halten kann; und vollends von der Rückseite gesehen, mit großen Hausnummern beschildert, gleichen die regelmäßigen Gräberreihen Gassen — langen, unabsehbaren Gassen.

Und diese Stadt ist groß, sie ist wie eine Residenz, viertelstundenlang dehnen sich die Straßen, und eine liegt dicht neben der andern, und Querstraßen durchschneiden sie wieder, und bilden so an bestimmten Stellen Plätze, Quarré's. Inmitten dieser Plätze, welche von den sich kreuzenden Gräbergassen gebildet werden, pflegt ganz wie auf Residenzplätzen ein Kruzifix oder auch ein kleiner Hain von Büschen zu stehen, in deren Mitte man die Hauptwache stehend denkt. Die ganze große Todtenstadt, wie sie im Sonnenbrande so vor mir daliegt, hat einen eigenthümlichen Styl, so etwas Amerikanisches. Die Gassen sind so beängstigend endlos und so beängstigend gerade und regelmäßig! Die Monumente — ich will sagen die Häuser, sind alle dachlos, gleichfärbig, fast gleichförmig, sie thun dem Auge weh in dem grellen Weiß der Sonne. Die Bäume und Büsche zwischen ihnen sind nur zur Zierde, sie geben keinen Schatten, und das Aufblitzen der zahlreichen prächtigen goldenen Ornamente scheint die Gluth, die Monotonie, die Oede und Steinhitze noch zu vermehren. So durcheile ich die Straßen des Friedhofs. Kein Gedanke der Andacht oder der Rührung überkommt mich, wie so oft auf den Kirchhöfen der Dörfer und der kleinen Städtchen. Ich irre durch diese Gassen, ich gerathe immer wieder in neue, welche dasselbe Aussehen haben, von da wieder in eine andere... nein, es scheint, wieder in dieselbe. Ich befinde mich in dem Labyrinth des Dädalus. Ich fange an, nach den Hausnummern zu blicken und die Namen zu lesen. Ach Gott! Alle diese Grabgassen machen mir einen peinlichen Eindruck: nirgends ist ein Lücke, nirgends ein Aussprung in's Freie, auf einen echten Gottesacker! Ueberall nur Stein, Stein und Gold. Marmorstein und Vergoldung. Hier und da Eisengitter um einen kleinen Todtenpalast, wie in den Square's von London. Wer könnte da beten für den fremden Todten, wie man es oft thut auf Gräbern in der Fremde, die Einen bekannt anschauen!

— „Hier ruht" — „Hier ruht" — Namen auf Namen in Gold, mit Alter, Gedichten und manchmal einem schmerzlichen Worte des Zurückbleibenden, welches berührt wie ein Stöhnen. Wie greift das sonst in's Herz. Aber hier — alle diese Gräber in unabsehbarer Reihe gleichen neugierigen, offenen, weißblitzenden Augen. Wir sind hier in allzu vornehmer Gesellschaft — auch der Tod hat seine Etikette. Und nirgends ist diese Etikette so ankältend und so unabweisbar wie auf einem Friedhofe Wiens, diesen regelmäßigsten aller Friedhöfe. All die Pracht hier ist ein sich gegenseitig Ueberbieten in der Trauer. Gold und Marmor bedeuten hier nicht so sehr die Liebe des Vereinsamten, als die Stellung des Verstorbenen. Auf den Gräbern der kleinen Kinder wiederholt sich stets dieselbe bekannte knieende Ofen=Gypsfigur in Stein. Selbst das Kindergrab wird zur Schablone. Ueber manchem Grabe liegt ein glänzend polirter grauer Marmorstein, an dessen Henkelgriff ein Engel faßt, um ihn zu heben, zur Auferstehung. Und diese schöne Idee kehrt so oft wieder, wie die Karyatide zwischen den Pfeilern eines vielpfeilrigen Palastes.

Die niedrigen dünnen Bäumchen wehen mit keinem Blättchen. Die Sonne ist auf diesen steinernen Wiedersehens=Contrakten eingeschlafen. Ich will fort, hinaus aus diesen geraden, langen Kreuz= und Quergassen — hinaus zu dem Winkel der Armen, wo kühler Rasen ist. Aber wo ihn finden? Ich gelange stets wieder, wie es scheint, in dieselbe Grabesreihe zurück. Der Stephansthurm ist von hier aus nicht sichtbar, daß ich mich darnach orientiren könnte. Und die Nachmittagsgluth hat Grabweiber und Todtengräber in ihre Hütten gescheucht, und still, regungslos, blendend, einförmig, steif und verwirrend liegt der unermeßliche, weißkarrirte Friedhof um mich.

* * *

Da endlich habe ich es gefunden: das Viertel der Armen. Wie grün ist es hier, und mitten im Grün erst werden Blumen zu Blumen. Von hier aus überblickt man die weiten Einfassungsmauern, man sieht die hohen Pappeln der Fahrstraße, und man sieht einige Thürme der Stadt. Die Gräber — das heißt die Gräber der reichen Armen, der Beamten und der Lehrer und der Studirenden und der kleinen Künstler und der höheren Arbeiter sind mit Kreuzen geschmückt. Mit schwarzen Kreuzen, deren runde Täfelchen den Namen sprechen für den stummen Mund zu ihren Füßen. Und auf den Hügeln, den runden, echten Hügeln, da wuchert das Wiesengras von selber hinauf, und Blumen — spärliche, aber desto schönere Blumen blühen still dazwischen hinauf. Hier auf dem Grabe des Mathias Rogendorfer, Praktikant, 25 Jahre alt, blüht eine Monatsrose mit vielen Knospen. Man sieht es der Blume an, daß sie in einem Topfe gewesen ist. Sie stand sicher auf dem Fensterbrettchen des Bürgermädchens, welches auf die Anstellung dieses Mathias wartete. Das Mädchen zählte die Rosen, wie sie kamen und gingen, und nähte dabei. Jetzt blühen und welken die Rosen hier ungezählt, und — wer weiß ob das Mädchen noch näht. Dort das Grab trägt stolzen Goldlack, jenes Rittersporn und Vergißmeinnicht: Vergißmeinnicht sind schwer zu erhalten, man muß da täglich begießen kommen... Wer liegt da? Ach, freilich: ein liebes erstes Kind.

Hier flattern und schreien auch eine ganze Schaar von Vögeln hin und her, und schießen auf Augenblicke in's hohe, kühle Gras nieder. Nun freilich: Blumen streuen Samen aus, und die wirklichen Wiesen liegen den Vorstadtvögeln zu sehr aus dem Wege. Ich habe deutlich gesehen, wie ein dicker Sperling auf jenem Hügel dort Toilette machte.

Dann kommen, wie ich weiter gehe durch's hohe, kühle Gras, Gräber mit plumpen, ärmlicheren schwarzen Holzkreuzen; die meisten sind von einem Sturme umgeworfen worden und faulen und modern nun am Boden. Denn die Angehörigen dieser Gräber können nur selten da heraus, vielleicht zu Allerseelen; sie müssen arbeiten. Im Winter werden diese Kreuze, die so billig sind und doch schwerer erschwungen werden als das größte Monument, schon zerfault und zerfallen sein. In Sonnenschein und an trüben Tagen haben diese Arbeitergräber doch stets ein Aussehen des tiefsten Friedens und wohlthuender Ruhe; wie süß müssen diese Todten schlummern, denn wie sind sie müde gearbeitet und müde gelebt!

Dann, schon nahe der Mauer zu, kommen Gräber — ganz ohne Kreuz. Sind es auch Gräber? Vielleicht nicht; es sind ja gar keine Hügel, sondern blos Unebenheiten, fast graslos — denn das Gras ist überall abgetreten auf ihnen. Es werden doch Hügel und Gräber sein. Aber Jeder, der zu den übrigen Gräbern will, nimmt den Weg über diese, und da ist so ein armes, durch kein Kreuz geschütztes Grab in zwei, drei Tagen schon niedergetreten, unförmlich, unkenntlich, oder gar eingesunken.

O, auf einer solchen eingesunkenen, kahlen Grabesstelle hat eine Kinderhand zwei Hölzchen eingesteckt. Das eine ist wagrecht an die Mitte des andern gebunden. Es soll ein Kreuz vorstellen. Ein Segen, oder ein Erkennungszeichen? Ist es ein Gebet oder ein Merkzeichen? Beides zusammen. Die Hölzchen sind schon grau, morsch. Sie sind noch vom Winter her, gewiß. Ich sehe die rothen, erfrorenen kleinen Kinderhändchen, wie sie das Kreuzchen in die gelockerte Erde steckten. Es ist so schwach, so klein, und kein Sturm und kein Regen und kein Schnee haben das Hölzchen entwurzelt.

Dort, auf diesen kreuzlosen Armengräbern geht ein Weib auf und nieder. Sie ist gekleidet nach Art städtischer Handwerksfrauen. Ihr Gesicht hat den mürrischen Zug, die unschönen Züge der Böhminen. Die kann mir sagen, wo die Armengruben, die allgemeinen Gruben sind, wo viele Särge beisammen geworfen werden. — Aber was ist das? Weshalb geht sie nicht ihres Weges hin, und immer sechs Schritte her, sechs Schritte hin? Immer über drei Gräber, vom ersten bis zum dritten und vom dritten wieder bis zum ersten. Die Hände hat sie in ihr Tuch gewickelt, und den Kopf geneigt. Betet sie?

Ich trete an sie heran, grüße sie, und thue meine Frage. Sie schaut mich an, wie sie antwortet. — „Das allgemeine Grab? Das ist da unten, ganz in der Ecke. Wann ist der gestorben, den Sie suchen?"
— „Vor vier Tagen."
— „Dann ist das Grab noch nicht geschlossen, und Sie sehen noch hinein. So bald fangen sie kein neues an."
— „Sie wissen das Alles genau," — sagte ich höflich. — „Sie kommen wohl oft her." — Und ich schaute zu den drei eingesunkenen Gräbern ohne Merkmal nieder, auf dessen mittlerem sie stand.
— „Sie meinen? Ja," — sagte sie mit stark slavischem Accent, und fuhr fort mit der Hast von Leuten niederer Klasse, die ihren Schmerz gern Jedem mittheilen. Und wie sie sprach, kamen ihr Thränen in die Stimme, aber sie hielt sich nicht auf dadurch. — „Mein Mann war Tischler — in Bidschof, in Böhmen unten. Er wollte, daß es uns gut gehe, und ging nach Wien, und ich blieb zurück. Hier in Wien ist er gestorben. Im Spital. Man schrieb es mir, ich schickte Geld zu einem eigenen Grabe. Dann kam ich nach, wie ich Alles verkauft hatte. Ich kam und fragte nach dem Grab. Man hatte im Spital die Nummer vergessen, und ein Kreuz hatten sie nicht gesetzt. Sie hatten nicht gedacht, daß ich käme. Aber sie sagten mir den Tag des Begräbnisses. Der Todtengräber hatte aber an diesem Orte da an dem Tage drei Armenleichen gehabt, und er sagte mir: „Eins von diesen drei Gräbern muß es sein." Ich wohne nun hier bei einer Verwandten, die ich traf, und suche einen Dienst. Vormittags suche ich einen Dienst, und Nachmittags gehe ich da heraus. Das ist eine Geschichte, nicht wahr?"

Und damit schwieg die Frau und setzte ihren Gang und ihr Beten wieder fort.

* * *

Da stand ich nun am allgemeinen Grabe: man nahm die Särge da unten kaum aus; sie waren dicht überdeckt mit Kotherde, denn es hatte über den Staub des Begräbnißtages geregnet; und über dieser Kothkruste lag neuer dichter Sommerstaub. Ueber diesen dünn eingehüllten Särgen nun surrten und summten Hunderte von Schmeißfliegen, die sich sammelten, immer dichter, und kreisten, immer lauter, sich gierig badend in der faulenden Atmosphäre, welche der Gluthentag hervorzog aus den Särgen. — Kein Baum, kein Gebüsch in der Nähe. Wie ich an den Rand der Grube trat, rollte trocken geglühte Erde hinab.

Hier lag also der alte Musiker. Sein Staub vermischt mit anderem Staube: wie er's im Leben gewesen. Sein Name vergessen — für ewig! wie er's im Leben gewesen.

Und kein Vogel näherte sich diesem Grabe. Denn die Bewohner der Luft fliehen die Fäulniß.

Und darüber die Sonne, breit, grell, glühend, arrogant, aufgedunsen und despotisch; versengend, aber nicht schaffend. Und daneben die Reichen.

Ich bete über diesem Klumpen Särge. Und mein Gebet hätte heißen können: „Marcia funebre sulla morte d'un martyre."

* * *

O Wien, du große, du reiche, du edle Stadt! Diese Mode hast du noch nicht gebracht: das Genie zu ernähren vor seiner Berühmtheit, und es zu vergöttern vor seinem Tode.

Das Palais in der Herrngasse.

Die Herrngasse der Residenz ist dezidirt dem Adel gewidmet, so wie die Ringstraße den Spekulanten. Die Paläste der Herrngasse und der Ringstraße haben auffallende Unterschiede untereinander. Das Palais auf der Ringstraße (ich spreche hier von der Regel, und nicht von Ausnahmen) trägt Geld ein, das Palais der Herrngasse kostet Geld. Das Palais der Ringstraße hat einen Portier, welcher halb= jährlich engagirt ist, während der Portier der Herrngasse in demselben Hause, das er jetzt knurrend bewacht (mit einem grotesken Feldwebel= stocke und einer abgelegten Pelzgarnitur), als junger Reitbursche schon seine ersten Sporen verdient hat. Das Palais in der Ringstraße macht so viel Lärm als möglich, das Palais in der Herrngasse gleicht einem Grabe. In der Ringstraße wird das erste Stockwerk meistens von einem Banquier bewohnt, dessen Töchter zur Frühlings= zeit zu dem geöffneten Fenster hinausschmettern — um das Geschäft des Papa's zu heben. Im zweiten Stockwerke wohnt oft ein Fürst mit Koch, Sacher=Konfekt und Equipage: aber seine Dienerschaft hat ebenfalls etwas Handelsmännisches, denn sie ist gemiethet und nie ererbt, sie ist daher ebenfalls so laut als möglich, um der Welt zum Fenster hinaus zu zeigen, wo sie dient. — Es ist das eine Rekomman= dation für die nächste Herrschaft —; während die Dienerschaft des Herrngassen=Adels eine Art Dornröschen=Staude um ihre Herrschaft zieht, gerne die Jalousieen niederläßt, und die Blumen an den Hof=

fenstern begießt. Die adelige Familie, welche einen ersten Stock der Ringstraße bewohnt, ist oft reicher in Apanagen und Budgets und Ausgaben, als ein ganzes Adelshaus der Herrngasse zusammen. Aber es hat ein je ne sais quoi von improvisirtem: Es wohnt ein Wucherer Thür an Thür, es — es gibt oft Judenstreitigkeiten auf dem Corridor, und — après tout ist es so natürlich, daß ein alter Name sein eigenes Haus habe, in welchem er so ärmlich als thunlich, aber auch so exclusiv als nöthig leben kann. Die Fenster des Ringstraßenpalais öffnen sich geräuschvoll im Frühjahre auf die Straße und auf den Balkon. Die Dienstmädchen breiten Teppiche heraus, die Töchter des Banquiers lehnen sich über die Balkonbrüstungen, instinktmäßig, um zu zeigen, daß ihr Papa im zweiten Stock, Ringstraße wohnt. Aber dasselbe Frühjahr findet das Palais der Herrngasse so still, so in sich eingeschlossen, wie der tiefste Winter. Keine Veilchensträußchen öffnen die Fenster mit den Jalousieen, die den ganzen Winter hindurch alte Lüstres und gazeverhängte Gemälde vor der Dämmerung „beschützt" haben.

Das Palais, in welches wir treten, thaut in diesem Augenblicke gleichsam auf unter dem lauen Sturme von außen, der über die weit entfernten Felder warmhauchend zerschmilzt. In den Simsen der Dach-Statuetten regen sich Schwalbennester unter dem Thausturme des März-monats zum Herabfallen; und sie selber, die Götter-Carrikaturen aus Sandstein, diese Urnen und diese formlos gewordenen schwarzen Sand-Büsten, trieften naß vom Frühling und wackelten gefährlich vor seinem Thausturme; aber sie fielen nicht; diese Vorfrühlingstage sind stets wie ein Jubel in der ganzen Natur. Die Gouvernante geht da mit ihren beiden kleinen Comtessen über den Graben spazieren zur Mittags-stunde; der wüthende Thauwind verzerrt sich in ihre Kleider, und sie patschen bis über die Knöchel im kothgewordenen Schnee; aber der Frühling ist ja da, dieser Koth ist das Embryo des Grases, und dieser laue Wind ist der Vater der Veilchen. Niemand in der Welt vermag das so echt zu fühlen wie die kleinen Comtessen und ihre Gouvernante. Das Kind des Arbeiters hatte sich in den Hof hinausgestohlen, und das Kind des Beamten hat den Winter hindurch die Schule besucht in jedem Wetter. Aber die kleinen Comtessen mit ihrer Gouvernante fühlen den ersten nassen, thauenden und häßlichen, aber aus dem Palais-Banne erlösenden Frühlingstag froher, hoffnungsreicher noch als die Bauernkinder und die Bürgersleute der Vorstädte.

Die zwei kleinen Comtessen tragen noch die Gamaschen, die Plüschjacke und den Hermelinmuff des Winters: aber schreiend bleiben beide an der Butte der Straßenblumen-Verkäuferin stehen, stellen sich auf die Zehen, und schreien nach den ersten duftlosen Hundsveilchen-Bouquets, die sich da lungensüchtig aneinander kauern. Die Gouvernante trägt ebenfalls noch einen carrierten Mantel, den Filzhut und den bescheidenen Muff, den sie von der Gräfin geerbt hat. Ihr Näschen ist roth angehaucht, und ihr Kinn und ihre Wangen sind es auch. Die Kinder sind so modejournalartig behermelint, und die Gouvernante ist so einfach hinter ihnen her, und die Kinder kreischen so laut zu ihr auf, und sie spricht so beruhigend französisch zu ihnen hinab, daß den ganzen Kohlmarkt hinunter Jedermann sagt: „Das ist eine Gouvernante mit ihren Zöglingen." Der Dächer-Schnee thaut schwere Tropfen auf sie herab, und die Begegnenden drängen die freudestrahlenden Kinder an ihre Bonne an; was wissen auch die Leute davon, wie wunderbringend der häßlichste, thauendste und stürmendste Frühlingstag ist für kleine gräfliche Mädchen und ihre Gouvernante!.. Mademoiselle Lenoir war ein Mädchen mit schneeigem Teint, röthlichem Haare und grünen Augen. Sie war gelehrt in Sprachen und bescheiden im Umgange. Sie war aus der deutschen Schweiz, und konnte daher sehr gut französisch, und war zur Gouvernante geboren. Denn wie der beste Spargel in Eibenschütz in Mähren wächst, und der beste Wein am Rhein, und der beste Senf in Krems, und das beste Oel in Aix, ebenso wachsen die besten französischen Gouvernanten in der Schweiz; sie haben wohl alle den breiten Accent des Gebirges, und sie haben alle die trockene Bildung der Grammaire; aber das Vorurtheil regiert die Welt; und der Spargel von Eibenschütz, die Gouvernante aus der Schweiz, das Aixer Oel und der Kremser Senf werden ihre Herrschaft behaupten gleich der Gallmayer über dem Repertoir der Lebenstafel.

Um drei Uhr war Mademoiselle mit den kleinen Herrschaften wieder zu Hause. Der Portier erhob sich nicht, sondern er erkannte die

„heimgetriebene Heerde", wie er sie nannte, durch das Guckfensterchen.

Der Portier ist immer ein Adelsfeind, ein Böhme, ein Demokrat. Aber er weint immer ehrlich an einem Adelssarge, dessen Todter ihn „in der Ungewißheit seiner Stellung läßt"; wer weiß, ob der Nachfolger ihn beibehält?

Die gräflichen Kinder machen auf den Treppen stets einen noch größeren Lärm als auf der Gasse. Sie sind da gleichsam zwischen ihren Ahnenbildern gehätschelt; sie drehen das Mäntelchen heftiger, sie schütteln das offene blonde Haar wilder. Sie sind tausend Jahre alt gegen Mademoiselle Lenoir, und sie geberden sich gegen dieselbe wie die Ajah gegen einen Prügelknaben. Und Mademoiselle Lenoir wird desto stiller, je höher man die Palaisstiege hinaufschreitet, und desto demüthiger und desto grollerfüllter und boshafter in ihrem trotzig-weinenden Innern.

Wie Kinder und Gouvernante über die Treppe hinaufschritten, kam die Gräfin eben dieselbe herab. Sie war in einen Zobelpelz gehüllt, hatte einen Pelzturban auf dem Kopfe, und der Jean trug ihr zwei Cartons mit auszutauschenden Blumen nach, die nicht convenirten. Die Gräfin nickte der Mademoiselle zu, und fragte über die beiden kleinen Gräfinen. Mademoiselle gab ihren Bescheid, und die kleinen Gräfinen erzählten der Mama von neuen Spielwaaren, die sie am Kohlmarkt gesehen hatten, und die Jean holen solle; und dabei dröhnten ihre dünnen Kinderstimmen schauerlich durch die Treppenflucht, gleich Soldatenflüchen, durch's Mikroskop gesehen. Die Gräfin Mutter, noch immer eine schöne stattliche Frau, sagte einige verstummenmachende Worte, und redete mit Mademoiselle noch darüber, daß heute Abend Empfang sei, und die Kinder beim Souper überflüssig sein würden. Mademoiselle verstand vollkommen. Madame la Gräfin — grüßte sie freundlich im Scheiden auf der Treppe. Sie liebte diese kleine Gouvernante vorzüglich: dieselbe war rothhaarig, blaß, aus der Schweiz, und man merkte sie n i r g e n d s; der alte Graf h a ß t e sie, und selbst in den Kenntnissen der kleinen Gräfinen drängte sie sich nicht hervor: man merkte da keine Fortschritte.

Die Gouvernante in einem Wiener Palais ist stets durch Rekommandation einer bekannten Familie in's Haus gekommen, die sie los werden wollte. Man ist in diesem Punkte in adeligen Verwandtenkreisen nicht skrupulös. Ist eine Gouvernante ein schreckliches Geschöpf, d. h. ist sie gar zu dumm, gar zu hübsch oder gar zu leichtsinnig, so jagt man sie deshalb nicht fort. Man kann das nicht, es wäre mauvais genre, und man kann doch ein so armes Geschöpf trotz aller Fehler nicht auf die Straße setzen. Ueberdies ist es Naturregel, daß jede Gouvernante über die Familie, die sie verlassen hat, niederträchtig loszieht. Entläßt man sie nun, und sie kommt in ein ganz fremdes Haus, vielleicht gar zu einem Banquier, dann ist die gräfliche Familie compromittirt bis in den Grund ihres häuslichen Herdes hinein. Bei einer verwandten Familie schadet das Gouvernantengift nicht so arg, — man hätte da ja Waffen, um sich zu revangiren! — Man fängt also die Gouvernante (welche ihre Rolle enden soll) bestmöglichst zu preisen an, und hängt sie großmüthig an einen intimen Familiennamen. Auf diese Art war auch Mademoiselle in das Palais des Grafen von Sellwangen eingeschmuggelt worden. Und man fand in ihr wirklich ein Ideal! Die Gräfin sah es mit Entzücken, daß ihr Gatte die rothen Haare derselben verabscheute; die kleinen Comtessen fühlten mit Entzücken, daß Mademoiselle ihnen alle mögliche Freiheit ließ, und daß sie in manchem Punkte schon gelehrter waren als die arme Lenoir; und der junge Graf schaute sie sehr oft lange an, wenn sie après dîner mit den Kindern erschien, während er an einer Fensterwand lehnte und die Cigarette zerbiß, ohne zu bemerken, daß ihm das Feuer ausging.

Der junge Graf Zbyno von Sellwangen war Hußarenoffizier, sehr mager, sehr häßlich, ohne Augenwimpern und mit Zahnlücken, 21 Jahre alt, und sehr unzufrieden damit, daß er nicht in irgend einem Garnisonsneste stationirt sei.

Wie Madame die Gräfin auf der Treppe mit Mademoiselle sprach, kam auch Graf Zbyno herunter. Er grüßte seine Mama, die Mama nahm seinen Arm und stieg mit ihm die Treppe hinunter. Sie schickte von unten noch einmal den Bedienten zurück um eine Rechnung, über die sie mit ihrer Modistin zanken wollte, stieg dann in den Wagen, der Bediente schlug den Schlag zu, schwang sich dann zum Kutscher, und fort rollte der Wagen, gelenkt von zwei lichtleberfarbenen Backenbärten, den Stadtregionen zu, wo Stoffe und Blumen sprießen und rauschen unter der wärmenden Sonne einer französischen Modistinen-Firma.

Graf Zbyno sah dem Wagen nach, und gab seinen Spaziergang auf. Er sprang wieder die Treppe hinauf, und zwar bis in's zweite Stockwerk, wo er doch nicht wohnte. Er holte noch Mademoiselle ein und seine kleinen Schwestern. Der Frühlingssonnenschein machte den ganzen Korridor gleichsam durchsichtig. Man hatte die Fenster desselben geöffnet, und ein Duft wie von Maiglöckchen lag in der Luft, die frühlingsfrisch hereinwogte. — „Mademoiselle!" — rief der junge Offizier — „Ich..." — Sie blieb an der Thüre der Comtessen-Appartements stehen. — „Oh, Herr Graf, Sie wünschen?"

— „Der Zbyno lauft zu uns herauf!" — sagte die kleine Gräfin Frida und schaute ihren Bruder verblüfft an.

— „Ich... Ich wollte nur..." — sagte Graf Zbyno, und stieß mit dem Säbel an die letzte Treppenstufe, und war sehr verlegen, und erröthete — oder ergelbte vielmehr. Denn in seinem häßlichen jungen Gesichte bestand das Erröthen in einem tieferen, orangefarbenen Ergelben aller seiner Sommersprossen. Wenn er verlegen war, stotterte er stets anfangs und redete gleich darauf fast unverständlich durch die Nase, mit einer arroganten Hochmuthsnachlässigkeit, die sonst gar nicht in seinem Wesen lag. Und so nas'te er auch jetzt schnell und herablassend. — „Ich wollte Sie nur fragen, ob es draußen sehr kothig ist — auf der Ringstraße."

Mademoiselle mußte unwillkürlich lächeln, einen Augenblick wenigstens, so übermenschliche Anstrengungen sie auch machte, ernst zu bleiben. — „O ja..." — sagte Sie dann, indem sie sich faßte. — „Es ist sehr kothig, Herr Graf."

— „So? Dann — dann bleibe ich zu Hause. Möchten Sie nicht ein bischen Piano spielen, Mademoiselle, he?"

— „Verzeihen Sie, Herr Graf, aber es ist die höchste Zeit, daß ich mit den Comtessen die Stunde halte — wir sind ohnedies über die Zeit ausgeblieben."

— „Aber ich höre Sie gerne spielen, und ich hätte jetzt — wann werden Sie wieder spielen, Mademoiselle, so für sich, was?!"

— „O, wir haben heute noch Pianolektion, Zbyno," — sagte Comtesse Hirna, die Hände noch immer im Muffe, und das blonde Haar in glatten Strähnen herabgekämmt, die gamaschen-verhüllten Beine eins nach dem andern in die Höhe hebend.

— „Ach was! euch will ich nicht hören... Ihr spielt ja falsch wie Frösche im Sumpfe, wenn die Sonne sinkt... Aber Sie, Mademoiselle, was?!"

— „Sie sind zu gütig, Herr Graf." — Aber Sie wissen, mir bleibt wenig Zeit zu phantasiren!... meine Pflichten..."

— „Zum Teufel!... Ihre Pflichten..!"

— „Oh, oh!"

— „Ja — wenn Sie heute noch phantasiren, komme ich in das Musikzimmer."

— Ich bedaure... aber meine Pflichten..." — Mademoiselle verbeugte sich, und hißte die kleinen Gräfinen in die Thüre hinein die ihren Bruder im breitesten Kinderfranzösisch einluden, ihren Skalen zuzuhorchen.

Im Vorfrühling durchkältet die sonnigste Corridorluft, wenn man sich ihr selbst nur auf Momente preisgibt. Und Mademoiselle fröstelte, wie sie die Gräfinen von den Hüten befreite, und sich selbst von ihrem Mantel. Die beiden kleinen Mädchen waren heute schlimmer und eigenwilliger als je; und Mademoiselle war froh, daß sie während der Geographie-Stunde einander an den gelösten Haaren rissen und unter dem Tische um Bonbons stritten. Mademoiselle konnte dabei bequem für sich denken, und Mademoiselle dachte dabei. Die Märzsonne war schon im Verschwinden, obschon es erst vier Uhr Nachmittags war. Aber das Thauwetter war noch lind draußen und versprach schon

Sprossen. Mademoiselle schaute hinaus auf die Bodenfenster der gegenüberliegenden niedrigen Paläste, über denen sich groteske, noch schneeweiße Wolken gegen einen schon tiefblauen Frühlingshimmel ballten, sie horchte wie im Traum auf die schweizer=französische Lektüre der Mädchen, und sie schien nichts zu merken von den Unterbrechungen derselben, die im Wiener Dialekte unter dem Tische fortgeführt wurden, und sie dachte, während ihre Seele in den blüthenduftigen ersten Frühlingswinden draußen jagte: „Er ist dumm wie die Nacht. Und häßlich wie die Möglichkeit. Und verdorben wie ein Kadet, und dabei unbeholfen wie eine Unschuld. Endlich bin ich in ein Haus gekommen, wo so ein Ideal ist! Ich will Gräfin werden, wenn's nicht anders sein kann. Aber wo möglich will ich lieber den Sohn beherrschen, den Eltern imponiren, und dadurch eine Rente herausschlagen, daß ich ein französisches Modengeschäft errichten kann — auf der Ringstraße. Dann kann ich mich an diesen Leuten rächen. Sie hat heute den Bedienten dreimal zurückgeschimpft über die Treppen hinauf... Und der alte Herr verachtet mich!... Und der Offizier glaubt mit mir Späße machen zu können!... Und diese kleinen Ungeziefer da..."

Graf Zbyno, wie er die Treppe in seine drei Zimmer hinabschritt, murmelte, indem er das Säbelende auf jeder Stufe laut aufgellen ließ, und indem er die Cigarettendose hervorholte: „Sie ist ein Satansmädel! Sie macht, als wenn sie nichts merkte! Sie ist die Erste junge Gouvernante, die wir haben. Und es wäre doch der Teufel! Sie ist immer in Orleans gekleidet: dem Baron Balwottons gefällt sie auch. — Sie hat ein Haar wie die Eugenie... Ich will ihr ein Billet schreiben. Auf ein Billet, das deutlich ist, muß sie deutlich antworten... Ich muß dem Waldbottom sagen können, daß... Nein wirklich, ich bin so verlegen vor ihr... ein Teufelsmädel... Ich kränke mich..."

Graf Zbyno war wirklich blaß, und das Herz war ihm schwer zum erstenmale in seinem Leben. Er war wirklich verliebt, nachdem er so oft schon „geliebt" hatte; und nebstbei hatte er eine Braut, die Gräfin Sina Hollos, das war schon längst bestimmt. Aber trotz der schwarzen Malan vom Wiedner Theater, die ihn in Cigaretten ruinirte,

und von welcher er einen Cameraden erlöst hatte aus Gefälligkeit, und trotz seiner blonden pikanten Braut, fühlte er an diesem Frühlings=
tage mit dem lauen Sturmbrausen zum erstenmal ein Gefühl, das ihn traurig und einsam machte — im Caffeehause, beim Cameraden und daheim. Er war dezidirt v e r l i e b t.

* * *

Madame die Gräfin kam sehr echauffirt nach Hause an diesem Nachmittage. Sie war eine sehr korpulente, aber mehr stattliche als dicke Frau, schön und gebieterisch, immer überlaut sprechend, und so oft es anging, decolletirt wandelnd. Sie kam sehr aufgeregt nach Hause. Sie war nicht geizig, aber sie hatte ihrer Modistin gegenüber beinahe g e k r e i s c h t über die Rechnung, welche die ihr gemacht hatte. „Das Volk will uns stets betrügen, pfui!" hatte sie zuletzt gegeifert für die Differenz von zwanzig Gulden.

— „O! wie sie mich betrügen!" — schrie die Gräfin ihrer Kam=
merfrau zu, wie sie in ihr Wohnzimmer zurückkam. — „Was für Schufte sind diese Modehändler! Sie haben mich um wenigstens zehn Gulden betrogen. Man sollte sie alle hängen! — Und wie sie falsch sind, wie sie kriechen, und dabei bestehlen sie Einen!" — Und während der Bediente die zwei, drei Cartons voll neuer Stoffe in's Zimmer herauf=
schleppte, fonterte die Gräfin fort: — „Diese Blumen da muß ich haben, denn ich muß beim Hofball Folie bilden mit meiner Erzherzogin,.... (die Gräfin von Sellwangen war Ehrendame) und die Kleidernüance dazu ebenfalls..." — Sie stürzte dann auf ihre Kleiderschränke zu, ließ sie von ihrer Kammerfrau aufsperren, und riß zwei, drei demodirte Kleiderexemplare heraus. — „Die Commissärswittwe soll kommen, und mir die beiden Kleider da irgendwo verkaufen. Die Note ist groß genug für das Budget dieses Monats... Mit diesen beiden Kleidern will ich wenigstens den Aufputz bezahlen... Das rothe geben Sie auch dazu..."

Die Kammerfrau war wüthend: sie hatte gemeint, das rothe werde eines Tages ihr als Lohn einer intimen Klatscherei anheim=
fallen.

Wie sie ihre gnädige Gräfin eine Viertelstunde darauf coiffirte, riß sie dieselbe auch tüchtig an dem gefeierten Rabenhaare, über welches schon Kaiser Nikolaus bei seiner Europareise in Extase gerathen war. Und sie fing dabei an, der gnädigen Gräfin zu erzählen, daß das Küchengesinde frech genug sei, über den Herrn Grafen Zbyno und die freche blonde Gouvernante zu reden..."

Gräfin Maria Sellwangen war noch immer wüthend über die Rechnungen ihrer Lieferanten, und sie sagte: — „Mein Gott, man spricht immer über die jungen Grafen, wenn eine junge Gouvernante im Hause ist...."

— „Aber wahr ist es doch, daß der Herr Graf Zbyno täglich bis in den zweiten Stock hinaufläuft, und auf die französische Mamsell Gouvernante paßt, um..."

Die Kammerjungfer hoffte vergebens die Neugierde der Frau Gräfin genugsam zu erwecken, um noch das rothe Seidenkleid als Douceur zu erwirken; aber die Gräfin rief, als echte Hofdame, die nur die nächsten Empfangstage im Sinn hatte: — „Apropos, Margreth, fügen Sie das grüne Seidenkleid mit dem Patti=Schooß ebenfalls dazu; die Commissärin soll mir dafür wenigstens dreißig Gulden bringen: denn ich will Sammtborden haben, und ein Bouquet von der Gräfin Baudissin."

(Gräfin Baudissin in Wien verfertigt nämlich die reizendsten Bouquets, die schöner sind als die Natur selber: und manches Seidenkleid geht für eine Blumenguirlande aus ihrem Gewölbe flöten. Noch an demselben Abende wurde auch die verwittwete, pensionslose Comissärin und Hauptmannswaise Mayer geholt, und die eilte mit den drei Seidenkleidern bei allen Beamtensfrauen und Jüdinen der Vorstädte umher mit der stolzen Anpreisung: „Diese Kleider verkauft eine Hofdame, fast umsonst; sie sind erst dreimal getragen worden: und noch dazu bei Hofe!")

Die Sonne sinkt tiefer und tiefer, sie rieselt dunkelfarbig an dem alten Gemäuer des Palastes herab, wie Gold scheint sie aus den Mauerwunden zu fließen über das dürre Gras der Ritzen herab bis in die Grundvesten hinein, der Abend beginnt, und bringt den jour fixe.

Jour fixe ist eigentlich nicht das rechte Wort für ein Palais: es klingt immer nach „zu wenig Imbiß beim Thee".

Die Bürgerlichen, welche die bestimmten Adelstage nachgeahmt haben, haben jene ambiguité in den Ausdruck gebracht. Der Adel benennt seine Empfangstage seitdem auch lieber mit dem Namen des Tages selber. Es war also heute der „Dienstag" von Madame von Sellwangen. Vor Allem kamen da pünktlich die guten Freunde und die schlimmen Verwandten des Hauses: die Stiftsdame Gräfin Mattimrock, die Gräfin Hollos, der Fürst Pamperlusch und die Neuigkeitskrämerin Baronin Langenfels sammt ihrer Tochter, und sammt der jüdischen Baronin Moiso.

Nach diesen ersten intimen Zusammenkünften finden sich dann alle andern Dienstagsgäste ein, und das Dienstagsgespräch nimmt seinen Anfang, in Gruppen, die theils auf dos-à-dos, auf Balzaks, in Fauteuils, und sonst überall vertheilt sind. Der Anfang des Gesprächs ist immer das Burgtheater oder das Hofoperntheater. Man kann sich nie davon erholen, daß man da eine Loge besitzt; und mag auch die letzte Zeit daselbst ganz interesselos gewesen sein: das Burgtheater und das Opernheater bilden den Anfang für die Plauderei. Man kommt langsam überein, daß man anständigerweise nur mehr von Löwe, Laroche, Frau Hebbel und Herrn Baumeister sprechen kann, und in der Oper vom Herrn Schmidt, Frau Dustmann und Herrn Drazler. Man findet, daß Herr Sonnenthal das Schicksal des Herrn Walter theilt, und daß Frau Friedrich-Materna und Herr Krastel Parallellinien sind. Von den Schauspielern kommt man nach und nach auf das Publikum; und wie der Thee dampft und später die Hammelkeule glänzt, werden die Stimmen leiser, die Seidenfalten der Roben werden zusammengefaßt, um nicht so laut zu rauschen, und die Männer schlagen ihre Beine übereinander, damit ihre Stiefletten nicht knirschen. Man spricht sich zuletzt in's Ohr, und alle Bekannten, Verwandten und Standesgenossen werden lothweise ausgeschrotet wie in einer Fleischbank. Der

Imbiß dieser „Dienstage" ist so pikant, daß ihn kein himmlischer vacher so herstellen könnte — und so billig!

Die Gräfin des Hauses ist an diesem Dienstage schöner als je, trotz ihrer vierzig Jahre, denn sie strahlt vor Glück über eine Infamie, die man über ihre beste Freundin entdeckt hat, und dann ist ihr Sohn, Graf Zbyno, welcher die Dienstage nur gezwungen mitlebt, heute fast artig mit der jungen Gräfin Hollos, seiner verlobten Braut, welcher er sonst beharrlich den Rücken zuzuwenden pflegte. Die junge Gräfin war ebenso häßlich wie ihr Bräutigam, aber geistvoller. Sie antwortete ihm in ganz herkömmlicher Manier, um ihn nicht einzuschüchtern, und musterte ihn dabei Sommerfleck für Sommerfleck, und bis zu den Absätzen hinab. Sie war Aquarellkünstlerin. „Er ist wie ein Storch," dachte sie. „Aber seine Füße kann man abzeichnen. Sie sind charmant." — Graf Zbyno dachte gar nichts bei der Conversation mit seiner Braut. Er war nur deshalb so krampfhaft freundlich mit ihr, weil er voll nervöser Aufregung war an diesem Tage; aber so aufgeregt, wie von einer Pferdewette. Die Aufregung bringt endlich immer einen gänzlichen Mangel an Gedanken hervor, wie der Schnaps. Und Graf Zbyno wußte zuletzt nichts mehr zu sagen, als: — „Sie werden doch etwas singen, Gräfin?"

Gräfin Sina Hollos war entschlossen, ihren Bräutigam festzukriegen, und sie weigerte sich daher; das zwang ihn, seine Bitten zu verdoppeln, und dann gab sie nach; das zwang ihn, Dank schuldig zu sein. — „Aber wer wird mich begleiten?" — sagte sie, und wischte mit ihrem Spitzentüchelchen über ihre Finger, um die Noten zu durchblättern, als fühle sie den Staub schon im voraus. Die Gräfin Mutter, welche die Bewegungen des Brautpaares von ihrer Klatschkauseuse aus verfolgte, rief mit süßer, aber durchdringender Stimme hinüber: — „Sie werden singen, theure Sina? O, aber Mademoiselle Lenoir soll Sie begleiten!" — Und sie winkte einem Domestiken, und ließ Mademoiselle „von oben" herab rufen — zum Begleiten.

Von diesem Momente an war der junge Graf ganz entzückt über die Idee des Singens. Er war wirklich verliebt — droben. Er applaudirte im Vorhinein, er zerriß die mürben Notenhefte, um der

Gräfin Sina Hollos zu helfen. Die Gesellschaft bildete nun Gruppen. Der eine Theil derselben sammelte sich um das Piano, um zuzuhören — diese Gruppen hatten die Gewißheit erfahren, daß man als andächtige Zuhörer am Piano besser gähnen könne hinter den Planchen der Fächer und hinter den Handschuhen der linken Hand, als in der Oede des Salons. Andere aber zogen sich in die entferntesten Winkel der Gemächer zurück, indem sie zu einander zischelten: — „O Gott, wie falsch singt sie! — Welche Serie von falschen Tönen werden wir zu hören bekommen...!"

Die junge Gräfin stand am Piano, die eine Hand hatte sie fest auf das Notenpult gestemmt, ihre kleinen, häßlichen, aber geistvoll blitzenden Augen durchliefen die Reihen der Gäste, ihr Mund sprach mit widerwilligem Lächeln mit ihrem nervösen, vor Eifer und Hast stotternden Bräutigam, und ihre goldgelbe Robe glitzerte im Strahle der Lüstres wie sonnenbeschienene Lava.

Plötzlich erschien die französische Gouvernante, Mademoiselle Lenoir. Plötzlich erschien sie, denn sie war mitten in der Gesellschaft, ganz nahe am Piano, ohne daß man ihren Eintritt bemerkt hatte. Nur Gouvernanten verstehen es, so auf einmal in der Mitte zu stehen. Nach einer rapiden Bewegung saß sie am Piano. Ihr schwarzes Seidenkleid war alt und rauschte nicht mehr; nur solche Seidenkleider sind den Gouvernanten in Gesellschaft gestattet. Sie redete unterthänig (aber mit königlich rothgolden schimmernden Haaren) mit der fuchsfarbigen Gräfin Sina Hollos, sie präludirte, und die von Metallschnüren und Metallknöpfen glitzernde Skelettgestalt des Grafen Zbyno wendete die Notenblätter der Begleiterin um, „aus Galanterie für seine Braut" (wie es in Jedermanns Augen fiel).

Aller Augen waren auf die Sängerin gerichtet, und auch auf den Notenblattumwender. „Was für ein Paar Vogelscheuchen!" sagte die Stiftsdame zur Baronin Moijo zischelnd, wie zwei Pappelblätter zischeln im feuchten Morgenwinde.

Kein Mensch aber schaute auf die Pianospielerin. Kein Mensch ahnte, daß für den jungen Offizier, dessen große Hand so zitternd die

Blätter umknisterte, nur sie im Saale war, und daß die kühn staffatirende hochadelige Sängerin das fühlte, seit sie gesehen hatte, daß ihr Bräutigam ein Billet in den Schooß der Gouvernante hatte gleiten lassen. Aber sie sang deshalb keinen Ton falscher, als sie ihn sonst gesungen haben würde. Das Billet lag ruhig zwischen den Falten der glanzlosen schwarzen Robe der Gouvernante, das ganze Gesangstück hindurch. Wie der Applaus erscholl, und Gräfin Sina Hollos sich verneigte, sah sie mit ihrem scharfen Augenzwickern etwas Seltsames. Mademoiselle die Gouvernante streifte das Billet zu Boden, hob es eine Sekunde darauf gelassen zwischen den Pedalen auf, und reichte es dem Grafen Zbyno: „Sie haben das verloren, Herr Graf," sagte sie. Nicht leise, aber so, daß ihre Stimme den Applaus für die gräfliche Sängerin nicht durchschnitt. Dann erhob sie sich, jäh von dem verblüfften Offiziere abgewendet, als ob die Piece repetirt werden solle, demüthig gegen die Gräfin Sina Hollos geneigt, die sich von der Gesellschaft nicht mehr erbitten ließ und ihrer accompagneuse zunickte: „Tausend Dank. Es ist genug."

* * *

An diesem Abende gab es noch stürmische Herzen im Palais Sellwangen. Graf Zbyno war wie wahnsinnig. — „Warum schaut sie mich manchmal so an, wenn sie mir meine Billets zurückgibt?" — faselte er gehirnfiebernd, während er seinen rechten Fuß ingrimmig auf die Schultern seines Privatdieners setzte, der ihm rittlings den linken Stiefel vom Beine zog.

— „Er gehört mir!" — lächelte Mademoiselle die Gouvernante in ihr Licht hinein, ehe sie es ausblies. — „Alle seine Sommersprossen sind fast weiß geworden, wie ich ihm das Billet zurückgab. Soll ich ihn heirathen? Nein. Es ist zu mühsam, und es rentirt sich niemals. Aber ich will drei oder vier Schleppproben haben, eine Brillantenriviere, eine blonde Perrücke, einen kleinen Fonds, und dann werde ich eine Café-Sängerin in Lyon oder Lausanne."

Und die Kammerfrau, während sie der Gräfin die gepuffte Nachthaube über die glänzende Stelle setzte, wo bei Tage der Chignon thronte, geiferte zitternd: — „Die gnädige Gräfin weiß wohl noch nicht, daß Mademoiselle Lenoir eine — eine Schlange ist?"

Die gnädige Gräfin, welche an diesem Abende verschiedene Bemerkungen gemacht hatte in Bezug auf ihren Sohn und ihre „Gouver=„nante", und die nur die Art suchte, um die Letztere überwachen zu lassen, griff diesen Punkt auf wie ein Goldfisch von Schönbrunn einen Semmelbrocken. — „Eine Schlange!" — sagte die Gräfin, während sich ihre drei Vorderhaare, die in sechs Lockenwickel gedreht wurden, vor Vergnügen emporsträubten. — „Und weshalb?"

— „Aber — Herr Graf Zbyno hat..."

— „Mein Sohn hat — ?"

— „O nichts..!" — Die Kammerjungfer wickelte heftig an dem ersten Haare.

— „Was, wollen Sie reden oder nicht?"

— „Nun ja — Graf Zbyno hat Briefe unter die Thüre der schweizerischen Gou.... No..."

Die Gräfin schaute empor, durstig nach einem Schimpfnamen, um die Kammerfrau dafür würdig herunter machen zu können.

Aber die Kammerfrau war nicht von gestern, und endete schleunigst mit einer Rückkehr zur Höflichkeit: — „unter die Thüre der schweizerischen Demoiselle hat Graf Zbyno Briefe gesteckt, und... und..."

— „Und...?"

— „Und sie hat dieselben fein und zierlich durch Jean an den Herrn Grafen Zbyno zurücksenden lassen; es soll ein Geheimniß sein... aber Jean..."

— „Jean ist dein Bräutigam; aber dessen ungeachtet begreife ich nicht, was dich die Briefe des Grafen Zbyno interessiren, oder was sie mich interessiren sollen...?"

Die Kammerfrau hatte eine Spitzenmantille als Belohnung erwartet. Sie wurde daher sehr zornig über das Fragezeichen der

Gräfin. — „Nun, gnädige Gräfin," — winselte sie — „es ist nur, weil das Stubenmädchen mich aushöhnt, indem ich immer für den Herrn Grafen Zbyno Partei genommen habe, und die Anderen für die glatte Mademoiselle..."

— „Partei genommen für den Grafen Zbyno...? Ja, gegen wen denn...?"

— „Aber als man sich in der Küche erzählte, daß er gerne..."

— „Man läutet unten, Lori. Lassen Sie mir die Haare so wie sie sind." — Und die Gräfin erhob sich rasch. — „Reichen Sie mir noch das Peignoir. Der Graf kommt nach Hause. Sagen Sie Jean, daß er ihn benachrichtigen soll, ich wolle ihn noch sprechen, ehe er sich einschließt. Schnell. Mein Gott, Sie sind noch nie so exhorbitant dumm gewesen wie heute...!"

* * *

Der nächste Morgen war so unheimlich und ungemüthlich wie möglich, denn in der Zeit des Sonnenaufganges war der erste halbschneeige Regen gefallen. Die Zimmer des Palais' waren alle düster. In keinem Palais der alten Kaiserstadt Wien gibt es freundliche oder majestätische Zimmer, nur düstere: die Mode des mittelalterlichen Adels hat sich da nach der mittelalterlichen Burg gerichtet.

Die Zimmer des Palais Sellwangen waren wie die Zimmer aller Wiener Palais': man fühlte, daß sie Niemandem gehörten. Die Salons waren für alle Familienglieder, und dennoch für keines besonders; die Schlafzimmer à la grecque waren für Gäste zubereitet, aber nicht für irgend einen Herrn, und die boudoirs à la chinoise oder à la renaissance, mit den chinesischen oder den Marie Antoinette-Möbeln gehörten wirklich nur den Besuchern, so wie der Bediente des Rücktrittes nur für die Gaffer der Ringstraße gehörte. Der höchste Luxus machte sich in allen Zimmern breit, aber der Luxus hatte nirgends die Originalität eines Einzelgeschmackes wie in Polen oder in der Moldau: er war ein Abzeichen, aber keine Laune. Auch das war echt wienerisch, daß fast in jedem der Zimmer irgend eine Blague festgenagelt war: da eine „eigenhändige Unterschrift" der Kaiserin Wittwe J. und dort eine „eigenhändige Dose" des verstorbenen Erzherzogs X. Selbst diese Kleinigkeiten machten alle diese Gemächer mehr zu einem Museum des Reichthums oder der Ahnenprobe für den Besucher, als zu comfortabeln Feuerseiten (Fireside, Kaminecke) für die Herrschaft. In der Herrngasse sind nur die Domestikenstuben gemüthlich, und die sind zu dunkel für ein Lächeln vom Herzen. Die Wiener alten adeligen Paläste haben noch sämmtlich die dunkle spanische Hoftracht, enggeschnürt und athemlos und stoffprächtig, aber farbenarm. Um so enggedrückter und farbenärmer an einem Tage wie heute, wo es durch die letzte kalte Frühjahrsfeuchtigkeit spitzen thauenden Regen sprühte. Es war gegen zwölf Uhr Mittags, als Graf Zbyno seinen Burschen hinauf sandte zu Mademoiselle, und dieselbe um eine Unterredung bitten ließ. Mademoiselle gab wirklich den beiden kleinen Gräfinen den übrigen „Vortisch" frei, und ließ den Herrn Grafen Zbyno ersuchen, sich herauf zu bemühen.

Mademoiselle empfing den Herrn Grafen, in der Mitte der Studirstube stehend, höflich, fast unterthänig.

Sie hatte ein silberdämmerndes einfaches Seidenkleidchen an mit engen Aermeln, die, an ihrem Rande mit einer Krause geziert, die weißen Händchen wie Kinderhände erscheinen ließen. Ihr Haar hatte die echte schlichte Gouvernantencoiffüre, und ihre Miene war gleichsam von Traganth: sie war süß, aber ungenießbar. Graf Zbyno wurde fast athemlos, wie er eintrat; er hatte schon viele gräfliche Gouvernanten gekannt: man ist bei ihnen nie gewiß, ob man den Cancan beginnen, oder die Anbetung der Hochachtung vor einer Minerva anstimmen muß. An Fond sind sie alle gleich. Aber ihre Manier sich zu geben ist verschieden je nach ihrer Pfiffigkeit: sobald sie auf Pension dient oder später den Titel einer Gesellschafterin aspirirt, ist sie Minerva; sobald sie aber ihr Glück machen will — — enfin, Graf Zbyno stand vor Mademoiselle Lenoir da, wie Oedipus vor der Sphinx: draußen näßelte der Regen herab wie ein durchfeuchteter Schleier; die echte Wiener Dekoration eines kleinen Palasthofes drang schwach durch diesen Nebel:

drei feodale entblätterte Akazienbäume in den Hofecken, ein Brunnen mit einer verrenkten Figur, ein frischgetünchtes Gartengitter, ein Wagen, an welchem ein Bedienter wusch mit groben Fetzen, die er in einem Kübel einweichte, und die gemeines Pfützenwasser auf das Pflaster des Palasthofes spuckten. Die Ställe waren verschlossen, nur unter und über den Strohrahmen der Thüre dampfte der Pferdedunst heraus in die nasse Thauregenluft.

Wie Graf Zbyno bei der Begrüßung verlegen den Blick nach seitwärts wandte, sah er alles Dies, und es wurde ihm unheimlich zu Muthe. Er begann die Unterredung damit, daß er Mademoiselle fragte, weshalb sie seine kleinen Briefe zurückweise, und Mademoiselle antwortete damit, daß sie meinte, Graf Zbyno sei ihr doch nahe genug, um ihr Alles mündlich mitzutheilen, was er ihr zu sagen habe — wenn es etwas Wichtiges sei und nichts — Unrechtes. Dabei schaute sie ihn so hellklar an, daß ihm förmlich der Athem ausging: dieser Blick hob wirklich das Bein zur ersten Contretour. Er wurde jetzt sicherer. Er setzte sich ihr gegenüber, und sie warf sich mit so gouvernantenmäßigem Aplomb ihm vis-à-vis, daß er deutlich erkannte, die Farbe ihrer Strumpfbänder sei maigrün — wie ihre Augen. Die Gouvernante hatte diese Nüance erwachsenen Comtessen nachgelernt: die Uebereinstimmung des Strumpfbandes mit der Augenfarbe gehört nur dem höchsten hohen Tone der Gesellschaft.

Wie Graf Zbyno sich entfernte, kicherte er konvulsivisch vor sich hin, und hielt sich für einen Teufelskerl, den die ganze Welt anbetete. Seine Sommersprossen wechselten kaleidoskopartig, und sein Säbel war so widerspenstig, daß er auf ihm förmlich die Treppe hinunter ritt.

Während dieser Szene hatten die beiden kleinen Gräfinen im Nebenzimmer am Schlüsselloche gehorcht, dann hatten sie unter einander zu spielen angefangen; zuerst spielten sie: „Bruder und Gouvernante", bis zum Handkusse. Dann spielten sie ebenfalls eine erlauschte Szene: „Onkel Punch von den Uhlanen und Maman", und diese Szene endete mit einem Kusse. Niemand ist so erfinderisch in undenkbaren Spielen, wie die Kinder des Wiener Adels. Ihre Kleidchen sind dabei

kindisch kurz, ihre offenen Haare prächtig lang, und ihr Bemühen, alte
Gesichter zu machen und unnatürlich mit der Stimme zu singen, ist
erbarmungswürdig.

*   *   *

An diesem selben Tage, Nachmittags, hatte Graf Zbyno eine
Unterredung mit seinen Eltern. Es gibt in den Palästen der Herrn=
gasse Unterredungen, die gleich Essig oder Orangensaft blasse Flecken
machen auf die Tapeten — blasse, unaustilgbare Flecken. Und eine solche
Unterredung war die erwähnte. Der Graf von Sellwangen war ein
schöner Greis, der sich geklärt hatte durch alle Puppen= und Raupen=
Metamorphosen eines ganzen Lebens hindurch: er war voller Vorurtheile,
aber ohne eine Spur von Ignoblesse in diesen Vorurtheilen. Der
Wiener Graf älterer Jahre ist in diesem Punkte ein Unikum: der
norddeutsche Graf bildet die Vorurtheile für seinen Rang zur despo=
tischesten Nichtachtung gegen alles Andere aus, was nicht seines Gleichen
ist; ein Hauch von Rußland weht da in den Adelswald der preußischen
Wappenwelt. Der französische Marquis mildert zwar seine Exklusivi=
tät durch die Höflichkeit, aber er erhöht sie durch eben diese Höflichkeit,
mit denen er dem Bürger schmeichelnd sogar den Despotismus insinuirt
Der österreichische alte Graf ist ganz Spanier im Hochmuthe, aber dabei
ganz Schweizer in der Gerechtigkeit für alle Theile. Ich sage geflis=
sentlich, der alte österreichische Graf: denn der Hußarenlieutenant, der
dreißigjährige Majoratsherr, der Zuckerbäcker=Widmann und der Cho=
rinski=Offizier haben das Leben nie durchdacht, und sind ärger als
die Adelsjugend aller anderen Länder. Der österreichische Graf aber,
welcher über das Garnisonsleben (welches ihn tausend Stufen hinab=
bringt) hinaus ist, ist echter als seine Adelsvettern vom Norden oder
vom Osten. Die spanisch=österreichische Etiquette hat einen Josef den
Zweiten gezeugt. Freilich erst in der zweiten Generation. Graf von
Sellwangen nun war ein echter, alter österreichischer Graf. Voll
Achtung für das Niedrigste, und voll Muth für das, was er als
Höchstes erkannte. Die Gräfin war sehr schön, fing an dick zu werden,
und je mehr sie ihre Anbeter vergaß, desto mehr Freude fand sie

in ihren Kindern. Eine solche Gräfin, die, mit schönen alternden Zügen einen prachtvollen Nacken decolletirt zeigend, in der Burgtheaterloge sitzt, erstaunt oft selbst über die späte Sorge, die sie für jahrelang überstandene Kinder fühlt.

Und der schöne Greis und die üppige Mutter empfingen ihren skelettartigen Lieutenantssohn zu einer ernsten Unterredung.

Adelseltern entsetzen sich nie gleich dem Dichter: „Sohn, wie laß sind deine Wangen!" — Sie wissen, daß der Sohn verwelken muß; bis er Greis genug wird, um ein liebender und satter Ehemann zu werden.

Man setzte sich zu Dreien auf ein schneckenförmiges dos-à-dos, welches zu Vieren berechnet war. Der Salon war blutroth tapezirt und mit zwei Armleuchtern beleuchtet. Man sprach von der endlichen Hochzeit mit der verlobten Braut, der jungen Gräfin Hollos.

Graf Zbyno bleibt sehr ruhig dabei, nur sprach er zu seinen Eltern durch die Nase, wie zu einem Kellner. Und er wandte ein: „Sie liebt mich vielleicht nicht."

— „Aber Niemand wird dich ja lieben, der dir gleichsteht, Zbyno" — sagte der alte Graf. — „Und wer unter dir steht, wird dich um des Titels wegen lieben. Du hast ja noch nie etwas gethan im Leben, um liebenswerth zu sein!" — Dabei schaute ihm der alte Graf tief in die Augen, und seine fetten alten Hände legten sich auf die Schultern seines Sohnes.

Die schöne Gräfin=Mutter aber flüsterte heftig: — „Das Alles ist nichts Anderes, Zbyno (sag' mir nichts!), als daß du in die Gouvernante verliebt bist. — Ich weiß Alles! Rede mir kein Wort!... Ich —"

— „Aber mein Wort darauf, Maman, du irrst dich!" — rief der Offizier heftig athmend: — „Die Gouvernante? Nein, o Gott! Aber saget selbst — die Wiener jungen Gräfinen, die sind alle so — so nicht für Gräfinen=Mütter geeignet. — Sie wissen schon Alles. — So ein Wiener Comteßel — kurz, enfin — ich..."

Graf Sellwangen und die Gräfin sprachen von diesem Augenblicke
an mit sehr ernsten Gesichtern. Sie mußten das Lachen verbeißen im
ersten Augenblicke. Und der junge Offizier Graf Zbyno war froh,
daß er nur nichts mehr von der Gouvernante „zu verschlingen kriegte",
wie er Abends seinem Freunde Roquelaure sagte — Roquelaure von der
Garde, bei dem er gern zwei, drei Tage hindurch einquartiert blieb.

* * *

Kurz, die Hochzeit wurde definitiv festgesetzt, und Gott Hymen wartete fröstelnd, frierend und grinsend an der Pforte des Palastes, bis
Monsieur der Portier, den Hut lüftend, ihn einließ.

* * *

Schräg vis-à-vis vom Palais Sellwangen lag das Palais
Hollos. Es war seit hundert Jahren schon in sechs verschiedenen Händen
gewesen. Das jetzige Palais Hollos hatte stets nur Töchter geboren,
und diese Töchter hatten stets nur ärmere Kavaliere geheirathet, und
das Palais hatte also seit hundert Jahren schon oft den Namen gewechselt.
Es war mit jedem Namen stets neu renovirt worden, einmal ange-
strichen, das zweitemal erhöht, das drittemal gothifizirt, und endlich
mit Thürmchen versehen; darin nun hausten die Grafen Hollos —
für den Moment.

Im Kinderzimmer befanden sich an diesem frühlingsthauenden
Nebeltage drei gute Spielkameraden: eine kleine Gräfin von fünf Jahren,
ihre Puppe Lara und ihr Pintsch Muffi. Muffi gehörte eigentlich nicht
der kleinen Gräfin, sondern der größeren Gräfin Sina Hollos; aber die
Pintsche suchen sich ihre Herren selber: Und ob nun Muffi für die
Puppe Lara oder für das kleine Mädchen Gräfin Moria eine unwi-
derstehliche Neigung empfand: kurz, er wich nicht von Puppe und
Comteßchen. Die alte gute Gouvernante Madame Chose animirte
umsonst zur französischen Stunde: ehe Moria, Lara und Muffi nicht

ihr Kameradenspiel von der Kaffeevisite beendigt hatten, war gar nicht daran zu denken. Und als endlich die ältere Schülerin der guten alten echten Gouvernante eintrat, Gräfin Sina, da war es vollends zu Ende mit der armen Lampe, die über dem geduldigen „Machat" flimmerte.

— „Madame Chose, ich habe heute keine Stunde mehr," — rief Gräfin Sina Hollos selig-verächtlich, und klatschte dabei mit einer Deshabillé-Quaste auf ihre kleine grausame Hand, die jetzt allegorisch in dem Herzen der guten alten Erzieherin wühlte. Madame Chose war eigentlich ein Kinderspott: sie hatte schon die Mutter dieser gräflichen Kinder erzogen; sie war zu alt geworden in der Familie, weil die Familie ihr aus der Franzosenzeit her viertausend Gulden schuldete, und sie hatte alle Kinder verhätschelt seit jeher — denn sie liebte dieselben wie ihr eigenes Blut: und wer Kinder wahrhaft liebt, der verdammt dieselben zur Undankbarkeit. — „Sie werden heirathen, Gräfin Sina?" — pappelte Madame Chose, und wollte sich freuen, und erhob ihre Hände wie zum Segen, und wollte froh sein. — „Wen denn? — Und haben Sie ihn recht lieb? Warum haben Sie mir nichts davon gesagt?..."

Und die junge Braut antwortete: — „Ich, ihn lieben? Aber er ist ja ein Crétin! Und ich sage es Ihnen ja zeitlich genug, daß Sie sich jetzt nicht mehr zu bemühen brauchen mit ihrem Französisch — für mich. Adieu, Madame Bonnechose! In acht Tagen ist Alles geschehen. — Die Stunden bis dahin werden Ihnen bezahlt werden, aber Sie sehen ein, daß ich keine Zeit mehr habe dafür..."

* * *

Gräfin Sina Hollos lief von da über den Corridor zu ihrem Papa. Der Papa war von jeher stets ihr bester Kamerad gewesen. Er konnte mit ihr am besten politisiren, und er konnte mit ihr am besten ein Cigaretten-Duell halten. Wie sie bei ihm eintrat, sprach sie am ersten über Beust mit ihm.

Herr von Beust wohnte à peu près mitten unter den Burg=
flügeln, und man schätzte ihn bei Hofe wie einen Siegelring. Man
liebte ihn also auch im Wiener Adel. — „Herr von Beust ist mir heute
auf der Ringstraße begegnet, Papa. Er hat gelächelt, und sein Sohn
sieht aus wie das Leben. Es scheint gut zu gehen mit den Slaven.
Aber wenn Sie Se. Majestät sehen wollen, Papa, — schnell zum Fenster!
Er ist nur für heute da aus Ungarn — wir müssen sehen, wie er
aussieht." — Und die Comtesse riß das Fenster auf trotz der Märzkälte,
und der Graf neigte sich über sie.

Se. Majestät ritt in der That vorüber. Seine hellen Augen
leuchtend nach vorwärts gerichtet, das blonde Haar in ungarischer
Art zusammengefaßt, wie man ein Büschel Sonnenstrahlen zusammen=
raffen würde, und die üppig schönen Habsburg=Lippen fest geschlossen, wie
die Energie eines Entschlusses.

— „Habsburg ist endlich zum Stammlande seines Gesichtstypus
zurückgekehrt," — sagte Graf Hollos herzlich. — „Sina, den nächsten
Winter verbringen wir in Pest. Du solltest dich heute Abends zum Hof=
ball darnach anziehen, Sini! roth, grün und weiß."

— „Ja, Papa, ich habe mir das schon ausgedacht: weiße Wolken
über Schilf, zwischen dem rothe Blumen blühen. Aber du hast mir
noch keine Cigarette geboten, was ist denn das?"

— „Da, Sini! Du bist doch mein rechtes Kind! Verbrenne
dir nicht die Finger! Warst du schon beim Onkel Adolf?" —

Onkel Adolf war ein vom Gliederkrampfe verzerrter Crétin, das
Geheimniß des Palais!

— „Nein. Aber ich gehe dann zu ihm. Der arme Onkel! Er kennt
mich gleich, und brüllt vor Freude!"

— „Ja. Sei gut mit ihm. Du bist mein braves Kind.
Apropos, was liesest du jetzt?"

— „Jetzt? Die Dichtungen von Hermann Lingg. Er ist sehr
für uns gesinnt, Papa, so unanständig er auch ist."

— „Und dann — hast du schon die Gottesmörder gelesen?"

— „Aber Papa — der das geschrieben hat, der glaubt ja an Alles! — Dafür war ich aber gestern in der Oper. Niemand versteht so zu trillern wie Minnie Hauck, obwohl Fräulein von Rabatinski in Polen eine bessere Schule genossen haben muß. Die Rabatinski hat die Augen so weit auseinander stehend! Manchmal hängen sie wie Ohrgehänge an ihr... Aber Papa..." — und damit warf die junge Braut den Rest ihrer Cigarette in die Aschenschale, — „jetzt muß ich wirklich Toilette machen für den Hofball — —"

— „Du bist immer schön wie ein Dämon!" — lachte der alte Graf stolz.

— „Sind Teufel schön?"

— „Wenigstens unwiderstehlich!" — lachte der Graf, seine Cigarette ausdampfend.

— „Chien de papa!" — lachte das Mädchen, und umfing ihn mit beiden Armen, und ihr Haupt ruhte sanft auf seiner Brust. — „Ich habe dich so lieb!" — flüsterte sie innig dazu, und dachte daran, wie sie noch ganz klein gewesen war im Elternhause, und daß sie nun heirathen müsse.

* * *

Gräfin Sina Hollos wurde von ihrem Mädchen fast schön gemacht an diesem Abende mit Hilfe der Toilette aus Paris.

Mit wallenden Locken aus dünnen Haaren, mit rehaussirten Wangen, mit glänzenden Augen, mit einer feenhaften Robe von schweren Seidenstoffen, die durch mit Blumen zusammengeraffte Tüll-Illusionen verdünnt wurden, war Gräfin Sidonia Hollos ein pikantes, reizendes Wesen. Sie erkannte sich selbst kaum wieder im Spiegel. Sie war so geistvoll, daß sie einsah, sie sei für gewöhnlich häßlich; aber sie war unparteiisch genug, sich an diesem Abende zu sagen: „So bin ich hübsch." Sie blieb lange vor dem Spiegel stehen in ihrer Hofball=

toilette, mit gekreuzten Armen, wie ein Student. „Schön!" wieder=
holte sie sinnend, während sie darauf horchte, wie die Pferde aus dem
Stalle geführt wurden zum Ballwagen, im Hofe unten. „Schön, aber
für wen? meinen Bräutigam? Aber der ist ja das Ideal jener
Menschenrace, die mir am widerwärtigsten ist!.. Wer hat mir über=
haupt jemals gefallen? Einmal der Trapezkünstler im Orpheum: aber
erstens hat er einen zu kleinen Mund, und zweitens, wie soll man mit
Menschen reden, die nur lächelnde Beine sind? Dann gefiel mir ein=
mal ein Student, welcher Hofmeister meines Cousins werden wollte;
er hieß Korner, glaube ich, und war das Ideal eines Venetianers;
wenn er mich so sähe, würde sein Auge erglänzen wie die Lagune im
Augustmonde. Ich habe oft nachgedacht, wen ich zum Manne haben
möchte; man redet immer nur von Männern an den „Dienstagen",
oder von Herren, die man lieber hätte, als Männer. Und im Burg=
theater machen sie es ebenso. Man sagt, die Operetten von Offenbach
seien indezent; aber ich finde, in den Operetten lacht man über die
Untreue, und im Burgtheater nimmt man sie ernst wie eine Predigt.
Das Burgtheater ist also wirklich unverschämter und verderbender.
Aber ob Lachen oder Thränen, die Liebe ist zuletzt das Beste! Das
habe ich aus den „Kunstinstituten" gelernt. Das Duett der Hugenotten
ist die Mission meines Lebens, aber mein Bräutigam ist nicht meine
Mission — ebenso wie bei der Valentine Meyerbeer's. Ich muß
jetzt den Zbyno Sellwangen heirathen, gut, aber zugleich muß ich den
Mann finden im Bürgerlichen, um meinen Mann im Adeligen ertragen
zu können: wer ist da der Schönste? Am sichersten unser Kutscher!
Dieser Kutscher! den habe ich oft gezeichnet nach einer Büste, bis zur
Nase herab; aber dann kommt der Backenbart: und der ist auch echt
- nach dem letzten Journal, welches die Mode verheißt. O, der
Kutscher! — Ich habe mich schon darnach erkundigt: er heißt Johann
Nepomuk Wanko, und ist seiner Schönheit wegen schon bei Schwar=
zenbergs, Liechtensteins und Jablonowski's gewesen, aber eben dieser
Schönheit wegen von da entfernt worden. Er ist der schönste Gedanke
der Natur!..."

* * *

Am folgenden Tage begehrte Gräfin Sina Hollos, wenn sie den Grafen Zbyno Sellwangen heirathen müsse, wolle sie zum wenigsten vorerst **reiten** lernen. Und zwar von dem besten Reiter der Welt, von ihrem eigenen Kutscher mit dem Backenbarte, von dem sie genau wisse, daß er einst Stallbursche bei einem Cirkus gewesen sei.

Die gräflichen Eltern gestatten einer gräflichen Braut Alles: und Gräfin Sina Hollos lernte von diesem Tage an von dem excellenten Kutscher der Herrschaft (der sich wie ein echter **Wiener** Kutscher weniger durch Geschicklichkeit als durch Schönheit auszeichnete), wie man ein Pferd besteigen muß. Sie lernte das Praktische davon Tag für Tag in winterdürren Alleen, an schwarzen, aufthauenden Feldern vorübereilend. Die Kinder, die in den Niederungen neben der Straße dürre Zweige suchten, hielten einen Moment inne, und schauten bewundernd hinauf zu der schönen Gruppe von Reichthum, Herrschaft und Lebenslust, die zwischen den noch ruthendürren Frühlingspappeln vorübereilte, hoch zu Roß. „Eine sammetne Dame", und ein „schöner Reitknecht, der mit der weißbehandschuhten Hand den Zügel der Dame hielt wie ein zorniger Lehrer". So dachten die holzklaubenden Kinder.

* * *

Der Tag der Hochzeit nahte heran. Der Bräutigam, Graf Zbyno, kam einst spät, schon um die Souperstunde, zu seiner Braut, Gräfin Sina Hollos. Die junge Gräfin kam eben aus dem Theater heim, sie konnte nicht verläugnet werden, denn Graf Zbyno war ihr in seinem Wagen auf dem Fuße gefolgt.

— „Gräfin, Sie sind in ihren Kutscher verliebt!" — sagte er mit absynthklaren Augen.

— „Graf Zbyno, Sie sind betrunken!" — sagte sie mit den blitzenden Augen eines gefallenen Engels.

— „Ich weiß es schon lange. Aber heute habe ich es gesehen, wie Sie ausgestiegen sind."

— „Und ich, ich wußte es schon lange, daß Sie der Geliebte Ihrer Haus-Gouvernante sind — aber ich wußte nicht, daß Sie unglücklich lieben — sonst würden Sie sich nicht betrinken..."

* * *

Die Hochzeit fand statt. Eine Hochzeit zwischen zwei Palästen der Herrngasse ist keine Kleinigkeit: unzählige Farben haben da miteinander zu thun, denn zwei Wappen verbinden sich da miteinander und müssen in ein écusson zusammengepreßt werden.

An dem Tage der Hochzeit waren Mitglieder des allerhöchsten Hofes betheiligt. Diese Verbindung war fast eine Staatsaktion. Und Gräfin Sina Hollos war stolzer als je. Denn der Kutscher Hans Wanko war in ihrer mütterlichen Mitgift einbegriffen. Und Graf Zbyno war an diesem Tage sehr traurig. Er dachte an alte Familiensagen, die behaupteten, daß ein Fluch laste auf seinem Namen, und daß kein Glück über demselben blühen könne, weil einst eine unglückliche Liebe durch eine Mésalliance verdammt und verflucht worden sei. Er dachte daran, daß im Schlosse Krumau das Bild der weißen Frau von Liechtenstein, seiner Verwandten hänge, die so elend geworden war durch den Segen des Priesters: und das leichtfertige Herz des Offiziers aus dem Kadetenhause zitterte heftig und ehrlich in der Weihrauchatmosphäre der Trauungskapelle. Der Priester ließ sich erwarten. Der Bräutigam schaute hinauf, und erblickte im Oratorium an der Spitze der Bedienten seines Hauses Mademoiselle Lenoir, welche ihm entgegen Thränen aus den schönen Augen preßte.

Die Trauung ging endlich vor sich. Das Palais der Herrngasse war bis nach Mitternacht hell erleuchtet; bis zur Stunde, wo die Neuvermählten ihre Hochzeitsreise antraten. Mademoiselle Lenoir war

zur Gesellschafterin der jungen Neuvermählten avancirt, und der pracht=
volle Lockenbart war aus einem Kutscher ein Kammerdiener ge=
worden. Die Nacht war frühlingskalt, aber hellsichtig, gleich
den Herzen der Neuvermählten. Das Wappen des alten Palais' in
der Herrngasse rieselte zum großen Theile an diesem Tage langsam
herab über seine Grasschmarotzer; denn ein dumpfer, lauer Frühlings=
thauwind stürmte über Wien; ein Thauwind, der alles Morsche löste und
die Atome in den Koth herumstreute.

In der Hausmeisterwohnung.

Es war ein schöner Augustnachmittag. Ein Stück blauer Himmel und eine reiche Garbe von Sonnenstrahlen schauten in einen Hof eines großen Zinshauses nieder, welches zum mindesten sechs Höfe besaß. Ein Haus mit sechs Höfen, jeder Hof vierstöckig, und jeder Stock zwanzigthürig, das gibt fast schon eine Aufgabe für die höhere Mathematik. In dem Hofe, in welchem der Hausmeister Herr Ganglberger den Staub zusammenkehrte, waren alle Fenster aller Stockwerke sperrangelweit aufgerissen in der Augustnachmittags-Gluth, wie Hundemäuler, wenn sie in den Hundstagen mit weitausgereckter Zunge in den Straßen keuchen.

Der Herr Hausmeister ließ manchmal seinen Besen ruhen, um nach oben zu schauen. Es zwitscherte so verdächtig-keck über ihm, als ob wirklich ein Vogel sein Nest in irgend eine Fensterverzierung gehängt hätte. Aber so sehr er auch die Hand über die Augen legte, er erblickte nirgends ein Nest, er hörte nur das Jubeln der Sommervögel, die sich, triefend vom Sonnengold, in der Luft badeten und (gleichsam plätschernd in den Strahlenwellen wie ausgelassene Kinder im Dorfbache) aufjubelten.

Der Herr Hausmeister hatte den Staub des einen Hofes endlich „zuwege gebracht" — nicht ohne Mühe; denn er mußte dabei ein wachsames Auge haben auf nichtszahlende Vogelnester, die sich etwa eingeschmuggelt haben konnten, auf Leute, die durch den Hof gingen, wo Betteln und Hausiren verboten war, er mußte drei Werkelmänner hinausdonnern, weil auch die Musik verboten war, und sechs Aschen- und Lumpensammler, weil auch jeder Handel verboten war in diesem Hause. Das Kloster der barfüßigen Clarissinen in Toledo, wo man fast jeden Athemzug verbietet, war eine wahre Kaserne gegen dieses Haus „von sechs Höfen". Und alles Das durch den Herrn Hausmeister Ganglberger. Denn der Hauseigenthümer kümmerte sich um nichts als um den Zins, den sein Bedienter vom Hausmeister eincassirte. Der Despot, der Gesetzgeber, der Herrscher ohne Verantwortung in dem großen Hause Wiens ist der Hausmeister. Der Fleischhacker oder der Bäcker, welcher sich das Zinshaus „erschlachtet" oder „erbacken" hat, ist ja zu vornehm geworden, um sich um einzelne Parteien zu kümmern. Er hat für seine ältere Tochter einen Oberlieutenant gekauft, und für seine jüngere sogar einen „quittirten Fürsten".

Der Hausmeister ist also der Erste nach der heiligen Dreifaltigkeit für Alles, was im Hause lebt und schwebt. Er wird von allen Parteien ehrfurchtsvoll gegrüßt, während man den Hausherrn kaum beachtet. Er hat ja das Recht über Leben und Sterben in der Hand! Ein Hausmeister mit sechs Höfen nimmt den gleichen Rang ein in der europäischen Gesellschaft, wie in der Türkei ein Pascha von sechs Roßschweifen.

Während nun Herr Ganglberger an diesem Augustnachmittage den Besen „ausstieß" auf dem zusammengekehrten Staubhaufen und mit Befriedigung an die sechs Werkelmänner und die drei Hausirer dachte, die er mit seiner Donnerstimme entflouhen gemacht hatte, und während alle Fenster des Hofes mit geöffneten Lippen nach einem frischen Luftzuge keuchten, trat der Feldwebel Herr Siegmund in den Hof. Es war das ein junger, hübscher, schwarzaugiger Geselle, mit einem köstlichen Schnurbarte, der halb Wichse, halb Natur war. Seine Uniform war tadellos gelbweiß und der Riemen des Säbels umspannte seine Hüfte so knapp als möglich. Er lächelte mit allen Zähnen, und salutirte dem Herrn Hausmeister, und blieb fast verlegen vor ihm stehen und zog die weißgewaschenen Handschuhe ab und fing ein Gespräch an. Feldwebel Siegmund vom Regiment Ypsilon ging schon seit Wochen manchmal zu Besuch in die Hausmeisterswohnung. Seine Kaserne war zwei Schritte weit vom Zinshause, und er hatte die Bekanntschaft der Hausmeistersherrschaft bei der „violetten Flasche" gemacht.

— „Ah," da sind Sie ja, Herr Siegmund!" — sagte der Hausmeister, sich auf den Besen stützend, die Mütze auf den schweißbedeckten, kahl werdenden Hinterkopf zurückschiebend und gnädig nickend. — „Kommen wieder zu uns? Heißer Tag heute."

— „Ja, sehr heiß;" — sagte der hübsche junge Feldwebel. — „Und Sie sind immer so fleißig, Herr von Ganglberger! Muß doch ein schweres Geschäft sein, ein so großes Haus in Ordnung und Reinlichkeit zu halten! Aber dafür hat man auch eine Freud', wenn Alles so blank ist wie dahier. Und dann, tragen thut's auch was, wie?" — lächelte er schmeichelnd, indem er seine Stiefletten mit dem Sacktuch vom Auguststaube reinigte.

Der Herr Hausmeister seufzte: — „Tragen? O mein! Nicht das Zehnttheil von früher! Man beneidet uns Hausmeister noch immer! Aber es geht bergab! bergab! Macht haben wir zwar jetzt mehr als früher... aber auch Sporteln? Unsinn!" — Und damit zog der Herr Hausmeister ein tabakblaues Schnupftuch aus der Tasche unter der blauen Schürze hervor, und schneuzte sich mit wehmüthigem Kopfschütteln.

— „Aber bei so vielen Parteien!" — meinte der hübsche Feldwebel versöhnend, und schielte dabei nach den ebenerdigen Fenstern der Hausmeisterswohnung, ob er nicht den Kopf des Fräuleins „Netti" erspähen könnte, welcher eigentlich seine Besuche galten.

— „So viele Parteien!" — lächelte der Herr Hausmeister, indem er seine weiche rothe Nase wie eine reife Erdbeere mit dem blauen Sacktuche hin und her quetschte. — „Mein Gott, man muß eben thun, was man kann...! Außer dem bisserl Lohn hat man nur das Douceur von den Parteien."

— „Für was zahlen denn die Parteien ein Douceur, Herr von Gauglberger?" — fragte der hübsche Feldwebel unschuldig, immer nach dem Hausmeisterfenster lugend.

Der Herr Hausmeister lehnte jetzt den Besen in die Ecke, stützte die Hände in die Hüfte, streckte den Bauch vor, rümpfte hörbar die Nase, und zischte verächtlich durch seinen grauen, kranzartigen Schusterbart: — „Und Sie gehen meiner Tochter Nettl zu Gefallen her? Und stellen solche tolpatschige Fragen? Erstens muß die Partei dafür zahlen, daß ich ihr überhaupt e r l a u b e, e i n z u z i e h e n!"

— „Ja, aber... Wie kann man denn das einer ordentlichen Partei verbieten? Sein's nit bös', daß ich mich erkundig', Herr von Gauglberger...!"

— „Wie man's verbieten kann? Aber die Partei, die mir für's Einziehen nicht „einen Fünferbanknoten" in die Hand druckt, hat sicher einen Hund, und wenn sie keinen Hund hat, hat sie eine Katz', und wenn sie keine Katz' hat, hat sie einen Vogel, und wenn sie keinen Vogel hat, hat sie ein Kind, und wenn sie kein Kind hat, so hat sie eine Nähmaschin', und wenn sie keine Nähmaschin' hat, so hat sie sicher eine Kaffeemühl', die zu stark reibt, und dadurch die Nachbarschaft molestirt."

Der Feldwebel mußte unwillkürlich lachen. — „Ist Fräulein Netti zu Hans'?" — fragte er dann.

— „Ja. Aber warten's nur. Sie sehen also jetzt ein, daß wir keine Partei aufzunehmen brauchen, die uns keinen Fünfer in die Hand druckt?"

— „Jawohl. Aber wenn sie das thut, dann nehmen Sie doch die Partei auf?"

— „Ja," — flüsterte der Hausmeister, und stieß den Besen pfiffig lächelnd auf die Erde. — „Ja, aber es ist dann noch die Frag', ob sie b l e i b t! Schaun's, Herr von Feldwebel, Sie haben ein Aug' auf meine Tochter, und ich mag Sie gern leiden. Aber ich fürcht', Sie kriegen die Netti nie. Erstens sein sie ein Soldat."

— „Aber in zwei Monaten hab' ich ja ausgedient, ich habe 600 Gulden im Vermögen, bin ein geschickter Schmied in meinem Marktflecken daheim, und kann mein Weib ernähren!" — sagte der Soldat rasch, herzlich, und reichte dem Hausmeister die Hand hin.

— „Ta, ta, ta!" — sagte dieser. — „Schaun's, das wär' Alles recht gut, wenn nur meine Frau nit wär'! Aber die will ihre Netti durchaus zu einer Sängerin, und die Mali zu einer Gouvernant' machen — na ja! meine Alte hat halt ein bisserl einen Fumo, weil wir Hausmeister von sechs Höfen sind, und da will sie die Mädeln unter einem Palaisbesitzer nicht hergeben, und laßt sie auch darnach erziehen: einem Unteroffizier oder einem Schmied, davon ist keine Red'! Aber mir würden Sie g'fallen, Herr von Feldwebel, weil Sie gar so eine Achtung vor mir haben, und ich sag's Ihnen, ich würde es gern seh'n, wenn Sie meine Nettl kriegen würden, und darum bin ich aufrichtig gegen Sie. Denn Sie müßten mir meine Stell' ablösen, wenn ich alt werde. Ihre 600 Gulden möchten's grad' thun. Also hören's, Sie haben mich so geschwollen gefragt, ob eine Partei, die ich für ihren Fünfer hab' einziehen lassen, jetzt frei ist von mir? Beileib'! Jetzt geht's erst recht an! Wenn mir die Partei beim ersten Zins nicht wieder einen Fünfer in die Hand druckt, wird sie gesteigert!"

— „Wenn sie sich aber in die Steigerung fügt?"

— „Wenn sie sich in die Steigerung fügt, und sie druckt mir beim nächsten Zins nicht einen „Zehnerbanknoten" in die Hand, dann wird ihr aufg'sagt!"

— „Aber wenn die Partei ruhig, ordentlich und brav ist, Herr von Ganglberger?"

Der Herr Hausmeister lachte höhnisch auf, und gab sich einen Klaps auf die eigene rothe Nase, daß dieselbe einen Augenblick hindurch wie ein Bouquet der frischesten Veilchen erschien. — „Zum Aufsagen findet man immer Grund, mein lieber Herr von Feldwebel! Denn wenn die Partei auch niemals ein Vorhausfenster offen gelassen hat, so hat sie gewiß im Abort einen Tropfen Spülwasser danebeu gegossen; und wenn sie das nicht gethan hat, so hat sie gewiß auf ihrer Thüre eine Visitkarte mit zu großen Nägeln eingeschlagen, oder wenn auch das nicht der Fall ist, so kommt gewiß manchmal ein Besuch zu ihr, der ein Pintscherl mitbringt, oder wenn selbst das nicht der Fall ist, so kocht sie sicher einmal Kraut, und die Nebenparteien beklagen sich über den Geruch, oder sie kocht Brateln, und die andern Parteien können das Prasseln in der Fetten nicht vertragen."

— „Aber da muß es bei Ihnen ja ein ewiges Ausziehen geben, Herr von Ganglberger?"

— „Ja, leider, denn die Leut' werden immer schmutziger. Und wir Hausmeister „leben nur vom Leute-Ausziehen!" wie ein Dichter so schön sagt."

— „Aber wenn oft eine arme Familie im Winter ausziehen soll, und keine Wohnung finden kann, und recht viel Kinder hat..."

— „Bah, bah, bah! Ausziehen muß doch jeder Mensch einmal, früher oder später...!"

— „Na, ja; ich glaube selber, daß es ein Kreuz sein muß, Herr von Ganglberger, wenn man viele leichtsinnige Parteien in einem anständigen Haus hat...!"

— „Leichtsinnige Parteien?!" — rief der Herr Hausmeister fast gerührt. — „Aber das sind mir ja eben die liebsten! Ich wollt', mein Hausherr hätte keine einzige so anständige Bagage, sondern lauter ordentliche Lumpen im Haus!..."

— „Wie, was, Herr von Ganglberger?!"

— „Jawohl!" — eiferte der Herr Hausmeister, ihn fest anschauend. — „Denn nur von den Lumpen kriegt man Sperrgeld! Was thue ich mit einer Familie, die Abends zu Hause hockt, und vielleicht arbeitet? Aber Lumpen und Nachtmädeln, das sind Parteien, denen ein ordentlicher Hausmeister nie aufsagt! Gar die Letzteren... die bringen oft einen Galan mit, dem's auf einen Gulden nicht ankommt! Darum hab' ich auch gestern dreien Parteien aufgesagt, weil sie nie eine Mamsell und nie einen Lumpen in's Kabinet nehmen wollen! — Schaun's, Herr Feldwebel, ich hab' mein Kapitalerl von ein paar hundert Gulden, Sie haben ihre sechshundert, und wenn sie mir's Geschäft ablösen möchten, könnten's die Netti haben, denn Sie gefallen mir! Sie sind ein junger Mensch, der mir jetzt schon seit ein paar Wochen wirklich Achtung bezeigt, o h n e d a ß e r P a r t e i i s t...! Aber wie gesagt, die Alte will mit den Mädeln hoch hinaus, und sie wird's unter einem Hausherrn nicht thun! Hören's wie's Mädel das Klavier pempert? Gehn's hinein, und schauen's, daß Sie was ausrichten!"

* * *

Die Wohnung des Herrn Hausmeisters war wie die meisten Hausmeisterwohnungen der großen Wiener Zinshäuser: sie war eng, winklig, rauchig, und man trat mit seinen Fragen zuerst in eine Küche voll Dampf und Dunst. Die Möbeln der Hausmeisterwohnungen sind stets wie vom „Tandler" geholt, und tragen das Merkmal an der Stirne, daß sie schon von Andern benützt worden sind. Hausmeister kaufen bei jedem Todesfalle in ihrem Hause die Möbeln billigst lizitationsweise, und im Laufe der Zeiten wird so eine Wohnung vollgepfercht mit Reminiszenzen an jede Partei, welche das Glück hatte, in ihren vier Mauern zu sterben, ehe man sie gezwungen hatte auszuziehen. Dieser Divan datirte von dem alten pensionirten geheimen Hofg'schaftelhuber im zweiten Stock, jenes Fauteuil von der alten Advokatenswittwe, dieses Nähtischchen von der erstickten Nähterin aus dem vierten Stock, und der große Kleiderkasten von dem verunglückten Tramway Condukteur. Die kleine enge Wohnung des Herrn von Ganglberger war so vollgepfropft mit Möbeln und Requisiten, daß man sich nur mit Mühe durchwinden konnte. Und kein Möbelstück paßte zum andern. — Die Möbeln eines Hausmeisters sehen immer aus, wie eine Perrücke über einem Kahlkopfe — sie passen nie zu den Leuten oder zu einander. Man fühlt förmlich, daß ihre Herren todt sind, und sie stehen in diesen dunklen Erdgeschoßräumen so plump im Wege wie alte Fürstenmumien, die vor der Kellerthüre liegen. Auf dem Wäschkasten stand ein Glassturz, und Kaffeeschalen, die nie benützt wurden, bildeten einen Kranz um die Heiligenfigur, welche unter der gläsernen Blase eingekerkert war. Auch vorjährige Prachtexemplare von Aepfeln liegen auf einem höheren Kleiderschranke, und über dem Fensternähtische ist eine Trauerweide aus Haaren gebildet in einem rothfuchsig gewordenen Goldrahmen: das einzige Merkmal, welches der als Kind verstorbene Kronprinz Sr. Rohheit des Hausmeisters in dieser bösen Welt von seinem Dasein hinterlassen hat.

Dieses unzusammenhängende, lizitationsduftende, herrentodte, aufeinandergepferchte Mobiliar war dennoch der Stolz des Hausmeisters und seiner Familie: denn es war ein Fauteuil dabei, ein Bücherbrett, und — inmitten von Allem eine — „Klampfen", wie es Herr von Ganglberger nannte — eine „Forto", wie es Frau von Ganglberger verbesserte, und ein „Piano", wie Fräulein Netti von Ganglberger verächtlich lächelnd entschied.

Frau von Ganglberger wäre von Natur aus keine böse Frau gewesen; aber das Gefühl, die Gattin eines unumschränkten Hausmeisters von sechs Höfen zu sein, hatte ihr mit der Zeit die bauchige Stirne zwischen den zwei glatten Scheiteln verwirrt.

Sie war eine geborne Kanalräumerstochter, und so war es kein Wunder, daß sie durch ihre Heirath ein wenig stolzverblendet wurde, daß sie, sobald sie eine Hausmeisterin von sechs Roßschweifen — pardon! Höfen wurde, und in Besitz zweier Töchter kam, dieselbe ihrem Stande gemäß erziehen und dann in die hohe Welt bringen wollte. Der Hauptzug der Kleinbürgerfrauen Wiens ist ein Verschmachten nach „Noblesse". Sie haben nie begriffen, daß die Noblesse weder im Range, noch im Kleide, noch im Näseln besteht; für sie gilt die fixe Meinung: man ist nobel, wenn man einen „Herrn von" zum Manne hat, oder wenn man in der Oper singt, oder wenn man in einem Palais bedienstet ist. Daher war auch das Trachten der Frau von Ganglhuber nur darauf gerichtet, ihren beiden Töchtern den Weg in die „große Welt" zu öffnen. Ihre beiden Töchter waren zwei frische Dirnen mit den gewöhnlichsten Gesichtszügen. Es liegt etwas in den Zügen der hübschesten Hausmeisterstochter, was sich niemals veredeln läßt gleich der

Pferdebohne oder dem Zinnkraut. Fräulein Netti von Ganglberger sollte eine Sängerin werden und einen Fürsten heirathen, nachdem sie die Herren Sina und Rothschild ruinirt haben würde, und Fräulein Mali von Ganglberger sollte Gouvernante werden und den jüngsten Sohn ihrer ersten „Condition" heirathen. Deßhalb auch saß Fräulein Netti Stunde für Stunde bei der „Klampfen" und übte Beethoven und Verdi, und Fräulein Mali war im Französischen schon so weit, daß sie die letzten Anekdoten im zweiten Theile Machat's vermittelst eines Lexikons — noch immer nicht übersetzen konnte, da sie überhaupt von ihrer Muttersprache selber keine Idee hatte. Ihre Meister waren aber auch von jener Sorte, welche in Wien zu Dutzenden floriren, und die ich speziell Hausmeister- und Greißler-Instruktoren nennen möchte: Leute, die erst durch Broblosigkeit und Alter auf die Idee gekommen sind, die halbvergessenen Musik- und Sprachstudien einer übelangewandten Jugend zum täglichen Erwerbe zu benützen — die Stunde für „zehn Kreuzer und ein Viertelpfund Extrawurst".

Es war köstlich, den Stolz und die Pränumerando-Noblesse der beiden Hausmeisterstöchter zu sehen. Sie waren rechtsgiltig stolz darauf, nie einen Besen, einen Kochlöffel oder eine Nähnadel in der Hand gehabt zu haben. Durch diese Bravour hofften sie unantastbar fähig zu sein, einst die Ahnenmutter eines Fürstenhauses zu werden. Ferner trugen sie die Nase so hoch, daß sie nur mit Mühe die niedrigen Thüren ihrer Zimmer passiren, und keinen Gruß zurückgeben konnten, weil sie den Kopf nicht mehr in die normale Richtung zu bringen vermochten. Sie hatten das air von zwei Plantagenbesitzerstöchtern, und die Hundert Parteien des Hauses waren die „Schwarzen" ihres Papa's.

Dabei kochte, wusch, scheuerte und flickte die Frau Hausmeisterin entzückt für ihre Kinder, und erschien nur manchmal im „Salon mit der Klampfen", um einen wonnestolzen Blick auf die singende Netti oder auf die vokabeln-büffelnde Mali zu werfen.

In dem Augenblicke, wo der hübsche Feldwebel eintrat, war die Klampfen verstummt, und nur Fräulein Mali schnarrte noch Vokabeln in der sonnengoldigen Fensternische. Die Hausmeisterin grüßte den Soldaten huldvoll, während sie ihrer Tochter das Kleid aufnestelte;

denn Fräulein Netti von Gauglberger stand in Hut und Tuch vor dem Spiegel, einen riesigen, beim Tandler erstandenen Operngucker in der Hand, bereit zum Ausgehen.

— „Ah, Sie sind da?" — sagte sie über die Schulter hinweg, während sie sich die Hutbänder zurechtzupfte mit jener „Geschnappigkeit", welche die Hausmeisterstochter für bon-ton nimmt. — „Thut mir leid, Herr Siegmund, unterhalten Sie sich gut mit der Mutter, ich geh' in die Oper — es ist schon halb vier Uhr, ich muß mich anstellen..."

— „Jetzt schon, Fräulein Netti?"

— „Was glauben Sie denn? Wenn ich einen menschlichen Platz auf der „Letzten" kriegen soll, muß ich ja wenigstens schon um 12 Uhr Mittags an der Casse stehen. Heute krieg' ich ohnedies nur mehr ein „Stockerl"! das seh' ich schon! Es ist nicht wegen den zwei Sechserln mehr, aber man hat so viel Scheererei! Adieu, Mama! Adieu, Mali! gute Nacht, Herr Siegmund!"

— „Darf ich Sie nicht in's Opernhaus begleiten, Fräulein Netti?"

— „Bedaure, aber wissen's, Herr Siegmund, man kennt mich dort schon als angehende Sängerin, es kommen noch andere Eleven auf die „Letzte", und Sie begreifen, wenn ich mit einem „Herrn Soldaten" ginge... Es könnte mir später beim Publikum schaden. Uebrigens erwartet mich heute ein angehender Baritonist vom Conservatorium — mit langen Haaren — Sie sehen also... Leben's recht wohl!"

Und die „Angehende" rauschte aus dem hausmeisterlichen Salon.

Der Feldwebel war so traurig, daß er lieber meilenweit gelaufen wäre, um seinen brennenden Kopf in das kühle Waldmoos seines Heimatsdorfes zu wühlen. Aber er blieb noch da. Er legte seine Mütze ab, und setzte sich zu der Frau Hausmeisterin, die ihm mit auf die Kniee gestemmten Händen von der Zukunft ihrer Tochter Netti vorjubelte, um dem „armen Menschen" den „Gusto" zu vertreiben.

Fräulein Mali hatte aufgehört, Vokabeln zu schnarren, hatte den antiquarischen Machat geschlossen, und war aufgestanden und hatte ge=

sagt: — „Soll ich den Kaffee warm stellen, Maman? Vielleicht trinkt der Herr Siegmund ein Schalerl... ich will sagen eine Tasse mit uns?"

Die Frau Hausmeisterin schaute das Fräulein Mali groß an. Es war so wenig gouvernantenmäßig, einen Feldwebel zum „Schalerl Kaffee" zu laden, wenn man den ältesten Sohn des künftigen Grafen= hauses heirathen sollte! Aber die arme Kanalräumerstochter war so sehr gewöhnt, die Fräuleins Töchter von ihrem Herrn Hausmeister als statutengebende Gewalten zu betrachten, daß sie endlich ihr Erstaunen in ein zustimmendes Grinsen verrinnen ließ. Dabei dachte sie darüber nach, was denn die „Mali" heute ergriffen habe, daß sie das gemeine Geschäft des Kaffeezustellens besorgen wolle?

Und Fräulein Mali „stellte den Kaffee zu", und die Frau Haus= meisterin erzählte von den vornehmen nächsten Bekanntschaften ihres Fräuleins Tochter Netti, und der hübsche Feldwebel schien zuzuhorchen und blieb bei der Alten zufrieden sitzen; denn es machte ihn schon froh, im Zuhorchen im ganzen Zimmer herumschauen zu können, und Alles zu be= trachten, was seine geliebte Netti täglich berührte oder anblickte: die Ringe der Schubkasten, den Fensterriegel, die Tasten des alten mageren Spinett's. Er trank auch dankend ein Schälchen Cichorie, und über= redete sich dabei, daß seine schöne Netti jedenfalls schon aus dieser Schale getrunken habe. Es ist ein so süßer Schmerz, an der Umge= bung des geliebten Wesens, welches uns verschmäht oder verläßt, noch eine Weile hindurch den Wahn einer mittelbaren Empfindung zu ver= binden. Aber es ist schon ein Versickern aller seiner Hoffnungen. Wie er fortging, nickte ihm die Frau Hausmeisterin vornehm, der Herr Hausmeister aber, der in seine „Stube" getreten war, nickte ihm ver= ständnißinnig zu, als wollte er sagen: „Siehst es, siehst es, mit der Netti ist's nichts." — Und Fräulein Mali saß im Sonnenuntergangspurpur ihrer Fensternische, und sagte: „Bonne nuit, monsieur!"

Nachdem der Feldwebel sich entfernt hatte, gerieth die Haus= meisterherrschaft in ein lebendiges Fahrwasser. Die Frau von Ganglber= ger ging in den Hof hinaus, der Herr von Ganglberger fing an eine

Wurst abzuschälen, und Fräulein Mali schien im Sonnensinken der Fensternische eingeschlafen zu sein im Studium ihres Machat. Aber Ruhe war keine mehr in der Hausmeisterswohnung: jetzt wurde ein Kopf hereingesteckt, welcher, von wirren Weiberscheiteln überginstert, süßlich rief: „Herr von Ganglberger, ich bitt' fußfällig, meine Tochter geht heut' aus, um „mit dem Elfuhrtrain" einen Vetter abzuholen... lassen's ihn herein... Damit Sie nicht etwa Etwas glauben!.."

Dann kam ein Strubelkopf mit einem Bartwuchse, zwischen dem nur eine Nase sichtbar war: „Ich bitt' Sie, Herr von Ganglberger, könnt' ich mir nicht meinen Leuchter hereinstellen? Ich komme spät nach Hauf', und habe mir schon zweimal die Nase zerschlagen..."

Dann ein feines Mädchengesicht: „Herr von Hausmeister, ich bitte recht schön, wenn heute vielleicht noch ein Telegramm kommen sollt', bitt' recht schön... Ich weiß nicht, ob die Adresse richtig sein wird —!"

Als die Sonne im grellsten Sinken war, machte die Frau Hausmeisterin wie gewöhnlich einen Sprung zu ihrer Nachbarin, der Frau Greißlerin hinüber; die Greißlerin war eine dicke, dumme, klatschige Frau, und deshalb ein Liebling des ganzen dicken, dummen und klatschigen Grundes. Die Frau Hausmeisterin verachtete die Greißlerin aus vollem Herzen, — denn eine Hausmeisterin von sechs Höfen verhält sich zu einer Greißlerin wie eine Königin zu einer Theaterprinzessin. Aber trotz alledem sind die Greißlerinen den Hausmeisterinen unentbehrlicher, als die Kohlensäure in der Luft. Denn die Hausmeisterin kann gegen Niemanden eine so fürstliche Rolle spielen, wie gegen die Greißlerin, und diese Fürstenrolle vergoldet das ganze Leben der Frau von Ganglberger. Frau von Ganglberger nimmt zwei Loth Waschseife und drei Gurken, und erzählt dabei der Frau Greißlerin, wie ihre Tochter, die Sängerin, schon so umschwärmt sei, und ihre zweite Tochter, die Gouvernante, sich nur noch zwischen dem kaiserlichen Hofe und dem Hause Liechtenstein-Lobkowitz-Thun-Jiretschek zu entscheiden habe. Die Greißlerin bekam einen so vehementen Neid, daß sie der Frau von Ganglberger gern die Nasenspitze abgebissen hätte. Da sie aber die Rubrik „Gerichtsverhandlungen" im Tageblatt fürchtete, so begnügte sie sich damit, der Frau Hausmeisterin einen Bericht ihrer gestrigen Triumphe zu geben: — „Sie wissen, ich bin mit meinem Manne beim Zeisig gewesen, mit dem Friseur von daneben, und einem Firmpathen von meinem Mann, welcher Bäckengeselle ist… Ich habe das grau Orleanskleid angehabt, welches ich schon ein Jahr nicht aus dem Kasten genommen. — Es ist mir unterdessen viel zu eng geworden, ich sage Ihnen, gar nicht rühren konnte ich mich. — Aber tanzen mußte ich dennoch wie — wie eine Furie, sag' ich Ihnen! Dann nach dem Ball haben mir die Männer keine Ruh' gelassen, da sind wir noch in's Kaffeehaus. — Ah, ich sag' ihnen, Frau von Ganglberger, was heut' Nacht für ein Geriß war um mich. — Nicht zum Beschreiben! Und beim Pfänderspiel — na!" — Und dabei schwitzte das rothstirnige, häßliche, dicke Weib vor Stolz, und spielte mit ihrem Gurkenglase wie mit einem Tambourin. Frau von Ganglberger „fipperte"*) vor Verachtung, und gratulirte der Frau Greißlerin zu einem so guten Mann! „Der Meinige wär' viel zu eifersüchtig, um so was mit anzuschauen!" — zischte sie süß. — „Und übrigens könnte ich schon meiner Töchter wegen nirgends hingehn, wo es so gemischt ist…"

— „Gemischt? Erlauben Sie mir, Frau von Ganglhuber…"

— „Schon gut, schon gut, liebe Nachbarin — das verstehen Sie nicht! Aber ich dank' Ihnen recht sehr für Ihre gute Meinung! Schauen's nur, daß sie Ihren Mann beim Leben erhalten — hi, hi, ha!"

In demselben Sonnenuntergangsschimmer kam der hübsche Feldwebel in seine Kaserne zurück. Ein Kasernenhof im Sonnenuntergange hat immer etwas Herzeinsames, und vor Allem mitten in einer großen, geräuschvollen Stadt.

Es ist immer todt da, wenn auch Weiber vor den Ställen Wäsche waschen, Gefreiters mit der Kellnerin der Cantine coketiren, und die Kinder der Wachtmeisters und Oberlieutenants im Grubensande balgen.

Der erste Kasernhof, den der hübsche Feldwebel durchschlenderte, war den Tag über förmlich gebraten worden von der Sonnenhitze,

---

*) Bibrirte.

jetzt hatte sich die Gluth wie ein Feuerdampf bis in das höchste Stockwerk hinaufgezogen. Ein, zwei Akazienbäume wehten in einer Ecke, wie erstickende Greise. Aus einem Kasemattenfenster hörte man ein Volkslied aus den österreichischen Bergen schallen, vielstimmig, falsch intonirt, lang gezogen, wie das „Raunzen" eines Kindes, welches sich im Walde verirrt hat. Es gab fast kein Fenster des großen, weiten Hof=raumes, aus welchem nicht frischgewaschene grobe Hemden oder frisch=entfleckte blaue Hosen herausgehangen hätten, wie in Italien die Pur=purtücher aus Palastfenstern über den Lagunen. Frische Kinder liefen auf einem Sandhaufen durcheinander (ärmlich angezogene Subaltern=kinder und sammetne Oberstensrangen).

In einer Ecke des Hofes, und in zwei, drei Corridoren der verschiedenen Stockwerke hörte man von hembärmigen Gemeinen offizierliche Beinkleider ausklopfen. Viele der Klopfenden sangen und schwatzten dabei — Andere hieben darauf los und horchten auf die gesammte Stäbchen = Kadenz des ganzen Hofraumes. „Es kommt mir vor, als ob ich das Dreschen von „zuhaus" hören möcht'", sagt wohl Einer zu seinem geschwätzigen Mitausklopfer wie entschuldigend.

Der Feldwebel Siegmund setzte sich unter einem Akazienbaume auf ein staubiges Bankbrett. Er sieht die frechen Dirnen, die am Hofbrunnen waschen und nicht ohne Absicht die schmutzigen Hemden so weit über schmutzige Nacken herabgleiten lassen; auf die Stallburschen, welche sich mit rohem Grinsen an diesem Brunnen zu schaffen machen, wo aller S ch m u tz seinen Wettkampf feiert: K ö r p e r, H e m d e n, W a s s e r, W o r t e und G e d a n k e n sind Schmutz. Die Kaserne bringt dem Feldwebel das heimatlose Weh mit sich, welches sich da Allen offenbart, die nicht im Schmutz ihr Wohlbehagen finden gleich den Schweinen. Und so kommt eine große Traurigkeit über sein braves, einfaches Dorfherz, die er anfangs dem Untergange der Sonne zu=schreibt, welche so rasch versickert an den Häuserfirsten wie Blut im Sande. — Er trotzt sich aus dieser Traurigkeit heraus, indem er an seine Eltern daheim denkt, die sich von Jahr zu Jahr freuen, ihn kräf=tiger, städtischer, welterfahrener und altkluger heimkehren zu sehen zu Ostern oder zu Weihnachten, und denen er... Aber nein: der benachbarte Kauf=

mann daheim, und die Schulmeisterehe, und das heimatliche Wohnzimmer. Alles verzittert wieder in einem Nu vor dem Gedanken: „Sie wird mich nie lieb haben können! Ich bin ihr zu schlecht! Und sie — sie ist auch schlecht, weil sie kein Herz hat... Was fange ich nur an...?"

Die Sonne war jäh verschwunden, sogar in ihrem letzten Widerscheine, und die Dirnen plätscherten am Brunnen, selbst geplätschert von stallduftenden Soldatenknechten, die Kinder vergruben sich im Sande und aßen ihr Butterbrod am Kieselsand würgend zu Ende, und die Pferde im Stalle kauerten sich lärm=müde in's Heu, und Offiziere und Offiziersfrauen majestäteten durch den Kasernen=Corridor in's Theater oder zum Whist, und der Feldwebel wurde plötzlich durch sein eigenes Sinnen, welches immer lauter und lauter geworden war, wie aus einem Schlafe erweckt: „Morgen ist ja ihr Geburtstag!" — wirrte es in seinem Herzen. „Da bring' ich ihr einen Strauß — um zwei Gulden kriegt man einen großen, — vielleicht — die Mali ist ein so gutes Mädel, die werde ich bitten, daß sie der Netti in's Gewissen redet..."

Wie der Feldwebel heut' Nachts seinen Kopf in den Kotzen ein= hüllte, mitten unter dem Zischeln und heimlichen Thürgehen einer großen, von niedrigen Leidenschaften durchgifteten nächtlichen Kaserne, sagte er sich fast weinend: „Ich mein's ja so gut! — Vielleicht hilft mir die Mali, und redet ihrer Schwester zu. Die Mali, die hat ein gutes Herz! Warum ist die Mali nicht die Netti. — Sie hat ja ohnedies dasselbe Gesichtel..."

*   *   *

Am folgenden Tage war wirklich der Geburtstag des Fräuleins Netti von Ganglberger. Man hatte ihn den Parteien verschwiegen, denn: sie hätten natürlich die Verpflichtung gehabt, gratuliren zu kommen, und man wollte nicht so viel Gesindel empfangen im „Klampfen"=Salon des Hausmeisters. Fräulein Netti glänzte an diesem Morgen in einer wirklichen Seidenrobe von einer wirklichen Gräfin, die (die Robe) man durch eine Kammerjungfer billig gekauft hatte. Zwei, drei Com=

missionäre hatten zwei, drei anonyme Blumenbouquets gebracht, Fräulein Netti hatte dieselben, nachdem sie hochmüthig lächelnd im Geiste den „Preis" taxirt hatte, einwässern lassen und klampfte energischer als je.

Die „Frau Hausmeisterin" war heute unausstehlich unwirsch gegen jeden Besuch, der kein „Billet" für Fräulein „von Netti" brachte. Eine alte Dame, die Wittwe eines hohen Offiziers, war so unglücklich, nach der im Thorwege angeschlagenen Wohnung zu fragen.

— „Nichts, nichts, das möblirte Zimmer wird von der Partei nur an Herren vergeben. Frauen werden überhaupt nie in möblirte Zimmer aufgenommen."

— „Ja, warum denn nicht?" — fragte die alte Dame mehr amüsirt als unwillig.

„Sie prantschen zu viel."*)

Nach der alten unglücklichen Dame klopfte ein armer Knabe, der ein Murmelthier im Arme trug, an die Thüre der Hausmeisterin.

— „Was!" — schrie sie, als sie weder eine Gratulation noch einen Blumenstrauß in seinen Händen erblickte — „was, du Ban-

---

*) In der That wird in Wien der besten alten Dame kein möblirtes Zimmer abgetreten, aus dem fütilen Grunde des „Prantschens". Alle Zimmervermietherinen ziehen einen Ersten besten Schwindler der anständigsten Matrone vor: theils, weil sie Männergesellschaft der anständigsten Damengesellschaft vorziehen, größtentheils aber, weil Männer „nie zu Hause" sind, und sie also das vermiethete Zimmer als Besuchsalon, ja sogar als Schlafzimmer benützen können. Es gibt in Wien Zimmervermietherinen, welche faktisch die Bedingung stellen an den Abmiether: „Sind Sie bei Tag zu Hause?" — „Ja." — „Dann kann ich nicht dienen."

— Oder: „Sind Sie bei Tag zu Hause?" — „Nein." — „Gut. Aber bei Nacht kommen Sie doch heim schlafen?" — „Natürlich." — „Bedaure, dann ist's nichts, — außer Sie zahlen das Doppelte!"

Wenn in Wien ein Ehemann über das neue theure Quartier klagt, sagt die Frau: „Na, na, sei ruhig — wir nehmen in unsere zwei Zimmer zwei Zimmerherren, die nie zu Hause sind, rechnen ihnen das Doppelte an, und können so von dem Ueberschuß noch leben."

tert, kannst nicht lesen? Betteln und Hausiren ist...!" — Die gute
würdige Dame konnte vor Suffoktion und getäuschter Erwartung nicht
weiter kreischen. Leider war sie noch nicht distinguirt genug, um Krämpfe
zu kriegen. Aber der Wanderjunge bekam dafür einen Krampf auf
den Hinterkopf, daß er nicht wußte, ob er in Paris oder in London
sei, und Fräulein Netti rief giftig von der Klampfen aus: — „Aber,
Maman, wenn du mich noch einmal störst, dann wird's mir bei uns
zu Hauf' wirklich zu gemein! Das ist ja ein Schimpf und eine
Schande...! Ich verliere noch meine ganze Stimm' vor Galle mit dei=
nen ordinären Dummheiten! Ist's nicht genug, daß mich der balkete
Vater heute wie alle Jahr' zu die Volkssänger führen will...!"

— „Aber, Netti, schau, liebes, gutes Netterl, der Vater laßt sich
das nicht ausreden, du weißt, so oft ein Geburtstag ist, will er, daß
wir Schnitzel essen und Wein trinken, und in der Delikatessenhandlung
kommt's doch zu theuer..."

— „Und der Lieutenant von drüben hat noch gar kein Billet
geschickt?" — fipperte Fräulein „von Netti", indem sie auf die Uhr
stierte und sich in getäuschter Erwartung furienhaft=w a h r zeigte.

— „Nein. Aber der Feldwebel hat da einen wunderschönen
Strauß von Centifolien herge..."

Fräulein von Netti reckte wahrhaftig die Spitze ihrer reizenden,
kleinen Zunge heraus.

Die erste verblüffte Empfindung der Frau Hausmeisterin, wie sie
den beruhigend geschwungenen einbrenn=tropfenden Kochlöffel sinken ließ,
war: „Gott, das Mädel ist wirklich zu einer Gräfin geboren!"

* * *

Am Abende besuchte die Familie des Herrn Hausmeisters wirk=
lich nach alter Geburtstagsgewohnheit ein benachbartes Lokal, wo sich
Volkssänger zu präsentiren pflegten. Es waren Volkssänger mit f r e i e m
Entrée. Das Volkssängerthum in Wien rangirt sich genau nach dem
Entrée. Je theurer, desto cynischer, nackter und frecher ist die Zote:

je billiger, desto mehr ist sie unterthänig und um die Gunst des Publikums besorgt. Die Volkssängerin, welche vierzig Kreuzer Entrée begehrt, behandelt ihr Publikum, wie Messaline ihre Schlafzimmer-Sklaven behandeln würde. Sie erscheint am ganzen Abende nur zwei-, höchstens dreimal, und dann mit einem verächtlichen Lächeln, sie streckt dem Publikum beinahe à la Fräulein von Netti die Zunge heraus, und sie singt die infamsten Zoten mit den Mienen einer Königin, welche Gnaden austheilt. Die Volkssängerin mit dreißig Kreuzern hat wo möglich kostbarere Schleppen, sie kleidet sich an einem Abende wohl dreimal um. Sie schneidet dem Publikum Gesichter, und was sie an erträglichen Noten singt, richtet sie an einen bärtigen Herrn an einem allernächsten Tische, der während der Produktion laut mit ihr conversirt, und ihr in den Zwischenpausen stolz wie ein Hannibal in die Garderobe folgt, beneidet und bedauert vom ganzen Publikum. — Die Volkssänger mit fünfzehn Kreuzern haben nie ein bischen Unverschämtheit. ein bischen Witz oder ein bischen Stimme. Es sind stimmlose Greise und grell angezogene Greisinen. Die Volkssänger mit freiem Entrée haben schon einen originellen Typus, — sie „geben sich Mühe", und sie suchen die „Gunst des Publikums" zu erwerben.

Herr Leidolt sang eben sein Lied vom „Zuzel", als die Hausmeister-Herrschaft in dem Lokale erschien.

Das Lokal benamste sich zum „Wiener Früchtel". Und in der Stunde, wo das Piano „aufgesperrt" und die Volkssänger-Planken gelegt wurden, sammelte sich das Stammpublikum.

Die Familie des Herrn Hausmeisters placirt sich immer mit Mühe. Der Hausherr zankt stets mit der Hausfrau über den Tisch, den man einnehmen soll, die Töchter finden Alles zu schlecht, und die Galane der Töchter werfen stets ein Drittelbutzend Stühle um im Eifer des Bedienens.

Die Frau Hausmeisterin kann sich im Niedersetzen nicht enthalten, einem Nachbarsesselinhaber zuzuzischen: „Sie sind uns schon zwei Secherln Sperrgeld schuldig, schmutziger Jokel übereinander, glaubens, wir verkaufen ihnen den Schlaf umsonst?!"

Die Tische ringsum widerhallen von echten Stammgast-Conversationen.

— „Gott, wie gemein!" — ächzte Fräulein Netti schon beim Eintritte. Der Papa beschwichtigte den Geburtstag: — „Um Gotteswillen, Mädel, sei still, wir kommen sonst in den Hans-Jörgel! In den Hans-Jörgel kommen ist das Aergste für eine öffentliche Persönlichkeit. — Ich bitt' dich, setz' dich auf's Maul, ja?"

Die Hausmeistersherrschaft zankte untereinander eine Weile hindurch über Schnitzl und Beuschl, je nachdem Selbstbewußtsein oder Sparsamkeit den Rechenmeister abgab. Endlich fand sich noch ein „Stutzer aus dem Hause" und auch der Feldwebel Siegmund zum Tische. Die Volkssänger jauchzten, das Publikum „bierte" und „tellerte" klirrend, und der Feldwebel wollte die Wünsche seines Herzens dem Geburtstag-Fräulein recht „mit Worten sagen". Aber Fräulein Netti warf nach dem zweiten Volkssängerliede, wo der treffliche Leibolt die Faust geschlossen hatte, den Kopf sammt den hundert und vierzig „Lockerln" zurück und zischelte: — „Nein! Da ist es mir zu ordinär! Ich will meinen Geburtstag besser anwenden! Im Opernhaus kriege ich noch ein Stöckerl! Und heute singt Fräulein Siegstädt, wenn mir recht ist, die Norma!"

— „Was, du willst in die Oper? Und wegen dir sind wir ja hergekommen!" — sagte der Herr Hausmeister, wirklich ärgerlich.

— „Ich glaub', Papa, ich habe dir bereits gesagt, daß es mir hier zu ordinär ist!" — zischte Fräulein Netti zwischen ihren Zähnen hervor mit so auffallend wilden Blicken, daß die Mutter mit heftigem Nicken und Winken den Vater zum Stillsein zwang, und indem sie alle andere Begleitung ihrer Gesellschaft abdeutete, ihr Fräulein Tochter aus der Gesellschaft der echten „Wiener Früchtel" hinausbugsirte.

Der Herr von Ganglberger war sehr ärgerlich und fing an, mit dem Glase auf den Tisch zu schlagen, während Fräulein Mali und der Feldwebel ihn zu beruhigen suchten. — Endlich verwickelte ihn ein Tisch- und Hausnachbar in ein Gespräch über die letzten zwanzig Häusereinstürze in den letzten acht Tagen, und dieses in Wien stets interessante Gespräch brauste bald so laut zwischen den zwei Tischen hin und her, daß der Volkssänger oft wie eine zornige Gans zischen mußte, um nur sein:

„Und der Zuzel ist meine Leidenschaft...!"
hörbar zu machen.

Die Frau von Hausmeisterin kam „pfnausend" wieder zurück, meldete stolz, daß sie ihre Tochter bis zum Theater begleitet habe, pustete erhitzt vom raschen Gehen, und trank einige Pfiffe nach einander „weg". Sie wurde dadurch in einer Art erregt und „über die Parteien" erhoben, daß sie sich so weit vergaß, neben einer nachbarlichen Holzverkleinerin Platz zu nehmen, um ihr wonnekichernd zu erzählen, ihrer Tochter sei es hier „zu ordinär" gewesen... Denn wissen Sie, weil sie die erste Rolle im Burgtheater singen wird..."

Es ging gegen Mitternacht. Die Männeraugen erloschen, und die Frauenaugen wurden blitzend wie Irrwische; die Volkssänger machten beinahe Purzelbäume, und hie und da sank ein Kellner schlaftrunken auf einer Seitenbank nieder; das Gaslicht wurde immer trüber durch die lüsterne Wein-, Bier-, Nacht- und Cigarrendunst-Atmosphäre, die Frau Hausmeisterin war mit der Holzverkleinerin schon auf das Allerintimste gekommen durch ihre Familiengeständnisse: — „Ich fürcht' mich doch für meine Mädeln! Ich bitt' Sie, die Männer sind schlecht, und das weiß ich von mir aus. Ich will nichts sagen, wenn's ein Fürst ist — aber solche G'schwufen, wissen's, die einen halben Tag vor der Delikatessenrestauration stehen, und die geselchten Fische anschauen, und dann mit Papierkrägen kommen, wo einer zwei Kreuzer kostet, und sagen: Ich habe mir heute sattgegössen an Caviär und Sudlzen...! Na hören's, man muß doch eine Angst haben für die Mädeln!"

Herr Leidolt sang unterdessen seine reizend vorgetragene Rauscharie. Und der arme Herr Feldwebel hatte „der" Fräulein Mali sein ganzes Herz ausgeschüttet. — „Schauen Sie nur, gnädiges Fräulein, so lieb habe ich Ihr Fräulein Schwester! und sie hat sogar meine Rose weggeworfen, und das thut Einem so weh."

— „Ja," — sagte die künftige hausmeisterische Gouvernante. — „Es thut so weh, das glaub' ich gern. Wenn man Jemanden so lieb hat, und der Jemand merkt es nicht."

— „Jesus Maria!" — athmete der Feldwebel. — „Fräulein Mali... ist Ihnen nicht gut?"

Aber dem Fräulein Mali war gut, und sie lächelte bald wieder; und der Feldwebel schaute sie an, so erstaunt, und fand in ihren Zügen seine herzlose Geliebte gemildert und versänftigt wieder. Und er besorgte sich um ihr Blaßsein. Und sie lachte lustig auf, aber sie lachte recht kurz. Ich vermag es nicht zu erklären, wie in dem Herzen des Feldwebels in dieser Stunde plötzlich der Gedanke aufblühte, daß er eigentlich Fräulein Mali lieben solle, weil sie ihn wieder liebe; und daß er Fräulein Netti umsonst geliebt habe. Er konnte kaum athmen: — „Aber Fräulein Mali, Sie... Sie werden Gouvernante werden? Die Frau Mama hat mir das so oft erzählt...! Und ich hätt' Sie so gern zu meiner guten Freundin gehabt, „Fräulein" Mali!"

Fräulein Mali neigte sich ganz zitternd und lächelnd und froh zu ihm, mitten in dem Weibergekreisch, dem Männer=Einsturz=Maurer= Gespräche und dem „Außi möcht' i!" des Volkssängers, und sie sagte: — „Ja, warum soll's denn nit sein, Herr Siegmund? Ich möcht' lieber keine Gouvernant' werden, sondern einen braven Geschäfts= mann heirathen — so — so wie Sie einer sein werden, Herr Siegmund..."

Ein grelles Glückslicht strahlte plötzlich auf in seinem Herzen, wie er die Schwester seiner stolzen Geliebten anblickt. Er denkt erstaunt, wie ähnlich sie seinem ersten, einzigen und lieblosen Ideale sei, den Zügen nach, aber nicht dem Ausdrucke nach, — denn der Ausdruck des Fräuleins Mali war so klar, so gar nicht französisch, und sie sprach im heimatlichen Dialekte, wobei sie sich halb beschämt nach ihrer Mutter umschaute. Die erstaunte Frage, die sich der Feldwebel in diesem lärmdurchwühlten „Schwipsdunste" vorlegte, war: „Warum habe ich mich denn nicht in die Andere verliebt?"

*   *   *

Und der Feldwebel Siegmund verliebte sich wirklich in die Andere. Die Mutter gab ihr ungerathenes Gouvernantenkind gern auf, denn sie brauchte all' ihre Sparpfennige für ihre immer vehementer nobel werdende Primadonnentochter. Fräulein Mali durfte ihr Französisch vernachlässigen, und ihr 25 Kreuzer-Lehrer wurde entlassen, denn Fräulein Netti schaffte sich nach und nach Trikots an. Die Frau Hausmeisterin klagte ein- zweimal ganz verstohlen ihren vertrauten Parteien, daß ihre Gouvernantentochter gemeine Neigungen habe. Sie versuchte es wenigstens zweimal, den neuen Geliebten ihrer zweiten Tochter zur „Noblesse" emporzubringen. Aber vergebens. Sie sagte ihm: „Aber Herr von Feldwebel, spielen Sie wenigstens auf der Börse, wie unser Herr Hausherr thut!" — Aber der Herr Feldwebel wollte durchaus nicht auf solche Weise nobel werden. Und zuletzt, im Faschingsanfang, heirathete er die ehemalige Gouvernanten-Aspirantin Fräulein Mali, und zog mit ihr als ehrlicher civilistischer Bürger in seinen Heimatsort. „Ich möchte nur wissen, warum ich mich nicht gleich zuerst in die gute Mali verliebt habe?" — fragte er sich noch spät darnach am freundlichen Werkstattsherde.

Indessen ging es in der Hausmeisterswohnung ziemlich rasch bergab. Es war „enorm", was die angehende Primadonna verbrauchte, ehe sie fertig wurde. Deklamationsstunden, Trillerunterricht, Seidenkleider, Chignons, alles Das brachte den guten Herrn von Ganglberger endlich so in die Höhe, daß er entschied, nun sei er schon zur Hälfte ruinirt, und das „Mensch" sollte sich jetzt einmal um eine Stelle umschau'n an der Oper, und um „einen Lohn". Es war wirklich keine Täuschung: der eigene Papa hatte sein Fräulein Tochter ein „Mensch" genannt, und ihre künftige kaiserl. königl. Gage „einen Lohn"! An diesem Tage gab es einen Orkan in der Hausmeisterswohnung: Fräulein Netti kreischte in Krämpfen, und versicherte in den Kunstpausen derselben, sie werde wohl ihren Papa verläugnen müssen auf den Affichen und sich signora Annina Bergoprofondo nennen, wenn er ein „so gemeiner Mensch bleibe". Die Frau von Ganglberger nannte ihren Mann einen — einen -- ich weiß wirklich nicht genau, was, spielte die zweite Violine zu dem Krampfconzert ihres Fräuleins Tochter, und wollte der Greißlerin und der ganzen

Welt erzählen, was für einen „Kerl" sie zum Manne habe. Der Herr Hausmeister schlug die Thüre in's Schloß, daß alle Saiten der Klampfen winselten. Dann ging er wirklich zum „Wiener Früchtel" und zechte sich einen Rausch an. Die Kunde von dem „Krawall" und dem „Skandal" verbreitete sich im Nu durch alle Parteien des Wohnhauses, und sämmtliche Inwohner rieben sich entzückt die Hände vom Großmütterlein bis zur Köchin, vom gnädigen Fräulein bis zum Säugling in der Wiege. Denn ein Hausmeister, bei dem es Krawalle gibt, gleicht einem Krokodile, welches aus Altersschwäche die Zähne verloren hat.

— „Jetzt soll sie noch grob sein!" — sagte ein Bürstenbinder-Bettgeher, der schon zweimal das Thorsechserl vergessen hatte.

Aber Frau von Ganglberger blieb grob, desto gröber, je mehr sich ihr Hochmuth herabstimmen mußte. Denn Trillerstunden bei Fräulein Cecconia d'Oro mußte ja Fräulein Netti nehmen, und Deklamationsstunden bei Frau von Gorlicek, und in schwarzer Seide mußte ja doch Fräulein Netti gekleidet sein, wenn sie in diese noblen Stunden kam, auch die feinen Schminken kosteten viel, denn es ist eine Eigenschaft angehender Sängerinen, sich fast mit Raserei zu schminken. Eine Wiener Gesangsschülerin erkennt man an zwei Sachen: an einem steifgebundenen Notenhefte und an fingerdicker Schminke. Und endlich, als sie fertig war, mußte sie „Garderobe" haben. Alle Ersparnisse des Hausmeister-Hauses gingen in den Seidenschleppen und Orleansschooßen der Lucrezia Borgia; der Alice, der Valentine, der Elsa, der Agathe, der Elvira und der Jüdin auf. Und zuletzt reiste die Frau Hausmeisterin mit Fräulein Netti in deren erstes Engagement nach Kanizsa, und Herr von Ganglberger blieb allein mit seiner Flasche. Sechsmal kam die Sängerin aus sechs verschiedenen Engagements nach der ersten Vorstellung schon wieder zurück in ihr väterlich hausmeisterliches „Loch", denn überall waren Intriguen gegen sie! Von der sechsten Reise kehrte sie ohne Maman heim. Die arme Theatermutter war in Leister an der Schale gestorben. Von der siebenten Engagementsreise, wo die Künstlerin ihre Antrittsrolle gar nicht zu Ende singen konnte, kehrte sie auch ohne Garderobe heim, mit welcher sie ihre

4*

Rückreise hatte bezahlen müssen. Sie kehrte heim, aber sie fand die väterliche Wohnung geschlossen. Ganglberger war wegen Trunksucht schmählich entlassen worden unter den Jubelrufen sämmtlicher Parteien, und war drei Tage später im Spital an gebrochenem Herzen und einer Nasenkupferinflammation gestorben. Man kann einen Fall von so großer menschlicher Höhe bis in's Hospital nicht thun, ohne sich hinzulegen und zu sterben.

Fräulein Netti sank zur Provinzchoristin herab, und erschien nur manchmal in der Werkstätte ihres gemeinen Schwagers und ihrer gemeinen Schwester in dem freundlichen Landstädtchen, welches dieselben bewohnten, wenn sie ohne Engagement war. Sie kam immer zu Fuße, mit zerrissenen Schuhen, aß sehr viel und sehr gierig, sprach von dem Neide ihrer Colleginen, war sehr hochmüthig gegen die Nachbarn und sehr grob gegen die zahlreichen Kinder der Familie, brachte jedesmal eine neue Runzel und einen Zahn weniger mit, hatte die schlaffen Wangen jedesmal um zehn Grad ziegelfarbener gemalt, und hielt es in dieser ordinären Umgebung, wo man nichts von der Norma verstand, nie länger als einige Tage aus, denn sie war eine K ü n s t ‍l e r i n! Und so zog sie immer wieder bald ab, auf einem Stellwagen‍sitze, den ihr Schwager Siegmund bezahlt hatte, mit neuen Stiefelchen, mit einigen Gulden in der Tasche und einem Schinken mit zwei Brod‍laiben im Zöger, um immer nach einer gewissen Zeit wiederzukehren, zu Fuß, bestaubt, fast barfuß, verhungert, stolzer, boshafter, zorniger und runzliger als je.

Und noch viele Jahre sagte sich Meister Siegmund (wenn er an der Thüre seines Häuschens, die Pfeife im Munde, der Davonfahrenden nachsah, bis der schinkengefüllte Zöger auf der Wagendecke und der Wagen selber holpernd auf dem spitzen Marktpflaster um die Gassen‍ecke verschwand): „Ich möchte wirklich wissen, warum ich mich nicht gleich zuerst in meine Mali verliebt habe!"

Die Theaterdame.

Die Wiener „Theaterdame" ist weder Sängerin, noch Tänzerin, noch Schauspielerin; sie ist keine Künstlerin in ersten Rollen und auch nicht einmal eine zweite Liebhaberin. Sie gehört keiner bestimmten Kategorie und keiner bestimmten Schauspieler=Species an. Sie hat kaum singen gelernt, sicherlich aber niemals deklamiren. Sie sendet nie um ihre kleine Gage.

Diese Wiener Theaterdame vom Chor ist aber auch keine Pariser Ballet=Ratte oder Opern=Choristin; eine jener Damen, welche das Theater als Ausstellungslokal betrachten. Die Pariser Demi-monde der Choristin, welche dem Intendanten ihre eigene Gage zahlt, um in kurzen Röckchen allabendlich dahinschweben oder in eigenen schweren Seidenkleidern einherrauschen zu können unter Musikbegleitung; diese Damen, welche eigene Salons eröffnen, die Minister wie die Künstler, die Adeligen wie die Republikaner empfangen; diese Pariser Theater= damen, welche sich dem ganzen Publikum zeigen, damit das ganze Publikum sich in ihren Salon dränge; diese Demi-monde des Geistes endlich, welche in der Kunstwelt gar keinen Namen hat, aber in „dem Con= fekt der Gesellschaft" (so möchte ich's nennen) einen eigenen Hof besitzt, die ist in Wien nicht möglich. Auch in Wien gibt es zwar Theater= damen, welche ihre eigene Gage bezahlen, um auf der Bühne erscheinen zu dürfen und um sich zu zeigen. Aber diese reichen, vierspännigen Wiener Theaterdamen mit den prächtigen Seidenroben (immer in

Seide, ob sie nun im Chor als **Hofdame** oder als **Banditenliebchen** erscheinen!) haben keinen Salon, in welchem sich ihre Anbeter, ihre Journalisten, ihre Freunde oder gar die Geistesaristokratie versammeln würden. Die Wiener Theaterdame vom Chor, mit Fiaker und Sammtkleidern, ist eine ganz gemeine, geistlose, einsamstehende, schöne Figur, welche von einem einzigen schüchtern-don-juanirenden Adeligen „ausgehalten" wird. Sie ist nichts weiter als eine hübsche junge Gans mit blonder Perrücke, und wenn Ihr ihr von einem Salon, von pikantem Renommée, von dem Ruhme ihres Gesunkenseins sprechen würdet, sie würde Euch nicht einmal verstehen. Sie hat Seidenroben, welche die Direktorin närrisch machen, sie hat Brillanten, sie hat einen Grafen, sie hat alle Photographen, und sie lebt wie in einem Rausche.

Weder das neue Opernhaus noch das Wiedner-Theater besitzen unter allen ihren Brillantendamen eine Einzige, welche es verstünde, sich mit esprit zu verkaufen.

Es sind sämmtlich Gänse, die um eine Schleppe leben; daß es hübsche und junge Gänse sind, entschuldigt wohl ihre Eitelkeit, nichts lernen zu wollen, aber es entschuldigt **den Grafen** nicht, der nicht einmal eine Seele oder ein Fünkchen bewußte Koketterie begehrt — für so viel Geld, so viel Schulden, oder so viel falsche Wechsel.

Eine solche Theaterdame heißt Bergsumpf und sie ist an einem Wiener Theater für Chorgesang und für Sechs-Worte-Rollen engagirt, weil sie „Toilette" hat, und ihr Graf einen Sperrsitz, vielleicht gar eine Loge.

Sie ist sehr schön und schrecklich jung. Der Graf, der Direktor und das Publikum wissen das, und sagen es ihr. Am meisten aber die Photographen. Fräulein Bergsumpf läßt sich daher täglich circa zwölfmal „aufnehmen" in allen Stellungen, Gesichtswendungen und Beleuchtungen; der Photograph, welcher Fräulein Bergsumpf nicht in seinem Gassenrahmen hätte, wäre ja um hundert Jahre zurück! Die Bergsumpf ist daher im Publikum so populär, wie in der Familie ihres Grafen.

Die Photographen von Wien haben einen wahren Wahnsinn, die Bergsumpf, die Gräfin Hanna Erdödy und Fräulein Wolter auszu=

hängen. Man muß in Wien so stierschauend gehen wie ein Auerhahn, um nicht von diesen „schönen" Gesichtern in den Typhus hinein übersättigt zu werden.

Es gibt nur zwei Wesen, welche diese Porträt-Abundanz der Bergsumpf entzückt: und das ist der Graf und die Bergsumpf selber.

Die Bergsumpf heißt mit Vornamen Adele, und läßt sich von ihrem Grafen Adi nennen. Adi ist also achtzehn Jahre alt, dumm wie die Nacht, eingebildet wie der selige Bacherl, und hat schon alle Farben in Seide, Sammt und Battist an ihrem Leibe getragen. Das Köpfchen mußte ihr endlich wirblig werden! Dabei ist sie sich ihres Werthes und ihrer ehrenhaften Stellung vollkommen bewußt. Ich sage das nicht als Ironie: die Adi Bergsumpf's haben in Wien wirklich eine ehrenvolle Stellung. Der Wiener ist weit entfernt solchen Theaterdamen die zweideutige Rolle zu überlassen, welche sie in Berlin, Brüssel, Paris, London, Florenz einnehmen trotz ihrer dortigen geistigen Bildung, ihres Gelehrten-Salons und ihrer anmuthigen Ueberlegenheit über das bürgerliche Mädchen. Die Wiener Theaterdame ist wirklich stolz, stolz auf ihr Kleid, auf ihren Grafen, auf den Wagen, ja sogar auf ihre bodenlose Unwissenheit und Albernheit — denn sie hält dieselben für „nobel", weil sie die Noblesse nach ihrem Grafen beurtheilt.

Die Welt, diese kleine schlechte Welt der Soutenirten hat für sie die allerkleinsten Grenzen: sie ist keine Kameliendame, denn außer ihrem Grafen fällt es keinem Menschen ein, sich in diese geistlose Larve zu verlieben. — Niemand begehrt sie, Niemand liebt sie, außer ihrem Grafen. Freilich gibt derselbe die Seidenkleider, den Wagen und die Photographen. Und Adi Bergsumpf hält sich wirklich für gefeiert, geliebt, berühmt, ideal und glücklich: denn sie hat einen Grafen, die Lieferanten nennen sie Gräfin, sie hat einen Koch, der Direktor grüßt sie höflich, und Abends an der Rampe fühlt sie die Bewunderung des Publikums durch Sammt und die Trikots hindurch. Sie ist wirklich stolz und wirklich glücklich.

Adi wohnt auf der Ringstraße. Ihre Wohnung ist die einer jungen Generalswittwe: sie ist nicht zu groß, aber ihre Zimmerchen

sind überfüllt mit den kostbarsten Möbelphantasieen und Nippsachen.
Nicht der Geschmack oder auch nur die kindische Selbstwahl der Be=
sitzerin haben die Möbel, die lambris und die nippes hier zu einem
charmanten Ganzen vereinigt; denn Adi Bergsumpf hat nicht einmal
Sinn für den Comfort oder für die Feinschmeckerei der Wohnungs=
toilette. Sie ist hohl und dumm sogar bis in die Frauenlaune hinein
— sie ist *nur schön* — d. h. jung und nicht häßlich. Die ganze
Wohnung hat ein Lieferant bestellt und eingerichtet, welcher sich blos
mit den Wohnungen solcher Damen beschäftigt und es darin zu einem
Raffinement gebracht hat.

Es ist zwölf Uhr. Adi hat ihre Morgenaufgabe vollbracht, sie
ist *noch schöner geworden als sie ist*. Sie trägt einen neuen
Anzug von fliederfarbener Frühlingsseide, einen gleichfarbigen Hauch,
der einen Hut bildet, sie hat die Hände in die weichsten und aller=
engsten Handschuhe gesteckt, und sie wartet auf ihren Grafen, welcher
sie zu einer Mittagsfahrt abholen will — „mit dem Bedienten auf
dem Rücksitze".

Adi steht wartend am Fenster, und sieht auf die sonnige Ring=
straße hinaus.

Das Grand=Hotel brüstet sich in seinem Renommée, daß „es nicht
zu erschwingen ist". Vor diesem trostlos leeren Hause mit den trostlos
in ewigen Ferien lebenden Garçons und dem trostlos leeren Herde,
werfen selbst die „Geh=Allee=Bäumchen" nur die kleinstmöglichen und
magersten Portionen von Schatten, und die Spaziergänger weichen
ihnen schüchtern aus, und sie suchen lieber die brennendsten Sonnen=
strahlen, denn sie wissen, daß der Schatten auf dem Tarife des Hauses
steht. Daneben liegt breit das Opernhaus, wie eine Riesen=Schild=
kröte. Fernerhin all die weißglänzenden Paläste, welche blos jüdische
Zinshäuser sind, mit ihren kahlprächtigen Teppichläden, Blumenhand=
lungen und Zehnkreuzerhöhlen. Auf den Trottoirs stoßen plumpe eilige
Arbeiter an geschnürte, blödschauende Dandys, welche Zeit haben; die
einfach gekleidete Erzherzogin streift an die Kreuzer=Netti, welche — ohne
ihre Person! — fünfhundert Gulden werth ist. In den Reitalleen
stöhnen unzählige Pferdelenden und unterschiedliche Reiterlenden weh

und ach! Der hohe Nicht-Kavallerie-Offizier, welcher ex offo bucklig sitzt und so schreibermäßig wie möglich in die Höhe hüpft. Dann der Cavalier, der, schon von Kindheit auf Eins mit dem Pferde, dahinjagt wie der Seiltänzer in der Bahn, graziös und keck. Endlich der reichgewordene Jude, der Commis mit dem Haupttreffer, und manchmal sogar ein Sänger oder Schauspieler, welch' Letzterer stets auf dem Pferde sitzt wie auf einer Kuh. Die Mitte der Straße nehmen, gleich vollgefressenen Ungeheuern, die schwerrollenden Tramway-Waggons und die lautrasselnden Omnibusse ein. Leichte Droschken und arrogant hüo'ende Fiaker winden sich zwischen den Ungeheuern durch, stolz auf ihre Schnelligkeit, wie der Einäugige unter den Blinden. Die kleinen Besenstiele der Alleen wehen grüne Lichter, die Spiegelfenster blitzen, die bunten Sommerkleider flattern, das nahe laute Gerassel verbindet sich mit dem fernen Gerassel der innern Stadt wie vergrollender Donner, eine verscheuchte Lerche schießt an den Fenstern Adi's vorüber. Sie wartet noch immer — geduldig, gedankenlos, träumerisch-schauend. Sie ist selbst zum Nervössein zu dumm. Ihre Seele ist wie ein Teich in langweiliger Ebene in der Mittagsstille. Er ist nicht schlammig, nicht durchsichtig, er ist nur regungslos. Und wie in diesem See kein Hügel, kein Waldesgrün, ja nicht einmal ein Wölkchen vom leeren Mittagsazur sich spiegelt, so spiegelt sich in der Seele Adi's kein Gedanke, kein Träumen, kein Forschen und kein Frohsinn. Alle diese Paläste, alle diese bunten Menschen, das Gewirr von Reich und Arm, von Grell und Fahl, von Sonnenpracht und Kunstgröße, gibt ihr nicht einmal den Schatten eines Denkens. Die grünen Berge, die über der Votivkirche hereinlachen mit ihren weißen Klöstern und Höfen, die eigene freudige reiche Pracht ihres Zimmers, die blinde Liebe ihres albernen jungen Grafen, alles Das macht sie nichts denken, nichts fühlen. Sie ist durch die „Schönheit" (die man ihr vorerzählt) so dumm gemacht worden schon von der Zeit an, wo jedes Menschenherz erwacht und seine strikte Farbe annimmt für's Leben; so daß sie dieses Leben eigentlich nicht „durchlebt", sondern „durchschönheitet". Ihr ganzes Fühlen beschränkt sich auf den Instinkt ihres Schönseins, auf den blöden Kitzel einen Grafen zu haben, auf die stolze Empfindung in Seide zu gehen, im Wagen vor einem Bedienten zu sitzen, und nichts mehr Wünschbares zu finden, außer etwa einmal den Titel einer **wirklichen** Gräfin. Die ganze Welt konzentrirt sich in **ihr selber, im Ich**. Aber sie ist keine Egoistin im schlechten Sinne, die das Gute der Anderen für sich nehmen will — selbst für den Egoismus ist sie zu dumm. Es muß ihr ja Alles von selber kommen — sie ist ja dazu geboren, sie ist ja „schön und hat einen Grafen".

Sie weiß nicht, von wem „die Räuber" geschrieben worden sind, und sie weiß nicht, worin der Unterschied zwischen Katholizismus und Judaismus liegt, sie weiß nicht einmal, ob die Seide auf den Bäumen wächst oder im rohen Zustande entdeckt wird. Sie weiß nur, welcher Photograph am galantesten und welcher Juwelier am theuersten ist.

Endlich öffnet sich die Thüre, und die **Zofe** tritt ein. Ich sage Zofe, obwohl es in Wien keine Zofen gibt, sondern nur Zimmermädchen. In der That besitzt Wien weder eine Zofe wie Berlin, noch eine fille de chambre wie Frankreich oder eine cameriera wie Italien. Diese Species des anständigen, leichtsinnigen, bösmäuligen und verschwiegenen, pfiffigen und dabei diskreten Dienstmädchens existirt in Wien nicht. Ein pfiffiges subalternes Mädchen sucht in Wien nie einen Dienst — sie sinkt direkt zur Goldsucherin oder zur Volkssängerin herab. Die Plätze der Stubenmädchen besetzen sich in Wien meistens mit prüden Töchtern unglücklicher Beamteswittwen oder mit larmoyanten Waisen frühgestorbener Maler und Musiklehrer.

Wenn ich das Stubenmädchen Adi's hier Zofe nannte, so that ich das mit Absicht; denn die „Tini" war „echt" für diesen Titel. Sie war einst selber Theaterdame gewesen, aber polizeiliche Recherchen über unverzeihliche Extravaganzen hatten sie rasch in die gesicherte Stellung einer bei der Polizei anständig gemeldeten Person gebracht.

Tini brachte dem gnädigen Fräulein ein Billet von „ihrem Grafen", worin dieser die Spazierfahrt um zwei Stunden verschob. Er kleidete diesen Aufschub in die rührendsten Phrasen ehrlichster Verzweiflung, deren ein junger Wiener Graf nur fähig ist — mit Hilfe Machat's.

Adi las den Brief, legte ihn dann zusammen, fing sitzend an ihre Hutbänder aufzunesteln, und nahm dabei Sorge, ihr Gesicht zu keiner zor=

nigen oder lächelnden Falte zu verziehen, denn die Schönheit leidet so bald!

Tini stand vor ihr, und dachte bei sich: „Und dieses geistlose und blöde Mopsgesicht hält sich für hübsch!" — Dann trat sie vor und wollte den Hut in Empfang nehmen.

— „Sie bleiben also daheim? gnädiges Fräulein!" — sagte sie, — „Sie fahren nicht aus?"

Abi Bergsumpf hatte in diesem Augenblicke im Spiegel bemerkt, daß ihr der Hut, so schief gerückt, reizend stehe. Sie nahm ihn also nicht ab, sondern sie trat dicht an den Spiegel, und beschaute sich neugierig. War dies Bild besser für den Photographen Luckhardt, oder für Gertinger geeignet? Luckhardt schattirt besser, Gertinger trifft den Schleierstoff durchsichtiger... — „Nein," — sagte sie. — „Der Graf hat mir absagen lassen — bis später."

Abi hatte nie begriffen, daß man einem Domestiken nie die Gründe einer Handlung angibt, und sie hatte auch nie begriffen, daß man zu ihnen eine dritte Person bei ihrem vollen Titel nennt.

— „Absagen lassen!" — rief Tini außer sich. — „Und Sie bleiben so ruhig?"

— „Warum soll ich nicht ruhig bleiben?" — fragte Abi vor dem Spiegel, indem sie den Hut noch schiefer rückte. Sie sah jetzt wirklich aus wie ein wahnsinniger Pudel.

— „Warum? Aber mein Gott, gnä' Fräulein, mit Ihnen muß man sich ja zu todt giften! Bedenken Sie denn nicht, daß „er" jetzt bei einer Andern sein kann, oder daß er anfangt, lieber allein spazieren zu fahren? Oder daß er langsam ganz aufhören will?"

— „Ach, Gott bewahre!" — meinte Abi seelenruhig, während sie sich für Fritz Luckhardt entschied.

— „Ach, Sie werden mir was sagen!" — eiferte Tini frech und höhnisch. — „So fangt es ja immer an! Glauben Sie denn, ich habe keinen Grafen gehabt?"

— „Du hast auch einen Grafen gehabt?" — athmete jetzt Abi im größten Erstaunen, und wandte sich wirklich um, und stierte auf ihr Dienstmädchen wie auf ein Wunderthier.

Dieses lachte höhnisch auf.— „Na, ja, glauben Sie denn, „Fräula", Sie sind die Einzige? Mein Gott, wer hat denn heutzutage keinen Grafen!"

— „Aber mein Graf... wird mich vielleicht heirathen!" — meinte Adi blödschauend, und sich aus ihrer faulen Dummheit fast bis zum Hochmuth der Koketterie erhebend. In diesem Augenblicke sah man ihr wohl ihre achtzehn Jahre an.

— „Haha! Ja, so wie der meinige mich! Er zahlt Ihnen eine Schauspielerstelle, damit Sie bei der Polizei keine Marke kriegen, und das ist Alles! Verliebt ist er in Sie bis über die Ohren, aber heirathen? Da kennen Sie die Gräfinen-Mütter nicht, das sind ja Furien, wenn das junge Graferl Ernst macht! — Aber wir verplauschen da die kostbare Zeit! Geschwind, legen Sie sich auf den Divan, reiben Sie sich die Augen roth, kriegen Sie Krämpfe, sonst kommt „er" früher!"

— „Ja, aber..."

„Herrgott von Mannheim, begreifen Sie denn nicht, daß aus so einem Absagebrief ein Brillantenring herausschaut? Um zwei Stunden eine Spazierfahrt verschieben! Ein Brillantenring ist noch das Wenigste...!"

— „Aber ich habe ja schon vier solche Ringe, und ich kann doch nicht alle auf einmal tragen! — raunzte Adi. — „Mir wär' ein Seidenkleid lieber! Das grüne von der schönen Wienerin!"

— „Ein Seidenkleid!" — Tini zuckte fast vor galligter Verachtung. — „Ein Seidenkleid, wo man eine Werthsache haben kann! Aber für einen Brillantenring können Sie ja drei Seidenkleider haben! Und dann... legen Sie sich denn keine Sparcasse an? Brillantringe hat man ja nicht dazu, um sie zu tragen, sondern um sie zu Gelde zu machen..."

— „Aber ich bekomme ja Geld genug vom Grafen, alle Monat..."

Tini antwortete nichts darauf. Die Dummheit der tausendfach photographirten Theaterdame verschlug ihr wirklich die Sprache. Und dabei stieg Etwas wie ein Schimmer des Mitleids in dem Herzen der durchtriebenen Polizeischeuen auf, wie sie auf die eitle geputzte seelenlose kindische Schönheit da vor sich blickte, welche sogar zur Maitresse zu blödsinnig war.

Tini war eine coquine, sie war eine canaille, um wahr zu reden; aber wenn sie ihre Liebhaber betrogen hatte, so hatte sie dafür Andere geliebt; wenn sie den Werth der Dukaten berechnete wie ein Harpagon, so kannte sie auch die Thränen, die Eifersucht, die Opferfreudigkeit der gemeinen Prostituirten.

Fräulein Abi Bergsumpf war keine Prostituirte; sie hatte nie einen andern Geliebten gehabt außer ihrem Grafen; aber sie stand doch tief unter der Verlornen: sie war keine Geschändete und keine Diebin und keine Schamlose wie Jene; sie war eben nur ein Thier. Ein Pfau.

* * *

Die Wiener Theaterdame vom Schlage Abi's hat niemals Ferien. Denn erstens kann die Bühne ihre Seidenkleider nicht entbehren, und zweitens können sie keine Gastrollen geben, da sie nicht Theaterspielen und nicht Singen können. Aber manchmal nehmen sie doch Vakanzen, um — die Landluft zu genießen. Auch die Abi verschwindet eine zeitlang aus den Operetten Indigo oder Trapezunt, und bezieht ein Landstädtchen. Sie hat Tini bei sich, und ihr Graf besucht sie allwöchentlich. Der Graf ist ein „quittirter" junger Uhlanenoffizier, und fängt an, seinen ersten Schnurbart zu bekommen, und seine ersten Haare zu verlieren. Er wäre ebenso dumm gewesen wie seine Choristin-Abi, wenn er nicht eine französische Bonne und später in einem kleinen Garnisonsneste recht verderbte Kameraden gehabt hätte, welche ihm zwar das Raffinement der Gomorrhie geben, aber nicht die Rührung der ersten Herzensliebe rauben konnten. Und er war jetzt in Abi verliebter als je. Der Himmel weiß, welch' himmlisches Gefühl ihn dazu brachte, in der geistlosen, bleichgewordenen und gestaltlosen Menschenfigur eine — Mutter zu sehen.

Adi wohnte bei einem Arzte des Landstädtchens, dessen Einnahmen meistens aus den Antworten auf seine Zeitungsannonce: „Verschwiegenheit garantirt!" bestanden. Und sie pflegte von dem Hause aus täglich um die Mittagsstunde nach dem Walde hinzuwatscheln.

Sobald die Post kam, fragte Tini fieberhaft nach dem täglichen Briefe des Grafen ihrer Herrin.

— „Aber was thut's denn, wenn er an einem Tage nicht schreibt?" — fragte Adi.

— „Wie!" — eiferte Tini, die mit der schwerfällig gewordenen Adi mitten im Landhauche der Natur ein wirkliches Frauenmitleid hatte. — „Wissen Sie denn nicht, daß unter solchen Umständen die Grafen am liebsten verschwinden? „Auf einmal" sind sie nach Petersburg versetzt, oder sonst was!"

— „Ah!!!" — lächelt Adi ungläubig und gedankenlos, während sie sich am Arme Tini's schwerfällig wie Don Pasquale in der opera buffa Donizetti's auf eine Waldbank niederläßt.

Wie schön ist der Wald im Sommer! Bienen, Hornissen, punktgroße Insekten surren dunkel durch das hellste, sonnenbeschienene Grün. Manchmal wühlt ein frischer Windhauch in den Baumwipfeln und dröhnt fort wie ein sanfter Griff in die Claviatur einer Orgel. Wie schön ist der Wald! Er erweckt alle guten Gefühle oder alle glücklichen Erinnerungen unseres Lebens, die er wie einen duftenden Blumenstrauß in Einem seligen, dankbaren und dadurch hoffnungsreichen Traumgedanken zusammenfaßt. Der Wald erinnert stets an's Elternhaus; und wem diese Erinnerung eine Reue ist, dem bringt er unser bestes, fieberhaftes Herzensglück in die Seele zurück. Tini dachte da wahrhaftig an den Kadeten, der sie geprügelt hatte und gescholten für ihre beste Eifersucht. Nur Adi dachte nichts. Nicht einmal an das Kind, welches sie unter ihrem Herzen trug, und an welches sogar der frivole und windhundartige Graf in Wien manchmal dachte mit einem seltsamen Prickeln um's Herz. Sie dachte höchstens daran, daß das Land sehr todt sei, da sie ihre Seidenroben veralten lassen müsse, und daß sie jetzt wirklich Gräfin werden könne — um jeden Preis.

Abi Bergsumpf gebar in der Landeinsamkeit, unter dem schützenden Fittige des Doktors „Diskretion" (von der letzten Seite der Tagesblätter) ein Kind. Das Kind mußte schnell getauft werden. Der junge Graf kam mit einem Extrazuge an, und er weinte über der kleinen Leiche. Abi grimassirte und stöhnte und ärgerte sich in ihrer faulen Weise darüber, daß einem todten Kinde mehr Aufmerksamkeit gewidmet werde, als einer leidenden „Schönheit".

— „Um Gotteswillen, sehen Sie zu, daß Sie noch einige Ringe kriegen!" — rieth ihr Tini, welche entdeckte, daß Abi von dem „Landaufenthalte" eine unförmliche Taille und eine purpurrothe Nasenspitze nebst einem unreinen Teint davon getragen hatte.

* * *

Ein Jahr später heirathete der junge Graf. Seine Eltern hatten ihm die Wichtigkeit einer Standesehe eingeredet, und seine Kameraden hatten ihm seine Theater-Abi mit der unförmlichen Taille und der rothen Nasenspitze ausgeredet.

Die Kameraden eines Wiener Offiziers sind nie Regimentskameraden. Denn in Wien ist nicht der Regimentskamerad, sondern nur die Wahlverwandtschaft möglich. Der Dragoneroffizier sucht seine Freunde unter den gleichgebornen Uhlanen oder Hußaren, der arme Infanterieoffizier unter den ärmern Beschellern und Kanonieren. Nicht die Uniform macht in Wien den Kameraden, sondern die Geburt, die Vermögensverhältnisse, die Knauserei oder der „vom-Pick-auf"-Dienst. — Und die Kameraden des „Grafen" hatten alle „Dasselbe" durchgemacht, und brachten ihn „zur Vernunft". Er heirathete eine Gräfin Brummzig. Aber er war kein ignobler Mensch. Er setzte mit Bewilligung seines Papa's (Mama war eine Gräfin-Mutter-Furie!) der Theater-Abi so viel aus, daß sie einen kleinen Beamten heirathen konnte.

Sie hat nie wieder ein Kind bekommen, damit sie nicht noch mehr von ihrer „Schönheit" verliere. Ihr Mann beachtet sie nicht, die Photographen photographiren sie nicht mehr, eine gute freundliche, ein bischen kokette Köchin besorgt das Haus. Frau Abi sitzt den ganzen Tag über auf dem harten Sopha, sehnt sich nicht nach der fehlenden Hausgemüthlichkeit und nicht nach dem Gatten, der seine Freuden im Wirthshause holt, und nicht nach Liebe oder nach Luft, sondern schaut nur manchmal in irgend einen Spiegel, und wundert sich darüber, warum Niemand mehr sie photographiren will. Sie begreift das aber niemals; denn sie wird von Tag zu Tag dümmer, wie der Stephansdom von Tag zu Tag morscher wird. Der Tod dieser Wiener Theaterdamen ist stets ein sanfter.

Die Ratten des Elends.

Der Obdachlose in Wien gleicht kaum dem Obdachlosen in einer andern Residenz. In Berlin, Paris, London ist der Obdachlose oft ein Spitzbube, der Geld hat; der sich aber scheut, ein Nachtasyl zu suchen, weil die Polizei auf seiner Fährte ist. Oder der Londoner obdachlose Bandit konnte sich durch all sein Geld keine Lagerstätte mehr verschaffen, denn die Kneipen sind voll von Matrosen, von Dieben und von Nachtweibern, daß nicht einmal ein Orangenjunge mehr Platz hat für seinen Korb. Und die Armen=Nachtlager sind schon um neun Uhr gesperrt, und der Spitzbube hatte bis eilf Uhr „Arbeit". Die Ob= dachlosen dieser Residenz sind also oft und fast immer gefährliche Strolche. Die Obdachlosen in Wien sind meist die harmlosesten Leute. Denn in Wien sind die Wohnungen theurer als in andern Haupt= städten. Ja, man kann bei Aermeren nicht von Wohnungen sprechen, sondern nur von Lagerstellen. In Wien gibt es nur für den Kranken ein freies Spitalbett, und ein Privatbett nur für den Spitzbuben, der das Geld stehlen konnte für den Strohsack neben bankerotten Eheleuten.

Man hat in allerletzter Zeit in Wien ein Frauen= und Kinder= Asyl gegründet. Aber wo bleibt der arme Mann?

Kurzum, in Wien ist wohl Platz genug für die Spitzbuben, sobald sie den Tag über „Glück" gehabt haben; aber es gibt da keinen Platz für den Geldlosen: nirgends! Daher kommt es, daß die Gestalten, die man Nachts unter einsamen Bäumen auffahren sieht, keine Wege= lagerer, sondern Leute sind, welche zu ehrlich waren, um sich das

Honorar eines Nachtlagers zu stehlen. Und so kommt es, daß in Wien der Mann, welcher von der Nachtpatrouille hinter der mondbeschienenen Karyatide eines Palastes hervorgezogen wird, nicht ein lauernder Dieb, sondern vielleicht ein armer arbeitsloser Geselle ist.

**

Wie in jeder Residenz gibt es in Wien Kloaken, welche momentan trocken gelegt sind: ein Eisstoß oder ein Wolkenbruch allein können sie „unmöglich" machen. Diese Kloaken sind unter der Erde, groß, geräumig, abgelegen von der Schnüffelwelt der Sicherheitswachmänner.

Man geht manchmal Nachts durch eine Wiener Vorstadtstraße, und sieht durch ein Kloakengitter herauf einen Lichtschein strahlen. Man denkt, daß sich da unten Rattenfänger versammelt hätten, und man geht weiter, indem man die armen, von der Kommune bezahlten Leute bedauert. Aber der Sicherheitsmann denkt nicht so: in seinem dunklen Rocke, mit seiner violett umkränzten Mütze beugt er sich über das Gitter, durch welches man die Abfälle und das Schmutzwasser in die Kloake schüttet, und durch welche das Regenwasser des Wolkenbruchs stromweise abfließt. Das Licht von da unten kann nicht von den Kloakenreinigern kommen: man hätte i h n davon benachrichtigt. Es kommt also von Obdachlosen. Diese menschlichen Ratten haben polizeilich kein Recht, die Kloake zu bewohnen, gleich ihren Genossen aus dem Thierreiche. Der Sicherheitsmann weiß, wo der Eingang in diese Kloake ist. Er geht bis zu seinem nächsten Kameraden, und macht demselben seine Entdeckung bekannt; der meldet sie weiter, und so flattert dieselbe ihren Weg hindurch bis zum Flußufer, welches den Eingang bildet zur Wohnung der Polizeiwidrigen.

In dem trockenen Raume der Kloaken hausen bei zehn, zwölf Familien von Obdachlosen. Sie werden im Entdeckungsfalle von der Polizei als Diebsgesindel angesehen und censurirt, aber sie sind es nicht.

Noch einmal: die Obdachlosen in Wien sind nicht die Einbrecher und Diebe, denn die haben stets den Pfennig der Schlafstelle, und Wien hat Obdach für Alle, die diesen Pfennig haben. Aber es sind ehrliche Arbeiter oder unglückliche Hausirer, die diesen Pfennig nicht haben, und die sich von der Herbstkälte oder dem Regen oder der

Polizei scheuen. Wenn sie sich auf eine Bank des Glacis legen, werden sie arretirt oder durchnäßt. Wenn sie sich unter einem Brückenbogen niederkauern, werden sie durch das dumpfe Murmeln des Wassers wach gehalten und an ihre verzweiflungsvolle Lage erinnert, und fühlen eine gefährliche Sehnsucht nach der feuchten Ruhe da unten. Und so haben denn die Ratten des Elends eine warme, sichere und heimatliche Schlafstelle ausgeschnüffelt: den unterirdischen Gang.

Es gibt wohl öffentliche unbewohnte Fabriksgebäude, wo wohnungslose Familien durch die Obrigkeit einen Zimmerwinkel angewiesen bekommen. Aber dafür muß man eben „Familie" sein, und nicht „Individuum". Die obdachlose Familie wird noch als verunglückt angenommen, aber das obdachlose Individuum nur als verdächtig des nächsten Mordes, der im Amtsblatt verkündet wird.

Es gibt auch unvollendete Neubauten in der Nähe der Ringstraße, wo Jedermann seine Schlafstelle finden könnte zwischen den ziegelgeschützten Strebepfeilern; aber der frierendste Vagabund fürchtet da den Einsturz irgend eines Gesimses. Eine nachfolgende Gerichtsverhandlung würde ihn nicht mehr vom Tode erwecken, und selbst die Verurtheilung eines Maurerpoliers würde seine Glieder nicht wieder zusammenfügen gleich der Trompete des Engels vom jüngsten Tage. Die Baugerüste Wien's schützen sich also nicht sowohl durch die Inschrift: „Fremden ist der Eintritt strengstens verboten", als vielmehr durch ihre Unsicherheit: man liegt lieber auf einer Bank im Frühlingsregen, als in einem Salon eines entstehenden Hauses, dessen „Entwerfer" noch seiner Verurtheilung harrt.

Der arme Arbeiter, der keine Familie hat, und der also auch keinen Anspruch machen kann auf einen leeren Fabrik-Stubenwinkel einer Brandstätte (weil er da nur als Paria, von Wickelkindern selbst, hinausgebissen würde), sucht sich irgend ein Rattenloch: und das ist das unterirdische Wien, die trockene Kloake; er findet da ehrliche Gefährten, die nicht stehlen wollen, und arme Frauen, die ihren verunglückten Gatten nicht vergessen wollen in der Zufallsliebe. Und er findet Kinder, die ganz wirr sind, weil sie ihre Eltern nicht wiederfinden, und von einem guten alten Vormunde, welcher Fragner ist, da herabgeleitet worden sind — denn seine Frau, die hinter übel-

riechendem Käse groß geworden ist, hat diese Mündel verdächtig ge=
funden gleich violetten Zwiebeln.

Die Einwohner dieser Wiener Kloake sind niemals Diebe oder
desertirte Soldaten.

Das ehrlichste Unglück ist da beisammen. Familienväter
mit dem Lieblinge ihres Herzens, dem die Lungenhülle des Vaters zu
kalt wird, und junge Arbeiter, die sich nicht durch Tabakläden bis zum
Schwender=Champagner hindurchlächeln mögen.

Es gibt in der warmen, tiefen Kloake weniger „Verbrecher",
als verfehlte Existenzen. — Der Dieb hat in Wien immer
Geld genug, um ein Viertes=Stock=Zimmer im Hôtel Munsch zu
beziehen. Der gesunkene Industrielle, der sein Leben ganz auf eine noch
nicht erreichte Idee gerichtet hat, ist viel pfennigloser. Die Kloake
birgt öfter einen Kolumbus als einen Grafel. Und in Wien gibt es
mehr verfehlte Existenzen als anderswo.

Wien ist die Stadt der Gemüthlichkeit und des Genusses, und
das Phäakenthum keimt da schon in der Wiege. Der Wiener ist nicht
genußsüchtig aus Verderbtheit oder durch Verführung, wie die Popu=
lation anderer Städte, sondern er ist es aus Temperament. Die
Genußsucht des Wieners ist ihm eine Tradition, wie andern Kindern
ein Dogma. „Der Vater war lustig, die Mutter war lustig, folglich
muß ich es ebenfalls sein.". Das Studium und die Carriere
wird so nebenbei betrachtet. Der junge Wiener des Bürgerstandes
lebt eigentlich nur im Bierhause. Keine andere Residenz hat so wohl=
besetzte Bierhäuser aufzuweisen wie Wien. Und der Sohn des Hand=
werkers und der Sohn des Hausmeisters oder des kindergesegneten
kleinen Beamten sieht da sein bestes Zuhause. Der Wiener Bursche
hat auch ein Herz für die Freundschaft wie Niemand sonst: er ist stets
von drei, vier Phladessen umgeben, die er Spezi nennt, und an die er
Verse richtet, welche er an die Mauerwinkel der Gasthofcorridors auf=
schreibt. Der Bursche hat eine grüne Cravate, das Haar in Form eines
Sechsers nach vorne gekämmt, und einen Zylinder schief auf das linke
Ohr gerückt. Sein Sinken fängt damit an, daß er das Bier verzehrt
ohne die Zahl der Gläser zu rechnen, daß er immer mehr Freunde
hat, und daß er seine Werkstatt oder sein Bureau nicht mehr besucht.

Nach und nach wird ihm das Bier Wasser, die Freundschaft liegt ihm offen da wie ranzige Butter, die er Jedem anbietet, und die Arbeit wird ihm unnöthig. Sein Magen wird sehr schwach, und er hat die Schlafsucht bei Tage, während er Abends gleichsam aufblüht. Er wird nach dem Tode seines Vaters gewöhnlich Droschkenkutscher, dann Lumpensammler. Schon vorher hatte sich seine grüne Cravate in einen rothen Harrasshawl verwandelt, und seine Haarsechser waren mit Schuhwichse glänzend gemacht. Zuletzt wird er zu schläfrig für den Droschkenkutscher, und zu schwachbeinig, um mit Erfolg einen Lumpen= sammler zu machen. Er lebt jetzt davon, daß er Branntwein trinkt. Er verrichtet namenlose Dienste, und sitzt nicht mehr im Bierhause, sondern im jüdischen Spiritusladen. Seine rothe Binde ist zum Strick geworden, von dem man sich wundert, warum er noch nicht zu einer Selbstmordnotiz in den Abendblättern gedient hat. Er bringt jetzt seine Nacht bis Eins in den Branntweinschenken nicht deshalb zu, weil es ihm dort gefällt, sondern weil er kein Obdach mehr hat. Er ist zu sehr Trunkenbold, um ein Dieb zu werden, und deshalb bleibt er arm in seiner Faulheit.

Der nächste und tiefste Schritt, den er thut, ist in die Kloake hinab. Er hätte sie nicht entdeckt, wenn er nicht im trunkenen Zustande durch einen gitterlosen Kanal hinabgekollert wäre. Das obdachlose Wiener Kind findet da einen trockenen, warmen Boden und Gesellschaft. Das obdachlose Wiener Kind, welches wir Strizi=Schani nennen wollen, findet sich hier in zwei Minuten heimisch.

Die Kloake erscheint ihm wie ein Feenpalast. Der üble Geruch ist Veilchenduft gegen die faule Härings= und Alkohol=Atmosphäre des Branntweinladens am Getreidemarkt. Ein alter Uhrmacher, den die Juden bis auf's Hemd gepfändet hatten, sammelt bei Tage Fettstücke in den Misthaufen, und macht Abends Unschlittkerzen daraus: die Kloake ist also erleuchtet, und läßt fünf, sechs angenehme Gestalten sehen.

Der Strizi=Schani sieht fünf sechs offene Mäuler um sich, und Augen, die in den Höhlen tiefer Backenknochen liegen.

— „Das gibt's nicht!" — sagt er in seiner ersten Verlegenheit.

— „Kruzi=Türken, bin ich denn durch einen Rauchfang in ein Palais herunter gefallen?"

Der alte Uhrmacher, dessen Halsadern wie Lederstricke auf und nieder vibriren, während er spricht, sagt mit einer zahnlosen Stimme: — „He da, das ist nichts. Wer da bei dem Licht ist, muß einen Kreuzer zahlen für den Abend."

Der Strizi-Schani strich sich die glänzenden Haar-Sechser über den Schläfen vor und rieb sich den Lehm von den Händen. — „Ah!" — schrie er mit jener rauhen Dialekt-Stimme des Wiener Früchtls, dessen Leben darin zu bestehen scheint, Witze machen zu wollen. — „Ich bin also da in's Grand Hôtel herabgerutscht per Expreß! Einen Kreuzer für's Licht, und nichts zu essen dazu! Na, aber ein fescher Wiener scheut keine Auslagen! Wir haben's ja, wir können's ja thun!" — Und damit suchte er in den Tiefen seines Hosensackes so lange herum, bis er fünf, sechs Kreuzer in der Hand klirren lassen konnte. — „Da schaut's her, ein Vierteljahrzins auf Gestank in vorhinein!"

Die Kloakenfamilie lachte. Der Wiener lacht über Alles, was in einer gewissen Strizimanier herausgepoltert wird, und das Lebensziel des Strizi's ist es, maulfertig zu sein, auf Alles einen Klaps zu finden, und über Alles einen „Witz" zu machen. So einem Strizi-Witze sieht man es gar nicht an, daß er eigentlich ein „Witz" ist; aber die dankbare Gesellschaft erräth es immer aus dem Tone, mit dem er vorgebracht wird, und lacht von Herzen — aber kurz.

— „Na, jetzt bin ich also installirt, und will mir das Quartier anschaun: Herrgott, sieht's da ein bischen aus! und die Sessel muß man sich selber mitbringen, wenn man von Glas ist und sich beim Niedersetzen nicht zersplittern will!"

Der Strizi-Schani strich die Haarsechser noch vehementer in die Augenwinkel, und blitzte mit weißen Zähnen und seinem dunklen Bärtchen-Anfluge hervor, und setzte sich breit auf einen kantigen großen Stein.

Die Kloake war lehmig-warm und dunstete gleichsam. Sie hatte schmale Gänge und breitere „Lichtungen" unter den Abflußgittern, und in einer solchen Lichtung saßen die Bewohner dieser unterirdischen steuerlosen Behausung.

Da war zuerst der alte bankerotte Uhrmacher, ein wichtigthuendes Skelett in einem zottigen Fellrocke; ferner eine Maurerswittwe mit

zwei Kindern, welche an Fraisenanfällen litten und die Mutter ver=
hinderten, Etwas zu verdienen; endlich einen Arbeiter, welcher politisch
verfolgt wurde für eine sozial-demokratische Vereinsrede, und dem kein
Meister mehr Arbeit geben und keine Quartierfrau mehr Unterstand
geben wollte, um nicht auch „gravirt" zu werden; dann ein Schau=
spieler, welcher auf einem Auge vom Staar geblendet worden war,
und zuletzt noch eine Beinlstiererin, welche an allen Krankheiten erkrankt
war, die das höchste Alter im nassen Herbstwetter hervorbringt. Diese
arme Alte lag auf einem Haufen Lumpen, den sie als Aussteuer mit
herabgebracht hatte, und neben ihr stand ein Töpfchen mit gestockter
Fettsuppe, die ihr der barmherzige politische Arbeiter von seinem Aus=
tocher mitgebracht hatte, und welche man über dem Unschlittlichte flüssig
machen wollte, sobald die „Medizinstunde" da sei, wie es die Maurers=
wittwe verordnet hatte.

Diese Gesellschaft nun musterte der Strizi=Schani mit seinen
dunkelflackernden Augen und seinen blühweißen Zähnen, die Hände in
den Hosentaschen, und die Beine übermüthig von sich streckend: sogar
die Stellung des Strizi ist stets ein Witz, der das bewundernde Ge=
lächter herausfordert.

— „Ein schönes Gesindel seid's mir da beisammen, Leutl!" —
witzte er. — „Na, wie heißt's denn eigentlich, und wer seid's denn so
recht, was?"

— „Sag' erst, wer du bist!" — rief der Arbeiter. — „Purzelst
da von oben herab mitten unter uns herein, und glaubst, mit ein paar
Kreuzern ist's abgethan. Wer hat dir verrathen, daß man da wohnen
kann?"

— „Der Teufel soll mich holen, wenn ich früher gewußt hab'
von der Wohnung! Ich bin halt in der Eil' hereingestolpert!" — lachte
der Strizi.

— „Na, also, wer bist denn, grade heraus?" — sagte der Arbeiter.
— „Ist dir die Polizei auf den Fersen?"

— „Die Polizei?"

— „Na ja, bist du ein Dieb, oder nur ein Vagabund?"

— „Ein Dieb? Wer ein Dieb? Was für ein Dieb? Kruzi=
neser, wer mir das sagt, den hau' ich auf Karbonaden zusammen!"

„witzelte" der Strizi brüllend, und erhob sich, während er seine Rock=
ärmel aufkrämpelte.

— „Still!" — keuchte jetzt der alte Uhrmacher, indem er seine
Skeletthände aneinander schlug.

— „Siehst nicht, daß da ein armes Weib krank liegt?" — Und
er deutete auf die alte Frau im Lumpenhügel. — „Wenn du Lärm
machen willst, so pack' dich! Aber wer da herinnen aufgenommen
werden will, muß sagen, wer er ist. Und wer so hereinpurzelt, dem
kann nur die Polizei auf den Fersen sein. Wenn du ein Dieb bist,
so macht's uns nichts, aber sagen mußt du's!"

— „Seid's ihr Diebe?"

— „Nein —"

— „Na also! Ich auch nicht! Das gibt's nicht! Ich bin
der Strizi=Schani, und meine Eltern sein reiche Greißlerleut', und von
so einem Gelumpert, wie ihr seid's, da laß ich mich nicht spotten,
verstanden? Und wenn ich da hereingestolpert bin, so war's, weil ich
einen Schwips gehabt hab', verstanden?"

— „Jesus Maria, sagen's nur nichts, daß wir da unten wohnen!"
— jammerte die Wittwe. — „Die Polizei möchte uns alle hinausjagen
und einsperren — wir thun ja doch Niemanden was hier unten — in der
Nacht —. Meine Kinder möchten sie mir wegnehmen, und Niemand
kann die in den Fraisen so behandeln wie ich, und auf ja und nein
könnten sie weg sein, ohne daß ich's wüßt'!"

— „Wenn du nur als ein Spion hereingekommen bist, dann
nimm' dich in acht, daß du hier nicht dein End' nimmst!" — drohte
der Arbeiter mit unterdrückter Simme, und ballte die Fäuste mit einem
blitzenden Blicke. Der Arbeiter war brav und ehrlich gewesen in seiner
Fabrik, aber „zu gescheidt". Er hatte sich an Versammlungen bethei=
ligt, hatte sich der Sozialdemokratie angeschlossen, und war nun flüchtig
geworden. Er hatte stets auf reine Wäsche und ein reines Bett ge=
halten: daß er sich nun verbergen mußte wie ein wildes Thier, hatte
ihm die ganze Seele umgedreht und ihn zum schlimmsten Zorn gebracht,
recht wie ein verfolgtes Wild.

Die beiden Maurerskinder krochen hinter die Mutter, und der
Schauspieler zog sich tastend in die Finsterniß des Kanalganges zurück.

Der Strizi=Schani fuhr fort, seine Aermeln aufzukrempeln, aber es that ihm leid, daß er den Leuten da einen solchen Schrecken einjagte, und er sagte hochnasig=gutherzig: — „Ein Spion? Das gibt's nicht beim Schani! — Ich bin der Schani und meine Eltern sind reiche Greißler= leut', und ich bin kein Spitzel! Ich steh' auch nicht an um euer Ratzen= loch da! Ich hab' ein eigenes Zimmer zu Hauf', und ein Bett mit Decken und Matratzen! Verstanden? Und wenn ich keinen Schwips hätte, wär' ich sicher nicht da! Ich komm' auf's Monat zum Militär, und dann geht's aus einem andern Ton! Alle Offiziere, die mich bei der Assentirung gesehen haben, waren so „weg" von mir, daß sie mich mit aufgehobenen Händen gebeten haben, ich soll die Prüfung machen, damit sie mich zum Kameraden kriegen! Ha!"

Und der Strizi=Schani strich sich die Oberlippe und warf seine Mütze über sein rechtes Ohr. Der Wiener Strizi ist stets selig, wenn er „aufgeschnitten" hat. Seine Eltern waren längst verarmt und ihr Greißlergewölbe hatte sich in eine Kellerwohnung verwandelt, in die der Schani keinen Zutritt hatte. Und seine militärische Carrière er= streckt sich auf die Aussicht auf Disziplinarstrafen und Entlassung wegen unheilbarer Krankheit. — „Also kurz!" — fuhr er fort, seine Hußarenoffiziersechser streichend, — „wenn ich heut' Nacht hier unten bleibe, so geschieht das, weil es — weil's mir da gefällt! Aber ich habe zu Hauf' eine Matratze...!"

Der gute Schani hatte seit Wochen keine Matratze unter sich gefühlt; aber es ist ein köstlicher Zug des Wiener Charakters, seine eigenen Lügen zu glauben und dafür stolz zu sein. Und Schani war stolz über seine erlogene Matratze.

Nun wurde er voller Respekt begrüßt von seinen Wohnungs= genossen, die ihn heimlich beneideten, und er installirte sich „um das Talglicht umher" auf einem getrockneten Kothhaufen.

— „Und was ist's denn! zu trinken habt ihr nichts?" — rief er. — „Na, schön ist's schon da unten, aber — außi, außi, außi möcht' i' geh'n!"

Der alte Uhrmacher hatte ein Fäßchen Fusel im Besitze, den er an die Kloakenbewohner ausschenkte: er wurde auch deshalb von allen den Kanalbewohnern für einen reichen Geizhals gehalten, und durfte

sich hier unten als Hausherr geriren. Dieses Fäßchen war sein ge=
wöhnlicher Sitz. Er erhob sich nun schlotternd und mit gierig fun=
kelnden Augen, und fragte den Strizi, ob er Geld habe.

— „Geld? Nicht um ein Schloß!" — witzte das Wiener
Früchtl. — „Aber da, da hast du meinen Sammt=Janker, und wenn du
uns dafür dein Faſſel aufmachst, kannst ihn morgen verkümmeln. Der
Wiener Bub' ist nie so schmutzig, daß er nicht seinen Einstand zahlen
möchte, und müßt' er auch sein Hemd hergeben!" — Und damit hatte
der Strizi=Schani seinen Sammtspenſer ausgezogen, und hatte ihn dem
Alten an den Kopf geworfen, welch' letzter Witz diesen taumeln
machte, und die übrige Gesellschaft, in der frohen Erwartung eines
Schnapses, als dankbares Publikum laut auflachen ließ.

Der Arbeiter wandte sich an Schani. — „Wenn jetzt der Alte da
umgefallen wäre, wärest du in's Landesgericht gekommen," — sagte er.

— „In's Landesgericht? Warum nicht gar! Wir Strizi sind
noch keiner im Landesgericht gewesen! Da gibt's nur Diebsgesindel
und Politische! — Aber Leutl, da, jetzt soll's lustig hergehn! Der
Urahnl da hat's Branntweinglasl angefüllt, jetzt geht's an! Trinkt's
zu, und sagt's mir, warum's euch denn so schlecht geht. — Du,
Freunderl, in deiner schmutzigen Blusen, was schauſt denn so finster, was?"

Es begann nun eine kleine Orgie in der Kloake in dieser stillen
Nachtstunde. Die Wittwe weckte ihre beiden Kinder, damit sie einen
„Schluck" machen sollten, den sie als Medizin betrachtete für die
kranken Kleinen, die sich keinen „Doktor halten" konnten. Der alte
Uhrmacher rieb sich die Fingerknochen wund, weil er heute ein so gutes
Geschäft machte mit dem Talglicht und dem Fusel. Seit er bankerott
war, ging sein ganzes Sinnen darauf, hier in der Kloake unten ein
Millionär zu werden, durch gute Spekulationen. Die kranke Beinl=
stiererin selbst erwachte, und krächzte nach einem Schluck, indem sie
meinte: — „Nur keinen Geistlichen laßt mir herein, der mich versehen
will! Ich bin nicht so krank! Und wenn die Polizei kommt, und
will mich in's Spital führen, dann erwürgt's mich früher!"

Der Schauspieler schlürfte mit Behagen seinen Schluck, und
schloß dann die Augen, um sich in ein Hoftheater zu träumen, wo der
König von Baiern ihm Bruderschaft antrug.

Eine gemüthliche Orgie begann nun: die Ingredienzen waren verzweifelnde, von der ganzen Welt verlassene Obdachlose und übelriechender Fusel. Aber der Verlassene und Obdachlose hat am meisten Sinn für die Freude, weil er schon die Hoffnung darauf aufgegeben hat, und der Fusel bringt ihm diese Freude am schnellsten. Und man fing an, geschwätzig zu werden in der matterleuchteten Kloake. Die Züge der Leute verschwammen in dem Flimmern des Lichtstümpchens zur undeutlichsten Form mit ihrem lehmigen Hintergrunde, und die Verzweiflung an dem „morgen" verlieh der Unterhaltung eine gewisse Hast. Aber nichtsdestoweniger war diese Unterhaltung eine Art von Christbescherung für diese armen Stättelosen. Der liebe Gott saß hier in der übelriechenden Kloake zwischen ihnen in seiner schönsten Inkarnation: der Freude, wie er in keinem Palaste und in keiner frommen Versammlung gegenwärtig war in dieser Stunde.

— „Wie ich hergekommen bin, da herab?" — sagte die Maurerswittwe. — „Ach, lieber Gott, mein seliger Mann hat das Unglück gehabt, nicht erschlagen zu werden. Er hat im Winter gebaut, und das heiße Wasser und die Kälte, die zusammen haben ihm den Hals in Flammen entzündet, und er ist gestorben. Wenn er schon hat sterben müssen, lieber Gott!! warum ist denn er nicht von einem Gerüste erschlagen worden? Das liest man in der Zeitung, und die Wittwe bekommt Geld, weil eine Gerichtsverhandlung gegen den Maurerpolier ausgeschrieben wird, und der Hofphotograph den zersprungenen Schädel des Verunglückten photographirt. Aber so! Ich war ohne einen Kreuzer Geld, wie mein Mann gestorben ist. Und in die Arbeit konnte ich nicht geh'n, weil meine beiden Kinder da an Fraisenanfällen leiden. Und da will sie Niemand nehmen. Und wenn sie auch Jemand nehmen wollt', ich möchte sie nicht von mir lassen — ich weiß nicht warum. Ich glaub', weil beide auf einmal „weg" sein werden. Und so kann ich mir nicht einmal ein Nachtlager bezahlen, und bin da herunter gegangen, weil es für die Kinder wärmer ist im Schlafen, und weil man uns droben durch die Polizei „auseinander nehmen" würde, denn die Kinder sind nicht mehr an der Brust. Ach Gott, wenn nur mein armer, braver Mann, der uns so gern gehabt hat, von einem Gerüst erschlagen worden wär'! Und er war doch in seinem

Leben so geschickt… Eine Freundin von mir hat tausend Gulden dafür bekommen, daß ihr Vetter in der Maximilianstraße erschlagen worden ist… Und sie hat sich aus dem Vetter nie etwas gemacht…!"

Der Arbeiter erzählte: — „Ich habe fleißig an meiner Maschine hantirt, aber ich habe gefühlt, daß es zu dunkel war um mich herum. Ich konnte nichts lernen, weil ich keine Zeit dazu hatte, und ich konnte doch nicht glauben, daß die Maschine meine ganze Welt sein sollte. Ich hatte nicht studirt, aber ich hatte eine Verbesserung erfunden in zwei, drei Maschinen; und ich las beim Auskocher zu Mittag in der Zeitung, daß Leute reich wurden und Orden kriegten, blos weil sie reich genug waren, um Arbeiter zu bezahlen; und ich, ich hatte den Arbeitern durch meine kleinen neuerfundenen Handgriffe die Arbeit erleichtert und vereinfacht, und ich wurde dafür scheel angesehen, weil man glaubte, ich sei intelligent genug, um im Falle eines Ausbruches der Arbeiter Anführer zu werden."

— „Was heißt das, intelligent?" — fragte der Strizi=Schani. Der Arbeiter erklärte es ihm mit dem Worte: „vernünftig erzogen". Und der Strizi nickte. Die Wiener Eltern in den kleinen Kreisen geben den Kindern nie eine „Erziehung", wie es die armen Leute im Deutschen draußen thun. Das Wiener Früchtl kennt die Eisdecke, den Prater, das Hazardspiel des Anmäuerln's und den Witz über die Pfaffen. Die rationelle Erziehung des Deutschen kennt das Wiener Früchtl nicht, gleichwie der Franzose sie nie kannte. Und darum vielleicht steht das deutschösterreichische Volk so wehrlos da, wie das französische.

— „Vernünftig erzogen. So" — nickte der Schani. — „Schön. Hab' schon lang' nachgedacht, was das heißen soll: intelligent."

— „Zuletzt haben wir Zeitungen gehalten, von denen man ganz wirr geworden ist," — fuhr der Arbeiter fort, und erhob sich dabei, und sein dunkles Auge flammte, und er griff mit der arbeitsrauhen Hand in seinen vollen dunklen Bart. — „Da hieß es, daß die Pfaffen sich mästen und daß wir dafür hungern müßten an Seel' und Leib. Und dann hieß es, daß das Geld für Alle da sei, auch für die kranken Arbeitsunfähigen, und — und das packt Einen so am Herzen, wenn man täglich die Equipagen sieht, und wenn man weiß, daß der Arbeiter

nicht heirathen darf, weil er kein Kind ernähren kann, und noch
mehr!... Daß er kein Sohn sein darf, weil er seine Mutter allein
sterben lassen muß in ihrem Dorfneste... Kurz, man redet da mit!...
Aber man wird nicht auf den rechten Weg gewiesen durch Gegenbeweise
— und man möchte doch so gern den rechten Weg finden!... man
wird verurtheilt als Sozialdemokrat; jedes Wort für seine Brüder
kostet Ein Jahr schweren Kerkers, während der Dieb für jeden Hun=
derterbanknoten nur einen Monat Arrest kriegt!!! Und so, so bin ich
ganz fort aus der menschlichen Treibjagd. Ich hätt' mich umgebracht,
wenn ich nicht zu den Ratzen da herabgefunden hätt'. Und — und wer
mich von da fortzerren will in's Kriminal, den schlag' ich todt wie
einen Hund, obwohl ich nie in meinem Leben Jemanden was Böses
angethan hab', nicht einer Fliege! Aber... aber in's Kriminal will ich
einmal nicht! Ich habe nie Jemanden bestohlen oder betrogen, und
meine alte Mutter möchte sterben vor Gram darüber!... Ich bleib'
also hier, und wenn ich ersticken müßt'!"

Der Schauspieler erzählte nichts von seinem Leben. Er dachte,
daß Niemand hier unten ihn verstehe, und äußerte blos, daß die Theater=
agenten ärger als Abruzzenräuber seien, und daß er sich wundere,
warum Herr Strampfer so lange auf Reisen bleibe? Derselbe habe ihm
doch versprochen, ihn gleich nach seiner Rückkunft als ersten Heldenspieler
zu engagiren.

Der Strizi=Schani entledigte sich noch seiner Sammelweste, um
den Pokal noch einmal mit Fusel füllen zu lassen: — „denn," —
sagte er, — „ich kann's nicht aussteh'n, wenn's um mich herum nicht
hoch hergeht! Und wißt's was, Kinder? Ich logier' mich da ein bei
euch, sobald ich von meinen Spezi's und Busenfreunden droben Abschied
genommen hab'. Denn daß ich's nur sag': meine Alten sind am Hund,
und der Branntweiner will mich nicht mehr auf seiner Bank schlafen
lassen, weil ich ihm alle seine Gäste niederhau' nach Mitternacht. Aber
jetzt muß ich fort. Geht's wieder da hinauf, wo ich herabgekommen bin?
Oder gibt's noch einen bequemeren Ausgang? Aber bevor ich abfahre,
muß das windschiefe Milchglasel da noch einmal rundum geh'n. Ver=
steht's?... Aber was ist denn das?!"

— „Das Licht löscht aus!" — schrie die Maurerswittwe, und

packte den Greis am Arme, während ihre beiden Kinder zu kreischen begannen, aus ihrem tiefen Kinderschlafe erweckt durch die heftige Bewegung der Mutter. — „Das Licht löscht aus, Herr Mlaka, schnell ein anderes, um Gotteswillen! Wachen Sie doch auf, sonst kommen die Ratzen! Und meine armen Kinderln . . . o Gott . . . o Gott . . . Herr Mlaka!"

Der Schauspieler fing an zu kreischen, ohne Worte zu finden; die kranke Greisin winselte auf ihrem Lumpenhaufen, und der Arbeiter schrie: — „Die Ratten! Schnell! Licht! Und wenn wir uns selber anzünden müßten . . . ! Da, das Licht ist jetzt ausgelöscht! Herr Mlaka! Was ist denn das? Er rührt sich nicht! Hat Niemand Zündhölzeln?"

Die tiefe Finsterniß, die nach dem Erlöschen des trübbrennenden Lichtes eingetreten war, machte diesen Zufluchtsort unter der Erde zur Hölle; man hörte das Wasser tropfen an den Gitterstellen, und man fühlte Alles lebendig werden um sich; man fühlte die Ratten um sich herumschießen, und man ahnte den Wurm, der sich klebrigsteif aus den Wänden herausdrückte. Die Wittwe erhob sich jäh und hielt, so schwach sie war, ihre beiden Kinder hoch an sich gedrückt. Die Beinlstiererin wimmerte, man solle nicht so laut sein, sonst müsse sie sich versehen lassen, und sie sei gar nicht so krank . . . ! Der Schauspieler schluchzte, der Arbeiter rüttelte an dem Alten, und der Strizi rief, indem er voll Ekel einen Fuß nach dem andern in die Höhe hob: — „Was?! Ratzen! Streichhölzeln hat das echte Wiener Blut immer bei sich — Kruzi . . . ! wo hab' ich sie denn nur? Streichhölzeln sind immer da, aber nur das Cigarrl fehlt manchmal dazu! Ach, da hab' ich's ja! Teufel, wirst brennen? Herrgott, wenn ich nur schon aus dem Loch da heraus wär'! Die Sali wird schau'n! Wenn ich morgen wieder einzieh', bring' ich mir eine G a s r ö h r e mit . . . ! So. Na?!"

— „Der Alte ist todt!" — schrie der Arbeiter, wie das blaue, stinkende Licht des Schwefelholz-Päckchens auf den Hausherrn der Kloake fiel. — „Der Schlag muß ihn getroffen haben!"

— „Natürlich! Ein Sammetspenser und eine Sammetweste! Er hat schon ein ganzes Jahr darauf gewartet, sich durch eine Spekulation zum Millionär zu machen!"

* * *

Man fand in der Tasche des Leblosen noch ein selbstfabrizirtes Talglicht. Die Ratten entflohen bei diesem Scheine pfeifend. Die wurmbelebte Wand kehrte zu ihrer feuchten Starrheit zurück. Die Kinder hörten auf zu schreien, und man entdeckte, daß der alte „reiche" Hausherr der Kloake wirklich vom Schlage gerührt worden sei. Die alte, vor dem Tode zitternde Beinlstiererin triumphirte darüber, daß Jemand früher starb als sie. Der Arbeiter stierte die Leiche des Greises schwerathmend an. Und der Strizi-Schani war blaß wie der Todte geworden, und schlotterte in seinen Hembärmeln: — „Sapperlott noch einmal!" — klapperte er mit den Zähnen. — „Weiß der Teuxel, aber... aber besser wär's doch, wenn ich ein ordentlicher Mensch geworden wär'... Ah, da schaust du dich an! Da sterben! In der Pfuitenfelgruben! Nein! Wenn nur die Frau Mutter noch leben thät'!... Nein! Da bleib' ich nicht... Und wenn ich Stiefel putzen sollt'! Brrr! Herrgottsstrizileben! Das ist mir doch zu grauslich!"

* * *

Noch in derselben Stunde verließ der Strizi-Schani seine neue Wohnung, und tastete sich beim Kloakenausgange am Brückenbogen in die freie Nacht hinaus. Er athmete auf wie erlöst, als er die frische Luft fühlte, und streckte die Arme wohlig in die Höhe. — „Ah!!!" — seufzte er, — „da bist ja noch, meine liebe alte Welt! Und in Wien bin ich auch noch, und komm' nicht auf der andern Seite der Erdkugel bei den Mohren heraus, wie ich geglaubt habe!"

— „Was machen Sie da, wer sind Sie, wo kommen Sie her?!" — schnarrte plötzlich eine Stimme im breiten böhmischen Dialekte, und ein Arm ergriff ihn mit böhmischer Wucht, und der Strizi-Schani erkannte beim ungewissen Lichte der nächsten Brückenlaterne die blechbesetzte Uniform eines Sicherheitswachmannes.

Der Schani hatte ein ruhiges Gewissen, aber das Arretiren „gibt's nicht" für den richtigen Wiener, da läßt er sich lieber wirklich in's Zuchthaus setzen wegen Wachebeleidigung. Und so hatte der Schani kaum bemerkt, daß ein Sicherheitswachmann ihn gefaßt hielt, als er ihm auch schon einen Schlag vor den Kopf gab, und rief: — „Sakra, jetzt bin ich aber schon schiech! Ein Böhm' hat auch noch Keinen gefressen!" —

Und während der Sicherheitswachmann gegen die Ufermauer taumelte, sprang Schani mit einem Satze auf das Glacis hinauf, und rannte, was er rennen konnte, in die Gäßchen der Weißgärber-Landstraße hinein.

Der Sicherheitswachmann hielt sich rasch an der Ufermauer, und sein harter Kopf wurde bald wieder klar. Er machte einen Versuch, den Entflohenen einzuholen; aber nach wenigen Schritten schon blieb er breitfüßig stehen, und sagte auf böhmisch: — „Dir soll ich nachlaufen? Dazu hab' ich mich nicht! Dich finde ich immer wieder, du bist der Strizi-Schani, der seinen Eltern so viel Extrawurst weggegessen hat, bis sie zu Grund gegangen sind. Ich kenn', dich! Ich bin nicht umsonst Kellner beim „grünen Löwen" gewesen! Der Böhm' frißt Keinen, aber er kocht dich noch, und bringt dich auf die Polizeitafel!"

Der Mond zerriß in diesem Augenblicke eine dunkle Wolke, und beschien für eine Minute den Sicherheitsmann, der mitten in der sanft-stillen nächtlichen Natur dastand, mit einem Hasse gegen jeden Hauch dieser mondlichten Luft, weil sie schwäbisch war und österreichisch dazu, das kleine flunkernde Auge gegen die Markthalle gerichtet, wo der Strizi verschwunden war.

Das schläfrige, entzündete Auge der Uhr jenes Gebäudes zeigte auf die zweite Morgenstunde.

*   *

*

Unterdessen war Schani in Sicherheit. Nachdem er durch einige große und kleine Quergassen pfeilschnell hingelaufen war, blieb er stehen, und schöpfte heftig Athem. Die stille Nacht um ihn schien ihm zu brausen, so tobte das Blut in seinen Ohren, und er mußte sich gegen ein Eckgewölbe lehnen.

— „Das ist das letztemal, daß ich nicht im Wirthshaus über-nachte!" — keuchte er. — „Die Sali hat immer Gesellschaft, und weiß der Teufel, daß ich mir nie ein Bettlager ersparen kann! Aber wenn ich für zehn Kreuzer Branntwein trinke, muß mich der Branntweiner auf seiner Bank sitzen lassen bis in der Früh! Nirgends mehr offen! Teufelszeug! Und ich bin müde wie ein Hund ... und der Prater ist so weit. Ich will mir ein Palais suchen. Denn da an den Gewölbern jeden Augenblick ein Sicherheitsmann, und gehen kann ich nicht bis in die Früh'! Weiß der Teufel, ich muß krank sein. Aber morgen muß ich mir zehn Kreuzer verdienen — für den Branntweiner — wegen der Bank. Dummheit! Die andern Spezi haben alle ein Nachtlager, manche noch gar bei den Eltern. Weiß der Teufel, warum grade ich zu gar keiner Arbeit komm'! Der Tag ist weg, man weiß nicht wie. Und der Böhm' hat mich arretiren wollen. Lächerlich!..."

Der Strizi-Schani schlürfte nun mit immer müderen Füßen und mit immer schwererem Haupte gegen die Straßen zu, wo es Paläste „mit Steinmännern" gab, wie in der Burg, welche Schatten warfen die ganze Nacht.

Das nachmitternächtliche Wien hat in den Straßen, wo eben kein Ball abgehalten wird, ein seltsam still-lautes Wesen. Der Schritt eines Verspäteten oder des Sicherheitsmannes scheint da das Echo der Stille zu sein, als ob diese Stille selbst ein lautes Tönen wäre. Und wenn man sich unter einer Karyatide zum Schlafe zusammenkauert, da gibt es wirklich ein so großes Rauschen in der Stille, daß man oft erschreckt auffährt, denn man wähnt in ein tiefes Wasser zu sinken. Der Obdachlose öffnet noch oft seine Augen, ehe er in den Schlaf der Ermüdung sinkt. So that auch der Strizi-Schani, der sich in den Thorwinkel eines alten Palastes, in den tiefsten Schatten eines balkontragenden Riesen kauerte. Seine Blicke rannen an den Firsten der Dächer hin, wie Wellenschaum der ziehenden Mondwolken. Und wie die Lider sich tiefer senkten, bekamen die Blicke eine Gedankenseele, so müde wie das Gezwitscher eines Vogels, dessen Käfig man mit einem Tuche bedeckt hat.

In keinem Fenster des großen Hauses, welches dem Palais gegenüber lag, war mehr Licht. Aber die entschlummernde Seele des obdachlosen Vagabunden belebte alle die dunklen Fenster mit dem süßen sehnsüchtigen Gedanken an ein Obdach! So arm und kahl die Dachstube sein mochte, sie war doch ein Obdach, und sie enthielt ein Bett. O großes Wort! Ein Bett! Das heißt die Erlaubniß, die Glieder ganz in die Gewalt des Schlummers zu strecken, und in diesem Schlummer ganz versinken zu dürfen durch die selige Idee, daß er kein Vergehen gegen das Gesetz ist wie der Schlummer im Freien, welcher durch dieses Bewußtsein stets zum ruhelosen Fieber wird.

Dann dachte der Vagabund an die Handwerkerwohnungen im Hofraume. Wenn er es beim Pfeifenschneider ausgehalten hätte, würde er nun auch so eine kleine, dumpfe, dunkle Wohnung haben, und ein Weib, ein zänkisches Weib. Aber wie herrlich ist die Dumpfheit einer Wohnung und der Zank eines Weibes gegen die Obdachlosigkeit. Dann dachte er an die Herrschaftszimmer im ersten Stockwerke. Er hatte einst den Fußboden gewichst in solchen Zimmern. Er dachte daran, daß daselbst eine breite goldene Bilderrahme halb verdeckt gewesen sei von einem schwarzen Flore. Das war sein letzter Gedanke, ehe er auffuhr, geweckt von dem Schritte eines Wachmannes, so daß er sich noch enger in die Thorecke kauern mußte, um nicht entdeckt und arretirt zu werden.

Die Schritte des Wachmannes verhallten wieder und der Schani schlief fest ein.

Der Mond blitzte manchmal licht auf zwischen zwei schwarzen Wolkenfetzen, und beleuchtete neugierig die vielen Armenwohnungen, von denen kein Hausherr weiß und für die keine Quartierfrau den Mieth= zins verlangt. Er lugte in die Thorwinkel mit Karyatiden, in die Steinhöhlen am Flußrande, in die Baugerüste und Ziegelwände der entstehenden Glacishäuser und unter die Gebüsche der Donau. Und überall entdeckte der Mond Schläfer mit zerrissenen Stiefeln, grell= karrierten Halstüchern und mit durchlöcherten Mützen. Parteien des Zufalls in zufälligen Schlupfwinkeln. Es sind sämmtlich echte Wiener Figuren und Wiener Typen, die da den lieben Herrgott als Hausherrn ansehen: man würde keinen Böhmen und keinen Juden unter ihnen finden. Denn der ärmste Jude hat seinen Verwandten, und der ärmste Böhme hat das Geld für ein Strohlager. Die Juden und die Böhmen bringen es stets mindestens zu einer Branntweinschenke oder zu einer Schlosserwerkstätte. Nur der echte Wiener kann so tief sinken bis zur Obdachlosigkeit; und zwar durch seine Faulheit. Denn nicht die Ueber= völkerung treibt den jungen, kräftigen Wiener durch die nächtlichen Straßen, sondern der Fluch der Faulheit, die ihm anerzogen wird und der er nicht Widerstand leisten kann. Der Wiener Handwerkers= oder Greißlerssohn hört schon in der Wiege, daß ein echter Wiener gemüthlich, fesch und allweil fidel sein muß. Dem heranwachsenden Burschen wird es zur Ehrensache gemacht, den Ruf des Wiener Früchtl's zu retten, und — er rettet ihn. Die Arbeit ist nur Nebensache gegen das „Witzreißen" und die Feschheit beim Heurigen. Mit dreizehn Jahren ist das Wiener Früchtl schon so grob, daß jeder seiner Witze einem Faustschlage gleicht; mit fünfzehn Jahren traut sich ihm kein Kamerad mehr in die Nähe, mit sechzehn Jahren trägt er eine Nelke im Knopfloch und lebt in wilder Ehe mit einer Handarbeiterin, und von da an beginnt seine Lebensrolle als Strizi: Seine Kameraden verehren ihn, der Wirth zur „grünen Flasche" liebt ihn wie seinen Sohn, die Handarbeiterinen behaupten, noch nie einen so echten Wiener gekannt zu haben, und das Leben des Strizi bummelt sich im rosenfarbensten Stolze immer tiefer in die Faulheit hinein, mit fettpomadisirten Haarsechsern, grellen Halsbinden, Grobheiten, Weinräuschen und wahren Wasserfällen von Witzen. Dann sterben die Eltern, der Strizi liebt täglich mehr den Wein, die Abwechselung in den Handarbeiterinen, und wird täglich lautwitziger, und ist zuletzt wirklich nicht mehr im Stande zu arbeiten. Denn der Ehrgeiz, ein berühmter Gaudee-Michel zu heißen, paralysirt total die Arme. Und so wird der junge, robuste Sohn wohlhabender Geschäftsleute nach und nach ein obdachloser Vagabund, weil er — seiner Vaterstadt Ehre machen wollte. Der Wiener geht zu Grunde an dem Ruhme, ein „Mordkerl", ein „Witzbold", ein „gemüthlicher Gaudeebruder" und ein „fescher Geist" zu sein.

In die verlassenen Werkstätten wandern nun Böhmen ein und Sachsen. Die Schnapsläden, in denen für die Strizi's bis um Mitternacht alte Häringe aufliegen, werden reich an den „verjuxten" Nächten, und ihre Inhaber, die Böhmen und die Juden, lassen es nie an gutem Spiritus fehlen für so wackere, obdachlose Kunden. Und so geht nach und nach die kleine, echte Industrie in die Hände der Zugereisten über, und der Wiener wirft sich mit voller Kraft auf seine Mission: „fesch" zu sein. Und nicht das Laster bringt ihn so herab wie den gemeinen Engländer, und nicht das leichte Blut wie den Pariser, und nicht die Lebensgluth wie den Ungarn, sondern der Fluch: „ein richtiger Wiener" werden zu wollen, welcher Ehrgeiz von Kindesbeinen an schon in ihm großgezogen wird von Eltern, Knechten, Schulkameraden, Altgesellen und Wäschermädeln. Und ohne Anlage zur Trunksucht schüttet er den Wein in sich, und ohne Anlage zum Laster geräth er in die niedrigsten geschlechtlichen Verhältnisse, und mit starken Armen und aufgewecktem Geiste versinkt er in die rettungsloseste Faulheit; ohne das Leben zu genießen, vergeudet er es in Wein, ohne Durst zu haben; in der Unthätigkeit, ohne schwach zu sein; in der Prostitution, ohne zu lieben; und im Witzreißen, ohne fröhlich zu sein. Aber er ist ein „echtes Wiener Blut", und ein „rescher Strizi". Denn ein „Duckmäuser" sein, oder ein „Böhm'", oder ein „Geizkragen", oder ein „Jud'"? Das gibt's nicht!

* * *

Am andern Tage hatten die Zeitungen in Wien einen pikanten Stoff für ein Feuilleton. Ein Mord war geschehen. Die Berichterstatter rieben sich die Hände, und die Redakteure blickten siegesstolz um sich. Ein schändlicher, ein geheimnißvoller Mord! Eine alte Frau war in ihrer Parterrewohnung am Donauquai ermordet gefunden worden. Grausam nnd schändlich ermordet. Ihr Hals war scharf durchschnitten mit einem Rasirmesser. Das Bett, in dem die Leiche lag, war mit Blut überströmt, welches die gelbliche Farbe des Greisenblutes annahm, sobald es gestockt war. Die alte Frau schlief in einem Zimmer, welches einen Erker des Hauses bildete, also von zwei Seiten frei lag; die zwei weiteren Wände begrenzten ein Vorgemach, welches wiederum in eine Stube führte, in welcher der Sohn der Ermordeten schlief. Dieser hatte nach Mitternacht ein Geräusch gehört, war in das Vorzimmer geeilt, da er aber daselbst kein Licht hatte, um dem Geräusche, welches nun verstummt war, nachzuspüren, so war er in sein Zimmer zurückgelaufen, hatte Licht gemacht, war dann in das Schlafgemach seiner Mutter gestürzt, und hatte dort die schrecklich verstümmelte Leiche gefunden. Die Leiche war noch warm und das Blut noch nicht geronnen. Er stürzte zum Fenster, riß es auf und schrie nach Wache. Dabei sah er, daß einige Schritte vom Hause entfernt am Flußufer ein Mann mit einem Sicherheitsmanne raufte oder stritt, er konnte das nicht so genau ausnehmen beim neblig-verhüllten Gaslaternenlichte. In seinem Entsetzen ganz verwirrt, lief er dann die Treppe hinauf, an jede Thüre anschlagend, die Hausleute anrufend, dann wieder bis zur Hausthüre hinab, die er geöffnet fand. Der Mörder mußte also im Besitze eines Hausschlüssels gewesen sein, und hatte so entfliehen können.

Die Mordthat erregte allgemeines Entsetzen und eine leicht begreifliche Aufregung. Es war absolut keine Spur eines Thäters zu ermitteln. Aus dem Hause konnte es Niemand gewesen sein, denn der Mörder war, wie der Sohn der Ermordeten bezeugte, entflohen, da die Hausthüre offen stand, und alle Bewohner fanden sich im Hause anwesend. Der Mörder mußte in seinem Werke gestört worden sein, denn obwohl der Geldkasten der alten Frau erbrochen war, so fehlte doch nichts von seinem Inhalte, wie man aus dem Verzeichnisse ersah, welches, von ihrer eigenen Hand geschrieben, auf den Staatspapieren und Losen lag. Oder auch vielleicht hatte der Mörder erkannt, daß diese Art von Geld ihn nur verrathen würde, ohne ihm zu nützen, und war so, ohne den Lohn seines Verbrechens zu finden, davon gelaufen. Er hatte Gold gesucht und hatte Obligationen gefunden! Man hatte längst gewußt, daß die alte Frau sehr reich sein müsse, obwohl sie mit ihrem Sohne in der knauserigsten Weise lebte.

Das Zimmer, wo die Ermordung stattgefunden hatte, wurde untersucht und der Thatbestand genau aufgenommen. Der Mörder hatte nichts verloren oder zurückgelassen, was auf eine Spur hätte leiten können. Nur an der Wand des Vorzimmers fanden sich röthliche Spuren, welche deutlich die Umrisse einer blutigen Hand zeigten.

Am Tage, nachdem der Mord bekannt geworden war, fiel das erste Licht in das Dunkel. Der Sicherheitswachmann Kratochwill hatte nämlich zu der Stunde, wo der Mord geschah, einen Strabanzer angehalten, der, ein Dutzend Schritte vom Unglückshause entfernt, gleichsam aus der Erde aufzutauchen schien. Der Strabanzer war ihm aber entkommen, nachdem er ihm Widerstand geleistet hatte.

In einer Kaffeeschänke unter den Weißgärbern gelang es nun dem biederen Sicherheitsmanne, den Strabanzer, den er in jener Nacht erkannt hatte, aufzufinden und dem Gerichte einzuliefern. Es war dies ein bekanntes arbeitsscheues, ganz verkommenes Wiener Kind, welches unter seinen Collegen den Namen Strizi-Schani führte. Der Verhaftete benahm sich sehr ungeberdig und gleichsam geisteswirr. Er zitterte an Händen und Füßen, als man ihn arretirte, und wurde vor Angst und bösem Gewissen ohnmächtig. Er hatte weder Rock noch Weste an, die er wahrscheinlich von sich geworfen hatte, da die Blutspuren ihn verrathen hätten. Endlich war man also des Mörders habhaft geworden. Ohne die Umsicht und Aufmerksamkeit des braven Kratochwill hätte man noch lange im Dunkeln tappen können, obwohl natürlich zuletzt die Wiener Polizei dennoch auf die rechte Spur gekommen wäre. Kratochwill wurde belobt, ausgezeichnet und erhielt das Versprechen baldiger Beförderung. Kratochwill war nun in seinen Kreisen der Held des Tages. In den Wirthshäusern unter den Weißgärbern, wo er sich zu stärken pflegte, wurde er von den Gästen nach der Reihe freigehalten, nur damit er sich an ihre Seite setze und erzähle.

Die Untersuchung nahm ihren Gang. Man erfuhr noch andere Details. Der Strizi=Schani war während einer Rauferei verhaftet worden in der Kaffeeschenke. Er war mit mehreren andern Tagdieben in Streit gerathen, und hatte in seinem Zorne sein Taschenmesser gezogen und nach einem Andern gestoßen, welcher aufgeschrieen hatte: — „Ah, da schaut's her, i bin g'stochen!" — Man hatte nun die Unruhestifter verhaftet, und der verhaftende Sicherheitsmann hatte in dem Raufanzettler den gesuchten Strizi=Schani erkannt. Die Wunde des zweiten Tagediebes war nur ganz unbedeutend. Man erfuhr auch, daß der Strizi=Schani ein Verhältniß mit einer Handarbeiterin habe, von deren Wochenlohn er zehre, wie das bei vielen feschen herabgekommenen Wiener Früchteln der Fall ist.

Die Untersuchung ging vorwärts, stockte aber stets an der Person des Verhafteten, welcher absolut keinen Anhaltspunkt gab bei den Verhören. Denn er benahm sich wie wahnsinnig. Er rief fortwährend nach seiner Mutter, er verfluchte sich selber, dann weinte und schluchzte er wiederum stundenlang bis zur Erschöpfung. Wenn man ihn fragte, ob er den Mord begangen habe, konnte er nichts thun als schluchzen. Wo er die Nacht des Mordes zugebracht hatte, konnte er ebenso wenig sagen; in keiner Schenke, in keiner Kneipe war er nach zehn Uhr gesehen worden. Seine Angabe, er sei in einer Kloake bei Bekannten gewesen, wurde als Lüge gefunden, da man bei näherer Nachforschung fand, daß die angegebene Kloake verlassen und unbewohnt sei.

Die Untersuchungsrichter wurden zuletzt schon ganz wirr von

Zeugenaussagen, die nichts bedeuteten, und von Verhören, die kein Resultat gaben.

Endlich eines Tages ließ sich bei dem hohen Beamten, der die ganze Angelegenheit leitete, ein Herr Eggenburger melden. Herr Eggenburger war auch ein Wiener Kind, im Herzen von Lerchenfeld geboren. Er war zuerst Lump gewesen, dann Spitzbube, und zuletzt war er „Vertrauter" geworden und die rechte Hand des Herrn Präsidenten, bei dem er sich jetzt melden ließ.

Der Wiener Vertraute ist gewöhnlich ein Mann aus den bessern Ständen, der zu faul ist um zu arbeiten, und lieber rasch vorwärts kommen will durch das Verbrechen seiner Nebenmenschen. Es gibt darunter pensionirte Staatsdiener aller Branchen, herabgekommene Adelige und sogar verunglückte Künstler. Verächtliche Menschen, denen die Ehre nie das Herz pochen gemacht hat. Heimtückische Naturen, welche aus angeborner Bosheit, das Gesetz in der Hand, an den ihnen fremden Sündern Rache nehmen für ihre eigene Schlechtigkeit. Denn es ist merkwürdig, daß der gemeine und schlechte Mensch sich selber verachten muß, so sehr er sich auch dagegen sträubt, und es ist schauerlich, daß er dafür an Anderen Rache nimmt und eine Freude daran hat, die Menschen recht tief im Schlamme zu sehen. Aber selbst der Verbrecher ist nie so tief eingeschlammt wie dieser Mensch selber, und das macht ihn noch boshafter und noch thierisch-schleichender. Der Wiener Vertraute ist stets ältlich, hat einen ergrauenden militärischen Schnurbart, und ist „wohlwollend" gekleidet. Man hält ihn für ein Mitglied eines religiösen Vereines oder für einen pensionirten Offizier, welcher übergangen worden ist. Für die höheren Stände hat man in Wien keine „Vertrauten", wie in Berlin oder Paris. Denn man fürchtet sich da, die höheren Stände zu überwachen. Es kämen zu viele Prozesse zusammen! In Wien gibt es also nur Vertraute für die Mittelklasse.

Herr Eggenburger hatte grauwerdendes Haar, einen militärischen Schnurbart und war wohlwollend gekleidet. Er war nicht Vertrauter aus Bosheit, sondern aus Talent. Er war unbezahlbar. Er war wienerisch-geistvoll, und sein Geist hatte sich auf das Enträthseln des Verbrechens geworfen, wie andere Talente sich auf Rebuse oder Erfindungen werfen. Er, als geborner Wiener, kannte Wien durch und durch, und dabei half ihm eine angeborne Spürnase, welche ihn unersetzlich machte wie einen Trüffelhund.

— „Nun, Eggenburger! Haben Sie endlich Etwas über diesen vermaledeiten plärrenden Mörder? Sie haben sich acht Tage hindurch nicht sehen lassen!" — rief der Präsident. — „Wo zum Teufel haben Sie gesteckt? Haben Sie, um Etwas zu erfahren, nach Amerika schiffen müssen, oder waren Sie eingemauert wie die Barbara Ubryk?"

Herr Eggenburger setzte sich in der geraden Haltung eines Wachtmeisters, den schäbig=modernen Chlinder in der braun behandschuhten Hand, und strich sich das graue Haar nach vorn.

— „Ich habe diese Zeit hindurch geforscht, Eure Excellenz," — sagte er, — „und..."

— „Und?"

— „Und ich glaube, ich habe gefunden." — Herr Eggenburger sagte das bescheiden, aber mit einem gewissen strahlenden Kichern, welches der Präsident wohl kannte. Derselbe legte also die Papiere, die er so im Reden vom Schreibtisch genommen hatte, rasch aus der Hand und rückte sein Fauteuil ganz nahe zu dem Stuhle des „Vertrauten". Er wußte, daß nun Alles klar sei.

„Nun!" — sagte er, — und öffnete die dünnen Lippen, um besser zu hören. — „Nun, heraus damit, Alles! Eggenburger, Sie wissen, ein paar hundert Gulden sind Ihnen gewiß. Sagen Sie Alles haarklein. Ich sehe, Sie haben den rechten Faden. Ich will Sie nicht unterbrechen. Also...?"

— „Nun. Ich habe mich in dem Hause, wo der Mord verübt worden ist, eingemiethet," — sagte Herr Eggenburger tiefathmend. — „Als Zimmerherr bei einer Tischlerswittwe, deren Wohnung der Mordwohnung gegenüberliegt — in demselben Vorhause. Ich zahlte sechzehn Gulden und bezog auch mein Frühstück bei ihr."

— „Gut, gut — was weiter?"

— „Nun also, Eure Excellenz — ich habe nie recht an den Strizi=Schani geglaubt," — sagte der Vertraute, gleichsam entschuldigend.

— „Was? Sie meinen also, daß er nicht der Mörder ist? wo alle Anzeichen gegen ihn sprechen? Hüten Sie sich, uns den wegzuläugnen, wenn Sie uns dafür nicht einen Andern schaffen, Eggenburger."

Der Vertraute lächelte wiederum kichernd. Dann hustete er hinter seinem Hute, richtete sich gleichsam stolz auf, und begann mit fester, eindringlicher Stimme: — „Ich habe nie an den Strizi-Schani geglaubt, Eure Excellenz, denn ich bin ein Wiener und kenne Wien. Der gemeine Mann vollbringt hier nie einen geheimen, unentdeckbaren Mord, wie in andern Städten. In Wien gibt es keine Banditen aus Profession; es gibt sogar nur eine verschwindend kleine Anzahl von Dieben aus Profession. Und vollends erst Mörder in einer Bande wie in Berlin oder in den andern Hauptstädten gar nicht! Mögen auch tausend „Geheimnisse von Wien" tausend dolchbewaffnete Hallunken schildern, so sind das immer Copieen aus Bücherübersetzungen, aber kein Bild nach dem Leben. Der gemeine Wiener ist ein Lump, ein Tauge=nichts, ein Dieb aus Gelegenheit und ein Todtschläger, wenn's sein muß: aber er ist nie ein Bandit mit Vorabsicht. Der Strabanzer stiehlt vielleicht einem Kameraden die Uhr, weil der eben neben ihm schläft und weil die Uhr aus seinem Sacke hervorguckt. Und er sticht einen Menschen zu Boden ohne zu zögern, aber im Streit, in der Wuth, ja selbst aus Raubwuth, aber diese Raubwuth kommt ihm plötzlich, auf irgend einem öden Bauplatze, wo der reiche Bürger förmlich an ihn anrennt; er hat diesen Todtschlag nie vorbereitet, der Mörder, und er wird auch nichts thun, um ihn zu verbergen. Der gemeine Wiener wird sein Weib mit einer Hacke todtschlagen, weil sie ihn quält, und die Nachbarn werden ihn finden mit dieser Hacke in der Hand, halb=närrisch die Leiche anstierend. Die gemeine Wienerin wird auch ihren Mann vergiften, dem sie untreu werden will: aber sie wird dann das Gift allen Nachbarinnen zeigen in ihrer Mordwuth, und sie wird nach der That den Rest selber trinken aus Entsetzen. Die Hefe von Wien ist also nie Räuber oder Mörder aus Profession oder mit Bedacht. Dazu ist der Wiener Strabanzer zu leichtsinnig und zu wenig habgierig und zu wenig Egoist, wie es der Norddeutsche, der Franzose oder der Engländer ist. Sobald in Wien ein geschickter, geheimnißvoller Mord begangen wird, dann darf man nie nach einem professionellen Mörder fahnden, sondern man muß den besten Freund, den nächsten Verwandten, den ehrenhaftesten Charakter in der Nähe des Ermordeten untersuchen. Der Mord in Wien, der schleichende, geldgierige, wird immer vom Bruder,

vom Sohne, vom Vater, vom Geliebten oder vom Herzensfreunde
begangen: der, den man am wenigsten im Verdachte haben müßte, der
Geliebteste des Ermordeten oder der ehrenhafteste Tugendspiegel seiner
Umgebung ist der Mörder. Wenn ein **Vetter** und ein fremder
Gassenlump verdächtigt sind derselben That, werde ich unbedingt auf
den Vetter rathen. Wenn ein **Adeliger** und ein **Fabriksarbeiter**
verdächtigt sind, werde ich unbedingt den Adeligen des Mordes zeihen.
Es ist eine seltsame Sache und ein eigenthümliches Wahrzeichen von
Wien, daß da der Pöbel zu leichtblütig ist, um jemals „berechnend" schlecht
zu werden, und daß eben da die besseren Stände so verderbt, so durch=
giftet, so gemeindenkend, so habgierig=gewissenlos sind, wie in keiner
andern Residenz der Welt. Wer hat diesen Mann ermordet? Ein Hunger=
leider? Ein Diener? Ein Räuber? Ein Verzweifelnder? Ein Rache=
durstender? O nein. Sein zärtlichster Studiengenosse, ein Zögling einer
kaiserlichen Anstalt. Wer hat den Mann erwürgt um weniger Gulden
willen? Ein notorischer Strauchdieb? O nein. Ein College von
ihm, der einen hübschen Posten hat. Wer hat diese alte, geizige Matrone
ermordet? Ein bekannter arbeitsscheuer Vagabund, welcher zur Zeit des
Mordes am Thatorte gesehen wurde? O nein...! Wer hat dieses
Geld gefälscht? Eine Falschmünzerbande? O nein, ein großer Name.
Wer hat hier einen Wechsel gefälscht? Ein Abenteurer? O nein, ein
militärischer Charakter. Die Juden lieben die Offizierszimmer, und sie
breiten da gerne ihre Banknoten aus: „Was macht's? Schreiben Sie
unter den Herrn Onkel, ich nehm's an für echt, und ka Mensch süll's
erfahren!" — Kurz, das Verbrechen in Wien ist nicht vom Volke: es
ist gebildet, es ist in Künstlerinen vernarrt, es ist ein vorzüglicher
Studirender, ein wackerer Beamter, und manchmal ist es auf Hofbällen
geladen. Und so ist es auch in diesem Falle gewesen. Die Untersuchung
hat herausgebracht, daß die Ermordete geizig und reich war, und mit
ihrem Sohne dennoch sehr ärmlich lebte; daß Mutter und Sohn sehr
fromm waren und täglich die Kirche besuchten. Aber ich, als Miethsherr
der geschwätzigen Tischlerswittwe, habe herausgebracht, daß der Sohn
nicht aus Geiz, sondern nur gezwungen das sparsame Leben der Mutter
theilte. Er hat sich einmal beklagt beim Hausmeister, daß er nicht
einmal eine Cigarre kriege von seiner Mutter, obwohl er leidenschaftlich

rauche. Und daß er nichts mehr verdauen könne, da sie stets nur Gemüse koche und nie Fleisch, und daß ihn der Eckel vor dem welken Grünzeug, in Hundefett gekocht, noch umbringe. Darauf sagte der Hausmeister: „Na, so gehen Sie in ein Geschäft, und verdienen Sie sich was, dann können Sie im Gausthaus Gollasch essen und Brittanika rauchen." — „Arbeiten?" sagte darauf der Sohn. „Wegen was denn? Die Mutter hat ja ein Laster Geld, und kann nicht mehr so lang leben." — Ferner erfuhr ich, daß der Sohn ein Verhältniß unterhalte mit einer armen Pfeifenschneiderstochter, die er heirathen wollte. Aber die Mutter wollte ihm keine Aussteuer geben, und es fielen deshalb in letzter Zeit viele Zänkereien vor zwischen Mutter und Sohn..."

— „Das Alles..." — unterbrach ihn der Präsident.

— „Das Alles ist noch kein Beweis, welcher auf die Schuld des Sohnes weisen würde. Nun kommen aber Details, welche der Untersuchung entgangen sind, und welche ich durch genaue Nachforschungen in Erfahrung gebracht habe. Erstens: der Sohn sagte aus, er habe die Hausleute aufgepocht, ehe er zur Hausthüre geeilt sei. Nun erinnert sich aber eine Partei des Erdgeschosses deutlich, daß sie aufgepocht worden ist mit den Worten: „Die Mutter ist todt, und die Hausthür ist offen, Jesus, Maria!" Dies ist also ein Beweis, daß der Sohn früher auf der Hausthürschwelle war, ehe er die Parteien weckte, was so ziemlich seltsam ist: denn der Hilferuf ist immer die erste Folge des Schreckens, und nicht das Forschen nach dem Mörder. Zweitens ist nachgeforscht worden noch in derselben Nacht, welcher Partei wohl der Thorschlüssel fehle. Und siehe da, er fehlte Niemandem: nur der Sohn hatte keinen aufzuweisen, und diesen Schlüssel fand man später auf einer Treppenstufe liegen. Hatte er also, nachdem er seine Mutter ermordet gefunden hatte, vor Allem den Hausschlüssel gesucht, um „das Thor zu öffnen" und nach dem Mörder auszusehen? Ich glaube, er hat das Thor vielmehr geöffnet, um an einen Eindringling glauben zu machen, und hat dann beim lauten Zurückeilen den Schlüssel verloren. Ferner sind die blutigen Handspuren des Vorzimmers nicht vom Mordzimmer gegen den Ausgang gerichtet, sondern vom Ausgange gegen das Mordzimmer: ein Weg, den ein fliehender Mörder schwerlich zurücklegen wird, sondern Jemand, der das Thor öffnet und dann leise zurückschleicht, um von seinem Zimmer aus

polternd Lärm zu machen. Die Spur dieser Hand ist kurz und stumpf,
wie die Handfläche des Sohnes, dessen theilnehmender Freund ich in
letzter Zeit als Zimmernachbar geworden bin, während die Hand des
Strabanzers lang und schmal ist. Endlich und zuletzt hat man nirgends
eine Mordwaffe vorgefunden. Wie der Strizi-Schani verhaftet wurde,
hatte er ein Messer gezogen, ohne Jemanden scharf zu treffen. Dieses
Messer habe ich in der Wunde des Leichnams versucht, und es paßte
nirgends. Sollte sich also dieser Mörder direkt zum Morde ein neues
„stumpfes" Messer gekauft und dann vergraben haben, während er sein
eigenes bei Raufereien benützte? Zuletzt hat kein Bewohner des Mord-
hauses den Strizi-Schani wiedererkannt bei der Konfrontirung als einen
Menschen, der im Hause aus- und eingegangen wäre. Und ein Mensch,
der das Haus notorisch früher nicht besucht hat, sollte den Hausschlüssel
besitzen und den Ort des Geldkastens wissen? Zuletzt ist es ein ver-
dächtigender Umstand, daß von den Staatspapieren und Obligationen
nichts fehlte. Der Dieb hatte die Geldlade erbrochen, aber, wie man
vermuthet, die Staatspapiere als zu verrätherisch nicht nehmen wollen.
Woran hat er denn erkannt, daß es Staatspapiere seien? Er hatte zum
Morde kein Licht gehabt; denn die Lampe des Zimmers war trocken
und ausgebrannt seit einigen Tagen, wie die Untersuchung ergab. Die
geizige Matrone brannte nur ein Nachtlicht zum Auskleiden, und das
stand ruhig hinter ihrem Bettschirme, so daß der Geldkasten im tiefsten
Dunkel lag. Oder sollte der „aufgescheuchte" Mörder das Lichtglas vor
der Flucht erst wieder ordentlich an Ort und Stelle gesetzt haben? Der
Mörder ist nun augenscheinlich Keiner, dem an dem Fortschaffen von
Geld oder Geldeswerth gelegen war; und er mußte die Lage des Geldkastens genau kennen; er mußte das Thor geöffnet haben, und er muß
nach dem Oeffnen des Thores nochmals zu dem Mordzimmer zurückgetappt sein. Das ist Alles, was ich gefunden habe, Eure Excellenz.
Jetzt handelt es sich nur darum, daß Sie den Sohn als Zeugen vor-
laden und ihn fragen, wie er den Thorschlüssel in dieser Nacht auf
der Treppe verlieren konnte, und weshalb er ausgesagt habe, daß er
die Bewohner aller Stockwerke wachgerufen habe, ehe er zum Hausthore eilte,
während er sich doch bewiesenermaßen vom Hausthore mit blutigen Händen
zurückgetappt habe."

*   *   *

Die Untersuchung nahm nun einen neuen Charakter an. Der halbverhungerte, frömmelnde, tückische Sohn der Ermordeten gestand Alles bei der ersten unerwarteten Frage, die den Nagel auf den Kopf traf. Der Strizi-Schani wurde entlassen.

Alle seine Strabanzer-Kameraden versammelten sich beim „rothen Krebsen" unter den Weißgärbern, um den Freigelassenen im Triumph zu empfangen; denn er war dort angekündigt worden. Die Sali, seine Geliebte, thronte auf dem Ehrenplatze. Kecke Wiener Strizi-Augen und kohlschwarze Strizi-Sechsundsechziger umjohlten die Gefeierte, indem sie den Gefeierten erwarteten. Der Wirth konnte nicht genug „saure Beuschel" und „Krenfleisch" auftragen. Endlich erschien der Schani.

Er war gekleidet wie sonst: er trug ein lichtes Beinkleid, eine geblümte Weste, einen schwarzen Sammtspenser, ein grellrothes Halstuch, Sechsundsechziger und eine windschiefe Mütze.

Man empfing ihn mit zwanzig Gläsern sauren Weines, die ihm an den Mund gehalten wurden. Und man schrie ihm ein rauhes, heiseres, grelles Lebehoch, aus echter Bewunderung entsprossen. Denn in Wien wird Alles bewundert, was in der Zeitungsnummer gestanden hat.

Der Strizi-Schani wurde also von den übrigen Strabanzern feierlich empfangen. Man hatte der Sali einen Myrthenkranz aufgesetzt und führte sie ihm zu.

Der Strizi-Schani trank aus drei Gläsern, schob die Sali bei Seite und sagte: — „Jetzt bin ich wieder da!"

— „Auf einen Sessel stellen! Auf einen Sessel stellen!" — schrie Alles.

Der Schani stieg auf einen Sessel. Und er breitete die Arme aus in den spiegelnden Wollsammt-Aermeln, und bewegte heftig sein unrasirtes Kinn in diesen Worten: — „Jetzt bin ich wieder da. Aber nur, um Euch Allen „Behüt' euch Gott!" zu sagen. Denn ich will nicht mehr Pferde halten oder Kutschenschläge putzen. Ich bin seit gestern Arbeiter in der Lampenfabrik da drüben. Es sind zwar lauter Sachsen und Böhmen dort, aber ich hoff', mit der Zeit werden auch die Wiener-Früchteln anfangen zu **arbeiten**! Na, und darum will ich Euch Allen hier ein Adieu sagen — bis Ihr auch in die Fabrik kommt's, die noch Platz hat für viele Arbeiter! Ich will jetzt nicht

mehr zum „Bazar" geh'n an einem Samstag. Ich zahl' mir alle Monat
einmal die Wieden, oder alle halbe Jahr einmal die Oper. Ich will
mich 'auch nit mehr in die „Schwemm'" setzen zu die Fiaker, sondern
in ein Zimmer, wo Jeder für sich und seine Kameraden spricht. Kame=
raden! das Landesgericht ist ein schrecklich fader Ort. Und aus Langeweil
denkt man dort nach. Lumpen und Faullenzer sind wir Alle!
Und unsere Mädeln haben keine Scham im Leib. Und unsere Eltern
sind doch alle brave Meister und brave Arbeiter gewesen! Die Stra=
banzer sind nichtsnutzige Schufte übereinander!"

— „Haut's ihn!" — gellte es aus der Schaar seiner Bewun=
derer. — „Haut's ihn! Er schimpft uns!..."

— „Still! Ich zahl' einen Eimer Bier!" — übertönte die
Stimme Schani's die gerückten Sessel und die laute Protestation.

— „Vivat hoch! Der Schani soll leben!" — variirte schnell
die Kameradschaft. — „Der Schani ist ein fesches Haus! Er zahlt
einen Eimer!"

— „Ja! Aber still müßt ihr sein. Ich will euch noch was
sagen. Ich mag' nichts mehr zu thun haben mit dem Wirthshaus,
außer am Sonntag, wenn ich einmal mit meiner Frau hingehe. Und
dann geh'n wir in's Extrazimmer. Die Sali da nimm ich zur Frau,
wenn sie ein braves Weib werden will. Aber eine Geliebte mag ich
nicht mehr, denn um eine Geliebte muß man sich immer raufen. Um
zu raufen, muß man sich Kourag' antrinken, und wenn man einmal zu
trinken angefangen hat, hört man auch nicht mehr zu trinken auf, und
der blaue Montag geht durch die ganze Woche hin! Man liegt heute im
Wirthshaus, nicht weil man Durst hat, sondern weil man gestern d'rin
gesessen hat. Und man sitzt morgen aus demselben Grunde wieder
d'rinnen. Die Hand wird Einem so schwer, daß man meint, sie müsse
uns abbrechen, sobald wir sie zu einer Arbeit regen. Man streicht die
Haare immer fetter nach vorn, man kauft sich die Halstücheln immer
fuchsfeuerrother, und man setzt seine Mütze immer windschiefer bis auf's
Ohr herab; man will sich krampfhaft retten, weil man fühlt, recht tief
d'rin im Herzen, daß man bald gar nichts mehr sein wird."

— „Hörst, Schani, das mußt' wo auswendig gelernt haben!" —

— 31 —

schrie ein Strabanzer. — „So schön hast früher nicht einmal lesen können, geschweige denn reden!"

— „Jawohl! So schön hab' ich früher nicht einmal Gedrucktes lesen können!" — rief der Schani hell. — „Und ich schäm' mich dafür! Aber im Landesgericht d'rin hab' ich nachdenken gelernt. Bei Wasser und Brod und bei zugesperrter Thür hab' ich ausgegrübelt, daß wir Strabanzer elendige Lumpenhund' sind!"

— „Schani!" — brüllten die Kehlen und drohten die Fäuste und zielten die geleerten Biergläser.

— „Ja, Lumpenhund' elendige!" — schrie Schani noch lauter.

— „Haut's ihn!" — johlte es wüthend, und ein Glas zersplitterte an der Wand hinter dem Schani.

— „Still! Ich zahl' noch einen Eimer! Aber 's Maul halten! Wißt's ihr denn, was das ist, ein Strabanzer für die andern Leut'? Ich hab' den Mord begangen haben müssen, weil ich um die Zeit in der Nähe war, und — ein Strabanzer bin! Ein braver fleißiger Arbeiter wär' sicher nicht aus dem bloßen Umstande, weil er in der Nähe des Hauses war, als Thäter angeschaut worden. Aber ein Strabanzer! Wer anders kann sich in die Häuser schleichen, um die Leut' umzubringen, als ein Strabanzer? Wenn Etwas gestohlen wird — wer hat's gethan, als ein Strabanzer? Wenn ein schändliches Attentat verübt wird auf einem entlegenen Bauplatz? Was sagen die Zeitungen? Man hat verdächtige Strabanzer in der Nähe gesehn! Wir! Und also immer wir sind die, auf welche der erste Verdacht fällt! Und wir armen Hascherln sitzen derweil in einem Gifthüttel und schnarchen vor Schnaps und Faulheit und Unterstandslosigkeit. Wir sind also unschuldig, aber die Zeitungsschreiber haben doch Recht, hundertmal und tausendmal Recht! Denn sagt es selber: wen man nicht achten kann, kann man dem trauen? Wir pomadisiren unsere Sechsundsechziger, und wir schreien recht laut und hauen auf den Tisch, damit wir selber glauben sollen, wir wären was Echtes, wenn wir Wiener Früchteln sind! Aber die Pomad' nehmen wir von unserer Zuhalterin, und das Essen zahlt auch sie — wir leben von einem armen Geschöpf, wir schämen uns nicht darüber: was Wunder also, daß man uns Alles zutraut! Ich hab' die Sali gern! Das hab' ich mir im Landesgericht ausgedacht. Aber ich möcht' sie nimmer, wenn ich sie nicht erhalten kann, und wenn ich sie nicht am Sonntag als meine Frau wohin führen kann für mein Geld. Dann wird mir Niemand mehr nachsagen, daß ich zu Allem fähig bin, was ehrlos und nichtsnutz ist! Und so ist's, und jetzt wißt ihr's. Ich arbeite in einer Lampenfabrik und heirathe nach ein paar Monaten die Sali! Ich mag kein Strabanzer mehr sein! Und ich mag in meinem Alter kein Mädel mehr, sondern eine Frau! Unsere Eltern waren ja alle, alle so arme, aber brave Leut'! Darum behüt' euch Gott! Sali, wenn du mit mir geh'n willst, ist's gut. Na, was soll's?! Wenn's Jemanden nicht recht ist, da sind meine Fäust', und der Rock ist auch gleich aufgekrempelt!! Behalt's euch eure böhmischen Köchinen und legt's euch mit dem Bauch in's Gras, wenn die Sonne scheint, und trinkt's Petroleum zum „Valedi" auf die Nacht. Von heut' an ist's aus mit uns, so wahr das Gefängnißlöchel im Landesgericht mich gescheidt gemacht hat! D'rum:

„Außi, außi, außi, außi,
Außi will i geh'n...!"

Basta. Adies!"

* * *

Der Strizi-Schani begleitete an diesem Abende seine Sali nach Hause. Sali hatte eine unschöne Taille und wenig Haare, die mühsam zu einem Toupé zusammengerafft waren. —. „Schani," — sagte sie, indem sie schwerathmend an einer Straßenecke stehen blieb. — „Ich halte es nicht mehr aus! Du gehst mit mir! Und ich weiß, ich bin dir jetzt zu schlecht...!"

— „Sali!" — rief Schani zitternd, wie er heute überhaupt ein Uebermaß männlicher, freudiger und schamvoller Energie in sich fühlte: — „Du bist mir zu schlecht, sagst du? Aber, mein Gott, ich bin ja der, welcher mit blutigem Schweiß alle die Wohlthaten abarbeiten muß, die er von dir genossen hat in Lieblingsspeisen, welche du durch sauren Verdienst möglich gemacht hast! Und ich bin der, welcher durch herzliche Arbeit und Treue die Rohheiten abfinden muß, die er dir für deine Gutheit angethan hat. Geh', Sali, hast mich gern?"

— „Ja, recht! Aber schau, heirathen solltest mich bald. Was?"

— „Ja!"

— „Aber Schani! Wie ist denn alles das Glück so auf einmal gekommen?"

Don Juan in Wien.

Er ist stets noch jung, aber er weiß es nicht mehr. Er meint, er müsse schon mindestens hundert Jahre alt sein. Er hat so viel geliebt und er hat so viel gelebt, und das Leben ist ihm so laut gewesen in der lauten Stadt!

Er ist der Sohn eines Juden, welcher vor vielen, vielen Jahren mit einem kleinen Kram, den er um die Schultern hängen hatte, in Wien eingewandert ist, und der heute einen Palast auf der Ringstraße besitzt. Wie das so gekommen ist? Das weiß nur der wunderthätige Mercur, der Gott des Handels und noch einiger anderer Gewerbe. Oder Don Juan ist der „Weinreisende" für die größte Tuchfabrik, und hat stets die Brieftasche geschwollen von flüssigen Geldern. Oder es ist ein Offizier, der gerne Kaffee trinkt und zu seinem Namenstage von Damenhänden eine vollständige Ausstattung an Wäsche, Cigarren und goldenen Manschettenknöpfen zu erlangen liebt. Oder es ist ein Priester, der — ah! ich denke, wir haben nun der Wiener Don Juan's genug citirt.

Unser Don Juan ist ein Baron, oder vielmehr der Sohn eines Barons — was nicht ganz gleichbedeutend ist für Wien. Man kann ein Baron werden, obwohl man noch nicht den Unterschied kennt zwischen einer siebenzackigen und neunzackigen Krone im Schnupftuchende seiner Gattin.

Don Juan, den wir meinen, ist aber der Sprößling eines frei=
herrlichen Stammes, dessen Urväter schon unter Ferdinand dem Zweiten
die Urväter der künftigen „Wiener Barone" geprügelt haben. „Wiener
Barone" sind nämlich baronisirte Israeliten, die nirgends gedeihen
als nur in Wien. Madrid, Rom, Paris, London begnügen sich
damit, den Juden Orden zu geben; Oesterreich allein hat eine wahre
Sucht, Hebräer in den Adelstand zu erheben. Ich sage nicht, daß sie
es nicht verdienen; aber — enfin, sie passen nicht dafür. Als Indi=
viduum sind sie zu orientalisch, um in der Walhalla unseres Adels
ihren Platz ausfüllen zu können; sie machen da immer einen fremd=
ländischen Mißton aus und als Kaste stehen sie wiederum! vielleicht
zu hoch, um der Geistlosigkeit unserer jeunesse dorée zugesellt zu
werden. Kurz, ein Jude kann niemals so seicht werden wie ein
jüngerer Sohn unseres Adels, aber ein Jude kann auch nie so natürlich=
edel werden wie der geistesdümmste, aber taktvolle eingeborne Sohn
unseres eingebornen Adels.

Ich mußte davon plaudern, um die Stellung meines Don Juan's
von Wien gleich genau zu präcisiren. Hätte ich ihn einen Grafen
genannt, dann hätte es keiner Vorrede bedurft. Aber da er Baron ist,
und die Barons bis dato in Wien stets nur reichgewordene Griechen,
Juden, Wucherer oder sich selbst=baronisirende Familien=Von's bedeuten,
so muß ich meinen Baron vor dem Verdachte vertheidigen, ein solcher
„Ich möcht' gern und kann nicht"=Adeliger zu sein.

Baron Aladar Zorni ist der echte Sohn eines freiherrlichen Ge=
schlechtes, welches mit Oesterreichs Geschichte so innig verknüpft ist wie
der Bast, welcher eine Flora von Blumen zum Strauße vereint, und
ohne dessen Hilfe sie nie ein Ganzes gebildet hätten. Und das Geschlecht
ist reich wie Rothschild, und dieser Reichthum ist unerschöpflich, wie die
Skandalchronik eines Garnisonsnestchens.

Aladar Zorni kam schon als kleiner Knabe in's Offiziersinstitut
nach Wiener=Neustadt. Er war da sehr hoch aufgeschossen, hatte eine
gebogene Nase und ein etwas spitzes Kinn bei nußbraunen dichtwal=
lenden Haaren. In der Offiziersschule war er immer der Erste beim
Kraftspiele: er lief am schnellsten dem Ziele zu, und beim Kampfe wich
er immer der Letzte: aber nur dann, wenn ihn ein Anderer so derb zu

Boden warf, daß er ohnmächtig wurde. Er war sehr hager in der Offiziersschule. Und er hatte drei geliebte Herzensfreunde. Wenn er mit einem derselben als Dame tanzte, wurde er fast ohnmächtig von einem Gefühle ohne Namen.

Endlich wurde er „frei" und sollte mit vielen Anderen die Akademie verlassen als Offizier. Er war Offizier bei den Dragonern geworden. Da sangen denn die „Ausgemusterten" im Institutshofe nach Offenbach's Melodie:

„Was soll in diesen Hallen..." ꝛc.

Dann wurde man Offizier.

Nach dem akademischen Freunde kam nun der garnisonische Freund. Und der garnisonische erste Freund ist stets ein Mephisto — aber ohne Geist. Und Baron Aladar Zorni und sein Garnisonsfreund waren in Galizien stationirt, ich glaube in Tarnow.

Wie einsam war dies Städtchen, vorzüglich im Winter. Gumniska draußen war wohl ein verschneiter Park, aber im Schlosse war keine Herrschaft. Die Hußarenmusik spielte manchmal im Gasthaussaale des Herrn Fröhlich, aber da kamen keine Damen hin, und der Offizier sah nur die nerventödtenden Physiognomieen der jungen Mitoffiziere durch die Lücken der Strauß'schen „ganzen Noten" grinsen. Die Beamten von Tarnow waren zumeist Böhmen, mit Töchtern, welche Löwennasen aufwiesen und ihre Conversation mit jungen Herren gern mit scherzhaft-kindlichen Faustschlägen einleiteten. Und die Kameraden fanden das Alles ganz charmant und natürlich. Und Aladar promenirte in warmen Sommernächten mit ihnen auf der „Planta" unter den tiefschattigen Bäumen. Aber die Offiziere gingen nicht mit einander. Sie zerstreuten sich unter den tiefschattigen Bäumen. Und da fanden sich finsterhaarige Jüdinen in der schlumpigen halborientalischen Tracht, und Weiberstimmen näselten in das Männerfeilschen hinein. Manchmal verliebte sich Aladar sogar in eine dieser Jüdinen, wenn der Mondschein recht grell auf ein recht liebesmüdes reines Profil floß.

Aber diese „erste Liebe" war stets in den Diensten einer entsetzlichen alten Jüdin, welche eine schwarzsammtne Kazabaika trug, einen großgeblumten Rock über einer Glockenkrinoline, Scheitel aus fuchsigem

Seidenband und eine aschfarbige Haube mit fliegenden Bändern. Und
die sagte unter der Hausthüre, wo der Mond in die scharfen
Linien ihres Gesichtes schien: — „Sie meinen die Rifke? Was geben
Sie mir, daß ich der Dirn erlaube, daß sie Sie wirklich lieb hat?
Sie schuldet mir das Hemd am Leibe! Und zahlen Sie mir tausend=
mal das, was sie am Leibe trägt: können Sie mir zahlen, was sie
schon bei mir gegessen hat? Und wenn Sie das zahlen, wo sind noch
die Interessen für meinen guten Willen? Nun, machen Sie ein Anbot,
daß ich der Rifke erlaube, Sie gern zu haben...!"

Nach der Rifke kommt eine Scheindel, nach der Scheindel eine
Sarche. Aladar hat schon so oft die erste Liebe durchgefühlt, daß er die
Liebe überhaupt überstanden zu haben glaubt. Er liegt meistens zu
Bette, ist kränklich, haßt seinen Burschen und möchte gern ein besseres
Leben anfangen. Er schwärmt in seinen Delirien wahrhaftig von der
Kunst, und die Kunst kann man nur in Wien finden und genießen.
O Wien, Wien, du Eldorado der in Garnisonen verschmachtenden
Liebesmattheit!...

Und Baron Aladar wird endlich nach Wien transferirt. Ehe er
noch die Kunst zu studiren anfängt, wird ihm schon die Uniform
lästig. Man muß da sogar jeden Fuhrwesen=Hauptmann zuerst grüßen
und — enfin, Aladar schämt sich, für zehn Kreuzer in's Theater
zu gehen, um dem wirklich kunstsinnigen Publikum den Platz zu ver=
stellen. Kurz, er improvisirt ein Duell und quittirt die Armee und
vertieft sich in die Kunst.

In der That in die Kunst. Er studirt Schiller an Fräulein
Precheisen, und die leitende Idee bei Shakespeare's Prinzen an Frau
Wolter, Göthe an Fräulein Nornek. Nachdem er früher die Musik an
den Walzern von Godefroy und Arditi und an den Schnellpolka's des
Grafen Eberhard von Würtemberg studirt hat, vollendet er jetzt dies=
sein Studium an Fräulein Siegstädt und Fräulein Bosetti. Den Humor
in der deutschen Literatur durchblättert er in den soi-disant-geistreichen
Lustspielen des Herrn R. vom L... Theater, welcher deren täglich
mindestens drei vollendet; das Eine im Halbschlummer des Erwachens,
das Zweite zur Verdauung, und das Dritte, um sich den Appetit zu
schärfen für das Souper. Nach dem literarisch=theoretischen Studium der

dramatischen Kunst Deutschlands, nachdem er seinen Freunden über die
Schreie der Wolter, die Spitzengarnituren des Fräuleins Häusler
und die echten blonden Haare des Fräuleins Stubel eine glänzende
Prüfung abgelegt hatte, warf er sich auf die Praxis. Er fing damit
an, den Geist und die Richtung des Wiener theatralischen Kunstlebens
zu untersuchen; und da fand er, daß die größten Vertreterinen der
deutschen Schauspielkunst in Wien eine seltsame Sucht haben, Freuden=
mädchen darzustellen. Die Direktoren, die Kritiker, das ganze Publikum
mögen sich dagegen wehren, wie sie wollen: alle diese Damen, welche
die Vertreterinen der Schröder, Siddons= und der Dorval=Traditionen
sein wollen, lechzen förmlich nach der Darstellung gemeiner käuflicher
Dirnen in Seide und Sammt. Sie wetteifern damit, das schändlichste
Geldgewerbe des Weibes zu vertheidigen und interessant zu machen,
und vor der Welt zu entschuldigen: das gefallene Mädchen, die
büßende Sünderin; Alles das genügt ihnen nicht auf die Dauer: das
verächtlichste, verworfenste Geschöpf auf Gottes weiter Erde, das feile,
schamlose Weib, welches ihren Körper pfundweise ausschrotet dem
reichsten Banquier oder dem freigebigsten Verschwender, die Gelddirne
wollen sie spielen um jeden Preis, und wollen dem Publikum weiß
machen durch ihr ergreifendes Spiel, daß eine solche Waare auch ein
Herz oder ein edles und tiefes Gemüth haben kann! Diese entsetzliche
Lüge, daß ein Weib, welches nicht aus Noth, aus Hunger, aus Ver=
zweiflung, aus Liebe, aus Leichtsinn (denn alle diese Gefallenen können
noch eine Seele haben!), sondern aus reiner Habsucht und aus gemeinem
Gelddurste sinkt, ein edler Charakter sein könne, diese frechste Ver=
läumbung der Menschheit und diese lächerlichste Unwahrheit wagen sie
dem deutschen Publikum — von Wien, immer und immer aufzutischen,
diese Koryphäen der Tragik! — Was für einen Zweck mögen sie
dabei verfolgen?... Genug, es ist Thatsache. Und da die Came=
liendamen nicht mehr ziehen, so engagiren sie sich deutsche Dichter,
die ihnen echt deutsche Gelddirnen (wenn auch mit französischen Allüren)
dramatisiren müssen: die Wolter läßt sich von Mosenthal die Pervanche
schreiben, die Kronau von Langer die Centifolie, die Geistinger von Dorn die
Veilchendame; und sie Alle glorificiren das verächtlichste Gefallensein
für ein Seidenkleid, für einen Wechsel, für eine neue Möbelgarnitur!...

Was Wunder, wenn man da von den Lieblingsrollen unserer deutschen — Wiener Künstlerinen auf die Wiener Künstlerin überhaupt schließt?

Baron Aladar bekam durch diese Vorliebe der ersten Künstlerinen eine ganz eigenthümliche Courage. Und er verpflanzte jetzt sein Kunststudium aus dem Parterre in das Boudoir der Schauspielerin. Nicht in das Boudoir der Koryphäe, sondern in das der Gestirne zweiten Ranges. Denn die Koryphäe verbreitet stets eine Art von Wildpret-hautgoût um sich, den nicht Jedermann goutirt. Aber die zweiten Sterne!... Man weiß, daß sie nicht mehr fleckenlos und ungetrübt glänzen; aber man hat doch noch nichts Bestimmtes gehört über sie, und man kann sich mit einem: „Vielleicht doch —!" trösten.

Die Schauspielerin, in welche Baron Aladar sich sterblich verliebt, heißt zum Beispiel Rosa Herny. Aladar hat in seinen Garnisonsnestern nie etwas Aehnliches gesehen: die Bischa, die Manja, die Hela, die wuschen sich so selten, sie hatten verfitztes Haar, und ihre Weißwäsche war schwarz wie die „Seele Silhouet's". Aber Fräulein Rosa Herny! Gibt es etwas Blendenderes als ihren Teint, etwas Lieblicheres als die sanfte Röthe ihrer Wangen, und vor Allem, gibt es etwas Unvergleichlicheres als ihr blondes, goldenes Seidenhaar, so weich, so federartig zitternd, so hüpfend? Baron Aladar weiß sehr wohl, daß der blendende Teint Schminke ist und die Pfirsichwange rouge végétal und das blonde Lockenhaar eine Perrücke. Aber wer jemals zum erstenmal in eine Schauspielerin verliebt war, wird zugeben, daß man das Alles wissen kann und dennoch im Momente der Vorstellung an die Wirklichkeit glauben mag. Man weiß, daß das Alles falsch ist; man hat vielleicht die Schauspielerin selber schon gelbhäutig, schwarzhaarig und ungeschnürt gesehen. Aber wenn der Abend kommt, wenn die Vorstellung beginnt, wenn die Schauspielerin auf die Bühne kommt, dann ist sie dennoch schöner als alle Weiber der Welt: wenn sie mit der Stimme zittert, wenn sie ihre mit Tusch riesig großgemachten Schweinsäuglein in Thränen vibriren läßt, dann glaubt man ihr die Weiße, die Röthe, das Blondsein — Alles! Ja, man denkt, daß es noch nie ein Seidenkleid gegeben hat, welches so reizend rauscht gleich einem Myrthengebüsche; und daß es noch nie solche Stöckelschuhe gegeben hat, wie die der Herny ... Baron Aladar hatte alle Jüdinen vergessen; Jüdinen, Gräfinen oder Bürgersmädchen oder Seiltänzerinen — wer gleicht der Schauspielerin? und vor Allem: der Schauspielerin von Wien? Sie ist nicht geistreich wie die Französin, sie hat nicht die bezaubernde Smorfia der italienischen Sängerin, sondern sie ist derb und offen. Trüge sie kein Seidenkleid, so würde man sie gemein nennen. Sie spricht immer Dialekt: den Lerchenfelder, den Kölner oder den Böhmischen. Sie ist niemals nobel gekleidet, weil sie zu viel gekleidet ist: sie übertreibt die Figurine von Paris. Die Wiener Maitressen haben noch nie eine Mode erfunden, aber sie rächen sich dafür, indem sie die fremden Moden vergröbern oder karrikiren.

Aladar nimmt seiner Angebeteten ein reizendes Quartier auf der Ringstraße; er miethet ihr Möbel, welche für eine zu früh geschiedene Fürstin bestimmt gewesen waren; und er ist glücklich, so glücklich, wie hoch die Liebe nur an den Glückestraum hinanragen kann. Sein Liebesleben glich da einem Rausche oder einem Märchen. Tagsüber lag er in dem Boudoir der Künstlerin. Ah! wie charmant war dieses Nestchen aus Sammt und Seide. Es war, als sei es wie durch Zauberei aus St. Petersburg hierher gebracht worden. Denn in Wien versteht man es nicht, so echt den Comfort mit der Koketterie zu vereinigen. Die Künstlerin raschelte und rauschte um ihn herum wie Blumengeflüster. Sie wechselte die Toilette dreimal, viermal des Tages. Bald kniete sie in einer schwarzen Sammtrobe neben ihn auf die Causeuse, und hatte eine goldene Perrücke auf, und blitzende Schlangen wanden sich um ihren perlweißen entblößten Arm. Bald hüpfte sie in einer schillernden, lautlachenden, hochgebauschten Seidenrobe um ihn herum, steckte ihm eine Cigarette in den Mund, deren Ende sie abgebissen hatte, und machte Pirouetten, welche deutlich die Farbe ihrer Strumpfbänder erkennen ließen. Dann wieder erschien sie im Boudoir, in eine griechische Toga gehüllt, und deklamirte Tiraden aus der Phädra vor dem Spiegel; zwei Stunden später spielte sie wiederum die Naive, und raunzte ganz à la Goßmann von abscheulichen Gläubigern... Kurz, es war ein wahrhaft wunderbares Leben und Baron Aladar versank in demselben langsam und wollüstig wie in einem See von Eßbouquet. Gibt es etwas Berückenderes als die Liebe zu einer Schauspielerin? Sie ist entsetzlich theuer; man fühlt es undeutlich, aber unabweisbar, daß sie ein herzloses und schamloses Geschöpf ist, welches sich so weit erniedrigt, uns Liebe zu heucheln, damit wir uns für sie ruiniren; wir wissen, daß ihr Teint Bleiweiß ist, und wir wissen, daß sie in Momenten der höchsten Liebeserregung das Kehlkopf-Tremolo anwendet, welches sie bei Madame Perroni-Glasbrenner gelernt hat. Aber trotzdem liegt ein unnennbarer Zauber über dem Allen: Niemand ist doch so auffallend hochdeutsch wie die Wiener Schauspielerin, Niemand hat so unmögliche Loreley-Zoten, Niemand kann so effektvoll das Herzensbangen tremoliren, und endlich — Niemand wird so viel applaudirt. Denn Abends, wenn die Vorstellung begann, da war Baron Aladar in dem Zenith seines Liebesglückes angelangt. Auf der Bühne war seine Rosa noch schöner, noch idealer. Ihr Hochdeutsch klang da beinahe natürlich, ihre Taille war nicht einmal unwahrscheinlich und ihre Toilette rauschte wie ein Wasserfall und changirte wie ein Chamäleon. Nach dem Theater und nach dem Souper küßte Baron Aladar die Pantoffeln der Göttin, der zweifach gegürteten, mit Schönheit und Genie begnadeten.

Aber nicht lange währte diese unbezwingbare, hingebungsvolle Liebe von Seite Aladar's. Die Wiener Schauspielerin hat die merkwürdige Eigenheit, daß ein rein sinnliches Gemüth nicht lange Liebe fühlen kann für dieselbe, und wäre der junge Mensch anfangs auch noch so närrisch vernarrt gewesen in sie. Um eine Wiener Künstlerin ein volles Jahr hindurch lieben zu können, genügt es nicht, Herz und Feuer und Leidenschaft und Sinnlichkeit zu haben: es gehört dazu auch eine tüchtige Portion Eitelkeit, ein wenig Hohlheit und ein wenig Gefühlsfaulheit. Andernfalls trübt sich bald der Glanz des Idols, und gleichwie der Lack abspringt vom Puppengesichte, so bröckelt sich der Nimbus von der Schauspielerin. Die Wiener Schauspielerin ist ein durch und durch gefälschtes Wesen. Während die französische Künstlerin ihren feurigen, genialen Chic besitzt und die Italienerin die unnachahmliche Noblesse des Künstleradels, ist die Wiener Tragödin oder Lustspielerin ein: „Ich möcht' gern und kann nicht"-Konglomerat von einer auf die Dauer immer drolliger werdenden Wirkung. Sie ist vor Allem Genie; daneben ist sie aber ganz große Dame: sie hat eine

Equipage, Seidenroben aus Paris, Fauteuils mit chinesischer Tapezier=
arbeit, und sie schließt beim Sprechen zur Hälfte die Augen und sieht
auf Hofetikette. Nebst dem großen Damen=Wesen ist sie aber wieder entsetzlich
Demi=Monde: die Möbel hat ihr ein Fabrikant gezahlt, das Seidenkleid
ein Banquier, die Pferde ein Graf. Sie ist dezidirt eine femme entre-
tenue. Aber wehe dem, der ihr das zu sagen wagte! Denn unbe=
greiflicher Weise ist diese Künstlerin zugleich eine unantastbare Tugend,
die sehr auf ihren guten Ruf hält und einen eigenen Advokaten besoldet,
der für sie Ehrenbeleidigungsklagen anhängig macht. Sie läßt sich aus=
halten und beschenken, das ist wahr; aber nur von ihrem Bräutigam,
oder vielmehr von ihrem hochadeligen Gatten, den sie heimlich geheirathet
hat, wie sie den Reportern der Journale vertraulich mittheilt.

Aber nebstdem daß sie eine große Dame, eine „unterhaltene"
Dame und eine tugendhafte Dame zugleich ist, ist sie auch ein Genie. Sie
ist unsterblich in den Annalen der Kunst, und bei dem Rauschen ihrer
Seidenfalbeln fühlen wir uns von den Schauern der Unendlichkeit
angeweht. Das ganze Miteinander bildet eine unbeschreibliche Miß=
geburt, wie man sie nur an den Wiener Theatern findet. Und jeder junge
reiche Don Juan, welcher Fräulein Irma schrankenlos liebt und ver=
göttert, öffnet im Laufe des Liebeskurses unwillkürlich langsam die Augen,
und sein Ideal steht in seltsamer Veränderung vor ihm: es ist ein
talentirtes Geschöpf, welches ihre Liebe für ein Armband verschachert,
welches dabei entsetzlich empfindlich ist in puncto des guten Rufes,
welches die Noncholance der hohen Geburtsaristokratie nachäfft wie der
Hahn, welcher auf dem Misthaufen die Phönix copiren will, und welches
im Ganzen und Großen ein Zerrbild seiner selbst ist. Und weder die
Grazie der Französin, noch die Begeisterung Italiens, am wenigsten
die Gewissenhaftigkeit der Berlinerin erleuchten dieses groteske Chaos,
wo so mancher Götterstrahl in den Schlacken der gesellschaftlichen Un=
natürlichkeit erstickt.

Und so erging es dem Baron Aladar. Er war sehr verliebt und
sehr freigebig, und seine Wiener Künstlerin wußte auf unnachahmliche
Art die Cokotte mit den exorbitanten Falbeln, mit der feinen Hofdame,
und diese wiederum mit der willenlosen rohen Dirne zu vereinigen;
Seidenkissen knisterten unter dem Haupte dieser Liebe, Parfüms dufteten,

das Publikum jubelte und applaudirte, die Rezensenten lobten, die Theekanne brodelte und der Caviar glänzte wie Achat, und eines Tages war Baron Aladar satt, satt bis zum Ekel.

Er, der sich niemals um die Jahreszeit noch um die Landschaft gekümmert hatte, er fühlte an der Seite dieser berühmten Comödiantin plötzlich eine unbeschreibliche Sehnsucht nach der Natürlichkeit, nach der Natur. Die berühmte Comödiantin hatte eben Alles, nur keine Natürlichkeit! — Baron Aladar dachte oft an ihrer Seite daran, daß nun Frühling sei draußen. Er dachte daran, daß nun der wimmernde Thauwind über die Felder stürme und die Eistafeln zwischen den Furchen zerschmelze. Er dachte daran, daß es Heckenzäune gebe, an welchen jetzt schon die weißgelben Schneeglöckchen emporlauschten. Wie längstvergessene Bilder aus längstüberwundener Kinderzeit blickten ihn die Gedanken-Blümlein an, die er in dieser lauen Frühlingsluft ahnte. Es war ihm seltsam, daß er an die Freiheit, an die Natur, an die Schönheit der Jahreszeiten dachte mit unüberwindlicher Sehnsucht, an der Seite der unwahren, schöngesichtigen, gefeierten, deklamirenden und habgierigen Comödiantin.

* * *

Und wie der Frühling zu Ende ging und der Sommer sich draußen auf dem Lande entfaltete in voller Pracht, da hatte sich Baron Aladar glücklich losgemacht von seiner angebeteten Künstlerin vermittelst einer Schenkung und eines Kontraktes, und fuhr täglich nach Dornbach hinaus, um ein wenig aufzuathmen von der Deklamation und von der künstlichen Noblesse der habsüchtigen berühmten Dirne.

* * *

Aber Dornbach und der Kahlenberg und Hütteldorf sind nicht die Orte, wo man sich auf die Dauer in die Naturpracht versenken kann. Die Bäume sind da alle gleichsam in Schnürstiefelchen und sie machen den Eindruck, als hätten sie schon einmal bei Sacher oder Faber in einem separirten Kabinet soupirt. Das raschelnde Laubwerk jüdelt wirklich und die Aeste haben etwas Schlosserlehrlingartiges.

Baron Aladar fand diese Natur sehr bald erschrecklich durchgiftet von der noblen Gemeinheit des Wiener Lebens. Und er machte dann nolens volens den Zweck von Dornbach, Galizinberg und des Kobenzl mit: er redete Köchinen an, welche ohne Begleiter frische Luft schöpften, und Modistinen, welche sich mehr auf der fünften Seite des Tageblattes aufhielten als an ihrem Nähtische.

Er bekam auch Dornbach, Tramway-Köchin und Alles zusammen bald satt bis zum Eckel. Alle diese Wiener Weibsbilder, welche ohne Begleitung für die Natur schwärmen, fand er schauerlich raffinirt und unnatürlich wie dressirte Ziegen. Sein Herz, welches so eng und dicht verbunden war mit allen seinen frischen, suchenden und drängenden Sinnen, sehnte sich aus dem Brouhaha von Dornbach-Abenteuern, Hummern, Caviar, Spazierritten und neuen Hemdkrägenformen nach einer neuen, wirklichen Liebe, welche mit den Sinnen auch das tiefste Fühlen erzittern lassen möchte, und nicht wie eine Eintagsfliege par hazard kommen und à l'hazard wieder verschwinden sollte gleich einer Flocke Märzschnee. Aber sie sollte ein Naturkind sein. Und er fand eine solche Liebe und ein solches Naturkind. Es sind ja stets Handarbeiterinen am Leben und man findet sie in der Stefanskirche.

* * *

Man findet sie da immer. Sie beten recht herzlich und andächtig: die Einen für eine kranke, invalide Mutter, die Anderen für ihre eigene kleine Arbeit, die Dritten wohl für einen Liebsten. Sie gehen stets in die Stefanskirche, wenn sie fertige Näharbeiten in die Geschäftslokale tragen. Und so war es der Fall bei Marie Lunzinger. Sie trug fertige Nachtkorsetten und gesteppte Hemdkrägen in die Weißwäschwaarenhandlung des Herrn Krappl. Aber welche Näherin könnte an der Stefanskirche vorübergehen, ohne ihren Altar zu besuchen?

Die Stefanskirche ist ein Faktotum der Andacht! Sie hat Altäre für jede Andacht, Wunderbilder für jeden Stand, Bänke für alle gesellschaftlichen Chargen.

In dunkler Majestät erheben sich die uralten Säulen der uralten Kirche. So schwarzgeräuchert von der Zeit; so zerbröckelt, als ob jedes

Gebet, welches nach oben geht, mit Gewalt und scharfen Verzweiflungs=
krallen emporgeklettert wäre an den Säulen und durch breite Risse
entflohen wäre in der Wölbung.

Ganz fern stehen uns die alterthümlichen Details der Kirche:
Grabsteine mit den blöden, breitgequetschten Gesichtern, die Kanzel mit
den Fröschen und Eidechsen, die gleichsam dem schimpfenden Prediger
aus dem Munde gesprungen zu sein scheinen, und vor Allem die alten
Gobelin=Tapeten, mit denen man die Sitze der Chorherren tape=
ziert hat.

So alt, so düster, so unheimlich und so streng=mürrisch ist wahr=
haftig keine andere Kirche. Aber diese Kirche hat doch beim Lächeln so
viele freundliche Runzeln, wie eine mürrische und gutherzige Amme!
Ich spreche nicht von der Uhr über dem Chorbogen, wo die meisten
Rendezvous abgehalten werden; und ich spreche nicht vom Hauptthor,
dessen Eröffnung hundert Gulden kostet für vornehme Leichen: ich denke da
an die vielen unfehlbaren Wunderaltäre, die jedem Stande einen Trost,
jedem Leid eine Hilfe verkünden. Da ist vor Allem die Dienstboten=
muttergottes, zu welcher alle Köchinen und Stubenmädchen von Wien
wallfahrten; man hat sogar schon manche Gouvernanten da gesehen.
Um wie viel wird die Dienstbotenmuttergottes täglich angefleht: um
einen neuen Dienst, um die Liebe des jungen Herrn, um erhöhten Lohn,
um die Rettung vor der Alservorstadt. Und die Dienstbotenmutter=
gottes bewegt alle diese Bitten in ihrem Herzen. Es gibt wohl noch
viele andere Marienbilder in der Stefanskirche; aber keines kümmert
sich um die Dienstboten außer diesem! — Dann gibt es da noch
die Maria von Pötsch, welche wirkliche Thränen geweint haben soll;
diese Maria kümmert sich wiederum nur um Beamtensfrauen. Der
heilige Aloisius beim linken vorletzten Seitenaltare erhört nur die
Bitten der Studenten, und der Christus, dem der Bart wächst (so
schnell, daß er allmonatlich rasirt werden muß), hat nur Sinn für die
Beamten unter sechshundert Gulden.

In die Stefanskirche nun trat an einem schönen warmen Som=
mernachmittage die Nähterin Marie Lunzinger. Die Stefanskirche ist
selbst an den lichtesten Sommertagen dunkel, und selbst an den heißesten
Julitagen feuchtkalt. Es ist kein angenehmes Gefühl, welches uns beim

Eintritt in den alten Dom überkömmt, aber die Gewohnheit läßt uns dieses geheimnißvolle Düster und diese plötzliche Kelleratmosphäre untrennbar erscheinen von der Majestät des Heiligen.

Und so schritt die Nähterin, ihr Päckchen unter dem Umschlagtuche, über die Steinfliese der Kirche rasch auf die Kapelle zu, in welcher der Herrgott mit dem Barte ist. Sie schaut nicht links, nicht rechts, sie betete schon im Vorwärtsgehen, denn sie hatte nicht viel Zeit. Sie hatte eben keine besondere Bitte vorzutragen, sie kam nur daher, weil sie es schon gewöhnt war, ihren Weg durch den Dom zu nehmen. Marie war neunzehn Jahre alt, braunhaarig, hatte den echten hübschen und dabei unedlen Wiener Typus mit dem feinen Näschen und den frischen aufgeworfenen Lippen und den kleinen funkelnden Aeuglein, stand ganz allein auf der Welt, obwohl sie noch eine Mutter und zwei Onkels hatte, wohnte in einer Bodenkammer bei einer Kaffeesiederin auf der Wieden, und hatte noch keinen erklärten Liebhaber. Sie hatte bisher nur Männer gehabt, die ihr „nachstiegen": der Wiener hat diesen animalischen Ausdruck acceptirt für seine Phäakenbrüder. Da war vor Allem ein böhmischer Schlossergeselle, welcher im selben Stockwerke Bettgeher war, und welcher sich sterblich in die kleine braune Nähterin verliebte. Er war ein echter Böhme: lang, stark, blond, mit sinnlichen Lippen, mattblickenden begehrlichen Augen, einem hübschen Schnurbärtchen, einer Nase, welche ein wenig allzu ausgeschweift war, um edel zu heißen, und mit einem Dialekt, welcher selbst die Poesie eines Schiller zur unrettbarsten Gemeinheit erniedrigt hätte. Es war ein wunderhübscher Bursche, bei dessen Liebesbetheuerungen die Nähterin laut auflachen mußte. „Ich und so ein Böhm'!" Das ist stets der erste, instinktmäßige Lachruf der echten Wienerin in solchen Affairen. In der That findet die Wienerin eher einen Mohren möglich als Anbeter, wie einen Böhmen, und der Wiener eher eine Veilchendame im letzten Criminalstadium, als eine Böhmin. Zwischen Engländern und Franzosen, zwischen Römern und Karthagern war niemals eine solche eingeborne Distanz, wie zwischen dem Wiener und dem Böhmen: der Derbheit und der Falschheit, dem Gelächter und dem Grinsen, dem Spitznamen und dem Schimpfworte, der Opferfreudigkeit und der Frömmelei.

Nach dem böhmischen Gesellen hatte der Nähterin Marie blos ein

Severinusbruder den Hof gemacht, welcher in dem Hause derselben beim Auskocher die Mittagskost nahm. Er schnupfte, hatte eine blaugefrorne Nase und einen Rock, an dem man kleben blieb, wenn man ihm zu nahe trat.

Und so kam es, daß die kleine Nähterin heute noch nicht um Liebeserfolg oder Gegenliebe betete bei unserm Herrgott mit dem Barte sondern blos darum, daß der Herr Krappl keinen Fehler finden möge in der Weißwäsche, und daß . . . Jesus Maria! Da sah sie plötzlich ein paar Augen neben sich . . . ! War das der Christuskopf? O, er war schöner! Und einen Bart hatte er. Die Nähterin hatte ein athemloses Gefühl, hilflos und wie preisgegeben einer feindlichen Macht. Aber das Gefühl erwärmte ihr gleichsam das innerste Herz ——. An diesem Tage betete sie nicht mehr mit den Gedanken, obwohl ihre Lippen sich eifrig aneinander preßten.

* * *

Baron Aladar begleitete sie bis zu dem Gewölbe des Herrn Krappl in der Wollzeile. Baron Aladar begleitete sie bis nach Hause Er wartete des andern Tages auf die kleine schöne Nähterin, bis sie mit neuvollendeter Arbeit am Hausthore erschien. Es regnete in Strömen an diesem Abende, und Marie nahm die Begleitung und den Regenschirm des Christusbildes gern an. Am dritten Abende wollte Baron Aladar gern das Kabinetchen seiner lieben Freundin sehen, und ob sie einen geweihten Palmzweig über dem Lager habe? — Jawohl. — Und ob sie ganz für sich logire? — Jawohl. Ihre Mutter lebte in Nußdorf, weil's dort billiger sei, und ihre beiden reichen Onkels haßten sie. Baron Aladar sah an diesem Abende noch das Kabinet, dann den geweihten Palmzweig und die aufgestapelte Weißwäsche für Herrn Krappl. Es war ein wunderlieblicher Sommerabend. Das Fenster der Mansarde war offen. Ein Meer von Duft und Azur leuchtete herein und mitten drin glänzte die majestätische Kuppel von St. Carl Borromäus.

Baron Aladar fühlte heute zum ersten Male, wie beseligend es ist, an einem warmen Sommerabende beim geöffneten Fenster die Strahlen der sinkenden Sonne auf den Locken eines geliebten Hauptes glänzen zu sehen. Wie leise spricht da der Mund und wie laut das Herz. Man flüstert da unwillkürlich, sowie die Blumen zu solcher Zeit schwüler duften.

Ich weiß nicht, was Baron Aladar da sprach mit der Nähterin. Von ganz gewöhnlichen Dingen, von der Gegend und von der Zeit. Und dabei dachte er, daß es niemals ein braunes Haar gegeben habe, welches so schön wäre wie das der Marie. Marie! Der Name paßte ganz für das Mädchen. Wir sind es längst entwöhnt, den Namen Marie mit der Himmelskönigin zu verbinden. Marie, Mariechen, Maritscherl, das ist ein Mädchen aus dem Bürgerstande, es ist immer jung, hat immer helle Augen und ist so lange als möglich tugendhaft. Aladar hatte noch nie so helle Augen gesehen wie die der Nähterin. Es liegt ein eigenthümlicher Zauber in den Bürgeraugen. Sie haben etwas so Demüthiges und so Schalkhaftes dabei, sie sind so ehrlich und dabei so durchgeistigt. Aladar hielt die Hände der Nähterin in den seinigen, und es dünkte ihm bezaubernd, daß die Innenfläche derselben von der Arbeit rauh und hart geworden war. Sein Herz blühte ihm förmlich auf in dieser abendlichen Sommerpracht, wie er mit Marie plauderte. Gab es etwas Schöneres als diese Mansarde? Der Käfig mit dem Kanarienvogel, der ärmliche Bettüberzug, die zerstochenen Finger, das krause braune Köpfchen, die fröhlichen Worte, im Dialekt gesprochen... Nur wer Jüdinen und Künstlerinen geliebt hat, wird es begreifen, was Aladar fühlte, da er die lustigen, treuen Augen der Wiener Nähterin schaute: er war nicht blind dafür, daß das arme Ding ein wenig komisch war, weil es geziert that; aber sie that es, weil sie ihn liebte, weil er ein großer Herr war, und weil sie so sein wollte, wie sie sich eine große Dame vorstellte, nur um ihm besser zu gefallen. Marie war heute so fröhlich, so fröhlich, wie noch niemals im Leben — und da findet die Wienerin immer ein reizendes Lächeln und treffende Witze. Man lachte, und man lachte sich in's Dunkel hinein. Da kam der Hunger. Und Aladar sandte einen Dienstmann um Proviant, als ob eine Hungersnoth bevorstände. Man aß zu Abend; die Mansarde sah Champagner schäumen, worüber sich der heil. Petrus an der Wand schier zu entsetzen schien; es war, als ob er mit seinen Schlüsseln drohte und spräche: „Es ist zehn Uhr! Sieh', daß dein Gast hinaus=

kommt, Marierderl, sonst verlang' ich so viel Sperrgeld als Hausmeister des Himmels, daß kein's von euch Beiden jemals hineinkommt!" Baron Aladar verlebte da einen unaussprechlich glücklichen Abend; er wäre für sein Leben gern ein Commis oder ein Buchhalter gewesen. Gab es denn etwas Lustigeres, Unschuldigeres und Bezaubernderes als das Kleinbürgerliche? — Endlich erwachte Marie wie aus einem Traume, als die Thurmuhr lauter als sonst eilf Uhr schlug. Und sie trieb nun ihren Gast fort.

Baron Aladar nahm seinen Hut und lachte. Er sah, wie zögernd das arme hübsche junge Ding ihn forttrieb. — „Soll ich wirklich geh'n?" — fragte er, und ergriff die Klinke.

* * *

Die alte Kaffeesiederin, welche das Kabinet vergab, lauschte (schon im größten Negligé) an der Kammerthüre — athemlos, zitternd. Sie hatte ihr Licht verlöscht, damit, wenn der fremde Herr heraustreten sollte, er sie nicht anblicken könnte wie weiland Aktäon die Diana.

Endlich richtete sie sich aus ihrer gebückten Lauscherstellung auf, und tappte vergnügt ihrem Bette zu. Sie konnte nämlich durch's Schlüsselloch nichts mehr wahrnehmen, da es in der Kammer ebenfalls finster wurde. — „Sie ist doch einmal vernünftig geworden. Das Hinunterleuchten um 4 Uhr Morgens bringt mir wenigstens fünf Gulden ein. Das ist Wiener Tax", — murmelte die Kaffeesiederin vergnügt.

* * *

Madame Sud, die Kaffeesiederin, bezog aber ihre Taxe nicht lange. Marie bezog eine andere Wohnung, in der Josefstadt, und trug Kleider mit aufgebauschten Hinterschleppen und falsche braune Locken, die einzelne Locke zu zehn Gulden — denn das prächtigste Haar wird zu wenig, wenn man so hochgebauschte Kleiderrücken trägt: das Gleichgewicht muß da hergestellt werden.

Nun begann für Baron Aladar und Marie eine Liebesewigkeit von einem halben Jahre. Wie köstlich unerfahren war Marie, und wie schön war ihr braunes Haar. Sie sprach den Lerchenfelder Dialekt so naiv und kindlich, und wie schön waren ihre frischen Augen, die im Aufflammen der ersten Liebe funkelten. Aladar meinte, es gäbe nichts Prächtigeres auf der Welt.

Das arme Ding! es hatte noch nie im Leben ein Stoppelfeld gesehen, noch nie eine Meierei auf dem Lande, noch nie eine Landstraße, und noch nie eine Bauernkeusche! Das war ja unbezahlbar, und sie hatte so schöne braune Augen, und ein so schönes braunes Haar!..

Freilich, wenn man nicht blind war, mußte man bemerken, daß sie sehr große Handschuhe brauche, daß sie die modernen Kleider ungraziös und auf eine wahrhaft lächerliche Weise trug, daß sie sich manchmal räusperte wie ein Mann, und daß ihre Taille von Jugend auf vernachlässigt worden sei. Baron Aladar bemerkte auch nach etwa sechs Monaten alle diese Dinge. Es gab Tage, wo er zu Marie kam mit den Worten: — „Ich habe heute Kopfweh, will mich auf den Divan legen." — Das arme Ding, welches mit Schmerzen auf ihn gewartet hatte, rückte ihm die Pölster zurecht, er streckte sich auf den Divan und entschlummerte, ohne zu schlafen. Die kleine Nätherin, drolliger als jemals aussehend in ihrem Modekleide, setzte sich an's Fenster und fing an, sich die Karte zu legen; dabei machte sie ein Gesicht wie zum Weinen, und warf oft einen Blick auf ihren schlummernden Geliebten.

Aber Baron Aladar schlummerte nicht. Er war nur gekommen, weil sie ihm sonst einen Dienstmann nachgeschickt hätte in alle Café's der Stadt; und er schützte Kopfweh vor, weil er nicht mehr gern ihre arbeitsrauhe Hand in der seinigen fühlte. Es machte ihm das jetzt den Eindruck, als ob er mit der Zunge einen Messingmörser berühre. Und er dachte so mit geschlossenen Augen: „Das einzige Glück in der Liebe ist doch das Ersehnen! Der Besitz ist stets der Anfang des Ekels. Ich bin entschlossen, ein Geistlicher zu werden. Wie glücklich müssen die sein! Sie dürfen nur ersehnen..! Und dann, die Natürlichkeit eines solchen Geschöpfes aus der Arbeiterklasse, ist doch eigentlich nichts als Dummheit und Ungebildetsein. Sie küßt lieb. Aber ich möchte mich lieber an sie erinnern, als sie hier in meiner Nähe wissen. Sie räuspert sich schon wieder. Wie ich sie nur los werde?" — Er erhebt sich dann gähnend und sagt, die Hände im wirren Haare: — „Weiß der Kuckuck, mein Kopfweh wird immer ärger. Ich geh' nach Hause."

Das arme Ding bittet ihn zu bleiben. Sie zittert aus Angst um
seine Gesundheit. Sie will ihm Thee machen. Aber er geht „nach Hause"
Sie bleibt allein, schwerathmend, auf der Schwelle ihrer Thüre stehen.
Ihr Mieder drückt sie, ebenso ihre feinen Stöckelschuhe. Sie schließt di
Thüre und fängt an die Schuhstiften aufzunesteln mit ihren arbeits
rauhen Fingern. Sie braucht ja nicht mehr nobel zu sein, da er heute
nicht mehr kommt. Aber mitten in dieser Arbeit hält sie an und läß:
ihr braunes Köpfchen in die verschlungenen Arme sinken, die sie auf der
Tisch stützt. Sie weiß im tiefsten Herzen, daß er nicht Kopfschmerzer
gehabt hat, und daß er sucht, wie er sie loswerden könne, und sie fäng
an recht bitterlich und lerchenfelderisch zu heulen.

* * *

Baron Aladar wird bald darauf von Marie durch einen treuen
ehemaligen Kameraden befreit, der ein hübscher Bursche ist und ebenso
reich wie Aladar.

* * *

Nach der Nähterin mit den hellbraunen Augen, in denen die erste
Liebe leuchtet, und mit der lerchenfelder Natürlichkeit, verfällt der Don
Juan von Wien stets auf die steiffste Fürstin, die sich nur denken läßt.
Er flüchtet sich gleichsam aus dem Kopftuche in's Mieder.

Die Fürstin heißt Lori Bruffardomonte. Sie ist Wittwe und zwi
schen vierzig und fünfundvierzig Jahren. Sie hat aber noch eine eigen
thümliche Jugendlichkeit in ihren frischbewegten Nasenflügeln und in den
Zucken ihrer Mundwinkel. Sie hat den allerschlechtesten Ruf von aller
Wiener Damen. Man sagt sogar, daß es Dienstmänner gäbe, die ihr
auswichen. Lori Bruffardomonte bewohnt ein altes feudales Palais,
dessen Thorbalkon von riesigen plumpen Sandsteinkaryatiden gehalten
wird: sie stellen Herkulesse mit geschwollenen Adern vor.

Der Palast der Fürstin ist sehr todt und feucht. Es riecht da überall
nach Verstorbenen: nach dem seligen Gatten, dem seligen Schwiegervater
dem seligen Beichtiger und dem seligen Secretär. Die Fürstin überleb
aber Alles, und bleibt immer schön und jugendlich aussehend. Sie is

reizend lackirt von einer berühmten englischen Emailleuse: sehr weiß, nur ein bischen knospenroth, und ihr Goldhaar bezieht sie vom Perruquier der Murska.

Aladar war schon oft in ihrem langweiligen Palais in der Herrengasse gewesen, ohne daß er mehr oder weniger gegähnt hätte wie alle andern Gäste dieser hocharistokratischen jours-fixe. Er war eben stets mit der Gräfin Rothkirch und der Gräfin Weißbär in einer Ecke gesessen, und hatte über die letzten Amouretten der Hausfrau geklatscht. Eines Abends aber kam er im Palais an mit freiem Herzen, von seiner natürlichen Lerchenfelderin befreit, und nach ein wenig parfum de noblesse schmachtend. Er bemerkte an diesem Abende, daß die Fürstin Bruffardomonte so interessant bleich sei. Er wußte, daß sie einst, um einen flüchtigen Secretär ihres Mannes zu retten, dem Banquier Carmel sieben Küsse für ebenso viel Banknoten verschachert habe. Die schönen Augen der Fürstin leuchteten an diesem Abende durch den Schatten ihrer dunklen Wimpern, wie ein Wetterleuchten am Abendhimmel: voll geheimnißvoller Zärtlichkeit. — Kurz, Aladar verließ an diesem Abende die Gesellschaft der Fürstin später als alle andern Gäste, und kehrte am andern Morgen früher als alle übrigen zurück. Bald wohnte er fast im Palais. Freilich schon nach acht Tagen nicht mehr der monotonen einstudirten Blicke der angestrichenen Fürstin wegen, sondern um das Kammermädchen zu ergründen. Das Kammermädchen machte Augen, so unschuldig wie Friederike Goßmann als Polyxena, und sie liebte es, die Ecken ihres Schürzchens zu mustern. Dabei war ihr Linonkleidchen mit dem Parfüm ihrer Herrschaft durchduftet.

Das Kammermädchen verschwand einige Wochen später in irgend einer Vorstadt, und Fürstin Lori kehrte in ihrem Album das Bild Aladar's nach unten.

* * *

In den nächsten Monaten besuchte Aladar gern eine Cirkus-Arena außerhalb der Linie, wo eine weibliche Judennase Kunststücke mit Gewichten machte. Dann hatte er eine seltsame Leere in der Brust. Er wußte selber nicht, ob er noch jemals Etwas lieb haben könne. Er hatte sogar kein Verlangen mehr: weder nach der Schönheit noch nach dem

Gemüthe. Und manchmal war es ihm mitten in seiner trostlosen Uebersättigung, als habe er eigentlich noch nie geliebt.

Es trat eine Lücke ein in seinem Leben, die ihm fast unausfüllbar dünkte: eine Rekonvalescenz von der Krankheit des Genusses, eine Ohnmacht gleichsam nach einer Orgie.

Baron Alabar fühlte, daß er mit dreißig Jahren ein alter Mann geworden sei. Die schönsten Gesichter sagten ihm nichts mehr, die schönsten Austern schmeckten ihm nicht mehr, er wurde krank — wirklich krank. Die Aerzte nannten seine Krankheit ein gastrisches Fieber.

Sobald Alabar genesen war, wollte er in der conzertirenden K u n st die Delikatessen seines künftigen Lebens finden, und ein unwiderstehlicher Instinkt trieb ihn, die Kunst vorerst in der Musik zu suchen und zu allererst in den Promenaden=Conzerten im Coursalon.

Jeder Wiener kennt diese Conzerte im Coursalon. Die verschiedenen Strauße renken da ihre Arme aus, und zehn, zwölf Violinen jammern und jubeln über ein volles Orchester hinaus. Vor diesem Orchester stehen viele, viele Reihen von Rohrstühlen, und über diesen Stühlen leuchtet das Gas in zahllosen Flammen. Es sind entsetzlich viele Leute da, aber kein Mensch horcht auf die Musik. In der That: die Offiziere, welche die Runde im Saale machen, die Ladenschwengel, welche im feinsten Rothberger=Costüm an den Karyatidensäulen lehnen, die alten Börsenjuden, welche sich an den Thürmantel postiren, alles das läßt sich von der Musik erregen, blos nur deshalb, um desto stierer auf die Damen in den Stuhlreihen starren zu können. Diese Damen sind alle auffallend gekleidet; die jungen haben alle eine ältere Frau bei sich; sie sind in Seide, Sammt und Spitzen gekleidet, haben echte chinesische Battistsacktücher in der Hand und Schildkrotfächer. Dabei werfen sie die dunkeln Augen links und rechts und kichern, als ob es ein Witz wäre, daß ein Rittmeister oder ein Bankjude ihnen immer näher rückt. Und man kennt alle diese Damen dem Namen nach, wenn man sie auch nie gesehen hat. Die Kunsthandlungen stellen ja die Porträts einer Therese Bruck, einer Nowa, einer Fiakermili, einer Carola aus, als ob es die größten Kunstcelebritäten wären. Man kennt sie also alle dem Namen nach. Auch Baron Alabar weiß, daß das reizende, feenhafte Geschöpf vor ihm Rese Pomuk heißt. Rese Pomuk ist so ätherisch gebaut wie eine Fee. Sie hat kasta=

nienfarbenes überreiches Haar, unschuldige Augen, eine superfeine win=
zige Nase, einen moquanten Mund, und sie liebt es, sich in Stiefmüt=
terchenfarben zu kleiden: violett und gelb, Sammt und Seide. Ihre
Begleiterin ist um zehn Jahre älter als sie, trägt die abgelegten Kleider
ihrer Clientinen, und nimmt zum Rostbraten noch den dummen Ele=
fanten des „Freundes" mit in den Kauf.

Baron Aladar weiß das Alles, sieht das Alles, und dennoch lebt
er erfrischt auf, wie er sein Auge so recht vertieft in das reizende reich=
gekleidete verlorene Geschöpf. Liebt er das Ding? Mein Gott, nein.
Aber der Strauß'sche Walzer jubelt, sein Herz ist in der Rekonvales=
cenz, und er ist entzückt, wie er hört, daß die schöne Rese Pomuk zu
ihrer Marthe Schwertlein sagt: — „Du, er ist heute nicht da. Ich möchte
jetzt wissen, warum ich gestern seinen Champagner ausgeschlagen habe..!

Baron Aladar neigte sich vor und flüsterte lächelnd mitten in das
Tongewoge der Indigo=Walzer hinein:— „Darf ich Ihnen meinen Keller
anbieten, Fräulein Rese?"

Die Seide ihrer Robe knisterte, ihre linke Hand mit dem spinn=
webenfeinen Sacktuche ruhte in der Luft, ihre rechte Hand schlug den
Schildkrotfächer zusammen, und ihr großes dunkles Auge traf auf das
schönste Mannesideal, das sich ihr Herz jemals geträumt hatte. Baron
Aladar war in der That klassisch schön: ein Riese, aber von prächtigster
Proportion; ein Adonis=Kopf, aber voll männlicher Kraft; ein Apollo=
Lächeln, aber voll herben, spöttischen Stolzes.

Rese Pomuk erschrickt bis in ihr innerstes Herz hinein, und zum
ersten Male in ihrem Leben bleibt sie einem Manne die Antwort schul=
dig. Ein namenloses Gefühl der Furcht überkommt sie, wie es uns
ergreift, wenn wir verlorene Waaren gewesen sind, und die wahre Liebe
plötzlich — zu spät! — in unser Leben tritt: die wahre Liebe zu einem
blasirten schönen Wesen ohne Herz, dem wir aber willenlos hingegeben
sind um seiner Augen willen.

Und so war es bei Rese Pomuk an diesem Abende, und so war
es bei ihr in den nächsten Monaten.

Baron Aladar gab ihr eine möblirte Wohnung, einen Credit bei
Madame Francine, und Armbänder, und das arme Ding war so un=
glücklich, ihn zu lieben.

* * *

Refe Pomuk war à peu près das, was man gebildet nennt. Sie gehörte den höchsten Kreisen der demi monde an. Sie war die Tochter eines Offiziers, hatte lange in der besten Gesellschaft von Italien gelebt, und war dann durch ihre Verwaistheit zu dem geworden, was sie nun war: zur Besucherin eines Promenaden-Conzertes.

Sie war in Wien dadurch in die Mode gekommen, daß sie einen verliebten Artillerie-Offizier dazu brachte, sich von ihr mittelst orientalischer Kittfarben einen Esel auf den bloßen Rücken malen zu lassen. Auch hatte sie schon einen kleinen Werthheimer ruinirt. Kurz, sie war geschickt, launenhaft, herzenskalt, jung und diffamirt. Sie hatte Diamanten und einen Spitznamen, und Baron Aladar ward närrisch verliebt in sie, und sie — sie mußte seine Miethe, seine Möbel, seine Geschenke an Kleidern und Schmuck annehmen, und — und sie liebte ihn. Das verlorene Wesen liebte ihn, namenlos, grenzenlos, rettungslos.

Und in diesem momentanen Gefühle erwachte sie gleichsam aus dem langen Rausche ihres jungen, gedankenlosen und wüsten Lebens. Denn sie liebte zum ersten Male echt, heiß, leidenschaftlich... Und, o Elend! sie liebte den, dem sie gehörte..!

* * *

Den lieben, dem man gehört! Es gibt nichts Schrecklicheres im Leben. Weh' der Gefallenen, die ihren Besitzer liebt; denn sie fühlt, daß er sie verachtet im tiefsten Grunde seines Herzens. Es gab manche wonnige Stunde in den koketten Appartements, welche Baron Aladar der schönen gefeierten Refe Pomuk gemiethet hatte.

Er ritt im Prater manchmal neben dem Wagen her, den er ihr gemiethet hatte. Ein Wiener Witzblatt machte ein Calembourg auf den neuen adorateur avoué der stadtberühmten Refe Pomuk. Kurz, das Liebesverhältniß ging so glatt und brillant, daß Baron Aladar davon nach zwei Monaten vollständig befriedigt war, und — eine kleine Reise machen wollte. Er theilte das dem Fräulein mit, nicht ohne ihr dabei ein prächtiges Cadeau auf den Mahagonitisch zu legen.

Es war ein schöner kaltsonniger Wintertag, als diese Scene stattfand. Baron Aladar hatte gut dinirt, er hatte dem Fräulein Rese Pomuk zum Dessert noch nach Herzenslust in den Locken gewühlt, und hatte dann von seiner längeren Reise zu sprechen angefangen.

Rese Pomuk lag halb auf ihrem rosenrothen Divan. Sie trug ein hellblaues seidenes Déshabillé, die Füßchen stacken in halbseidenen Stöckelpantöffelchen. Ihr Haar war heute noch unaufgehißt, und sie war noch nicht geschminkt. Sie rührte sich nicht, wie Aladar von der Reise sprach. Nur wurde ihre bronzefarbige Haut plötzlich bleicher, fahler. Sie sprach immer sehr hochdeutsch, wenn sie gespannt oder zornig war, und sie sprach jetzt sehr hochdeutsch.

— „So, du willst verreisen? Wahrscheinlich auf unbestimmte Zeit?" — machte sie, und griff dabei in die Büchse mit den winzigen Habana-Cigaretten.— „Das ist ja recht schön, dann habe ich also Ferien? Aber du schickst mir hoffentlich monatlich den Zins für Wohnung und Möbel?"

Baron Aladar, welcher eben im Begriffe war, ebenfalls eine Cigarette anzubrennen, starrte bei diesen Worten Fräulein Rese mit unbeschreiblicher Verblüffung an. Wie schön waren seine dunklen Augen, wenn er sie so groß machte! — „Aber Rese!" — sagte er, und lächelte wieder. — „Bist du närrisch geworden? Du hörst ja, daß ich nur eine kleine, dringende Reise unternehmen will, daß ich bald wiederkehre, und daß Alles beim Alten bleibt...!"

Fräulein Rese hatte noch immer eine sehr ruhige Miene. Nur war sie jetzt weiß, als hätte sie sich mit Gurkenmilch gewaschen; doch war dieses Weiß so seltsam gräberhaft. Sie zündete ihre Cigarette an, ohne dabei das Zündhölzchen durch ein Zucken ihrer Hand zu verlöschen. — „Ta, ta, ta!" — schmauchte sie. — „Du willst mich verlassen, darum verreisest du, Lieber, und nach vierzehn Tagen erhalte ich von dir einen Brief, in welchem du mir das Mobiliar schenkst, und der Brief wird auch ein Geldbrief sein. Du siehst wohl, Lieber, daß ich mich auskenne, und daß ich dafür sorgen muß, daß dieser Brief nicht zu dünnleibig ausfalle."

Eine wahre Centnerlast fiel Aladar vom Herzen, und er rief rasch, froh, lustig: — „Aber Rese, hast du mich jemals als Geizkragen kennen gelernt?"

Da flammte das Auge des Mädchens auf und sie erhob sich jäh, mit zitternden Lippen. Sie sprach nicht gleich. Aber als sie wieder sprach, war ihre Stimme ruhig und tief. — „Siehst du!" — sagte sie. — „Nun habe ich dich gefangen; und ich hatte dich errathen. Was?"

— „Bei Gott, Rese, keine größere Freude hättest du mir nicht machen können, als daß ich dich so vernünftig finde!" — rief Aladar mit seiner Stentorstimme, warf seine Cigarette fort, strich sich den Bart, und neigte sich über sie. Wie groß, wie gebietend und wie anmuthig dabei war er! Sie fühlte aus seinen Blicken gleichsam eine andere Sonne auf sich herabstrahlen, eine kühlere Frühjahrssonne; die aber — ach! — alle Samenkörner der Liebe in ihrem Innern schüchtern und furchtsam entsprießen ließ. — „Du sollst mit mir zufrieden sein, Rese, und glaub' mir, ich werde manchmal wieder zu dir kommen, um dich plaudern zu hören . . ." — sagte er noch. Jetzt faßte sie ihn aber mit beiden Händen an seinen Armen, daß ihre dunklen Haare wie Schlangen sich bäumten auf ihrem Nacken. Ihr Antlitz war ganz verändert, mit dunkelrothen Lichtern übergossen, wie von Höllengluthen erleuchtet, flammte es ihm entgegen. — „Schuft, du willst mich wegwerfen!" — schrie sie, halb zornig, halb in Thränen.

— „Aber Rese! Einmal muß es doch sein?" — sagte er, sicher gemacht durch ihren früheren Cynismus.

— „Ja", — rief sie — „einmal muß es doch sein, aber nicht im Winter, wo das Herz erfriert, wo es sich an einen Herd klammern möchte, wie ein ausgesetztes Kind, wo . . . Aladar, Aladar, siehst du denn nicht, daß ich dich lieb habe?"

— „Aber ja!" — sagte er, und streichelte ihr wild zurückgeneigtes Haupt: — „Das habe ich ja oft genug gesehen. Und ich bin dir auch gut, Rese."

— „Aber ich liebe dich ja!" — schrie sie, und brach in Thränen aus, und lag in seinen Armen und schluchzte in seine Brust hinein. Ihre Seidentoilette rauschte dabei auf, ihre parfümirten Haare dufteten, sie hatte auch die weißeste Wäsche, und eine hungrige Taglöhnersfrau hätte vielleicht bei diesem Anblicke gesagt: Wie kann man sich so unglücklich stellen, wenn man Seidenkleider trägt und sich parfümirt! — Ach, es ist leider ein Unglück, daß die Armuth das Elend manchen

Reichthums nie verstehen lernt! Und Baron Aladar dachte bei sich, während er auf das schluchzende schöne Mädchen herabblickte: „Aber warum strengt sie sich denn so an? Sie weiß doch, daß ich nicht geizig bin . . ."

Und auch das ist ein Unglück, daß der Mann das Weib stets nur nach seiner eigenen Liebe beurtheilen wird: die gemeinste Dirne wird ihm stets als ein Engel der Unschuld erscheinen, den er selbst zum Traualtare führen mag — so lange er verliebt ist; aber nachher wird er selbst den reuigen Engel verdammen, weil derselbe seiner Selbstsucht nicht mehr dienen kann. So war es auch hier.

— „Aber Rese!" — sagte er, und streichelte ihr das Haupt; — „jetzt sage mir nur, warum du weinst? Wir haben ja einander so gern gehabt!"

— „Aber Aladar, siehst du denn nicht, daß ich dich immer, immer, immer ebenso gern haben muß?"

— „Aber das können wir ja! Ich versteh' dich gar nicht: vor ein paar Sekunden warst du noch so vernünftig! Was willst du denn?"

— „Daß du mich so gern hast, wie ich dich, daß du bei mir bleibst, schau!"

— „Aber Rese — das Dableiben ist nicht möglich auf die Dauer, das siehst du doch ein? . . Und das Gernhaben, mein Gott, daß mußt du nur nicht so ernst nehmen!"

— „So?" — rief sie, und hielt ihre Arme um seinen Nacken fest, und weinte gleichsam in seine Augen hinein, herzbrechend, echt, mit entsetztem, athemlosem Herzklopfen:— „Du verlangst meine Lieb' nicht mehr, weil die deinige schon aus ist? Aber will ich denn das? Schau, Aladar, ist denn das Gefühl eigennützig? Meine Liebe — jetzt sag' ich dir's! quillt dir frisch entgegen, ohne Selbstsucht, bei Gott! Bleib' meinetwegen kalt, nur erlaub' mir, daß . . ."

— „Rese, Rese, ich bitte dich, beruhige dich! Du bist ja so aufgeregt, du wirst noch krank . . . !"

— „Ach was, Aladar, Alles was du mir da sagst, ist Ausflucht, Umschreibung für das Wörtel: „Ich kann dir nicht mehr gut sein, Rese." Aufgeregt und krank bin ich, meinst du? Ja! Aber weil ich weiß, daß wenn heute sich die Thür dort hinter dir geschlossen hat, daß du dann nicht mehr wiederkommst, und nur noch Geschenke... Geschenke schickst! Ach Gott, ich weiß ja das Alles, aber bei den Anderen war mir's gleichgiltig. Aber bei dir! Was soll ich dir denn sagen? Du hast mich nicht wirklich lieb gehabt! Ich habe das gewußt, aber jetzt, wo ich's gehört hab', hält es mich erst fest an dir, wie mit eiskalten Armen."

— "Rese, Alles was recht ist, aber ich bitte dich um Gotteswillen, soll ich dir einen Doktor holen lassen?"

Sie verneinte nur mit dem Kopfe, und weinte jetzt alleinstehend in ihre bloßen Hände hinein. Dann beruhigte sie sich, und er ging fort, „weil es Zeit war", und sie sagte ihm Adieu, aber um den Mund zitterte es ihr umher wie Schlänglein, oder wie Würmer, die einen Leichnam vibriren machen.

Am Abende desselben Tages, als er sein Reise-Necessaire packte, um eine Tour nach Linz zu machen zu seinen Verwandten, erhielt er einen Brief von Rese. Der Brief war auf dem golden-monogrammirten Bristol-Papier geschrieben, welches er ihr zum Geschenk gemacht hatte. Er lautete:

„Dein Wille soll geschehen, Adi. Ich hab' Dir mein Herz geben wollen... nicht weil Du lieb und schön bist. Ich hab' Dir mein Herz geben wollen, voll, offen, ohne Grimassen, weil es nach Dir begehrt hat. Du willst es aber nicht haben. Gott verzeih' Dir, aber ich glaub', ich werde jetzt niemals wieder Etwas gern haben können, und Du hast mich trotzig gemacht und unglücklich für mein ganzes Leben. Mir ist so schrecklich zu Muth in meiner innersten Seele! —

„Erlaub' mir nur, daß ich manchmal nach Dir frage, daß ich mich ängstigen darf um Dich, wenn draußen der Sturm recht heult, und daß ich zu Dir laufen darf über Stock und Stein, wenn ich jemals erfahre, daß Du elend oder zum Sterben bist. Was wär' denn die Liebe, wenn sie ihre Schätze nur nach dem vollen Werth verschachern möchte! Die Lieb' wird immer größer, je mehr sie gibt, und auch wenn sie nichts dafür empfängt.

„Ich bin recht müd', ich möcht' gern todt sein. Ach, ich könnte Dich vermaledeien! Nichts auf der Welt soll Dir mehr Freude machen, und die schönsten Tage sollen Dir so öde und trostlos sein, wie Du sie mir gemacht hast! Du bist der größte Schuft, den ich kenne. Und dabei bist

Du der einzige Mensch, den ich lieb habe! Das ist wohl ein recht großes Unglück für mich. Die Wechsel habe ich bekommen, Du bist quitt mit mir. Es ist merkwürdig, wie billig man so eine echte Lieb' verschleudert.

„Sei nicht bös', daß ich zuletzt so zudringlich gewesen bin. Aber Du weißt ja gar nicht, wie gut und wie schön Du bist.

Therese Pomuk."

* * *

Baron Aladar reiste nach Linz, und dort wurde er von seiner Familie mit einer schönen Wiener Gräfin verkuppelt, die eine entfernte Verwandte von ihm war. Die Verlobung wurde in Wien gefeiert und Gräfin Milli Morach wurde die offizielle Braut des Barons Aladar. Sie war etwa sechsundzwanzig Jahre alt, schön wie eine Centifolie, adelig wie der Kaiser, reich wie eine Jüdin, und sie war die Wittwe eines alten Generals. Sie hatte in Wien ein Winterpalais in der Herrengasse und im Sommer drei Güter zum Aussuchen. Kurz, Baron Aladar war ein Sonntagskind von einem Bräutigam. Er fügte sich auch ganz geduldig in den Gedanken an eine Ehe, denn er war müde vom Weibe, so recht müde! Und diese Müdigkeit ist immer mit ein bischen dégoût vermischt, als ob man sich an Caviar übereßen hätte. Und dann wußte ja Baron Aladar auch, daß das Ding doch früher oder später mit einer Heirath enden müsse. In Aladar's Kreisen darf man nie als Hagestolz sterben. Die große Welt erzählte sich, Aladar und seine Braut liebten einander zärtlich. Thatsache war, daß Aladar, als er zum ersten Male mit seiner Braut zusammenkam, gedacht hatte: „Bei Gott, sie ist blendend schön! Und ihre Schönheit hat etwas Königliches! Ihr dunkles Haar ist wie eine mondlose Steppennacht, die sich über ein Schneefeld breitet. Und ihre Lippen müssen um so süßer küssen, als sie so scharf reden; sie hat einen Zug um den Mund wie ein Wetterleuchten. Sie ist gefährlich schön. Ich bin wirklich zu beneiden . . . für die Andern."

Und die schöne Gräfin ließ ihr dunkelklares Auge ruhen auf ihrem Bestimmten, und dachte: „Dieser Baron Aladar ist einer der schönsten Männer, die man in unseren verkrüppelten und engbrüstigen Kreisen finden kann. Und er sieht aus wie ein echter Mann. Er hat die Größe und das Imposante eines Mannes, er spricht mit der Stimme eines Mannes, er sitzt und steht wie ein Mann, und was er redet ist männlich. Bei Gott, er ist ja ein Phönix in diesen Sälen. Da ich doch wieder heirathen muß, so bin ich fast glücklich zu preisen. Ich glaube, ich bin in ihn verliebt."

Und so wurde denn die Sache richtig. Das Trousseau wurde aus Paris bestellt, am Luzernersee wurde für die lune de miel eine Schweizerhütte komfortabel gemacht, Baron Aladar zeigte sich täglich mit seiner Braut in der Loge, auf der Promenade ritt er neben ihrem Wagen, täglich um Mittag sandte er ihr einen Strauß der frischesten Treibhausblumen, täglich nach dem Diner kam er zu ihr plaudern, und sie nahmen mit einander ein Goûter, und disponirten über ihren Abend.

Baron Aladar hatte in dieser Zeit manchmal Rückfälle seltsamer Sehnsucht nach dem Schnaps in der Liebe. Er frequentirte öfter als sonst den Jokeyklub, man sah ihn sehr oft beim Schwender, noch öfter beim Sperl, wo grüngekleidete Damen rosenrothe Trikots sehen ließen unter dem Vorwande, „in Paris machten sie es ebenso". — „Jawohl, aber wie!" — sagte ein Franzose von der Ambassade eines Abends zu Aladar, — „die biche in Paris verhält sich zur Sperldame von Wien wie die veuve cliquot zum Fusel."

Man sah Baron Aladar in dieser Zeit sogar manchmal in eine Nonnenkirche einer Vorstadt gehen. Wahrlich nicht um zu beten. Aber er wollte sich durch irgend eine letzte Liebe davor retten, sich in seine Braut zu verlieben — das größte Unglück, was einem Don Juan passiren kann, der mit seinem Lebensfond fertig ist — vorzüglich wenn seine Braut eine Wittwe ist.

Eines Nachmittags kam er wie gewöhnlich zu seiner Braut. Sie las wie gewöhnlich zu dieser Stunde die Modenberichte, und er nahm wie gewöhnlich nach einigen Phrasen das Jokey-Blatt zur Hand. — „Sagen Sie mir um Gotteswillen, Gräfin, wie können Sie immer diese Modeberichte lesen? Sie kleiden sich ja doch wie Sie wollen, und Ihre Frisur ist, glaube ich, seit Ihrem zehnten Jahre dieselbe, d. h. gar keine."— Sie schaute über ihr Journal hinüber auf ihn.— „Sie verstehen das nicht, Aladar. Ich empfinde ein wahres Wonnegefühl darüber, wenn ich so einen Modeartikel lese und mir dabei denke, daß ich mich doch nicht so schinde wie die andern Weiber." *)

Er lachte herzlich. Er plauderte so gern mit seiner Braut. — „Das ist so wie bei mir", — sagte er. — „Ich lese so gern vom Pferderennen, und ich habe dabei ein so köstliches Gefühl darüber, daß ich mich nicht so zu erhitzen brauche wie die Oberlieutenants, die vom Gewinn im Pferdeschacher leben. — Aber, Mode oder Sport, es ist ein herrlicher Tag draußen, Milli, was thun wir?"

Die Fenster waren geöffnet, ein süßer Duft kam von den knospenden Gartenbäumen herein, die leichten Vorhänge blähten sich wie Segel.

— „Ja, was thun wir," — sagte die Gräfin und ließ ihr Modejournal auf den Teppich niederflattern, wo „Frog", der kleine King-Charles, es alsogleich zu befehden begann, wobei seine federigen Ohren tanzten und seine von den Zoten verschleierten Augen roth funkelten.

— „Gehen wir in's Museum?" — sagte er.

— „Va pour le „Museum"!" — sagte sie.

Gräfin Milli und Baron Aladar fuhren wirklich in's neue Museum am Stubenring. Der Frühlingstag war köstlich, wie sie die breiten Stufen des Prachtgebäudes hinanstiegen. Die Lerchen sangen um das Gesimse.

Sie schauten faul auf die oftgesehene Pracht, aber nach einigen Augenblicken schon ergriff die Gediegenheit dieser Pracht von neuem ihr Herz. Wie viel echte Kunst war da vertreten, wie viel Fleiß und wie viel Genie, und so viel Gold und Schätzungswerth als Zugabe!

Das neue Wiener Gewerbe-Museum übertrifft in der That die allenfallsigen Gewerbe-Ausstellungen in Paris, in Neapel in n'imnorte-où, an Gediegenheit, Geschmack und Pracht weitaus. In diesem buchstäblichen Eldorado schleuderten nun Gräfin Milli und ihr Bräutigam hin und her. Sie besichtigten die prachtvollen Krystallsäle, das reizende Boudoir aus himmelfarbener Seide, das mittelalterliche Zimmer mit den faulgrünen Reflexen, das Zimmer mit den Büchereinbänden, die Zimmer mit den Photographieen, die Zimmer mit den kostbaren, wunderbaren Meßgewändern, und die Säle mit den Porzellansachen, mit den Oeldruckbildern und den Fayence-Schalen.

---

*) Gräfin Milli sagte „écorcher". Anm. des Verf.

Im Vorübergehen an den Fenstern warfen sie stets einen Blick in die Frühlingsluft hinaus. Man hörte bis herein deutlich die Lerchen singen.

Sie traten endlich in den Saal, wo hohe, schlanke Postamente aus Holz oder vergoldetem Eisen Blumen trugen. In der Mitte des Saales wurde ein solches leuchterartiges Postament von den künstlichen Blumen der Gräfin Pauline Baudissin überfluthet. Gräfin Milli trat auf diese Blumenkaskade zu und dachte mit sehr kleinen, zwinkernden Augen: „Oh, schon so welk!"

Baron Aladar antwortete gleichsam ihren Gedanken, indem er sagte: — „Tiens, pourquoi qu'on laisse donc pourrir ainsi les fleurs?..."

— „Ja, das ist unverzeihlich, sie so welk werden zu lassen, ohne sie durch frische zu ersetzen!" — machte Gräfin Milli, den winzigen Muff mit den Händen drehend, wie das Eichhörnchen eine Kaffeebüchse dreht.

Aber trotzdem, daß diese Blumen und Blätter sich welk zusammenringelten, waren sie doch wunderbar schön, so daß sich die Augen der Beiden nicht davon abwenden konnten.

Gräfin Milli fand immer neue Reize an diesen halbwelken Blumen. Es war ein Etwas an ihnen, was ihrem Welken gleichsam den Reiz eines Wiedererblühens gab: hier zum ersten Male fühlte sie tief und echt den wehmüthigen Reiz des müden Spätsommers und des Herbstanfangs.

Diese Blumen waren so prächtig in ihrer Ueberreife, daß sie ihrem Bräutigam das schildern wollte. Der lachte aber in demselben Augenblicke laut auf. Er hatte in dem Katalog geblättert, und rief: — „Oh! Wie wir uns täuschen ließen, Gräfin! — Das sind ja künstliche Blumen! Blumen von der berühmten Gräfin Baudissin!..."

— „Das — das ist nicht Natur?!" — machte Gräfin Milli.

— „Nein. Aber es ist ebenso schön — schöner noch, denn es bleibt so!" — sagte er, und berührte eine künstliche, halbwelke Orchideen-Dolde, die unter der Berührung vibrirte wie ein Schmetterling, der die Flügel regt zur Flucht.

Von draußen herein tönte das Trillern einer Lerche.

* * *

Auf dem Nachhausewege erfragten die Beiden beim Portier des Museums den Ort, wo man echantillons dieser Blumen bekommen könne. Man fuhr nach dem Verkaufslokale, man nahm dort einen köstlichen, mattfarbigen Herbstblumenstrauß, man fuhr nach Hause, und während der Bediente die Ingredienzien des Goûters brachte, betrachtete und entzückte man sich über das Bouquet. Gräfin Milli und Baron Aladar waren gleichartig vernarrt in diese Blumen, die so schön waren in ihrer Traurigkeit. Es war wie ein verwandter Zug, der die Beiden zu diesen Blüthen zog.

Man nahm das Goûter im Pianosalon. Die Blumen standen auf einem Hügel von Noten. Durch das offene Fenster herein wehte frisch der Frühjahrswind und ließ die feinen Blüthen leicht erzittern, „als ob sie lebendig seien". Das raffinirte Goûter wartete, der Bediente war fort, Gräfin Milli aber knieete noch immer halb auf dem Tabouret am Piano, und Aladar streichelte manchmal eine Glockenblume oder einen Grashalm. Und draußen trillerte eine Lerche.

— „Weiß Gott," — sagte sie plötzlich, — „diese Blumen haben für mich etwas Bezauberndes. Je mehr ich mich hineinlebe, hineinfühle, desto mehr Verwandtes finde ich in ihnen. Sie gleichen verklungenen Akkorden, die mir nach langer Zeit im Traume wieder durch die Seele klingen — schattenhaft und tröstend zugleich. Sehen Sie, Aladar, wie diese Blumen da ist u n s e r Leben gewesen."

Er erschrack fast, denn er hatte dieses Gefühl schon gehabt, aber es war ihm nicht als Wort in die Gedanken gekommen. — „Ist unser adeliges Leben gewesen, ja", — sagte er, und berührte eine stolze und zarte Orchideendolde, wie man einem Kinde die Hand unter das Kinn legt. —„Alles ist da so berechnet, der Stoff ist so fein als möglich gewählt, er ist in die raffinirtesten Präparationen getaucht, damit er die gehörige Weichheit, Biegsamkeit, Fältelung und Transparenz erhalte. Dann wird er, vom Meister wohl vorbereitet, in die rauheren, seelenarmen und gedankenlosen Hände der mechanischen Arbeiterinen gegeben, die aus ihm eine Blume zusammenstellen. — Wie viele werden da verfehlt und verkrüppelt, ehe Eine geräth. Und dann werden wir in den Salon gesetzt. Das Boudoir, die enge Equipage, die Loge im Opernhause, die breiten teppichbelegten Treppenfluchten nach den Hofburgsälen, manchmal der

Stall und noch öfter die Matineen im Musikverein, da ist so der Rayon unseres Lebens: beschränkt und wandellos, als stäcken wir in künstlichem Moose in einem prächtigen pot aux fleurs aus Porzellan. Im Winter Wien, im Sommer sicher Gödöllö, wenn der Hof da ist, und im Spätherbste jedenfalls Meran. Und das Ganze sieht aus der Entfernung doch aus wie eine Blume, wie ein Leben."

— „Und zuletzt die Heirath", — fiel Gräfin Milli ein. — „Die Heirath, die so künstlich zusammengesetzt wird wie diese Blumen da: aus fremdartigen Stoffen, die sich zusammenfinden ohne die geheimnißvolle Wahlverwandtschaft der Pflanzenwelt, einander nur ähnlich gemacht durch raffinirte Präparationen; und das Ganze soll doch aussehen wie Liebe, und die Welt hält es wirklich für eine echte Blume, manchmal sogar für das Glück."

— „Sie sind aufrichtig, Gräfin", — sagte er mit einem traurigen, müden Lächeln. — „Sie lieben mich nicht."

Sie wandte rasch ihren dunkelglänzenden Blick von dem Bouquet auf ihn. — „Und haben Sie denn je geglaubt, daß ich Sie liebe, Aladar? Oder wollen Sie mir vielleicht glauben machen, daß S i e m i c h lieben? Aber ich thue etwas Besseres: ich a c h t e S i e. Und — ehrlich gesagt, das ist in unseren Verhältnissen mehr werth, weil — weil es dauerhafter ist." — Dabei reichte sie ihm ehrlich und fest die Hand. Er ergriff diese kleine weiße Hand und drückte sie an seine Lippen. Wer sie so gesehen hätte, würde sie für ein Liebespaar gehalten haben.

Er ließ ihre Hand nicht gleich los. Es lag Etwas in dem mild und rosig hernieder dunkelnden Frühlingsabend, in der frischen Brise, in welcher sich die Töne der Lerchen gleichsam badeten, oder in dem Gespräche selber, was sein Herz tiefer berührte, als es seit langen, langen Jahren berührt worden war. Er hatte mit seiner Braut immer ehrlich gesprochen, denn Beide waren zu geistreich und zu kalt geworden für Grimassen; aber das Herz hatten sie stets aus dem Spiele gelassen. Jetzt aber war es ihm, als brenne ihm ein Leid ohne Namen in der Seele, ein hoffnungsloses Leid, um unwiderbringlich verlorenes reines Liebesglück, es war ihm, als thue es ihm so leid um s i e, und — um s i c h. Und seine tiefe, männliche Stimme zitterte leicht, als er mit einem tiefen, trüben Blicke auf seine schöne Braut leise sagte: — „O, warum habe

ich Sie nicht gekannt, als ich noch ganz jung und voller Lust in's
Leben trat, Milli, warum sahen und begehrten wir einander nicht mit
frischer Sehnsucht in der Frühlingszeit unseres Lebens, in der ersten
Jugend Tagen, wo — wie der Dichter wohl singen mag: Die Lerchen
der Brust am lautesten schlagen?"

Sie entzog ihm mit einem leisen Drucke ihre Hand und wandte
sich dem Fenster zu.

Beide schwiegen eine Weile. Der Frühjahrsnachmittag wurde farb=
loser und dunkler. Man fühlte jetzt, daß der leichte Wind, welcher den
Vorhang lüftete, von den Feldern hereinkam, wo noch kleine Eiskrusten
zwischen frostverbranntem vorjährigem Grase glitzerten. Es war so still
im Zimmer, daß man die kleine kokette Pendule ticken hörte.

Die Gräfin klingelte und befahl dem Bedienten, die Fenster zu
schließen („Ne trouvez-vous pas, qu'il se fait froid-hein?" —
wandte sie sich dabei halb an Baron Aladar, mit einer Miene des
Fröstelns.)

— „Ja," — sagte der seufzend, und setzte sich an den Goûtertisch,
ein Sportjournal in der Hand. — „Und auch eine kleine Flamme im Kamin
könnte nicht schaden."

Die kleine Flamme im Kamin wurde rasch besorgt, und das Zim=
mer hatte binnen wenigen Minuten ein ganz anderes Aussehen. Es war
gleichsam älter geworden.

Die Gräfin stand jetzt am Kamin. Sie war ein hohes, schlank=
gebautes Weib, welche das hatte, was der Franzose mit un port de
reine bezeichnet. Und wie sie so nachlässig an den Kaminmantel gelehnt
dastand, die Arme gekreuzt, hatte sie — nicht etwas Emanzipirtes, aber
etwas so Sicheres und Sicherheit Verleihendes, daß Baron Aladar still
bei sich dachte: — „Diese Frau wird ihren Gatten glücklich machen!"

Nach einer Weile sagte die Gräfin halb seltsam lustig, halb tief=
ernst:

— „Sie haben früher gesagt, Aladar — ich störe Sie doch nicht
in der Lektüre? — Sie haben früher erwähnt, es sei schade, daß wir
uns nicht gekannt haben schon damals, als unsere Herzen noch frisch und
ahnungsvoll waren, voller Frühlingsknospen und sonnenbereifter Blüthen=

pracht. Aber ich glaube, Aladar, ehrlich glaube ich's, es ist besser, daß es kam, wie es kam. Ich will Ihnen sagen, was geschehen wäre. Wir hätten uns vielleicht in einander verliebt. Ich sage vielleicht: denn es ist fast unmöglich, daß eine junge Adelige sich das erste Mal in einen Mann verliebt, welcher ihr ebenbürtig ist, welchen sie heirathen kann. In England, wo unsere Erziehung in den Händen gediegener Frauen liegt, ist dies viel möglicher als bei uns in Wien mit diesen Gouvernanten, die so jung sind wie wir, und die aus einem Pensionat kommen, wo man das Französische und die Walzer von Godefrey für das Höchste und die Hauptsache hält. Wir Wiener Mädchen de la haute lernen so gut die Augen niederschlagen, daß wir auch bei unserer ersten Liebe immer auf die Kreise d'en bas schauen. Und euch adeligen Offizieren, die ihr aus dem Institute in einen Dorfstall wandert, ist es wohl auch noch niemals eingefallen, euren ersten Kuß auf die Stirne einer möglichen Braut zu pressen. Kurz, es wäre aber vielleicht doch möglich gewesen, daß wir uns in einander verliebt, und daß wir einander geheirathet hätten. Et puis après wären Sie mir untreu geworden, weil die erste Liebe niemals dauert (nur dann höchstens, wenn sie unerfüllt bleibt, und uns so durch's ganze Leben als keusche, liebliche Erinnerung begleitet). Ich hätte mich zuerst gekränkt, und dann hätte ich mich — schadlos gehalten mit Anbetern. Wir hätten eine trübe, gereizte Ehe geschleppt durch ein langes Leben. Aber jetzt sind unsere Herzen nicht mehr frisch, wild, blind und — liebesüberreich. Wir werden einander treu sein, wir werden einander darum achten, und — ich glaube, das ist das beste Glück. Glauben Sie mir, Aladar, die frischen Blumen taugen nicht für's Leben: sie welken zu rasch, und ihr Welken ist sogar eckelhafte Verwesung. Auf's Leben angewendet, sind solche künstliche Blumen wie diese hier, besser, echter, schöner sogar: denn ihre Schönheit flößt uns nicht Angst und Sorgen ein, sondern den unendlichen Frieden des Besitzes. Tions, Aladar. Meine erste Liebe war mein Zeichnenlehrer. Es war nur eine Schwärmerei, eine Liebelei, und die Welt hat mir später viel faßbarere Freuden gegeben: aber nimmer wieder eine so süße, aus dem tiefsten Herzen keimende. Aber das war eine lebendige Blume, und die durfte nicht leben. Ich heirathete einen schönen, stolzen Mann. Ich wäre besser gewesen mit ihm, wenn er mich nicht unglücklicher Weise geliebt hätte.

Das verzeih' ich ihm nie: es kam mir wie ein Frevel vor gegen die Erinnerung; ich verschloß mein Herz und ging kalt und grollerfüllt neben ihm her, bis er starb. Ich ließ mich dann anbeten, und versuchte noch oft, zu lieben. Jetzt bin ich Ihre Braut. Alle Fäden meines Gefühles sind jetzt gleichsam zu Fäden meiner Seele geworden; mein Herz ist präparirt und zum dauerhaften Stoffe gemacht, das Leben hat es geformt und es in den Frieden der Seelenruhe getaucht. Es ist eine solche Blume hier geworden, aber es sieht aus wie ein Herz — nur daß es fester, echter und schöner ist. Das, was wir in unserem adeligen Leben Enttäuschungen, Liebesjammer, Untreue, Elend und Seelenkämpfe nennen, ist nichts als das, was die Kunst ist für das Ideale: die Kunst ist die Verklärung der Natur, durch sie wird die leichtverwelkliche Natur ersetzt durch ein dauerhaftes, mackelloses, berauschend schönes Menschenwerk — und glauben Sie mir, das ist für unser Leben wie es ist, und für unsere Gesellschaft wie sie ist, viel werth: es ist die einzige Garantie eines dauerhaften und ungetrübten Glückes. Es ist traurig, aber es ist so."

Sie stand bei den letzten Worten an seinem Sitze, und ihre schönen Hände ruhten auf seinen Achseln.

Er faßte diese Hände und drückte sie mit tieferer Erregung als er sie seit langem gefühlt, an seine Brust. — "Ja," — sagte er, — "ja, Milli, Sie haben recht. Ich will es Ihnen nicht verargen, wenn Sie in Ihrem Herzen einen Liebesgedanken aufbewahren für vergangene Freuden und Illusionen. Was mich betrifft, ich glaube, ich habe niemals recht geliebt, daß es mich glücklich gemacht hätte. Wir Offiziere aus dem Institute lernen die Liebe von der häßlichsten Seite kennen gleich bei der Auszahlung unserer ersten Zulage. Nun, und dann bleibt diese Häßlichkeit als Bodensatz für jede spätere Neigung. Man hält keine von allen für denkbar ohne derselben. Und werden wir von armen Mädeln geliebt, dann lassen wir uns eben diese Liebe gefallen, als sei sie unser Recht."

— "Armer Aladar! Es ist wohl ein großes, schweres Verbrechen, was an euch begangen wird in eurer Jugend! In der Zeit, wo alle frischen Triebe eurer Brust am wildesten toben, wo eure Gedanken regellos nach abwärts schweifen, weil die Kloake näher ist als der Azur; zu der Zeit, wo ihr den Vater, den Erzieher, den Lehrerfreund nöthiger braucht als je, mit neunzehn, zwanzig Jahren werdet ihr aus dem Zwange

des Instituts hinausgestoßen in das groteske Dorfgarnisonleben, überlassen allen schlimmen Einflüssen verderbter, lasterhafter und roher älterer Kameraden, welche es nicht erwarten können, euch Neulinge ebenso lasterhaft und verderbt zu machen, damit sie nicht vor euch erröthen müssen.
— Und so kommt's, daß ihr dann in euren schönsten Mannesjahren müde seid, müde zum Sterben! vergiftet und athemlos, nach abwärts gehetzt von euch selber, ein Don Juan, welcher statt der Erinnerung die Uebersättigung, statt der Sehnsucht den Ekel gewonnen hat, und welcher sich sagen muß, wie du, Aladar: Ich habe nie geliebt, und bin schon übersättigt von der Liebe!"

Immer heftiger und immer leiser hatte das schöne Weib gesprochen, gleichwie jammernd über ihn selber.

— "Ja," — murmelte er mit einem jammervollen Spotte: — "Todtmatt, eckelerfüllt, ein Don Juan, liebensmüde und nie geliebt habend, Don Juan, mit einem Herzen, welches ein Abgrund ist, unausfüllbar und unfruchtbar. Verdorrtes, ewigdürstendes Erdreich! — Aber Sie, Gräfin! Ihre Hand zittert, Ihr Auge ist feucht, woher kommt diese Erregung, dieses tiefe Mitleid für mich?"

— "Ich weiß es nicht, Aladar; ich weiß nur, daß deine Leidenschaft so müde ist wie mein enttäuschtes Herz, und daß wir Beide uns stützen müssen, um nicht zu sinken in unserem Innern."

— "Und du fürchtest dich nicht vor mir?"

Sie lächelte verächtlich. — "Fürchten? Sie nannten Ihre Brust einen Abgrund. Ich sehe lächelnd hinab, und sehe die Schlangen, jedes Giftblättchen, das stagnirende Moos, und über dem Ganzen den abscheulichen Nebel des größten Fluches: die Unersättlichkeit des Säufers bis zur Bewußtlosigkeit! Ich sehe in diesen Abgrund, und in meinem eigenen Herzen wirbelt die Asche auf über Funken, die noch glimmen; du bist ein armer, ein ehrlicher Mann, Aladar. Ich will dir ein gutes Weib sein."

* * *

Die Vermählung des Barons Aladar mit der Gräfin Milli Morach fand an einem schönen, stillen Sommervormittage statt, in einer stillen kleinen Landkirche Steiermarks. Die jungen Eheleute machten dann

eine Reise durch die Schweiz, überwinterten in Riva, und der nächste
Sommer fand sie wieder auf einem hübschen Schlößchen Steiermarks.
Das Gut sah oft Gesellschaft. Alle Gutsnachbarn fanden sich da ein,
und der Park widerhallte vom fröhlichen Lachen kokettirender Comtessen,
die au volant spielten, von jungen Offizieren auf Urlaub, die sich daheim
das Jüdeln abgewöhnen wollten, von dem Politisiren alter ehemaliger
Minister, welche nun Landwirthe, und alter Generäle, welche nun Garten=
bebauer geworden waren. Baron Aladar und Baronin Aladar lebten
mit der Welt und in der Welt, fuhren manchmal in die Stadt, wenn
eine interessante Sängerin gastirte oder ein berühmter Conzertist durch=
reiste, betheiligten sich lebhaft an allen gemüthlichen Médisancen ihrer
Kaste, kurz, sie waren ein Ehepaar comme il faut, in einer Welt, wie
sie sein soll. Was aber die Welt n i c h t wußte, das war der Umstand,
daß Baron Aladar und seine Gattin diese Welt selber nur als Neben=
ding betrachteten, und sich erst dann recht gemüthlich und à leur aise
befanden, wenn sie allein waren. Sie machten es da nicht wie andere
Ehepaare, die sich für die Dauer der momentanen Einsamkeit von einan=
der separiren. Nein. Baronin Aladar begleitete ihren Gatten auf die
Jagd, und er half seiner Gattin bei ihrer Blumenzucht und las ihr die
faits divers vor. Sie waren gern beisammen und am liebsten allein.

Prächtige Blumenbeete breiteten sich mitten im Parke um den
Pavillon des fleurs aus. Duftende Rosenfluthen, tieffarbige Nelken=
gallerieen, und zarte, schwanengleiche Lilienbüschel.

Im Pavillon selber aber, mitten auf dem mit Albums, Zeitungen,
Stickereiarbeiten und Fächern übersäeten runden Tische befand sich in einer
prachtvollen Fayencevase ein köstliches Chaos von künstlichen Baudissin=
Blättern, Gräsern und Ranken. Es war dies eine Eigenheit der Baronin.
In jedem Salon ihrer Wohnung befand sich ein solches Bouquet, sogar
hier im Pavillon, mitten unter den lebendigen Blumen, die doch in ihren
verschiedenen Stadien von der grünen Knospe bis zur verwitterten
Blüthenleiche einen so charmanten Anblick gewährten.

Es war wieder ein schöner, stiller Sommervormittag, als Aladar
in den Pavillon trat. Er hatte eben Hunde dressirt im Hofe, und war
noch ganz athemlos und erhitzt. Er fand seine Frau an einem der
Pavillonfenster sitzend. Sie hielt irgend ein Buch in der Hand, aber sie

hatte auf die anmuthigen Fahrten der Schwäne auf dem Teiche draußen geschaut.

Schön, stolz, ein herrliches Mannesbild stand er neben ihr, und lachte, und strich sich das Haar aus der Stirne, und faßte sie am Kinn und küßte sie. Sie erschrack gar nicht, sie hatte ihn eintreten gehört. Sie legte das Buch auf das Fenstersims, erhob sich, legte einen Arm um ihn und sagte: — „Schau, wie die Schwäne das Schwanenhäuschen um= kreisen — so ebenmäßig, so sicher, so — hochmüthig möchte ich sagen. Ist das nicht ein liebliches Bild? Und der Teich ist schwarz von dem Wolkenschatten dort, aber die Thiere glänzen doch."

Sie schauten und plauderten und ließen den Sommerwind ihr Haar lüften. Was war es da um ihn oder über ihm oder in ihm, was ihn so namenlos fröhlich machte? Waren es nur seine Sinne? Nein. War es der Zauber der Gegend? Es war Alles das, und es war nichts von dem. Es war die Liebe. Baron Aladar liebte sein Weib. Und sie selber hatte ihm gesagt, als er ihr das einst gestand in einer eben solchen seligen Stunde: — „Nicht wahr? nicht wahr, Aladar, der glücklichste Augenblick im Menschenleben ist der, wo man ein Wesen unbegrenzt lieb haben kann, ohne Sinnlichkeit, ohne Eitelkeit, ohne Stolz, ohne Trotz und ohne Furcht." — Dann hatte sie zu weinen angefangen. Er hatte sie erschreckt gefragt und sie hatte geantwortet: — „Ach, es ist nur, Aladar, weil ich auf so viel Glück nicht mehr gehofft habe. Ich glaube, ich habe dich geliebt, herzlich und grenzenlos, seit jenem Augenblicke, wo wir davon sprachen, daß wir einander so spät fanden. Oh, und nicht wahr, es war gut, daß es so kam? In der Sehnsucht und Ahnung wurzelt stets die Enttäuschung. Aus der Enttäuschung aber erblüht erst die Kraft, die Dauer und die Werthschätzung des Glückes, und die Treue."

Und glücklich sind die Beiden. So glücklich, wie man es selten findet in ihrer Gesellschaft und in ihrer Zeit.

Die Künstlermansarde.

I.
Allegorieen.

Die Jahreszeiten in der Stadt haben ein ganz anderes Ansehen als die Jahreszeiten auf dem Lande. Der Frühling auf dem Lande ist bezeichnet durch laue Lüfte, die in breiten Orgeltönen über die Schneehügel wehen, und dieselben zuerst gleichsam zu durchsichtigen Prismenbildungen verfeinern, ehe sie dieselben schmelzen und die schwarze feuchte Wintererde bloslegen. Die blattlosen Pappeln werden von diesem naßlauen Frühlingswinde hin und her gezerrt. Die Bäuerin läßt schon manchmal wieder die niedere Thüre offen stehen, wenn die Vormittagssonne recht hell ist. Die runden rothbäckigen Bauernkindergesichter drücken sich nicht mehr an die eisgeblümten Fensterscheiben, sondern sie gucken schon aus dem niedrigen Hüttenthore. Aber sie folgen noch nicht dem Hofhunde draußen, der größer als sie und verständiger, sich wedelnd nach ihnen umsieht und zu sagen scheint: „Aber so kommt doch heraus und seht, was es Neues gibt! Es ist noch Gras da vom vorigen Jahre, ich habe es eben entdeckt, wo der Schnee weggeschwemmt ist!" —

Aber erst nachdem die Eistafeln über den Pfützen ganz verschwunden sind, und wenn die erste Lerche trillert werden die ganz kleinen Kinder freigegeben, denn sie sind barfuß und haben keine Wolljacken. Nun besuchen sie Alles, und Alles besucht sie: sie laufen in das Hölzchen, und des Nachbars Katze springt ihnen vom Zaune herab auf den Rücken zur freudigen Begrüßung. Sie können wieder im Straßengraben waten, und die ersten Vögelchen hüpfen in ihre Kinder-Fußstapfen wie in Badewännchen. Der Vater glänzt den Pflug, und die Mutter breitet die Gespinnste des Winters aus und überschlägt sie in ihrem Sinne. Blumen gibt's noch keine; in der Stube ist's nicht mehr warm, sondern nur mehr feuchtdumpf, und draußen ist's noch nicht junggrün. Der Himmel hat keine Flocken mehr, aber er ist noch nicht blautief; er ist windsausend und regennaß. Das ist der Frühlingsanfang auf dem Lande.

Die Stadt hat einen Frühlingsanfang, welcher der Dichtung schon näher kommt. Da gibt es Märzenveilchen an allen Straßenecken lange vor der Zeit, hunderte von Treibhausveilchen, welche in den schmutzigen rothen Händchen armer schlumpiger Kinder willig ihren besten Duft ausströmen, als befänden sie sich schon in dem Jaquette-Knopfloche der Comtesse. Maiglöckchen bilden ganze Pyramiden auf dem Blumenmarkte. Die unförmlichen Pelze verschwinden und machen neuen, überraschenden Moden Platz in Plüsch und Sammt, und jede Dame ist fast erstaunt, die Andere ebenso weit „voran" zu finden, wie sie selber ist. Die Theater und Conzertsäle thun ihr Möglichstes, um noch vor dem Sommer reich zu werden: fremde Gäste und berühmte Namen drängen sich da à qui l'emportera, denn der Frühling ist da, dieser schreckliche, kunstfeindliche Vorbote des Sommers! Die Kastanienbrater sind verschwunden (sind sie nach „Italien" zurück oder sind sie Sodaflaschen-Füller geworden?). Auf den Gemüsemärkten fängt's an reicher zu grünen und billiger zu duften, die Delikatessenhändler häufen triumphirend in den Schaufenstern Sprossen des Sommergemüses, und die Gemäldegallerieen sind besuchter als je: denn die Verlosungen nahen mit den Sommerferien der Kunstfreunde, und die Eisenbahn bringt wieder Durchreisende.

Die Gemälde-Ausstellungen im Wiener Künstlerhause bilden eine bedeutende Zugkraft für alle Reisenden. Der Einheimische fängt schon an mißtrauischer zu werden, und auf den Anschlagzetteln einen Namen wie Matejko, Max, Markart zu suchen. Sammlungen, die so oft den Inhalt wechseln, müssen ja Spreu und Weizen durcheinander bringen, und — manchmal ist nur Spreu da.

In der Frühlings-Ausstellung, die wir heute betreten, war manches hübsche Bild zwischen traurigem, inhaltslosen Gekleze verschwunden. Die Landschaften bilden stets die Mehrzahl des Ausgestellten; und wenn keine Bilderspezies so unbegrenzt und so scharf zugleich die ganze Stimmung einer Menschenseele oder die ganze Leidenschaft der Natur wiederzugeben vermag wie das Landschaftsbild, so kann auch kein anderes — sobald es mißlungen ist, so kältend tobt und blöde anmuthen. Am meisten gilt dies von Aquarellen, wo die Farbe nichts thut, sondern nur die Empfindung. Landschaften im Aquarell sind stets verschleierte Saisbilder, die nur durch eine poetische Idee lebensfähig werden. Und das Künstlerhaus in Wien hat eine wahre Passion für Aquarelle ohne Luft, ohne Tageszeit und ohne Details. Wie viele Kirchen-Interieurs, Rathhäuser und Waldpartieen in Aquarell muß man verdauen, welche im Anschauen und in den Folgen den Eindruck eines ungustiös zubereiteten Salats haben! Nur manchmal taucht wohl in dem größeren Saale ein derbes Genrestück oder wohl gar ein kräftiges Historienbild auf, welches erfrischend wirkt für den Stammgast.

In dieser Ausstellung nun waren „die heilige Julia" von Max, ein „polnisches fürstliches Liebespaar" von Matejko und „ein junger Prinz" von Markart zugleich ausgestellt. Die Wiener drängten sich aber auch in den Sälen. Es war ein wahres Wirrsal von Seidenroben, Sammt-Ueberschooßen und Zylinderhüten.

Man sieht viel besser in Gesellschaft; wenn man also Gemälde recht genießen will, muß man einer Gruppe von fünf, sechs Personen angehören. Und bei dieser Gruppe müssen sich eine oder zwei Damen befinden. Es gibt überhaupt keinen echten und tiefen und geklärten Kunstgenuß, wenn nicht die beiden Geschlechter einander ergänzen. Die Kunst ist wie ein Stereoskopenbild: damit es plastisch in die Sinne dringe, müssen zwei kaum merkbar variirende Aufnahmen davon da sein. Die geistige Ergänzung zwischen Mann und Weib, zwischen Gefühl und Verstand, zwischen Herz und Gemüth ist wahrhaftig nicht eine blos eheliche. In Millionen Punkten vereinigen sich die Geschlechter zu einer gegenseitigen Vervollständigung in Anschauungen und Eindrücken, die ohne diese geistige geschlechtliche Berührung steril und unfruchtbar geblieben wären. Ja, die Plastik der ganzen Welt gründet sich auf die geistige Ehe zwischen Mann und Weib; der Weiberfeind und das Mannweib sind bis in ihr innerstes Wesen hinein einfärbig, und ihre Anschauungen und Gefühle sind nicht sowohl lückenhaft, als vielmehr abgeplattet, nicht sowohl zerrissen, als unschmackhaft verdünnt.

Eine Gruppe von fünf, sechs Personen ging zwischen den übrigen Gruppen der Gallerie-Besucher hin und her mit jenem so rastlosen und doch so zögernden Schritte, welcher alle Bilder-Gourmands kennzeichnet. Die beiden Damen der Gesellschaft waren schön, und auch noch jung. Die Fürstin Anka Milodurovic war eine echte Wiener Fürstin, denn sie war eine Moldauerin; auf hundert adelige Wiener Typen einer Saison kommen nämlich mindestens sechzig moldauische und polnische Fürsten- und Grafennamen. Fürst hieß einst in der Moldau soviel wie Adeliger überhaupt; wer ein Gut besaß, war Fürst; und seine Familie blieb es dann dem Titel nach bis heute selbst in deutschen Städten. Fürstin Anka hatte den Gesichts-Typus der sogenannten schwarzen Madonnen. Sie trug die schleppenden, schlaffen, schlumpigen Kleider und das goldgestickte griechische Jäckchen, welche die Moldauerin der Ringstraße und der Opernloge kennzeichnet. Ihre Handschuhe waren tadellos neu, ihre Perlen um den Nacken, an den Händen und als Lorgnonkette dienend, waren groß und echt, ihre Haare zerzaust, blauschwarz und sich gleichsam gegen den formlosen kleinen Sammthut sträubend. Man hätte ihr einen Schatten von Schnurbärtchen nachsagen können, wenn sie manchmal gelächelt hätte.

Die Gräfin Wanda Losnicka, die zweite Dame, war aus dem Königreiche Polen, mit braunen Augen, gelber Haut und in fauler und nervöser Kleidung, aus rauschenden grellfarbigen Stoffen zusammengerafft. Sie hatte stets ihre kleine Tochter mit sich, ein boshaftes, häßliches und hochmüthiges Kind. Auch die Herren von der Gruppe waren echte Wiener Typen: der Herr Rasorewitsch Pluskin, ein Journalist in Wiener Zeitungen für Rußland, dann Monsieur der Graf von Montmorency, ein Cavalier aus Frohsdorf in österreichischer Uniform,*) endlich Graf Pál Mondsee, ein quittirter Husarenoffizier.

---

*) Ich bitte um Verzeihung, wenn ich in Bildern, welche das Wiener Leben schildern sollen, fast nur außerdeutsche Namen nenne. Ich male eben nach der Natur.

Man sprach, was man vor Bildern sprechen kann. Man führte Reminiszenzen an, und man träumte eine Regenerirung des Geschmacks. Vor den drei Meisterwerken der Ausstellung freilich wurde man nach und nach stille wie in einer Kirche. Die heilige Julia von Max läßt überhaupt keine laute Begeisterung aufkommen. Es ist ein Bild der Stille, der Grabesstille, über welches ein feuchtes Frösteln zieht, wie eisige Nachtluft durch die Spalten eines zersprengten Sarkophags. Die kahle Ebene von Roms Umgebung in der dritten Morgenstunde. Die Nacht herrscht noch, aber ihr schlummerndes Antlitz wird gebleicht von dem kalten ersten Morgendämmern eines trüben Tages. Eine Christin ist gekreuzigt worden und ist am Kreuze gestorben, einsam, hilflos, in der Finsterniß. Auf den blauen Lippen kräuselt noch der letzte Seufzer wie ein letzter Duft der Seele. Das Blut aus den Handwunden ist gestockt und hat sich im Kreuzesholze eingesaugt. Von einer Orgie heimkehrend, ist ein Römer da vorbeigekommen. Die glühende Sonne eines Feldzugs hat seine Züge gebräunt, und die Schwelgerei dieser Nacht hat sie zugespitzt, und die Unzucht der vergangenen Stunde hat sie erschlafft, und hat seine Lippen vertrocknet. Mitten auf dem einsamen Wege, den er nach Hause wankt, damit die Weindünste seines Kopfes sich in der Morgenkälte zerstreuen möchten, ist er zu dem Leichnam des gekreuzigten Mädchens gerathen. Welche Scham hat ihn da erfaßt? Der Römer hat stets den Muth begriffen in Mutius Scävola und in Horatius Cocles, zuletzt in der Arena, wo Christen bluteten. Oder welche Liebe hat ihn da ergriffen nach so viel Sünden, die er Liebe nannte? Oder welches Licht strömte aus dieser traurigen Leiche in sein Auge, in seine Seele, daß er wie Saulus geblendet und ernüchtert niedersank? Er hat den welken Blumenkranz von seinem Haupte genommen, und legt ihn zu den Füßen der Märtyrin nieder.

Wird sich dieser Jüngling als ein Christ erheben, oder als ein Selbstmörder, der sein letztes Gold für ein Bad und für ein Barbiermesser ausgeben will? Dies Bild ist mehr als ein Moment, es ist ein Zeitalter und die Legende wird da zur Geschichte.

— „Dieses Bild erkältet einen mit seinem Todtengrau," — sagte Herr Rasorewitsch Pluskin.

— „Aber können Sie denn nicht schweigen, wenn man bewun=

dert?" — sagte Gräfin Losnicka und nahm ihr Lorgnon von den Augen, um ärgerlicher schauen zu können.

— „Ja, wie soll ich errathen, wann Ihre Bewunderung anfängt?"

— „Sobald ich Sie nicht reden höre."

Rasorewitsch und die Losnicka waren einander spinnefeind. Die Polin war grimassig, und der Russe war eingebildet. Und hier kam auch noch der Nationalitätenhaß hinzu. Der Pole und der Russe sind nicht so laut gegen einander wie andere Nationen, aber desto giftiger. Böhmen geräth mit Deutschland fast nur in seinen Arbeitern und Handwerkern aneinander und schlägt mit Fäusten drein. Polen und Rußland aber haben keine Vertreter in der niedrigen Klasse. Weder der gemeine Pole noch der gemeine Russe geben einen Pfifferling um ihre Nation. Der Kampf flüchtet sich da höher hinauf, und der Haß knirscht nur im Salon aneinander wie dünne Klingen.

— „Ich denke," — sagte Anka Miloburovic in ihrem weichen Französisch (der Elite=Sprache Wien's, sobald es im Concert oder im Kunstverein ist), — „die Bewunderung vor der Technik eines Bildes braucht nicht stumm zu sein; und wen sollte eine kalte Allegorie wie diese da erschüttern bis zum Verstummen des Ergriffensein's?"

— „Eine Allegorie, das Bild da, Fürstin? Es stellt ja doch eine Thatsache vor," — sagte Montmorency.

— „Eh! Ist diese Märtyrin wirklich gekreuzigt worden? Eine Thatsache!"

— „Aber diese Märtyrin vertritt ja eine ganze geschichtliche Gattung."

— „Eine Gattung!! Da sehen Sie ja die Allegorie. Eine ausgestorbene Gattung personifiziren! Was ist das Anderes als eine Allegorie? Die Göttin der Liebe malen, oder die Unschuld und den Opfermuth personifiziren! — Allegorie!.. Die Märtyrin ist eine Thatsache von Einst, sowie die Tugend und die Unschuld und der Opfermuth, Monsieur von Montmorency; oder glauben Sie, daß es noch . . ."

— „Daß es noch eine Unschuld gibt?" — lachte Graf Pál. — „Das müssen die Damen besser wissen!"

Gräfin Losnicka lachte auf und rümpfte hinterwärts empört die Nase.

— „O, es gibt noch die Unschuld," — sagte Anka Miloburovic ruhig. — „Nur wird sie nicht mehr ausgeübt. Ich nenne nämlich Unschuld nicht die Unbeflecktheit, sondern bewußte Reinheit. Ein Wickelkind ist nicht unschuldsvoll, denn es weiß einfach nichts von Schuld! Ebenso gut könnte man einem jungen Schweinchen den Tugendpreis der Unschuld reichen. Ein Kretin ist kein ehrlicher Mensch, wenn er auch nie Jemanden betrogen hat. Die Idee der Uebervortheilung hat eben nie in seinem Hirne Platz gefunden. Bin ich als Mannweib geboren, so wird mir meine Keuschheit ein Bedürfniß sein, und keine Tugend. Es gibt also wohl noch unbefleckte Wesen, aber ich glaube an keine Tugend mehr. Weshalb sollte das Mädchen heutzutage noch rein sein wollen, da es überall und immer nur die Hingebung beglückt oder berühmt sieht? Und so wie ich an keine Unschuld in meinem Sinne mehr glaube, so gibt es auch keinen Opfermuth mehr im Sinne dieser Märtyrin. Alles Allegorie! Pure Allegorie! . . ."

— „So, was der Engländer nonsens nennt!" — meinte Rasorewitsch Pluskin beistimmend.

— „Ich denke doch, daß es noch eine Unschuld gibt im höheren Sinne," — meinte Herr von Montmorency. — „Ich nenne das Weib unschuldig, welches sich für den einzigen Mann bewahrt hat, für den es geboren war, und welches sich diesem einzigen Manne gegeben hat. Das Mysterium der jungfräulichen Mutter liegt darin."

— „C'est-ça!" — eiferte Gräfin Losnicka. — „Das meine ich auch! Ich habe immer nur solchen Männern gehört, für die ich mich geboren gefühlt habe!"

Anka Miloburovic lachte mit den Herren laut und schallend auf. Und der quittirte Husar rief: — „Sie haben da die Mehrzahl mit der Einzahl verwechselt, Gräfin! Und das ändert die ganze Sache!" —

— „Bah!" — blies die Dame verächtlich.

Anka Miloburovic zuckte die Achseln. — „Meinetwegen, seien wir dem Begriffe nach alle unschuldig! Die Unschuld ist ja doch nur ein Wort und keine That. Sie ist stets negativ: ein Unterlassen! Und nie positiv: eine Handlung! Dieses Bild hier bleibt aber doch immer eine „Allegorie". Sie müssen mir doch zugestehen, Montmorency, daß es keinen Opfermuth mehr gibt?"

— „Der Krieger, der für seinen Kaiser fällt.."
— „Ist assentirt worden."
— „Die Frau, die . . .?"
— „Nun, die Frau, die . . .?"

Montmorency schwieg verlegen.

Jetzt lachten beide Frauen.

— „Sie sehen wohl!" — meinte Anka Milodurovic. — „Oder haben sie schon eine Frau gefunden, die über ihrem Geliebten sich selber vergessen hätte?"

— „Ich bin nicht verheirathet. Aber ich glaube doch daß es Frauen gibt, die mit einem Manne ihr letztes Stück Brod theilen, die für ihn arbeiten, die sich von ihm schlagen lassen, und die ihm dafür die wunde Hand verbinden."

— „Wenn ein Weib das thut, Herr von Montmorency, so thut sie das nicht aus Opfermuth. Glauben Sie mir," — sagte die Fürstin ernst und mit seltsam offenen Augen, als ob sich ein tieffinsterer Abgrund in seinem Grunde langsam lichte, — „wenn ein Weib mit dem Manne ihr letztes Stück Brod theilt, so thut sie das für sich, weil es eine Wollust für uns ist, dem geliebten Manne (mag er so schlecht sein als er will, und mag er so satt sein als er will) unseren letzten Bissen aufzuzwingen, während wir einen uns gleichgiltigen Mann (und möge er der bravste und verhungertste sein!) ungerührt verschmachten sehen könnten. Wenn wir für einen Mann arbeiten, so arbeiten wir, um ihn mit einem Netze von Verpflichtungen zu umschlingen; und wenn wir ihm die wunde Hand verbinden, die uns geschlagen hat, so thun wir das, weil uns diese Schläge wohlgethan haben, und weil wir diese Hand gesund wissen wollen, damit sie uns dafür streicheln kann. Wehe aber der Hand, die wir nicht lieben, und die uns schlägt: wir beißen ihr die Finger ab wie ein wildes Thier. Und das nennen Sie Opfermuth und Sanftheit? Diese beiden sind beim Weibe stets nur Leckerhaftigkeit im Genusse.

Merken Sie sich's ein für allemal; ein Weib ist ein anmuthig geschnitzter Steinklotz, wo es nicht liebt, und es ist ein gräulicher Egoist, wo es liebt. Das Weib gibt ihren letzten Blutstropfen her, aber — nur für den Mann, der ihr dafür eine angenehme Empfindung erregen kann. Ist dies Selbstlosigkeit oder Selbstsucht? Und wenn so viele Jungfrauen für den Erlöser starben, so waren sie eben in einen Gott verliebt, ehe sie wußten, was die M e n s c h e n l i e b e sei. Die heilige Julia hier ist also eine Allegorie. Verlassen Sie sich d'rauf!"

— „Ich gebe Ihnen die Märtyrin preis, Fürstin? Aber der Römer?"

— „Oh der, der ist der Düpirte."

— „Weil er anbetet?"

— „So ein männliches Anbetungsgefühl muß prachtvoll zu fühlen sein!" — sagte die Prinzessin sinnend. — „Nicht wahr? Ich kann mich in Euch Männer nie hineindenken, wenn Ihr uns liebt!"

— „Und der Polen-König da mit der Barbara Radziwill?" — sagte Montmorency, indem er mit der Fürstin zwei Schritte weiter vor dem Gemälde Matejko's stehen blieb. — „D i e s e Liebe ist doch keine Allegorie."

— „Gewiß nicht. Die Radziwill wühlt mit ihrer weißen Hand in dem goldenen Barte ihres Geliebten; er aber fühlt, daß man ihm diesen vollen, weißen Leib entreißen will, und seine Augen röthen sich wie im Weinen. Von der Wand starrt das mumienhafte, neidgelbe Bild der Königin-Mutter herab. In der Sommernacht draußen fällt eine Sternschnuppe, der sichere Vorbote des Unglücks. Nein, d a s Bild ist keine Allegorie. Denn das Unglück ist immer neben uns und in uns. Aber man sollte es nicht malen. Es ist, als ob wir Todtenknochen zu Schmuck verarbeiten sollten. . . . . Ah!!!"

Die Fürstin schrie plötzlich auf. Sie standen einen Moment hindurch fast isolirt an der Seitenwand eines Nebensalons. Denn ein Erzherzog war mit seinem Adjutanten in das Hauptzimmer eingetreten, und alle Welt fühlte plötzlich nur Interesse für die Gemälde des Hauptzimmers. Auch die Losnicka mit dem Russen und dem Quittirten traten hinaus. Anka Miloburovic hat ihren Blick starr auf ein Landschaftsbild geheftet; sie hat die Hand des Franzosen ergriffen, und ihre Lippen sind geöffnet wie zum Sprechen, aber sie athmet zu tief, um zu reden. — „Was gibt's?" — fragt der Franzose, und sucht in dem Bilde.

— „Was es gibt?" — sagt die Fürstin. — „Es gibt, daß hier ein Bild ist, welches keine Allegorie darstellt, sondern ein Porträt."

— „Diese Landschaft ist ein Porträt?"

— „Jawohl. Und zwar das meinige."

— „Oh!"

— „Und das Ihrige, sobald Sie in meiner Stimmung sein werden. Das Porträt von Vielen, Vielen hier in dieser großen Stadt, die einen großen Namen haben und die reich sind. Es hat mich so plötzlich ergriffen, wie ich halb schlafend zwischen den farbigen Allegorieen oder Hudeleien einherkam. Sehen Sie diese Gegend da! Sandhügel, auf denen kein Gräschen wächst, umgrenzen einen dürren Fleck ohne Fluß und Vegetation. Die Wolken darüber sind so schwer, daß der Wind sie nicht vorwärts schieben kann. Es ist eine öde Gegend, so dürr, so eingeschlossen, so quellenlos, so grünlos; sie verbindet nicht einmal zwei Dörfer miteinander, denn kein Fußsteig führt durch sie, kein Wanderer durchkreuzt sie. Nicht einmal der Sturm kann sich in ihr verfangen . . ."

— „Und das soll I h r Porträt sein, Fürstin?" — fragte der Franzose fast ernst.

Sie schaute ihn an, aber sie antwortete nicht. Sie wandte sich nach der Thüre und sagte mit starker Stimme: — „Graf Pál, Sie haben den Katalog. Wer ist der Maler der Nummer neunundzwanzig?" — Graf Pál, der dienstfertige cavaliero servente der Prinzessin, zerriß fast den dünnpapiernen Katalog vor Eile, die Frage zu beantworten:

— „Nummer 29? Eine stille Be . . . Nein! Nummer 29, eine öde Gegend. Der Maler heißt Karl Maurer."

— „Verkäuflich?"

— „Ja — fünfhun . . ."

— „Gut, gut, Graf Pál. Danke." — Dann wandte sich die Fürstin wieder zu dem Gemälde.

— „Ihr Porträt?" — wiederholte der Franzose. — „Ich verstehe dieses Wort noch immer nicht."

— „Mein Porträt, ja. Die dürren Hügel, welche einen dürren Fleck Erde einkerkern, über den kein Wanderer den Weg nimmt, da er keine bewohnten Punkte verbindet. Die düstern Wolken des Horizonts, die so schwer sind, daß der Wind sie nie weiter wirbeln kann, die laue, faule, nasse, erstickende Luft, und — die Todtenstille."

— „Prinzessin, haben Sie nie geliebt?" — fragte Herr von Montmorency plötzlich.

— „O ja. Viermal."

— „Ah..."

— „Jawohl, viermal. Echt. Zuerst eine prächtige Büste, die unsere Zeichnungsvorlage war. Dann eine blendende Mannesschönheit. Dann einen Tscherkessen, das heißt einen Gott. Die prächtige Statue war aus Gips. Die Schönheit war dumm. Der Tscherkesse war mit seinem Rosse verwachsen. Alle Anderen haben mich zuviel angebetet, als daß ich sie hätte lieb haben können. Das vierte Mal . . . . Beiläufig gesagt, Monsieur, zwei Sachen habe ich mir niemals erklären können: erstens, weshalb wir Frauen immer dumme Männer mehr lieben als gescheidte, und zweitens, warum wir nie die Männer mögen, die uns echt und wahr lieben, sondern nur immer die, welche uns mißachten und nicht verstehen?"

— „Ja, ich weiß das nicht, Fürstin. Ich weiß nur, daß das Weib und der Mann immer das von einander begehren, was der Andere nicht bieten kann: Die Liebe ist ein fast unlösliches Räthsel geworden durch die Verkünstelung unserer Herzen. Was mag diese Verkünstelung herbeigeführt haben? Die neue Literatur und die Demoralisation, beide miteinander, meine ich."

— „Sie können recht haben, Monsieur. Die Literatur hat uns überspannt gemacht, und der Cancan hat uns verthiert. Und gibt es etwas Schrecklicheres als ein Triple extrait-Parfüm der Verthiertheit? Die gräßliche „Chimära" der griechischen Mythologie! — Aber wohin gerathen wir. Pardon, Monsieur. Aber ich plaudere mit ihnen gern Träume. Ich könnte mich nicht in Sie verlieben, aber ich glaube, ich könnte Keinem so gut Freund sein wie Ihnen." — Sie reichte ihm dabei die feinbehandschuhte Hand.

— „Ich könnte auch nicht Ihr Liebhaber werden, aber ich könnte mich für Sie duelliren," — sagte Montmorency. — „Ich bin vierzig Jahre alt, aber ich habe mit mir selber noch nie so ehrlich geredet, wie mit Ihnen. Ich verstehe Alles, was Sie meinen. Sogar die Landschaften. Sie haben da einem alten unbestimmten Gefühle in mir Nahrung gegeben und einen Namen. Ich habe die Landschaften stets am meisten geliebt unter allen Gemälden. Seit Sie dieselben Porträts genannt haben, weiß ich erst, weshalb das so war. Eine Landschaft ist alles Gute, was in uns ist; sie ist wie ein Spiegel unserer Seele, treu und versöhnend durch die Selbsterkenntniß. Die Natur straft nie; Gott segne die Natur, in der wir unser unverstandenes Innerstes am klarsten ahnen können." — Herr von Montmorency hatte bei diesen Worten die Hand der Prinzessin ergriffen und geküßt. Die Beiden waren nichts weniger als Angebetete und Anbeter, nicht einmal Freundin und Freund. Sie waren dazu Beide zu kalt geworden, zu müde, zu überdrüssig und zu ehrlich. Sie hatten Beide das Gefühlsleben überstanden wie eine Krankheit. Der eigentliche adorateur avoué der Fürstin war Graf Pál: er war ihr cavaliere von jeder Minute, und er aß fast täglich an ihrem Tische, saß in ihrer Loge und fuhr in ihrem Wagen spazieren. Wie man die Ausstellung verließ, war es Graf Pál, welcher die Equipage herbeiwinkte, welcher der Fürstin den Shawl umwarf, und welcher ihr den chinesischen Sonnenschirm nachreichte.

Am Palais angekommen, beim Aussteigen, schaute die Fürstin plötzlich auf Graf Pál. — „Oh!" — machte sie. — „Nun habe ich im Künstlerhause Etwas vergessen."

— „Soll ich vielleicht . . ."

— „Ja! bitte. Die Adresse des Malers Karl Maurer möchte ich erfahren. An der Kasse. Wir werden mit dem Diner auf Sie warten, Graf Pál."

Graf Pál sprang in den Wagen zurück und kehrte nach dem Künstlerhause um, und frug den Portier nach der Wohnung des Malers Karl Maurer und nach seinen Verhältnissen.

Im Zurückfahren rekapitulirte er: „Wohnt also Wienstraße Nr. 12, sovielter Hof, sovielte Stiege, sovielter Stock, sovielte Thür.

Und wohnt mit einer Art Frau. Wenn ich nur nichts vergesse?" — Dabei gähnte er vor Hunger nach dem Diner.

* * *

II.
Was Graf Pál war.

Graf Pál war aus einem armen Zweige einer reichen alten Familie. Der Majoratsherr, der die Apanagen regulirte, war geizig wie ein Maulwurf, und die Eltern Páls waren verschwenderisch gewesen wie die Elstern. Mit siebzehn Jahren, als Kadet in einem Freiwilligen-Husarenregimente, besuchte Graf Pál stammgästlich die Walhalla, den Dianasaal und das Orpheum. Als Offizier hatte er schon so viele Schulden, daß er bereits drei Tage nach Empfang des Portepées quittiren mußte. Nachdem er seine Schulden bei einem ungarischen Onkel „abgesessen" hatte, kam er wieder als Offizier zu den Husaren, wo er mit seiner prächtigen Gestalt, in der glitzernden Uniform, an der Spitze eines Reiterhaufens abermals Furore machte. Er war der Bankhalter aller Makao's, der Arrangeur aller Garnisonsbälle, der Anbeter aller Obristensgattinen. Nach zwei Jahren mußte er abermals quittiren. Da diesmal seine Schulden zu schmutzig waren, um möglich zu sein, hatte man mit seinem Namen Mitleid genug, ihm schnell ein Duell anzutragen, und Graf Pál quittirte nun „dieses Duells wegen". Aus einem verschwenderischen Offizier, vor dem die Juden krochen, wurde Graf Pál ein armer Civilist. Er hatte, mit seiner kleinen Apanage von einer uralten Tante (welche ihr geheimnißvolles Testament in ihrem cul de Paris aufbewahrte), monatlich genau gerechnet hundert Gulden Schulden zu verzehren. Ein solcher Zustand macht einen braven Menschen zum Arbeiter, und einen Gesunkenen zur Waare. Und Graf Pál war ein gesunkener Mensch von jener Race, welche nur Wien und London kennt: ein quittirter Offizier ohne Anstellung. Dieser quittirte Offizier braucht eben nicht durch Laster gesunken zu sein; er ist es aber sicher durch die geistige Unthätigkeit so vieler Jahre. Der Kavallerieoffizier reitet sehr viel, und der Infanterieoffizier exerzirt sehr viel. Was aber die ihnen aufgetragene geistige Arbeit betrifft, so wird dieselbe meistens von den freiwilligen Korporalen besorgt, die dadurch eine sanftere Behandlung erkaufen möchten. Die eigentliche Arbeit eines Offiziers besteht also im Schwitzen.

Der österreichische Offizier, welcher resignirt, thut dies selten vor dem dreißigsten, vierzigsten Jahre; er ist da nicht mehr fähig den Bienenfleiß der Jugend einzuholen, oder die vergessenen Schulstudien aufzufrischen. Ist er nun vollends ein Cavalier, so muß er sich par force auf jenes Lebensprinzip werfen, welches Riccaut de la Marlinière „corriger la fortune" nennt — auf was immer für eine Art. Die leichteste ist es, sich beliebt zu machen. Von zwei, drei Adelshäusern, wo sie den Hausfreund spielen, können die Wiener Grafen Pál's recht anständig leben. Sie figuriren dann mindestens nicht auf der Gerichtsbank gegen „falsche Spieler" oder „Fälscher". Graf Pál nun, der ehemalige Reiteroffizier, war ein Riccaut de la Marlinière der unschuldigsten Sorte. Er war groß, und noch interessant trotz seiner beginnenden Glatze, welcher aber der ellenlange Schnurbart als Entschuldigung diente. Er war kein Ungar, hatte aber stets mit Ungarn gedient. Er bildete sich nicht mehr ein, daß ihn eine Frau noch mit dem Herzen lieben könne, und das gab ihm eine merkwürdige Leichtigkeit. So nahm er sein Mittagsmahl täglich bei einer andern verwandten Familie, sein Amüsement in einer verwandten Loge, und sein Souper bei der Fürstin Anka Miloduroviç, in deren Leben er das Faktotum, in deren Wagen er die vierte Person, auf deren Promenade er der Armreicher war. Sie hatte seine Lippen noch nie mit den ihrigen berührt, aber er hatte sie schon an ihrer Toilette geschminkt.

Er war der Commissionär adeliger Damen geworden, der süperbe ehemalige Offizier, wie er früher ihr Geliebter gewesen war. Daneben besuchte er jeden Pferdemarkt der Monarchie, wo es ihm stets gelang, zweifelhafte Pferde an junge Kadeten anzubringen. Der Pferdehandel brachte ihm jährlich circa 2000 Gulden, was eben dazu diente, seinen Schneider geduldiger schimpfen zu lassen. Sein Pferdehandel mit künstlich feurig-gemachten und aufgeputzten Kleppern glich so ziemlich einem Betruge; aber ein Betrug in fashionablen Dingen wird merkwürdigerweise nur als Geschicklichkeit angesehen: und der Pferdehandel zwischen Offizieren und Neulingen ist in Oesterreich das fashionabelste

Ding, was es gibt. Es kann distinguirt sein Pferde zu lieben, aber es ist ziemlich ordinär, wenn ein Colonel einem jungen Offizier, der nicht widersprechen darf, einen halbkrepirten Gaul um den sechsfachen Preis liefert, oder wenn pensionirte Colonels ihr Leben von Pferdemärkten fristen. In England, dem echten Sportlande, kommt das nicht vor. Das Ding ist aber eben bei uns so fashionabel wie die Fiakermilli, und gegen die Mode gibt es keinen Rekurs.

Graf Pál war also seines Zeichens Freund-Commissionär der Fürstin Anka Miloburovic, der Gräfin Hanna Erbach, der Wanda Losnicka und der Banquierstochter Wirm-Altenburger, und in seinen brillanten Augenblicken Pferdeschacherer. Er wohnte in zwei hübschen Salons am Belvedere, war in jeder Offiziers- oder Adelsgruppe ein Stern ... beinahe ein Komet! und hieß mit seinem vollen Namen im gothaischen Almanache: „Graf Emile Paul Theodorich Stephan Rudolph Richard Mondsee-Terrabotta, k. k. Rittmeister a. D., geb. den 8. April 1830."

*
* *

III.

Am Morgen nach dem Gemäldetage war Graf Pál beordert, wie gewöhnlich mit Anka Miloburovic die Morgenpromenade durch den Stadtpark zu machen. Eine kalte Sonne sah auf Knospen, die sich scheu vor dem Entfalten sträubten.

— „Sie haben mir doch Alles von dem Maler von gestern erfahren, Graf Pál? Wir hatten noch gar nicht Zeit darüber zu reden."

— „Der Maler — Karl Maurer — Ah, ja. Was wollen Sie mit ihm, Fürstin?"

— „Ich? Mein Gott, ich möchte ihm ein Bild abkaufen, ihn unterstützen. Er muß arm sein, da sein Name noch nicht bekannt ist."

— „Wenn Sie da Gutes thun wollen, Fürstin, dann kaufen Sie Kinderwäsche ein."

— „Was!?"

— „Karl Maurer ist 22 Jahre alt, wohnt in einem vierten Stock, Wienstraße Nr. 12, so und so vielter Hof, so und so vielte Thüre, mit einer mageren Nähterin zusammen, und ist arm wie eine Kirchenmaus. Wahrscheinlich ißt auch die Dame gerne Fische am Freitag und Würste am Samstag. Sie sehen, Fürstin, Sie können da ein gutes Werk thun und die Moral unterstützen."

Sie nimmt jetzt seinen Arm und hebt ihr Plüschkleid in die Höhe, während ihr winziger Muff wie ein Perpendikel hin- und herpeitscht. — „Da ist eine Thaupfütze, sehen Sie denn nicht? So. — Sie haben recht. Die Geschichte wird immer interessanter. Ich wollte ihm unbekannterweise ein Cadeau senden; aber ein solcher Landschaftsdichter, der mit einer mageren Nähterin lebt! Den muß ich kennen lernen. Ich will ihn besuchen und ein Bild bestellen."

— „Heute noch?"

— „Das weiß ich nicht. Aber Sie dürfen nicht mit mir. Sie würden arrogant sein, weil sie ihn jetzt schon hassen. Aber fürchten Sie sich nicht. Ich werde ihn nie zu Tische laden und er wird Ihnen also nie Etwas wegessen."

* * *

Tempi passati.

Ein Jahr vor diesem Frühjahrtstage hatten in einem Stübchen eines letzten Stockwerkes der Wienstraße zwei Schwestern gelebt, die sich ihr Leben mit Handarbeit fristeten. Die ältere hieß Martha Edlinger, die jüngere Tini Edlinger. Die Aeltere besaß eine Handschuh=Nähmaschine, und nähte Handschuhe für ein Gewölbe auf dem Kärntnerring. Die Jüngere nähte Krägen und Chemisetten für einen Weißwaarenladen auf der Mariahilferstraße. Die Aeltere hatte schwarzgewelltes Haar und ein erschrecklich mageres und scharfes, schneeweißes, alterndes Gesicht. Sie mochte wohl erst dreißig Jahre alt sein, aber sie sah aus wie vierzig. Die Handschuh=Nähmaschinen sind schmal und niedrig, und das feine Leder muß zwischen den winzigen Messingplatten genau eingezwängt werden. Martha's spitzes nnd mageres Gesicht war also fast stets von ihrem schwarzen welligen Haupthaare beschattet, weil sie es so tief halten mußte. Nur wenn sie hustete, setzte sie sich gerade auf.

Tini war etwa achtzehn Jahre alt, hatte braunes Haar und braune Augen, ein weißes schmales Gesicht, und summte manchmal den Anfang eines Walzers. An der Wand zwischen ihnen hing ein Fluid-Lämpchen, welches hell das ärmliche, aber nette Kämmerchen durchleuchtete. Die beiden Schwestern wohnten in keinem möblirten Kabinete als Afterpartei, denn sie hatten, wie sie Waisen geworden waren, die bescheidenen Möbel ihrer Eltern nicht verkauft. Sie hatten das Zimmerchen direkt vom Hausherrn, und hatten ihren eigenen Eingang.

— „Ich bin nur froh, daß wir von keiner Zimmerfrau abhängen," — sagte Martha oft. — „Die sind ärger als Gerichtsdiener."

Wie sie so nähten, hustete Martha einmal länger als sonst. Dann brach sie ab und Tini hörte sie schwer athmen. Sie schaute und sah ihre Schwester sehr weiß im Gesichte, das Auge ängstlich stier vor sich hin gerichtet, die Hand über die Stirne gelegt, von welcher plötzlich Schweiß perlte. — „Um Gotteswillen, Martha, was hast du?" — fragte Tini, und sie ließ die Hände mit der Weißnäherei auf den Schooß herabfallen.

Martha athmete heftig. Dann sagte sie mit einer Stimme, die ganz anders war als ihre sonstige, indem sie die Nadel weglegte und den Lederfleck: — „Nichts. Aber ich glaube, das Blut kommt wieder, Tini . . . O weh, o weh."

Und sie erhob sich rasch, und hielt ihre Hände vor den Mund und röchelte und eilte zum Bette; Tini ließ Alles fallen und eilte ihrer Schwester zu Hilfe. Sie war dabei selber zitternd und bleich wie eine Sterbende. Denn der Arzt hatte gesagt: „Wenn das Blut noch einmal kommt, ist Alles aus."

Noch spät, spät in der Nacht, als Martha nach ihrem Anfalle in einem todtähnlichen Schlafe im Bette lag, saß Tini an ihrer Arbeit. Die Angst und der Schrecken durchzitterten sie, und sie weinte über ihrer Näherei. Aber arbeiten mußte sie. Denn wenn Martha länger krank blieb oder starb, brauchte man mehr Geld als sonst. Es ist vielleicht Eine der größten Traurigkeiten der Armuth, daß der Seelenschmerz die Arbeit nicht einstellen darf.

Gegen ein Uhr Nachts kam der Anfall wieder. Tini sah, oder vielmehr sie ahnte ohne zu wissen woraus, daß nun das Ende da sei. Die Angst und die Verzweiflung eines solchen Augenblickes paralysiren fast in der Jugend; der Schmerz des Alters ist besonnener. Tini wußte nicht, was sie beginnen sollte. Sie unterstützte die Schwester, welche im Todeskampfe röchelte. Sie fing an zu beten und sie tröstete dann wieder, und sie lief nach Wasser, und sie jammerte, und dann wurde sie fast sinnlos vor Entsetzen über die Stille und die Verlassenheit des Zimmers, und sie lief in das Vorhaus, und pochte an die Seitenthüre, und rief um Beistand und Hilfe.

In dem Zimmerchen nebenan wohnte ein armer junger Landschaftsmaler, der lange aufblieb, um Ankündigungs=Vignetten zu skizziren. Der Maler war also noch wach, und brachte Wasser, und machte kalte Umschläge für die glühende Stirne der Sterbenden, und tröstete die jüngere Schwester, und richtete die Sterbende auf; wie sie keinen Athem mehr schöpfen konnte, und als die dann ganz zuletzt noch einmal wieder zu sich kam, und Tini vor Schluchzen nichts Anderes reden konnte als immer nur: „Liebe Martha, liebe Martha, liebe Martha!", — da redete er mit der Sterbenden, die in einer irren Weise zu plaudern begann. Lange Jahre zurück wanderte diese arme scheidende Seele, und sah sich in dem Garten, wo sie als junges Mädchen ihr eigenes Blumenbeet gehabt hatte. Dann redete sie von dem jungen Schullehrer, den sie geliebt, und der ihr in diesem selben Gärtchen versprochen hatte sie zu heirathen. Nur auf freundlichen Stellen weilten ihre schwindenden Gedanken, und sie ward sich zum Glücke nicht bewußt der langsamen Verarmung, des Verwaistwerdens, der langen, endlosen Arbeitsnächte und der langsam schleichenden Krankheit. Sie starb mit einem klaren, langsam verlöschenden Blicke auf das schluchzende Haupt ihrer Schwester. Es muß ein schmerzlich süßer Trost sein um's Sterben, wenn wir Thränen fließen sehen um uns. Auch dessen wurde sich die Sterbende nicht bewußt, daß sie dieses junge, vor Weinen zitternde Wesen schutzlos und vereinsamt dem Elende und vielleicht Schlimmerem zurückließ. Sie endete friedlich mitten in dem Gärtchen ihrer nievergessenen einzigen Liebe.

* * *

Nach einem Monate zogen Tini und Karl miteinander in Ein Zimmer eines anderen Hauses. Das war so gekommen. Tini hatte sich von ihrer Näharbeit stets eine Stunde abgestohlen, um in der Dämmerstunde in ihrer Kammer eine Patinum zu legen mit schmutzigen alten Karten. Sie fragte da stets, ob ihre liebe todte Schwester noch an sie denke. Eben zu dieser Dämmerstunde, wo er nicht mehr malen und bei Licht noch nicht zeichnen konnte, besuchte sie der Maler regelmäßig, und half ihr die Herzbuben und Treffdamen sortiren. — „Um was fragen Sie die Karten alle Tage?" — erkundigte er sich endlich, und wie er das sagte, streiften seine Lippen ein=, zweimal die wehenden Haare ihres Scheitels.

— „Ich frage, ob die Seele meiner lieben Schwester noch manchmal um mich ist," — sagte sie sehr leise.

— „Oh! warum? Gestorbene soll man in Frieden ruhen lassen," — sagte er ernst. — „Haben Sie denn niemals nach langer, langer Arbeit empfunden, wie süß der Schlummer ist?"

— „Es ist wahr," — flüsterte sie. — „Ich habe das nicht bedacht. Aber ich würde es nicht aushalten ohne den Gedanken, daß mein Vater, meine Mutter oder Schwester um mich sind."

— „Warum denn nicht?"

— „Aber dann stünde ich ja ganz allein!" — seufzte das arme Mädchen mit nassen Augen.

— „Wissen Sie denn nicht, daß ich Sie liebe?" — fragte der Maler, und seine Arme lagen um ihren Nacken, und seine Hände auf ihrem schlichtgescheitelten Haare.

— „Ja, das weiß ich", — sagte sie fast unverständlich. — „Aber Sie können mich doch nie beschützen. Ach, reden Sie nichts! Sehen Sie, ich war immer recht unglücklich, aber jetzt bin ich es mehr als je! Das größte Unglück ist, so ganz allein zu sein! Und . . . und . . ."

— „Schauen Sie mich doch als Ihren Bruder an!" — rief er rasch, athemlos.

— „Ja, wenn Sie's nur auch wären!"

— „Ich habe Sie ebenso gern; Tinerl, möchten Sie mich nicht heirathen?"

2*

Sie lachte kindisch auf, dann fing sie ein wenig zu zittern an.
— „Sie halten mich zum Narren, Herr Karl. Das ist gar nicht schön von Ihnen. Ich . . ."

— „Aber ich sage Ihnen auf Ehre, ich könnte Niemanden heirathen als Sie, Fräulein Tini. Denn sehen Sie, ich habe noch nie ein Mädchen so gern gehabt. Und wegen den Leuten schon sollten Sie mich heirathen, weil Sie doch nicht meine Schwester sind."

Er sagte das so ehrlich und aufrichtig. Er hatte sich auch so einsam gefühlt im Herzen, denn er hatte noch Niemanden gern haben können so aus sich selber.

Sie lächelte. — „Aber ich verdiene so wenig!" — sagte sie. Sie war in Wien geboren und hatte stets gesehen, daß Arbeiterinen nur geheirathet wurden, wenn Sie aus einer früheren „Ehe" Geld hatten.

— „Wir werden also warten," — sagte er.

An diesem Abende ging er später fort als sonst. Sie mußte am nächsten Morgen „abliefern", und arbeitete also lange, sehr lange an ihrer Weißwäsche.

Der Maler arbeitete einige Tage hindurch sehr eifrig an seinem Landschaftsbilde: „Düstere Stimmung". Aber es war immer, als wollten ihm aus seinem Pinsel Sonnenstrahlen durchdringen.

Eines Abends besuchte er nach dem letzten Pinselstriche ein Kaffeehaus. Er blieb zu lange. Als er nach Hause kam, schlief das ganze Haus. Sogar der Hausmeister öffnete das Thor im tiefsten Negligé. Und wie Karl zu seinem Zimmer hinaufkam und seine Thüre öffnen wollte, drehte sich ihm im Schlosse der Schlüsselbart ab. Nun war guter Rath theuer. Er mußte sich entweder auf die kaltfeuchten Steine des Korridors niederlegen oder er mußte sich noch einmal das Thor öffnen lassen, um in irgend einer Kaffeekneipe das Morgengrauen zu erwarten. In seiner Verzweiflung pochte er an die Nebenthüre, an die Wohnung Tini's. Sie wachte noch und fragte, wer da sei. Er erzählte ihr sein Unglück und bat sie, ihn einzulassen. Er wolle nur auf einem Sessel schlummern. Sie entsetzte sich. Er sagte: — „Aber Niemand wird es wissen . . . ich gehe um sechs Uhr Früh fort, und laſſe mir den Schlüſſelbart ſchweißen." — Sie ſagte : — „Aber wir Beiden können doch nicht . . ."

— „Oh, Sie werden ja gewiß bis zum Morgengrauen arbeiten wie gewöhnlich . . ." — ſagte er.

Sie ließ ihn ein.

Das Morgenroth fand Tini auf ihrer Nähmaſchine eingeſchlummert, und Karl auf ſeinem Schemel tief ſchlafend.

Um ſechs Uhr entfernte er ſich. Von dieſer Zeit an betrachtete ihn Tini wie einen Bruder. Aber zwei Monate ſpäter änderten Beide ihr Quartier, und zogen miteinander in ein anderes Haus, in ein und daſſelbe Zimmer.

Beim Einzuge, nachdem die Möbeln hinaufgeſchafft worden waren, ſchloß Karl die Thüre, nahm das in ſeinem dicken Wollentuche zitternde Mädchen in ſeine Arme und ſagte, indem er ſie küßte : — „Tini, das Zimmerl da iſt wunderſchön. Die Staffelei und der Nähtiſch haben beide gleich viel Licht. Freuſt Du Dich? Wie ſchön wird das hier ſein?"

Sie ſagte nichts. Sie fing nur an bitterlich zu weinen. Dann verſtand er ein, zwei Worte : — „Bleib' immer ſo, Karl, ja?"

*   *   *

Die Prinzeſſin Milodurovic ritt Vormittags mit ihrem Cavalier und einem Bedienten aus; es war ein kaltſonniger, himmelblauer, nachtkothiger Morgen. Sie ritt mit ihm über die noch menſchenleere Ringſtraße, wo die noch unknoſpenden Bäume im rothen Vormittagslichte erglühten zwiſchen Straßenkehrern, gewölbeöffnenden Fragern und ſomnambülen Sicherheitsmännern. Sie ritten bis zu den Praterbädern hinab und dann zurück durch die immer mehr belebten Ringſtraßen=Beſenſtiel=Bäumchen. Bei der Schwarzenbergbrücke lenkte ſie ein und ritt direkt an der grünen Wien=Barriere gegen die Eliſabethbrücke zu. Er lachte laut, weil er errieth, daß ſie zu dem Maler wolle.

— „Weshalb lachen Sie?" — ſagte die moldauiſche Wienerfürſtin ſcharf. — „Weil ich in eine Landſchaft verliebt bin? Daß ich nicht in den Maler verliebt bin, werden Sie mir wohl glauben, da ich ihn nie gesehen habe."

In der Wienstraße nahmen sie einen Commissionär auf, der die beiden Pferde halten mußte, und stiegen nach einer langen Information beim Hausmeister die kalte teppichlose enge Steintreppe hinan. Sie trafen Karl Maurer in seiner Kammer. Er trug seine Hausjacke, hatte das Haar ungekämmt, und knöpfte sich den Hemdkragen rasch zu während der Verbeugung. Auf dem Waschkästchen stand ein Schnellsieder, auf welchem die letzte Spiritusflamme verzuckte; daneben war geschlagener Zucker, gebrannter Kaffee auf einem Stück Fließpapier und ein henkelloser Glaskrug. Um den eisernen kleinen Ofen herum waren auf einem zerrissenen Ofenschirme Wäschstücke aufgehängt, und hinter dem Schirme hatte sich Tini verborgen.

Am Fenster stand die Staffelei mit einer Kreideskizze hart neben einem Nähtischchen. Die Prinzessin blieb einen Augenblick in der Thüre stehen. Der dumpfige Geruch stieß sie gleichsam zurück. Graf Pál strich mit seinem parfümirten Taschentuche über den Schnurbart mit einem bezeichnenden Nasenrümpfen. Aber die Fürstin flüsterte ihm scharf zu: — "Wenn Sie den Schnupfen haben, Graf, so hätten sie daheim bleiben sollen . . ."

Dann setzte sie sich muthig auf den Strohsessel, und machte dem Maler Komplimente über seine Kunst in so ehrlicher Weise, daß das junge Genie davon ganz froh wurde. Und dann bestellte sie bei ihm eine Landschaft:„ — Es ist fast eine Sünde," — sagte sie — "einem Genius zu sagen, er solle malen. Aber mehr als ein Verbrechen, eine Dummheit ist es, ihm zu sagen, was er malen solle. Ich bin vernarrt in ihr Landschaftsgedicht „Düstere Stimmung", und ich möchte ein ähnliches; ich bin die Prinzessin Anka Miloburovic aus Jassy. Ich bin nicht reich genug, um Ihnen ein Bild nach seinem vollen Werthe zu bezahlen, Herr Maurer. Aber wollen Sie mir eine Stimmung malen, Meister, um der echten Bewunderung willen, die ich für Sie hege. Und dann fordern Sie dafür Alles, was ich habe."

Dabei schaut sie ihn an mit so sammtbraunen Augen, daß er eine solche Pracht noch nie gesehen zu haben meint.

Und er verspricht verlegen und fragt sie, ob sie schon eine Bild-Idee habe.

— „Ich? Und wenn ich Eine hätte, käme sie nie einer Idee von Ihnen gleich. Tenez, zeichnen sie mir Ihren Lieblingsplatz; wollen Sie? Wo sind Sie daheim?"

— „In Niederösterreich."

— „Und haben Sie da einen Lieblingsort?"

— „O ja — einige" — sagte der junge Maler und seine Augen leuchten, und die erröthende Verlegenheit verliert sich in ein lichtes Aufglänzen seines Gesichtes. — „Melk!" — sagt er. — „Dort, wo man vom hohen Klosterbalkon auf die Donau, auf die Inselau, auf die Ruine Weitenect hinabsieht."

— „Das muß herrlich sein!" — sagte sie, und sie bewundert dabei, wie groß seine Augen blitzen können.

— „Und . . . und dann den Sonntagsberg," — sagte er. — „Da ist's noch großartiger. Von der Terrasse der Bergkirche aus gesehen, liegt das Land so weit, so reich, so schimmernd, so unabsehbar und so tief da, wie ein grüner, versteinerter Ocean. Melk im Sommerlichte würde „Himmelsahnen" heißen, die Aussicht vom Sonntagsberge aber würde ich im Bilde die „Versuchung des Erlösers" nennen . . ."

Der junge Maler schwieg, herzensfroh und heimatsbeglückt.

— „Malen Sie mir diese beiden Bilder!" — rief die Prinzessin fast athemlos und erhob sich.

— „Beide?"

— „Ja. Vollenden Sie dieselben wann Sie wollen, aber während des Malens erzählen Sie mir oft von ihnen. Sie sollen mich besuchen. Graf Pál, geben Sie eine Karte von mir, wo mein Palais angegeben ist. Bitte, Herr Maurer, erweisen Sie mir die Freude und die Ehre, mich morgen gleich zum erstenmal zu besuchen, um mir die Beleuchtung und die Stimmung der „Versuchung" zu beschreiben. Was Sie an Geld brauchen bis zur Vollendung, wollen Sie mir mittheilen. Wollen Sie, mein Herr?"

Man sprach noch viel. Endlich entfernte sich die Fürstin mit ihrem Begleiter.

Bei den Pferden unten sagte Graf Pál: — „Aber wie konnte Ihnen nur einfallen, Fürstin, zu sagen, daß Sie dem Maler für ein Bild Alles geben wollten, was Sie besitzen? Wenn der Mensch ein Schuft ist, kann er tausend Gulden fordern für eine Pinselei . . ."

— „Graf Pál, bitte, lassen Sie mich allein nach Hause reiten . . ."

„Wie . . ?"

„Ja. Sie ekeln mich! Morgen wird das vielleicht nachgelassen haben. Adieu."

* * *

Zu derselben Stunde, als Tini hinter dem Ofenschirme hervorkam, schilderte ihr Karl mit beredten Farben den Vortheil einer solchen Bestellung von zwei Bildern. — „Du sollst jetzt einen schwarzen Seidenrock haben!" — sagte er zuletzt. Tini schaute ihn währenddem starr an. — „Bist du fertig?" — fragte sie endlich. — „Oder hast Du mir noch Etwas von der schönen Prinzessin zu erzählen, welche Dir so viele Schmeicheleien sagte?" — Sie sprach das in einem Tone, welcher scharf und ihrem gewöhnlichen Tone ganz unähnlich war.

Karl betrachtete sie erstaunt. — „Aber ich habe Dir ja von dieser Prinzessin gar nichts erzählt?"

— „Nicht? Und Du sprichst doch immer von den Bildern, die Du für sie malen sollst!"

— „Für sie oder für einen Andern," — sagte er.

— „M i r würdest Du kein Bild malen!" — rief sie trotzig und mit einem Blick, der wie aus Achat geschliffen war.

Er f ü h l t e jetzt mehr, als er es verstand, daß sie eifersüchtig sei. Und wie Tini so vor ihm stand, das jugendfrische Gesichtchen böse abgewandt, die Lippen trotzig hinaufgezogen; und wie die Märzsonne einen kecken Strahl über sie warf, da lachte er kindisch auf über den Gedanken, daß er jemanden Andern lieber haben sollte als sie. Er faßte Tini mit seinen starken und doch so sanften Armen um die Mitte und sagte: — „Tini, ich male D i r nicht ein einzelnes Bild, ich male dir ja alle, weißt Du. Denn alle, die ich male, male ich nur in dem Gefühle des Glückes, daß Du bei mir bist; und ich male, da mit Du ein warmes Zimmer haſt. Ich male ſie alle durch Dich und für Dich. Verſtehſt Du?"

Sie lächelte und legte ihren braunen Kopf in ſeine Hände. — „Ich verſtehe dich nicht," — ſagte ſie. — „Aber ich weiß, daß Alles gut iſt."

Sie ſtanden ſo ein paar Minuten eng umſchlungen im Glücke der Eintracht. Es gibt ja nichts ſo Schönes wie die Jugend mit der Liebe! Wie ſie ſo ſtanden, glitt eine Wolke über Karl's Geſicht. Er wußte, daß er nie ein Weib ſo lieben könne, wie er mit ſeiner erſten, ſonnigſten und beſten Liebe dieſes einfache Mädchen liebte. Aber er wußte auch, daß ſie nie ſeine Gattin werden könne, da ſeine Bahn ihn aufwärts führte. Er dachte jetzt nie an eine Ehe, und ſie auch nicht. Sie hatte ihm ihr ganzes Leben gegeben. Und das Weib, welches dieſes Opfer aus reiner Liebe gebracht hat, denkt an keinen Lohn. Denn die echte Liebe glaubt ſich immer überzahlt.

* * *

In der Nacht brach ein Sturm los über Wien. Ueber dem Kahlenberg hatten ſich ſchon in der Dämmerung pechſchwarze Wolken geſammelt und in der Nacht brach das Gewitter los. Es war ein prächtig ſtolzes Zürnen in der Luft; die Wolken zerriſſen manchmal und ſtrömten einen Feuerguß auf die Erde herab, wie aus einer Eſſe. Schrecklicher noch war es, wenn's dann im ſchwarzen, finſtern Toſen nachdonnerte. Es mochte Mitternacht ſein, aber Niemand ſchlief in der ungeheuren Stadt. Mütter zündeten geweihte Kerzen an, die Kinder verkrochen ſich zitternd unter Bettkiſſen. Man zog alle Gardinen nieder, und hängte noch Tücher vor die Fenſterniſchen.

Vielleicht nur ein einziges Fenſter in der ganzen weiten Stadt war geöffnet, und dieſes Fenſter war im zweiten Stockwerke des Palais Milodurovic, und an dieſem Fenſter ſtand die Fürſtin, und ihr Auge wühlte gleichſam in dem finſtern Toben der Elemente.

Sie hatte die Lampen ihres Schlafgemaches verlöſcht und tiefe Finſterniß umgab ſie; aber draußen in dem Toben war es noch finſte= rer, und finſterer als überall war es in ihrer Seele, denn ſie hatte

Angst. Angst vor Etwas, was nicht das Gewitter war. Denn sie hatte ja das Fenster weit aufgerissen und athmete den Sturm lechzend in ihre Brust.

— „Wie das Alles schmachtet und ächzt!" — athmete sie tief. „Wie das Alles ringt! Der Sturm ist wie das Wimmern einer heißen, verdurstenden Kehle. Die Luft ist so trocken und glühend, daß der Wind sich manchmal entzündet. Diese nachtdunkle Erde dunstet alle ihre Sodomasünden aus und dürstet nach den strafenden Feuern des Himmels, erhitzt durch die Wuth ihrer Laster. Und so lechzt mein Herz nach einer reinigenden Flamme in der Mitternacht meines Lebens. O Gott! Im Purpur geboren, überschüttet mit allen Reichthümern der Erde, souverän, angebetet und schön und sinnlich, so trat ich in die düstre Weltpracht dieser Residenz. Ich bin noch nicht alt, und habe doch nichts mehr zu begehren. Nichts, als etwas Neues. Aber wo ist das? Alle Männer gehören mir, wenn ich sie will. Aber ich habe seit Kurzem ein so beklemmendes Gefühl von Angst in mir. Diese Angst mindestens ist etwas Neues. Es ist ein Gefühl, das ich nicht loswerden kann. Vor was fürchte ich mich? Es ist mir zum erstenmale in meinem Leben, als ob es Jemanden gäbe, der mir ein Leid anthun kann. Man sagt, daß in unserer Familie das „zweite Gesicht" herrscht wie bei den Schotten, seit mein Aeltervater Miloburos mit Constantin Porphyrogeneta das echte Kreuz rettete vor den Juden."

In diesem Augenblicke zerriß ein schrecklicher Blitz die Nacht: er rückte durch eine Sinnestäuschung die Berge bis auf zwei Schritte zum Palais heran, und unter dem folgenden Donner schien die Erde zu bersten bis in ihren Mittelpunkt. Und wenn die Gabe des second sight in der Familie der Fürstin eine Wahrheit war, dann leuchtete die Flamme in ihrem Herzen wie in einem Spiegel den Namen und die Züge eines Mannes wieder.

* * *

Am andern Morgen, an der Toilette, war Anka Miloburovic sehr ungeduldig. Sie ohrfeigte ihre Zofe, sie trat ihrem Affenpintsch auf den Kopf, sie zerkratzte die Spitzenschleier des Toilettetisches. Sie konnte es nicht erwarten, bis Graf Pál seinen schuldigen Morgenbesuch mache. Wie er ankam, um seine Befehle für den Tag zu empfangen, schickte sie ihre Zofe hinaus, aber noch ehe dieselbe die Thüre geschlossen hatte hinter sich, zankte sie ihn schon aus wie einen Lakaien über sein Spätkommen. Und dann sagte sie ihm, rasch, unzusammenhängend, nervös, er solle zum Maler gehen und demselben auf cavaliermäßige Art zu verstehen geben, daß sie ihn zum G e l i e b t e n haben wolle. Um jeden Preis! . .

— „Sie verstehen doch?" — fügte sie hinzu. — „Der Maler Karl Maurer ist keine Waare. Sie müssen die Liebe in den Vordergrund rücken, und kameradlich-cavaliermäßig mit ihm reden."

Graf Pál verstand sehr gut. Seine Antwort bestand in der Klage, daß ihn seine Gläubiger morgen fassen würden, und daß er also verhindert sein dürfte . . .

Die Fürstin fragte ungeduldig nach der Schuldsumme und kritzelte eine Anweisung. Dann sagte sie: — „Sie werden Alles fein anstellen, Graf Pál? Verstehen Sie mich recht? Genie's sind schrecklich empfindlich! Sie müssen mich ihm als Kamerad empfehlen."

— „Gewiß. Ich werde mit ihm erst Bruderschaft trinken und dann von Ihnen reden, Fürstin . . ."

* * *

Und Graf Pál besuchte an diesem Tage noch den Maler in seiner Dachstube. Er ging mit breitspurigen Schritten die Stufen hinan, und er stellte sich mit ausgespreizten Beinen in's Zimmer des Malers an dessen Staffelei, und benahm sich freundlich, vertraulich, entzückt, und bieder wie ein alter Bekannter. Er sagte zu Tini: „Ich küsse Ihnen die Hand, meine Gnädige," und er lud zuletzt den Maler ein, ihn auf ein Gabelfrühstück zum Faber beim Opernhause zu begleiten. Der Maler entschuldigte sich, aber der Graf wurde immer biederer, er setzte dem Maler selber den Hut auf, er bat bei Madame Tini um die Erlaubniß, den Herrn Gemahl entführen zu dürfen, kurz, er entführte ihn wirklich, indem er beinahe wahnsinnig wurde vor Begeisterung über das ausgestellte Bild.

Beim Restaurant, an einem comfortabel arrangirten Tische, neben einem Marmorkamine, die Füße auf weiche Teppiche gestellt, fuhr Graf Pál zwischen Caviar und Austern fort, für das Gemälde zu schwärmen und bat endlich den Maler, ihn dutzen zu wollen. Nach dem Bruderkusse, zwischen dem Wildpret und dem Käse, begann nun ein vertrauliches Gespräch, in welchem Graf Pál von den Schönheits=Choristinen des Wiednertheaters begann, von da auf die Anna Ulke übersprang, die Fiakermili streifte, zur Comfortable=Sali herabsank, und zuletzt eine Anekdote aus Casanova mit allen Strumpfbänder=Details recitirte. Der junge Maler war ein junger, lustiger, genial frischer Mensch, er ging auf alle Namen ein, und überbot die Casa=nova=Anekdote mit einer Panduren=Historie, über die ein Sicherheits=mann roth geworden wäre. — Und Sicherheitsmänner sind bekanntlich im gegebenen Falle Hebammen und Tugendwächter zugleich; wie es eben in Wien so geht, wo das Geburtshaus manchen Kindes der blaue Himmel ist.

Nun war man ami cochon und im Kasernentone fing jetzt Graf Pál an, dem Maler von Anka Miloburovic zu reden. Er schilderte sie als süperbe und stolze Frau, die von Hunderten vergebens umschwärmt wurde. Er sah, wie des Malers Augen glänzten, und tiefer Neid und brennender Haß schwellten seine Seele. Aber er führte seine Commissionäraufgabe tapfer durch bis zum Ende, und, wein=berauscht, legte er den Arm um die Schultern des Malers, und erzählte ihm: „Du glücklicher Karl! Die Miloburovic ist in Dich närrisch verliebt! Und — ich glaube, sie würde Dich auf der Stelle hei=rathen! Du Glückskind Du, geh'!" — Und er stieß seinen lieben Freund in die Seite.

Der Maler wurde plötzlich sehr roth im Gesichte, und seine Augen glänzten wie vor Glück. Er stotterte, wie er sprach. Und er sagte, er könne das nicht glauben, und . . ."

Aber Graf Pál gab ihm sein Ehrenwort als Offizier und rief: „Nein aber wirklich — sie schwärmt für Dich, sie will Dir ihr ganzes Vermögen vermachen, wenn Du es einmal wagst, ihr einen Kuß zu geben! Und zum Beweis will sie Dich morgen Vormittag bei sich sehen, um zehn Uhr längstens. Na, stoß' an! Und hörst Du, vergiß nie, daß ich Dir der Verkünder Deines Glückes war. Der Oberst Merbosch hat sich voriges Jahr wegen der Milodurovic erschossen. In der Zeitung hieß es freilich, das Sinken seines Vaterlandes sei daran schuld gewesen. Wenn ein Stabsoffizier sich erschießt, wird nämlich immer die Armee oder das Vaterland als Grund publizirt. Na, angestoßen!"

Die Gläser klirrten.

— „Dank dir, Bruder!" — sagte der junge Maler, und sein blondes Haar ringelte sich gleich goldenen Schlangen um die erhitzte Stirn, und sein blonder Bart rieselte im feuchtlippigen Lächeln gleichsam auseinander. Er hatte ein unnennbar schönes deutsches Gesicht, dessen Blondheit in diesem Augenblicke wie durch eine heftige Flamme erleuchtet wurde. Graf Pál stieß zum zweitenmale sein Glas so heftig an das des Malers, daß es knirschte: er hätte ihn zertreten können vor Neid und Haß wie einen Wurm; und das Glas des Malers knirschte ebenso wild an dem seines Partners; Karl Maurer hätte seinem neuen Dutzfreunde, dem Grafen Pál, mit kaltem Blute befehlen können ihm die Stiefel zu wichsen.

* * *

Am andern Morgen zur bestimmten Stunde machte Karl Maurer seinen bestimmten Besuch bei der Fürstin Milodurovic. Sie hatte ihn erwartet, denn der Graf hatte ihr noch um Mitternacht ein Stadt-Telegramm gesendet, daß Karl Maurer bereit sei sie zu besuchen. Sie war in ein unbeschreiblich reizendes Ausgezogensein von rosenfarbenem Tüll gekleidet, die künstlichen Ruinen ihrer Frisur flutheten über ihren Nacken hinab. Sowie der Maler eintrat, wurde die Zofe entlassen. — „Wir wollen ungestört plaudern," — sagte sie, in der Mitte des Zimmers vor ihm stehend, und seine Hände in den ihrigen haltend. Und sie lachte ihn an. Ein kecker Morgensonnenstrahl fuhr dabei über ihr Näschen. Unter ihren Parfümfläschchen war das Orangeade nicht zugestöpselt, und das Zimmer war von einer wahren Treibhausatmosphäre durchduftet. Alles war schwül und frisch zugleich.

Sie setzte sich auf einen Divan, wo sie ebenso gut liegen als kauern konnte. Und er mußte auf einem niederen Tabourete an ihrer

Seite Platz nehmen. O, man sprach sehr viel von Kunst. Die Fürstin war heute unnennbar schön, und sie war siegesgewiß, — denn er war ja gekommen ..!

Zuletzt fragte sie ihn, ob er ihr Porträt übernehmen wolle —

— „Ich bin ein Landschaftsmaler!" — sagte Karl Maurer und ließ seine Hand in der ihrigen.

— „Das meine ich eben. Sie sollen mein Porträt malen, aber als Landschaft. Eine Stimmung meiner Seele, wie Kaspar Netscher ein Lächeln der Frau von Montespan gemalt hat. Wollen Sie das nicht? Den Teint der Stimmung können Sie wählen. Wollen Sie einen Sonnentag malen, so lächeln Sie mich an, und sagen Sie mir, daß Sie mich lieben."

Sie sagte das prächtig heiter. Er wurde nicht verlegen dadurch.

„Aber wie kann ich sagen, daß ich Sie liebe — Prinzessin?" — meinte er, — „da ich mich kaum getraue Sie zu verehren?"

Sie schaute ihn scharf an, aber dann nahm sie seine Worte im besten Sinne und rief: — „Aber wenn ich Ihnen erlaube, mich nach ihrer Art anzubeten und mich lieb zu haben in jedem Sinne? Ja, wie?, wenn ich stolz bin auf Ihre Liebe, und wenn ich Sie bitte, mir ein wenig gut zu sein?"

Das Ausgezogensein der Fürstin glich in diesem Augenblicke einer reizenden Naivetät. Sie näherte ihren Mund dem seinigen. Er sah einen Augenblick hindurch vor sich nur ein dunkles Wolkenhaar, einen tiefschwarzen Blick, und zuletzt eine Reihe von perlweißen Zähnen.

— „Aber ..." — sagte er, — „es ist nur, ich darf keine Dame lieben, da ich zu Haus mein Mäuschen habe."

Die Fürstin bekam sehr scharfe Züge.

— „Wo, zu Hause?" — sagte sie. — „Sie sind also verheirathet?"

— „Nein."

— „Sie wohnen aber en famille?"

— „Ja, en famille. Mit Tini. In einer Dachkammer."

— „Das ist's eben. Sie, in einer Dachkammer!.. Wollen Sie nicht ein Malerstübchen in meinem Palais annehmen? Zur Sonne gelegen, und freundlich, und mit alten Möbeln ... Auch einen ganzen Saal will ich Ihnen einräumen als Atelier, wenn Sie wollen!"

— „Frau Fürstin, das wird nicht gut möglich sein, weil ich Tini nicht hierher bringen kann, und weil ich sie doch auch nicht allein lassen will . . ."

— „Tini — ist das Ihre Geliebte?"

— „Meine Geliebte? Ich weiß nicht; ich weiß nur, daß ich sie nicht verlassen darf, ebenso wenig wie meine Dachkammer. Tini in einem Palaste würde entsetzlich lächerlich sein. Man gewöhnt sich nicht so leicht ab von der Dachkammer, Frau Fürstin . . ."

— „Und von seiner ersten Liebe! . ." rief sie böse und ernst.

— „Ja," entgegnete er sinnend. Die Dachkammer und die erste Liebe, Frau Fürstin, wissen Sie auch, wie wichtig beide Sachen sind für den Künstler, der noch jung ist? Die Wiener Dachkammer ist nicht so wie die norddeutsche; sie hat manchmal Modejournale als Tapeten, und ihre Aussicht führt auf prächtige schloßgekrönte Hügel. Ein Wiener Maler ist also nie so arm, daß er nur Dächer sehen muß. Man wird da verwöhnt und will immer in's Freie sehen. Freilich ist die Dachkammer oft kahl und kalt. Und man könnte sie leicht gegen ein Mezzanin-Kabinet vertauschen, wenn man für Witzblätter zeichnen oder für Bilderauktionen pinseln wollte. Aber man thut das nicht. Man bleibt arm bis zu dem Augenblicke, wo ein König uns einen Stein aus seiner Krone anbietet für einen Gedanken-Diamanten von uns . . Und wenn die Dachkammer zu kahl und zu kalt wird für die Idee unseres Bildes, welches vielleicht königliches Glück und königliche Freude strahlen soll, so finden wir uns einen lebendigen Schmuck und eine lebendige Wärme dafür: u n s e r e e r s t e L i e b e! Unsere erste Liebe ist immer arm, Frau Fürstin, und immer unverdorben im besten Sinne. Sie ist manchmal dumm, aber sie ist immer treu und ehrlich. Sie hat braune Haare, die im Sommerwinde durch das Fenster der Dachkammer in die blaue Luft flattern, und sie hat einen Blick, welcher das Herz erwärmt. Das ist die Dachkammer, und das ist die Liebe: Das heißt, das ist das Nestchen für das Beste und Schönste, was wir jemals schaffen können, und was wir später in Palästen und in der Ehe mit einer Dame nie wieder einholen. Die

Dachkammer ist das Licht und die Jugend und die Liebe und das Glück, und nur in ihr gedeiht der Same unserer Unsterblichkeit! Wir hatten lange zwischen fremden Menschen gelebt — mit zänkischen, habsüchtigen Quartierfrauen und mit Fabriksdirektoren und mit falschen Kameraden. Aber in der Dachkammer zu Zweien findet man sich wieder zusammen: Der Genius und der Fleiß! Der männliche Drang und die weibliche Emsigkeit: man ist da daheim! Der Geliebte steht nicht höher als die Geliebte! Selbst wenn alle Zeitungen ihn unsterblich preisen. Und die Geliebte steht nicht höher als der Maler, selbst wenn sie den Hungernden von ihrer Hände Arbeit ernährt. Er hatte eine Mutter, die stets besorgt war, wenn er ohne Halstuch in die Kälte hinausging. Und ihr Vater ist früh gestorben, in einem kalten Zimmer. Sie finden in einander ein gleiches Schicksal wieder. O die Dachkammer! Was könnte ich einer fürstlichen Geliebten geben? Die Zerstreutheit des Bilderträumens. Und einer Gattin? Die Sorge und die Armuth. Aber der Tini, dieser personifizirten Jugend meines Lebens, sind ein Kuß, die Liebe und die Erlaubniß, mich einhüllen zu dürfen, der Reichthum einer Lebensmission. Und sie ist meine lebendige Muse. Ihre Sanftheit macht mich muthig, ihre Schönheit führt meinen Pinsel, und die Dachkammer um uns erfreut mir das Herz zu einem ausgelassenen Gelächter: Der Sonnenschein hat da überall Zutritt, und der Zugwind auch. Die Dachkammer läßt eine Welt von Licht und Elend ein, und strömt eine Welt von Muth und Jugend aus. Ich möchte meine Dachkammer nie vertauschen um den Preis des kleinen übel beleumdeten Mädchens, das mir dieselbe in Ordnung hält. Was wollen Sie, Frau Fürstin! Einem großen Zimmer würde die erste Liebe fehlen, und einer schönen Dame die Gleichheit und die Sanftheit. Ich müßte mich vor ihr schämen, und sie müßte sich über mich ärgern. Sie sehen wohl, daß ich in der Dachkammer bleiben muß."

— „Ja," — sagte sie mit tonloser, greller Stimme. — „Verfaulen Sie darin, wenn Sie wollen. Aber malen Sie mir früher ein Bild, Herr Karl Maurer."

— „Ihr Porträt als Landschaft? Und wie?"

— „Malen Sie mir die lebendige Freude Ihrer Dachkammer,

Ihre Tini. Diese Jugendfröhlichkeit, welche Gläubiger mit Lügen abfertigt und Ihnen aus einer Katze einen Hasenbraten bereitet . . .“

— „Und welche sich die Finger wund sticht, wenn ich krank bin, und nicht malen kann . . .“

— „Und welche Dialekt redet mit dem Dichter der Land= schaften!“

— Ja. Und welche so herzlich jauchzt, wenn ich sie zum Schwender auf einen Ball führe . . .“

— „Wie ist da Ihre Muse gekleidet?“

— „In Kattun, Frau Fürstin, und die Farben sind selten komplementär, sondern nur grell. Unsere Dachkammer ist so dämmerig, daß wir für den Sonntag gern grelle Farben wählen zum Ausgang.“

— „Gut. Diese ihre Tini malen Sie mir. Als Weib oder als Unkrautwiese. Und wenn ich dieses Bild ansehen werde, werde ich mir denken: Dieses Wesen hat mir mein Glück streitig gemacht und hat mich besiegt. Ich werde dann wissen, daß meine Spiegel lügen, und daß ich weder schön, noch jung, noch gut bin.“ — Die Fürstin sagte dies fast lechzend, und reichte ihm ehrlich ihre Hand, die er ergriff und küßte.

— „Frau Fürstin, sie scherzen ja,“ — sagte er treuherzig. — „Die arme Tini hat ja keine Loge im Burgtheater für Herrn Sonnenthals Gesang, und sie hat keine Loge im Opernhause für Fräulein Hauck's Lächeln. Sie hat nur im Künstlerhause freies Entrée und auch das freut sie nur, weil sie dort das Bild wiederfindet, das sie an unserem Herde ent= stehen sah. Wie reich sind Sie, Frau Fürstin, und wie arm ist die Siegerin . . . wie Sie sie nennen. Ich habe den Typhus gehabt und sie küßte mich weinend aus der Krisis des Deliriums heraus — in unserer Dachkammer.“

— „Aber wenn Sie morgen die Anerkennung finden, die Ihnen gebührt, Mensch! Werden Sie da reich, geehrt, nicht Ihre Dachkammer verlassen und Ihre Muse dazu, die doch in keinen Salon paßt?“

— „Ich werde wohl nie einen Salon haben, den ich nicht meiner Muse verdanke,“ — sagte der Maler leise und lächelnd. — „Bis dahin, Frau Fürstin, will ich Ihrer gütigen Bestellung genug thun. Ich werde ihnen ein Landschaftsporträt malen: Die Arche des Herzens, wie sie siegreich dahinsegelt über den Gewässern einer Sündfluth."

* * *

Es war der Spätsommer noch nicht vorbei, als Karl Maurer schon eine Berühmtheit der Saison gewesen war, und so viel Bezahlungen und Bestellungen erhalten hatte, daß er nothgedrungen seine Wohnung ändern mußte. Denn jeder Kunstfreund, der das Atelier des Malers besichtigen kam, entsetzte sich über das „Loch".

In zwei Wochen sollte Karl Maurer die Mansarde verlassen, und einen Salon sammt Atelier am Parkring beziehen. Es war ein schrecklicher Uebergang für ihn und Tini.

In der neuen Wohnung konnte ja das einfache Mädchen höchstens seine Bedienerin vorstellen, wenn Grafen und Fürsten nicht in Verlegenheit gebracht werden sollten. Tini fühlte das. Und der Maler wollte sich's zwar so lange als möglich abstreiten, sah es aber klar ein. Sie machten einen Spaziergang über Land an einem herrlichen Augusttage, drei Wochen vor der Ausziehzeit. Karl Maurer fuhr mit Tini nach Dornbach. Die Kornblumen schauten wie blaue Augen aus den goldenen Aehren hervor, und rothe Mohnblumen wiegten sich wie helllautes Blumengelächter dazwischen. Die weißen Lämmerwolken schwammen langsam im tiefblauen Azur wie Federchen in einem Gebirgssee. „Das ist so schön heut! — Daraus könntest du ein Bild machen, Karl!" — sagte Tini.

— „Ja. Jawohl. Ein schönes Bild."

— „Nun? Warum bist du denn so still heute?"

— „Mir ist nicht gut. Mir ist so heiß im Herzen."

— „Ach, Karl, Bibi, Du sehnst Dich wohl schon recht sehr nach der neuen Wohnung?"

— „Ach nein, Tini. Ich sehne mich nach unserer Dachstube. Nach einem Thee, und daß du neben meinem Bette sitzest, und mit mir redest."

Tini wurde todtenblaß. Ihre Schwester hatte einst fast das Gleiche zu ihr gesagt, ehe sie gestorben war.

Und Karl Maurer starb wirklich fünf Tage später, noch ehe er ein „berühmter" Maler wurde.

— „Ich bin froh, daß wir nicht ausziehen mußten," — sagte er in seiner Todesstunde, indem er die Hand der armen Tini auf sein Herz niederhielt. — „Da sterbe ich jetzt zu Hause. Dort am Herde hast Du dir die Finger an den Kartoffeln verbrannt, Tini, weißt? Und dort am Fenster habe ich das große Bild gemalt. Und hier, hier habe ich Dich so lieb gehabt. Das Bild dort ist nicht fertig; aber gib es nicht her unter 500 Gulden. Und wenn mein Kind geboren wird, so sag' ihm manchmal, daß ich Bilder gemalt habe. Ja? O liebe Tini, du Freude meiner Seele! Ich küsse Deine lieben Hände: und Gott segne Dich! Aber ich kann nicht länger leben, arme, arme Tini."

Der Theaterherr.

Der Wiener Theaterherr gehört nicht der Bühne an, aber die Bühne gehört ihm Er ist nicht Schauspieler, er ist nicht Dichter, er ist nur der „Inhaber der Ersten Künstlerin".

Der Wiener Theaterherr ist nie Student, Künstler, Beamter oder Kaufmann; alle diese Stände, so reich sie auch sein mögen, vermögen nicht die „Erste Künstlerin" zu bezahlen; selbst der reichste Adel vermag das nicht, und der Graf muß sich mit einer Choristendame begnügen, die ihn aber auch schnell genug ruinirt; mit der „Ersten Künstlerin" käme er nicht einmal bis zum dritten Abend.

Der Theaterherr, das heißt der „Inhaber der Ersten Künstlerin des Vorstadttheaters", ist stets Banquier. Wenn er Jude ist, steigt er enorm — im Werthe.

Nur der Banquier, der Börsenmann kann den unersättlichen Goldschwamm, den man Erste Künstlerin nennt, souteniren. Nur der Mann, welcher täglich und stündlich Millionen gewinnt, verliert, und dreifach wieder ersetzt bekommt durch einen Lufthauch, kann eine erste Künstlerin tyrannisiren.

Denn diese weiblichen Wucherer im Unterrock sind unersättlich wie ein Vampyr und rücksichtslos wie ein Gerichtsdiener. Sie verspeisen das Gold nicht mehr, sie fressen es. Sie sind so habgierig, so hungrig nach Werthsachen und nach Ersparnissen, diese Ersten Künstlerinen, daß nur der Börsenmann sie an sich saugen lassen kann, während er wiederum das Blut der Betrogenen in den Keller seines Wiederkäuermagens schlürft.

Der Theatermann von der Börse ist stets gesichert. Er hat Aktien von allen Parteien, und mag nun Bismark oder Thiers sterben . . . er gewinnt immer.

Und neben der Börse besitzt er noch eine Hosenstoff-Lieferung für das Militär, und daneben Getreidevorräthe für Kriegszeiten, und endlich drei, vier, zehn Leihgeschäfte, wo gestohlene Schmucksachen billig versetzt werden — Schmucksachen, die der Versetzer wohlweislich niemals auslöst. Kurz, der Theatermann ist ein Banquier, der niemals falliren kann, da er links und rechts gleich betheiligt ist; und wenn alle Monarchen Europa's zu gleicher Zeit von einer Seuche hingerafft würden, dann hätte der Theaterherr Moriz Lichtblau noch immer die Armeelieferung des Erbfolgekrieges und das Incasso-Geschäft für die Spitzbuben. Nur solche Leute sind möglich für die Ersten Künstlerinen. Leute, denen das Geld soviel ist, wie dem großen Hechten der kleine Weißfisch, der immer da ist.

Dieser Banquier-Theaterherr — liebt er die erste Künstlerin, die nur er bezahlen kann? Gott bewahre. Er hat eine eitle „gebildete" prächtige Frau, die er mißachtet, Kinder, die ihm zur Last sind und die er zwischen Gouvernanten und Hofmeister vertheilt; Freunde, welche er filous nennt. Das ist seine Gefühlswelt. Und seine Erste Künstlerin ist ihm nicht viel mehr als dies Alles. Sie ist ihm eine Reklame zwischen den übrigen Banquier's, sie ist ihm ein Triumph auf der Börse: denn wer so eine Erste Künstlerin bezahlen kann, dem kann man unbedingt Kredit geben; endlich und zuletzt ist ihm diese Erste Künstlerin wirklich ein Paprika des Genusses. Man nennt ihn ja in den Zeitungen ihren Columbus, man verbindet sein Ich mit dem ihrigen. Kurz, der ordentliche Banquier muß seine Erste Künstlerin haben, um jeden Preis.

Und wie glücklich ist er in ihrem Besitze! . . Er vergißt an ihrer Seite fast auf seine echte Uhrkette und auf seinen Adelsbrief . . .

Herr Moriz Lichtblau, der Theaterherr, ist stets sehr kurz, dick, hat kurze dicke Arme mit kurzfingrigen fetten Händen, kurze Beine mit kurzen fetten Füßen. Ohne Perrücke, fehlt ihm ein Hauptingredienz. Er hat sehr dicke Ringe, eine sehr dicke Uhrkette, eine sehr dicke Busennadel, eine sehr dicke Börse und eine sehr dicke Meinung von sich selber.

Seine Geschäfte macht er in ein, zwei Stunden ab, und die

übrige Zeit benützt er dazu, ein beschauliches Leben zu führen. In der
That beschaulich; denn Alles, was er thut, was er besitzt, oder was er will,
betrachtet er bewundernd, still und ehrfurchtsvoll; und Nichts treibt
so sehr in's Fett als die Selbstbewunderung und das Selbstanstaunen.
Er ist das Kind ungeheuer reicher Eltern, und der Luxus und der
Comfort sollten ihm also wirklich angeboren sein. Aber dem ist nicht so.
Herr Moriz Lichtblau kann sich niemals erholen vom Reichthum. Er
hat ihn schon in der Wiege gefunden; aber die jüdische Natur gewöhnt
sich nie so natürlich an's Geld, daß sie es auch nur für einen Augen=
blick vergessen sollte.

Herr Moriz Lichtblau weiß, daß er reich bleiben wird bis an's
Ende seiner Tage, daß er morgen so elegant essen und fahren wird
wie heute, aber dennoch wird er allmorgendlich beim Erwachen staunend
und bewundernd denken: „Gott, wie bin ich reich!" Alles, was schön,
comfortabel, angenehm ist, ist ihm nur schön, comfortabel und angenehm
durch das wohlthuende Gefühl: „Und ich kann mir das zahlen!" —
Ich glaube, man hat den rechten jüdischen Geist mit seiner komischen
Seite bis heute noch nicht richtig aufgefaßt. Der Jude des goldenen
Kalbes ist nicht geizig, nicht schmutzig, kein christlicher Knauser; er ist
einfach ein Anbeter des Goldes; er schenkt es vielleicht mit vollen
Händen her, und berechnet dabei die unzählbaren Pfennige, und es
macht ihn glücklich, so freigebig sein zu können. Der Jude denkt
in Alles das Geld hinein: in den Comfort, in die Lebensmission, in
seine Kunst, in seine Stellung. Er ist deshalb kein Geizhals, er ist
eben nur ein Mensch, der den Grund von Allem im Gelde sucht.
Er ist noch immer der Israelit in der Wüste, dem Aron nur mit
einem Goldklumpen die Sterbestunde erleichtern konnte. Es ist dies eine
schauerlich komische Seite des Judenthums, sein ausgeprägtestes, sein,
unsern Sinn verwirrendes Merkmal. Darum kann es so viele wohl=
thätige, menschenliebende, hilfbereite Juden geben, welche oft den Christen
beschämen in der Freigebigkeit, in der Selbstlosigkeit und im Verzeihen.
Aber der Jude, welcher seinen Mantel theilt mit dem Armen, wird
sicher den Werth dieses halben Mantels im Geiste überschlagen; der
Jude, welcher sich für seine Religion vom abtrünnigen geliebten Kinde
trennt, wird beten: „Herr, ich kann nicht von Dir lassen, Herr! Denn

Du hast mir gegeben zu essen, und das Kleid, was kostet zwanzig Gulden, und ich soll sein treulos?" — Und der Jude, welcher verzeiht, wird nicht auf Belohnung rechnen, er wird aus Mitleid verzeihen, **aber er wird dabei denken:** „Was hab' ich davon, wenn ich verfluch'? Und Gott wird haben eine Freud' an dem armen Geretteten, an meinem Feind, dem es gut gehen soll, und wer weiß, wo er mir danken kann am letzten Tag." — So gibt es gute Juden, brave Juden, aber sie sind nicht denkbar ohne den Refrain: „Geld".

Betrachtet man den Juden des Alterthums und den heutigen Juden, so findet man eben in dieser „Geldsucht" den großen Unterschied, der nur durch einen gewaltigen Riß im ganzen Volke entstanden sein konnte. Das alte Testament gebar die Propheten und es gebar Jesus Christus. Weder die Gefangenschaft in Egypten, noch die Zerstörung des Tempels hatten das jüdische Volk zu dem gemacht, was es heute ist. Es ist ein tiefer Zug der Verzweiflung in diesem Hängen am Gelde, eine Verschwörung möchte ich es nennen, ein Schwur, die ganze Welt zu erobern mit den sichersten Waffen. Der einzelne Jude freilich mag vielleicht nicht einmal wissen, zu welchem Zweck sein Geist und sein Blut seit Jahrhunderten her zu diesem Endrefrain des Geldes gestimmt worden ist.

Herr Moriz Lichtblau ist ein guter, ein nobler, ein freigebiger Mann. Er kann es thun, seine Mittel erlauben ihm das. Er versagt seiner „gebildeten" Gattin keine noch so theure Pelzgarnitur und keine noch so kostspielige Pariser Reise. Seine Söhne und Töchter läßt er „bilden" vom theuersten Meister; er selber „hält sich" die Erste Künstlerin, die theuerste Künstlerin des besten Theaters. Wenn er in seinem palastartigen Hause zum Frühstück hinuntergeht, und seine Familie sammelt sich um ihn, da bemerkt er mit Wohlgefallen den Cashmirschlafrock der Frau Gemahlin, die Worliczek-Fracks der Herren Söhne, und die fliegenden Haare der Fräulein Töchter, und mit Befriedigung kommt sein Gedanke auf das eigene weiße Gilet zurück und auf die eigene schwere Kette, die er durch seine fetten Finger gleiten läßt. Wie theuer ist das Alles, wie elegant, und er kann's thun.

— „Moriz!" — sagt seine „gebildete" Frau, — „ich möchte gerne eine Loge haben heute für die italienische Oper."

— „Sie kostet dreißig Gulden?" — sagte der Mann — „Sollst sie haben."

— „Gott, wie gemein! Wer wird schauen auf den Preis!" — pfiff Madame Lichtblau.

— „Ja, der Papa ist immer so gemein!" — sagte Fräulein Lichtblau.

— „Gemein? Ich? Wenn ich sag', daß Ihr sollt haben die Loge?" — erzürnte sich Herr Lichtblau. — „Und wenn ich den Preis nur erwähn', weil es mich freut, daß er ist so hoch? Das ist gemein?"

— „Man red't nie vom Preis, man denkt sich ihn nur!" — belehrte Madame Lichtblau. — „Glaubst Du denn, daß wir wären so versessen auf die Artôt, wenn die Logen nicht wären so theuer? Aber Du weißt, ich bin eine gebildete Frau, die Dich nur hat geheirath', nicht wegen deinem Geld, denn Gott sei Dank, Geld hab' ich genug selber, ich habe Dir zugebracht so viel hunderttausend Gulden; sondern ich hab' Dich nur geheirathet wegen dem, daß Du ein gebildeter Mann bist und nobel. Was möchten sagen die Husarenoffiziere, die sich satt essen bei uns alle Abend, wo der Fisch zwanzig Gulden kostet, wenn wir müßten sagen, wir haben die Artôt nicht gesehen?"

— „Ich hab' sie gesehen!" — sagt der jüngste Sohn. — „Hab' gezahlt sechs Gulden für den Platz, damit ich rette die Ehre von der Familie."

— „Was ist das für eine Ehre, für sechs Gulden! laß reden deine Mutter; eine Loge müssen wir haben, daß zu Besuch kommen können die Herren Offiziere. Was willst Du machen ohne die Bekanntschaften, wenn Dein Vater kriegt sein Diplom als Baron? Was mich schon hat gekostet 5000 Gulden in Silber an Almosen! ohne die Spesen!"

— „Was red't Ihr nur immer von Geld!" — schrie die älteste Tochter. — „Wenn der Papa nicht wird Baron, kann ich nicht heirathen den Grafen! Er wird uns kosten alle Jahre 70,000 Gulden, aber ich werd' sein bei Hof! Was red't Ihr immer von Geld? Ich zahl' euch alle Tage von meinen eigenen Interessen fünf Gulden, wenn Ihr nicht immer wollt' reden von Geld!"

-- „Was soll sich denken der Bediente?" — sagte Madame Lichtblau. — „Aber der Gauner ist nicht einmal im Zimmer! Kriegt zwölf Gulden alle dreißig Tage und steht nicht im Zimmer, wenn man ihn braucht!"
— „Laß doch!" — begütigte Herr Moritz. — „Es ist besser, wenn man kann plaudern unter sich. Es ist gut, wenn er steht im Zimmer, sobald kommen Gäste. Aber sonst — nutzt er sich ab — umsonst. Aber jetzt lebt wohl, laßt holen die Loge, ich muß in's Geschäft, auf die Börs'... Da, nehmt mir weg die Tasse und laßt sie nicht fallen, das Service hat gekostet 400 Gulden, und wenn eine Tasse fehlt, kann man kaufen ein neues, denn wir können nicht haben was Fehlerhaftes, wir können's ja thun, wir sind gebildete Leut', und reiche Leut', die nie denken an's Geld ...."

* * *

Vor der Börse kam Herr Moritz Lichtblau mit den Führern seiner verschiedenen Geschäfte zusammen. Diese statteten ihm Bericht ab, über verschiedene Gewinnste und Verluste, und vorzüglich bei seinem Incasso-Beamten wendete Herr Moritz Lichtblau sein weißes Gilet bald rechts, bald links. Bestand ja doch der Schmuck seiner Theaterdame meistens aus uneingelösten Pfändern! — Dann stürzte sich der Herr Moritz Lichtblau in die Strauchgasse und schrie dort entsetzlich in das Geschrei seiner Geschäftsfreunde hinein. Die Juden haben eine eigentliche Manie, bei Gelddisputen die Köpfe dicht aneinander zu bringen und dabei zu kreischen, als stünden sie meilenweit von einander entfernt. Dann fuhr Herr Moritz Lichtblau in seine Wechselstube und in sein Comptoir. Er bewunderte die Auslag-Dukaten, er bemerkt, wie alltäglich, die Eleganz seiner Bureaux, die Menge seiner Schreiber, die er gut bezahlt, und die Dicke seiner Strazzenbächer, die er vom ersten Buchbinder bezieht — „wenn sie auch theurer sind um eine Bagatelle"!

Dann geht Herr Moritz Lichtblau zum Sacher. Er sitzt da an einem Fenstertische, er ist da Stammgast und die Delikatessen schmecken ihm wirklich. — „Man kriegt darauf einen so guten Magen, wenn's auch theurer ist. Ich zahle lieber um zehn Gulden mehr, und esse mit Appetit und nobel, denn ich denke nie an's Geld."

Nun endlich geht er an sein eigentliches Tagewerk, an's Theater. Er hat es übrigens keinen Augenblick aus dem Sinne gelassen. Er hat in der Morgenzeitung zuerst die Theaterzettel gelesen, er hat sich in der Strauchgasse ein Kompliment machen lassen über den Besitz der ersten Künstlerin, und endlich hat er bei Sacher junge Erdbeeren und dicken Spargel bestellt für dieselbe.

Aber jetzt besucht er sie wirklich.

Fräulein Lotti Weistner, die erste dramatische Liebhaberin, ist für ihn immer zu Hause. Das Dienstmädchen öffnet ihm die Thüre, wie dem Herrn vom Hause, er geht geradewegs auf das Boudoir zu, und wird dort von der Künstlerin empfangen wie ein Gatte: so kurz, so widerwillig.

Er prüft mit Kennerblick das Aussehen seiner Geliebten, findet sie brummend gut geschminkt, mustert dann ihre Gestalt, wie ein Husar sein Pferd oder ein Dandy sein Windspiel, und wirft sich in „sein" Fauteuil — (es steht für gewöhnlich in der Ecke, damit kein unkoscherer Mensch es befleckt). Und jetzt beginnt die „Liebe" zwischen der ersten dramatischen Künstlerin und dem „Theatermann". Der Theatermann ist in allen Wiener Kreisen bekannt als Tyrann, Eigenthümer, Despot der gefeiertsten Künstlerin. Die andern Banquiers stecken darüber die Köpfe zusammen, und berechnen unter sich schadenfroh und bewundernd seinen jährlichen Verlust und seinen jährlichen Gewinn. Denn Moriz Lichtblau gewinnt wirklich dadurch; die Witzblätter zeichnen ihn als Karrikatur neben die Karrikatur der ersten Liebhaberin. Er wird dadurch im Volke so populär, wie bei Hofe durch sein Almosen von 5000 Gulden.

Und jetzt beginnt, wie gesagt, die „Liebe" zwischen dem Theater= mann und der genialen ersten Heldin.

— „Komm' daher, Scheindl"! — sagt er, und muß sich bezwin= gen, daß er nicht pfeift.

Sie setzt sich wirklich gehorsam neben ihn in ihrer Seidenrobe, und sagt: — „Gott, Du riechst heute wieder förmlich nach Geld, und Geld riecht wie Zwiebel, und Du warst zu lange auf der Börse!"

— Auf der Börse? Gott! Bin ich doch geeilt zu Dir, weil Alles hat geschwärmt gestern für Dich in der Sappho, oder in der Operette — was weiß ich! Gefalle nur, gefalle nur, sag' ich Dir. Das erhöht Deinen Werth und meine Stellung. Ich laß mich's dafür was kosten bei den Zeitungen, denn ich denk' nie an's Geld!"

— „Schnorrer!"

— „Was, Du willst schon wieder was haben? Wo hast du gelernt diesen Ausdruck, der mir greift an's Herz? Er beleidigt meine Cassa — und du weißt, ich denk' nie an's Geld."

— „Baron!!" — lachte sie.

— „Wart e bißl, große Künstlerin, übermorgen erst kriege ich das Diplom, dann geh' ich zum Kaiser, und meine Frau und die Kinder gehen zum Kaiser, damit sie sagen können, daß sie beim Kaiser gewesen sind. Und ich will auch, daß Du jetzt noch berühmter wirst, denn als Baron muß ich wenigstens eine Hof= k. k. zur Geliebten haben. Denn die kosten noch mehr! Und ich denk' nie an's Geld."

— „Ja, natürlich! Aber dazu brauche ich einen neuen Mantel zur „Prinzessin" vom neuen Stück."

— „ Wenn er nicht kostet über fünfhundert, so soll's sein, denn ich denk' nie an's Geld!"

— „Ich auch nicht," — seufzte die gefeierte Künstlerin. — „Darum thut es mir weh, daß ich den Fürsten Dunkelstein, den Grafen Schimp=towitz und den Herzog Della Vampa Deinetwegen abschaffen muß, Moriz, und nur deshalb, weil D u G e l d hast?"

— „Wenn sie Dir mehr geben wie ich, so laß mich fahren; aber früher sag' mir's, vielleicht lizitir' ich!"

— „Liebst Du mich wirklich so sehr, Moriz?"

— „Ob ich Dich liebe? Aber ich bitt' Dich, ich kann doch als Erster unter den Ersten niemanden Anderen lieben als die Erste Künstlerin?"

— „Und ich ditto umgekehrt!" — sagte sie ernst. — „Wirst Du heute bei mir das Nachtmahl nehmen?"

— „Ja, wenn Gäste dabei sind, die es drucken lassen."

— „Es ist gut; ich lade drei „Sonntagsplauderer" ein von den drei ersten Zeitungen."

„Schön!" — Der Theatermann fängt jetzt an, ihr in den Locken zu wühlen. Da wird der Direktor angemeldet, und der Theatermann empfängt ihn mit der Höflichkeit eines Hausherrn.

Abends sitzt der Theatermann im Vorzimmer der Ankleideloge der Künstlerin, und erscheint nur auf Augenblicke im Parquet. Er geberdet sich in diesem Theater so dreist=heimlich wie ein Lampenputzer. Manche aus dem Publikum halten ihn für einen verkappten Polizei=commissär, weil er Jeden, der ihm nicht convenirt, wie einen Eindringling anglotzt.

Das deutsche Stück währt lange, und Frau Lichtblau mit ihrer Aeltesten kommt schon viel früher nach Hause aus ihrer italienischen Oper.

*

* *

— „Schon aus, und es ist erst neun Uhr!" — sagt Frau Lichtblau im Fahren, das verwelkte Bouquet sorgsam in den fetten Händen haltend. — „Nur zwei Stunden für dreißig Gulden!"

— „Mama, Du bist doch immer gemein! Hast Du nicht gesehen, wie Graf Linski erstaunt war, uns in einer so theuren Loge zu sehen?"

— „Ja, wenn wenigstens Dein Papa bei uns gewesen wär', aber der hat wieder extra eine Loge gehabt, und kommt erst morgen früh nach Hause! .. Er ist so gemein — und was das kostet! Und der Graf Linski war auch nicht zu höflich! Der laßt Dich sitzen!"

— „Freilich, wenn wir nicht mehr Geld zeigen. Er braucht's. Denn solche Leute denken nie an's Geld!"

* * *

Am Wagen der Ersten Künstlerin warteten Cavaliere, Neben=banquiers und Studenten. Man wollte sie zu einem Festmahle führen, welches ein Graf Steinfels von Pallfy's schnell arrangirt hatte.

Aber Herr Moriz Lichtblau untersagte es ihr und stieg mit ihr in den Wagen, sein schwerfälliges Untergestell plump wackelnd den Anbetern zuwendend, — „Gute Nacht, meine Herren!" — rief er stolzerfüllt und gar nicht an das Geld denkend, — „Fräulein Waistner hat heute Kopfweh!"

Und der Wagen rasselt dahin zwischen den Gaslaternen der Theatergasse, und keines von Beiden denkt an Geld!

Das süße Löchel und der Eßterhazykeller.

Das „süße Löchel" ist ein „Charakterzug" Wien's. Es ist einfach ein Keller, in welchem Meth geschenkt wird, aber was für ein Keller! Er existirt schon seit vielen Jahrzehnten, ich glaube seit 70—80 Jahren. Er war dazumal der erste und einzige Methkeller, und ist bis heute noch der einzige echte geblieben. Ganz Wien strömte da hinunter. Er war Modesache bei seinem Entstehen, und Damen mit hochgefiederten Tüll= hüten und mit Taillen, welche unter dem Arme gebunden waren, bevölkerten ihn, in Begleitung von Herren in engen Eskarpies, mit Fracks en manche de gigot und hochfrisirtem Toupé. Man hörte den ganzen Kongreß da unten plaudern und kichern, in französischer, engli= scher und hochdeutscher Sprache.

Das „süße Löchel" wurde bald das Rendezvous der feinsten Welt, und alle Fremden, sobald sie ihren ersten Weg durch Wien machten, fragten nach dem süßen Löchel. Der Wirth, welcher zugleich Besitzer des Grundes war, ließ nun einen Keller nach dem andern durchbrechen, so daß sich unter der Erde Salon an Salon reihte. Eine große Spieluhr besorgte die Tafelmusik, die Wachskerzen flackerten fröhlich durch die unterirdischen fröhlichen Räume, und grünes Reisig zierte die Karniesen des Plafonds. Und wie der erste Wirth starb, hinterließ er das Haus und das unterirdische Etablissement seiner Tochter oder Nichte mit dem Bedeuten, daß das süße Löchel als Fideikommiß gewahrt werden solle für alle Zeiten — „sonst falle der Fundus den frommen Stiftungen anheim".

Und diese Tochter und Nichte „vermachte" abermals das Haus

und den Keller unter der Bedingung, daß das Etablissement erhalten bleibe. Und es blieb erhalten — bis heute. Von Testament zu Testament, von Zeitlauf bis Zeitlauf, von Mode zu Mode. Und in der Mode ist es geblieben bis heute. Seine Salons, die in der Kongreßzeit die höchsten Diplomaten und feinschmeckenden Damen vereinigten, vereinigen noch heutzutage Alles, was eine köstliche Gourmandise und ein Gefühl für ein „Wahrzeichen" hat. Und so ist es denn gekommen, daß das „süße Löchel" noch immer seine Stammgäste zählt unter den besten Einwohnern der Residenz und seine sicheren Besucher hat in jedem Fremden, der Wien „durch und durch" kennen lernen will.

Die Salons haben sich verschönert, nur das Reisig ist geblieben, um dem unterirdischen Gelaß ein wenig frische Weltluft zu bringen. Spiegel blitzen an den Wänden. Die große Spieluhr zirpt die neuesten Tänze. Der „Schank" ist so appetitlich, wie man's weder bei Sacher noch bei Faber findet. Die Gläser blinken und der Meth selber ist reinglitzernd und silberhell und süß wie der beste Lacrymae-Christi-Wein, und die Hebe ist weißgewaschen wie eine Holländerin, und alle die Leute, die da hinabsteigen, schauen um sich in der reizenden Höhlen-Enfilade und flüstern einander zu: „Also das ist das süße Löchel!" gerade so, wie man in der Kaisergruft von Aachen flüstert: „Also da war der Kaiser Karl der Große begraben." Und Sonntags herrscht hier ein kostbarer Invalide jahraus jahrein, der blind ist und der dennoch über die ganze Gesellschaft seine

einem Marschtempo
er Siegel und leitet
Generation.
Beamtensfrauen, die
ästhetisch halten, und
en Rausch zu zeigen.
nt unter den Wiener

ener-Gassen befindet,
n Kohlmarkt führen;
Von 11 bis 1 Uhr
ist auch die ganze

Straße belagert, und die abscheuliche abschüssige Stiege, die in den elenden Kellerraum hinunterführt, wird nicht leer von Menschen. Da sind vor Allem Bediente in Livréen, welche leere Weinflaschen in Körben hinunterschleppen, um die Tafel der Parvenü=Herrschaft mit einem echten Trunke zu besetzen. Die zweitnächste, am zahlreichsten ver= tretene Klasse ist die der Offiziers=Privatdiener, welche ihren Gebietern einen echten Schluck Wein bringen sollen, den dieselben in ihrer noblen Diner= kneipe nicht einmal zu riechen kriegen würden. Das dritte Contingent des Eßterhazykellers sind die Dienstmänner. Es gibt in ganz Wien keinen Dienstmann, der nicht auf einem Botengange durch die Stadt das letzte Botengeld im Eßterhazykeller verträgte. So kommt es, daß man in diesen düsteren Räumen stets zahlreiche grellrothe Punkte sieht, wie in einem runden Zündholzschächtelchen, in welchem sich zinnobberroth= beköpfte Streichhölzchen befinden. Auf fünfzig Besucher des Eßterhazy= kellers kommen mindestens zwanzig Dienstmänner. Es ist das ein ekla= tanter Beweis, daß die Expressen die besten Gourmands unter allen Pflastertretern Wiens sind. Das übrige Publikum rekrutirt sich aus eleganten Damen, Stutzern, Studenten, verunglückten Fabrikanten und Finanzräthen.

Die Keller selber sind köstlich primitiv gehalten und zeigen absichtlich nicht den mindesten Versuch, um ihren Gästen den Aufenthalt freundlicher zu machen oder sie durch den allerbescheidensten Comfort selbst anlocken zu wollen. Mürrisch und im größten Deshabillé empfangen sie den Gast mit einer Miene, als ob sie sagen wollten: „Du wärst auch besser ausgeblieben!" Von den kahlen gaslicht=rußigen Wänden sickert die grüne Moderfeuchtigkeit herab, und der kothige Lehmboden ist glitschig von ausgeschüttetem Weine. Weder Stühle noch Tische gibt es da. Wer ein Plätzchen auf dem einzigen Stückchen Bank erobern will, der muß schon eine Stunde vor der Eröffnung queue machen. Und so finster ist es da, daß man das Glas in seiner Hand nur fühlt, und nicht sieht, — was es enthält, das bleibt der Ehrlichkeit des „Schankbeamten" überlassen.

Dieser Schankbeamte sitzt in dem hinteren Keller an einem Tische, der ganz garnirt ist von vollen und leeren Gläsern. Und der empfängt das Geld, gibt die Einlage für's Glas zurück und notirt den Verbrauch des Tages in ein großes, wichtig ausschauendes Hauptbuch, wie ein wirklicher Beamter, dem auch der glänzende Zylinder auf seinem Haupte entspricht. Riesige Fässer, so klebrig, daß sie wie polirt erscheinen, dienen den Gläsern zum Standpunkte, wenn die zitternde Hand sie nicht mehr gerade zu halten vermag. In einem finstern feuchten Winkel des Lokales haust auch ein weibliches Wesen, in ein grobes Kotzentuch gehüllt, und theilt den Gästen Würsteln und Häringe nebst Hausbrod aus.

Wer von der schlüpfrigen, zerfallenen und steilen Kellerstiege herabkommt und in seinem Haupte noch die Klarheit des Sonnenlichtes und der frischen Frühluft trägt, der bleibt sicher eine Minute hindurch ganz entsetzt und abgeschreckt stehen vor dem Anblicke des berühmten Eßterhazy-Kellers: ein feuchtes, finsteres Gewölbe, in welchem sich Domestiken und Damen, Vagabunden und Stutzer durcheinander drängen, wie Kaulquabben in einem nachtdunklen Sumpfe; schmutzige Fässer, ein kothiger Boden, moderüberzogene Wände und einige spärliche Glühpunkte, welche das Gedränge noch mehr verdunkeln als es erleuchten, und an den Mauern kaum die Inschrift entziffern lassen: „Vor Taschendieben wird gewarnt." Aber man tritt dennoch ein. Il n'y a que le premier pas qui coûte — es ist ja ein fürstlicher Keller, vielleicht ist es doch keine Räuberhöhle, vielleicht wird man hier nicht erwürgt und villeicht kommt man ohne Dolchstich und Ranzion wieder hinauf an's Licht und an die Luft, und zwischen Menschen, deren Gesichter man entziffern kann.

Und man trinkt ein Gläschen. Ein Gläschen vom besten Rusterausbruche, den sich nur die kühnste Phantasie eines Noachiden ersinnen kann. Ah, wie das versöhnt mit dem Schandloche und mit dem verdächtigen Menschengewühle. Mein Gott, Keller ist Keller, der Wein ist da frischer, die Mönche, die echten Gourmands, lieben es ebenfalls ihre Liebfrauenmilch im Keller zu trinken! Und die Leute um uns! Sie sind ja auch arme Menschen wie ich selber, und lieben einen edlen Trunk! Und sie sind gewiß ehrliche, anständige Menschen mit offenen Gesichtern, wenn man's nur besser ausnehmen könnte! Wir begreifen nicht mehr, wie wir zögern konnten einzutreten! —

Man muß die Gelegenheit dieses köstlichen Ausbruchweines benützen;

wer weiß, wann man wieder zur Stunde des Ausschanks in diese
Nähe kommt. Auf das erste Glas folgt ein zweites, auf das zweite
ein drittes.

Ja, bin ich denn blind gewesen? Das soll ein Kellerloch sein?
Das ist ja ein Feenpalast! Saal reiht sich an Saal! Und erleuchtet
ist Alles mit blendendem Lichte, tausend und tausend Gasflammen
hüpfen und zittern an den Säulenreihen der Wände hin! Und die
fröhliche, vornehme Gesellschaft, die uns umwogt! In den glänzendsten
Festkleidern sind da die schönsten Menschen versammelt, eine Schaar
von Göttinen und Göttern; und alle lächeln mir zu und schwenken
den goldenen Pokal und nicken und sind meine besten Freunde.
im hellerleuchteten Büffet waltet eine Hebe, und an den Wänden
prangen in blitzenden und tanzenden Lettern Weisheitssprüche aus
sämmtlichen Klassikern der Welt.

Ach, dieser Aufenthalt ist so zauberisch schön, daß man ihn nie
verlassen möchte! — Hier ist der Ort, um Hütten zu bauen.

Aber es muß sein. Die Stunde der Heimkehr schlägt. Die
frohen herrlichen Genossen meines feenhaften Traumes wogen durch
die Säle dem Ausgange zu. Ueber die breite diamantene Treppe
schwebe ich mehr hinauf, als ich gehe; ach, schon sind wir oben —
wie schade! Das breite Thor des Zauberpalastes öffnet sich, und . . .

Wie abscheulich! Da ist kalte scharfe Luft an der Stelle der
berauschenden Wohlgerüche, nüchterner, unverschämter Sonnenschein
an der Stelle der leuchtenden Karfunkel und Smaragden, da sind
gemein aussehende, ärgerlich schauende, ungeschickte Menschen, die alle
an mich anrennen; da sind enge, lärmende Straßen, da ist der Tag,
da ist das Leben, das abscheuliche, das feindlich=gesinnte unbarm=
herzige, das ist das Erwachen, das ist die Wirklichkeit. —

O, lieber Keller mit dem süßen Zauberweine, wie begreife ich
jetzt die Menschenmassen, welche täglich und in jedem Wetter auf
die kurze Stunde harren, in welcher du deine Pforte gastfreundlich
öffnest! Und wie begreife ich's, daß nichts gethan wird, um aus
der hochadeligen Spelunke eine plebejische Weinhalle zu machen:
Dein Dekorateur und dein Tapezierer ist der Göttertrank selber,

welcher hier aus unerschöpflicher Quelle fließt: und welches Fürsten=
schloß kann sich deshalb mit deiner zuvor nie gesehenen Pracht und
deinem nie empfundenen Glanze messen.

* * *

Und doch, liegt nicht auch das Geheimniß dieses Erfolges und
dieser Wirkung im — Schwindel?..

In der Kirche.

I.
Die Frommen.

Die älteren Kirchen Wien's, mit Ausnahme des Domes und vielleicht der Karlskirche, sind nie freistehend gleich Dorfkirchen, sondern als Häuser zwischen Häuser gebaut.

Die Wiener Kirchen haben etwas Bürgerfamilienhaftes durch die Verwandtschaftlichkeit, welche sich zwischen Kerzelweibern und Herrschaftsdamen gebildet hat. Die adelige Dame hat in der Kirche ihren bestimmten Sitz, wie sie ihn im Himmel hat. Und das Kerzelweib, dieser Zahlkellner des Vorhimmels, kommt nickend und knixend, um ihr Trinkgeld von zehn Wachskerzchen in Empfang zu nehmen. Die adeligen Damen sitzen auf ihren Plätzen. Das Kerzelweib geht freundlich protegirend zwischen ihnen durch, ihre Lumpen an den Seidenroben reibend, und rührende Reklame machend für die armen Seelen im Fegefeuer. Dann kommt der Meßner und zündet die Altarkerzen an, und auch er nickt mit dem linken Auge auf die Kerzelweiber und knixt dabei mit dem rechten Knie gegen die Gräfin. Es ist eine rührende entente cordiale zwischen allen diesen verwandten Seelen. Der Wiener Meßner ist dabei immer die wandelnde Photographie des höchsten Geistlichen seiner Pfarre im Lächeln, im tiefgeneigten Nacken, in der Weihe des Schrittes und in der alternden Welkheit des dicktuchenen bläulichen Rockes.

Zuletzt kommt in die Kirche ein wenig Volk und stellt sich in das Dunkel der Suälen, während einige reiche Bürgerstöchter den

Muth haben, fast zwischen die Eigenthümer dieses Gotteshauses vorzudringen. Denn jede Wiener Kirche hat gleichsam ihre Eigenthümer, die da anerkannt die Ehrenplätze einnehmen, wie die Stammgäste im Gasthofe. Das göttliche Gemisch von Arm und Reich der ersten Christenzeit ist in den Kirchen der Residenz verschwunden wie in den Dorfkirchen.

Und an den Altar tritt der Priester. Er ist für die gesammte Damenwelt jung, schön und geistvoll, nur weil er — ihr Priester ist. Die Kirche, in der wir uns befinden, ist eine Art exclusive Adelskirche, wo Jeder Jedem befreundet ist. Und der Priester ist das festeste Band dieser Bekanntschaften; aber der Priester als Theegast.

Die alte Gräfin Amadée ist zur Frömmigkeit gekommen, weil ihr Vetter Bischof ist; sowie ihr Verwalter fromm ist, weil sein Sohn im Seminär studirt. Und weil Gräfin Amadée fromm ist, so ist Pater Benno ihr Herzensvertrauter, mit dem sie aber nur in Handkußstellung redet. Und Pater Benno ist der Glanzpunkt ihrer Abende. Sie sammelt für den Papst mit Vehemenz, und sie zieht eine Predigt des Paters Benno einer Arie der Duftmann vor. Sie trägt nur schwarzschlumpige Kleider, alte Hüte, und ihre Verwandten lassen sich vor ihr verläugnen, weil sie stets eine Sammelbüchse für die Mittagstafel im Vatikan in der Tasche hat, und sie ist schon sechzig Jahre alt. Und sie hat eine Tochter, welche eine Schönheit, aber ebenso fromm ist wie ihre Mutter. Diese Tochter ist eine prächtige blendende Statue, immer dunkelgekleidet bis zu den Ohrhöhlen hinauf; sie ist die Wittwe eines alten Generals und heißt Gräfin Vißehrad-Amadée.

Nach dem Kirchensegen eilen Mutter und Tochter nach Hause, um das Arrangement des Theetisches in Augenschein zu nehmen. Dann kommen einige fromme Freundinen und Freunde an, und zuletzt ein alter Geistlicher Pater Loring, und ein junger Seminarist Ehrwürden Selbottom, und der Consistorialrath Rosenzweig, ein Journalist des „Vaterlandsretters", und endlich Pater Benno.

Pater Benno, der berühmteste Prediger der Saison, ist der Stern der Gesellschaft. Er wird in Oberösterreich als Heiligenporträt verkauft, unter welchem der Name eines Kirchenvaters steht. Man denke sich nun die Wonne der Damen, einen Nimbus mit Theebrod füttern zu dürfen! Die grünen, grauen und violetten Seidenkleider rauschen um seinen langen dunklen Rock, wie das Gras um die Füße des Schäfers. Pater Benno zieht sehr langsam seine weißwollenen Handschuhe aus, und neigt den Kopf auf eine Schulter wie ein Vogel, als ob es menschenwidrig wäre, den Blick gradaus zu richten wie ein Mann. Alle Damen reiben nun unwillkürlich ebenfalls die Hände und neigen den Kopf auf eine Seite, und lächeln, lächeln bei den größten Médisancen und Klatschereien, die sie vorbringen, da ihr Modell das **Mildsein** adoptirt hat. Es gibt nichts Grauenhafteres auf dem ganzen Erdenrund, als eine Bosheit mit einem milden Lächeln vortragen zu hören. Und dieses grauenhafte Ding findet man fast ausschließlich in der geistlichen Societät der Damenwelt. Ein Meineid kann durch Herzensangst erpreßt werden, ein Diebstahl durch Elend und Hunger, ein Mord durch wahnsinnigen Jähzorn; aber die Bosheit mit einem wohlwollenden dünnlippigen segnenden Lächeln, die in dunklen Kirchen über das Gebetbuch hinübersüßelt, das ist ein Meineid, eine Lüge und ein Mord und eine Heuchelei, die aus dem eigensten bösen, boshaften und falschen Herzen entspringen.

Pater Benno war ein großer Mann von einer eigenthümlichen Schönheit; von jener Schönheit, die auf ursprünglich natürlich-schöne Gesichter im Seminär so scharfe und tiefe Schatten wirft, daß dieselbe ganz über- oder vielmehr außermenschlich werden. Pater Benno hatte ein Gesicht, wie aus Marmor gemeißelt — so entsetzlich blaß, und das machte ihn so grauenhaft schön wie das Gespenst eines Orestes. Seine schlanken Glieder hatten in der engen Kutte die Bewegungen einer Maschine. Er hätte einem unheimlich prächtigen Vampyr ähnlich gesehen, wenn er nicht so milde gelächelt hätte. Er wollte ganz **Seele** sein, und war ganz **Leichnam**. Es gibt unter den Wiener Mode-Predigern solche Personen. Pater Benno war ein echter Priester, und kein Komödiant für das tägliche Brod und für die Beförderung. Er glaubte, was er lehrte, und er hätte seinen letzten Blutstropfen hergegeben für seinen Christus, für den Statthalter Christi und für sein Amt: ehrlich hätte er sein Blut vergossen, denn er glaubte mit dem Herzen, und nicht mit dem **Verstande**, der die Leute zur Hälfte in Atheisten und zur Hälfte in Priester auf Beförderung theilt. Er liebte die Armen und Unglücklichen, denn sein Herz war voller Liebe für das Elend. Er gab Almosen, die er nicht in Zeitungen einrücken ließ, und es gab Nachtstunden, wo er weinte in heißer, ohnmächtiger Liebe zu seinen Mitmenschen. Aber die Welt war so groß, so groß, und Pater Benno konnte sie mit seinen Armen nicht umfassen, und er drückte also sein ehrliches, männlich-schönes Antlitz so heftig an den elfenbeinernen Christus, welcher die Trauergedanken seines Lagers bewachte, daß sein Antlitz selber so weiß und kalt und starr wurde, wie das Elfenbeinkruzifix.

Seine Predigten waren herrlich, voll Schwung und Begeisterung. Nach und nach änderten sie zwar ihren Inhalt, aber nicht ihre dichterische Form. Man sagte ihm von Oben, daß er nicht immer nur für den Himmel werben, sondern auch gegen die Ketzer donnern möge. Jeder Geistliche weiß, daß es gegen eine solche Andeutung keinen Rekurs gibt. Und anstatt den Fortschritt der Gottesliebe zum Thema seiner begeisterten Predigt zu machen, mußte er die Vorstadtzeitung und das Tagblatt „ab-rekommandiren". Das Publikum, welches sich in die Kirche flüchtet, um aus dem Alltagsgeträtsche herauszukommen, und um einen frischen Hauch vom glücklichen Arabien herüberzufühlen, hörte nun freilich nur eine ungedruckte Zeitungserwiederung. Aber Pater Benno wußte selbst diese mit hellen, echten Christenlichtstrahlen zu vergolden. Wenn auch seine dichterisch-schönen Bilder ernüchtert wurden durch die sterile Kanzelpolemik, so wurde doch seine Begeisterung für den Katholizismus in seiner herrlichen poetischen Grundidee nicht abgeschwächt durch den Befehl von Oben. Später wurde der Flug seiner Apostelgedanken noch mehr beschwert: denn er mußte „de par le supérieur" auch die Politik zu Hilfe nehmen! Aber selbst da stand seine echte Priesterweise noch wunderbar hoch in seinen Predigten. Er war nicht nur ein stattlich-schöner, geisterhaft-interessanter Mann, er war auch ein echter, ehrlicher, aufrichtiger Priester.

Er war die Hauptperson der Theegesellschaft. Man machte ihm süße Augen, man reichte ihm zuerst den Leckerbissen und den Liqueur, obwohl noch ein älterer Priester da war. Aber bei geistlichen Thee's wie in literarischen Salons entscheidet nicht die Würde, sondern die Mode. — Der alte Geistliche, der da war, trug auf der Straße den fettblauen Geistlichen-Mantel mit so und so viel Krägen und einen abgegriffenen Zylinder. Im Zimmer rieb er sich die armen alten kalten Hände. Stadt-Geistliche haben stets seltsam kalte Hände. Des alten Herrn Lebenssehnsucht war stets gewesen, ein Dorfpfarrer zu sein, in einem freundlichen, grünumrankten Pfarrhäuschen, an welchem die Dorfkinder ehrfurchtsvoll stehen blieben, und mit großen hellblauen Kinderaugen auf die Fenster hinaufsahen. Landpfarrer lächeln immer so aus dem Herzen, und haben ein rothes Paraplue, eine Dose, und eine Laube und den Sonnenuntergang. Wie oft in schlafleeren Nächten träumte Pater Loring von diesem Bilde. Aber das Schicksal und Verhältnisse hatten ihn zu einem Domherrn gemacht, welcher auf einem düsteren lärmenden Platze in einem alten, schwarzen, gesichtslosen Domherrnhause wohnen, und in gräflichen schinken= und seefischgespickten Theeabenden seine Freuden suchen mußte, um die kein Landpfarrer ihn beneidete.

Der junge Seminarist hatte heute seinen „Ausgang" mit den Kollegen, und war von seinem Onkel Domherrn in die Gesellschaft mitgenommen worden.

Ferner war da Graf Pál Mondsee, ein quittirter Offizier, welcher für dieses Semester fromm geworden war, weil seine Tante, die schon in den letzten Zügen lag und die ein kleines Vermögen zu vererben hatte, alle andern Verwandten wegen Atheismus „ausgestrichen" hatte.

Die letzte Mannesfigur der Gesellschaft ist der Journalist der geistlichen Zeitung. Er ist getauft und „schmockt" die Linie für so und so viel.

Die alte Gräfin Amadée, eine Dame mit grauen Schläfen=Locken und einer schwarzseidenen Matronenkutte; ihre prächtig=schöne Tochter, die Witwe Marianne Gräfin Višehrad, mit ihrem dunklen Kleide, welches, bis zu den Ohrläppchen reichend, dennoch ihre Büste nicht verdirbt; dann die Ehrenstiftsdame Rosa Morska, welche ein dickes lustiges Frauchen ist und die Religion der Armee vorzuziehen beginnt, ferner eine alte Fürstin, welche stets nur in welkseidenen schwarzen Kutten, welken Spitzenschleiern und mit einer Sammelbüchse für den Vatikan umhergeht. Auch vor ihr läßt man sich in zwanzig Adelshäusern schon regelmäßig verläugnen, da sie für den Papst nie weniger als hundert Gulden nimmt von den Bekannten. Ihr Besuch ist also theurer als eine Reise nach Maria=Zell.

Der Salon des katholischen Thee's hat immer den größtmöglichsten Comfort und den höchsten aristokratischen Geschmack. Es ist nicht der kapriziöse Geschmack der Grazie, sondern gleichsam der spanische würdevolle goût der Ceremonie. Theelöffelchen und Rumflaschenstöpsel klirrten leise aneinander wie Schellengelächter, weiße falsche Frauenzähne zerbissen Theezwieback, und weiße Priesterhände brachen das Brod, und jeder Mund lächelte die Milde.

— „Warum man nur die Vorstadtzeitung nicht einsperrt!?" — sagte die dicke fröhliche potelette Stiftsdame, die von ihrer Militärlaufbahn her noch energische Manieren in den „Devotismus" hinüber gebracht hatte, ohne vom Himmel übrigens mehr zu verstehen, als von der Kriegführung, die sie ehemals „machte". — „Ich begreife das nicht! Die ganze Zeitung auf einmal sollte man einsperren! Nicht nur einzelne Blätter. Und das „Tageblatt" und die „Tagespresse" ebenfalls!"

— „Sie scheinen diese Blätter mit Interesse zu lesen?" — sagte der alte Geistliche „milde".

— „Natürlich! Man empört sich da so gut! Ich komme nun schon seit einem halben Jahre nicht dazu, unsere guten Blätter zu lesen, denn man muß das Gift kennen lernen, um sich vor ihm zu schützen!" — eiferte die energische einjährig-freiwillige Fromme.

— „Mein Gott, ich dächte, man sollte nie über diese Judenblätter schimpfen," — meinte Gräfin Marianne, und schaute auf Pater Benno. — „Man thut ihnen da zu viel Ehre an, und sie werden zu wichtig." — Und wie sie das sagte, war sie blaß und schön.

— „Ja," — sagte Pater Benno unruhig, und sein Blick wandte sich durch das Fenster dem Wetter von draußen zu.

— „Gewiß," — sagte der alte Domherr, und faltete die Hände, und dachte an die Laube und an das rothe Paraplue seines geträumten Pfarrerlebens. — „Aber man muß sich doch vertheidigen."

Der Seminarist blickte nach der alten Gräfin des Hauses. Er war noch echt im Herzen, und wollte ein Für und Wider hören. Aber in solchen Cirkeln gibt es immer nur ein Für für Alle, die anwesend sind, und die W i d e r sind nur für die Abwesenden. Es gibt da keine geistige Reibung, kein spirituelles Duell, sondern nur ein gegenseitiges Aneifern in dem „Zweck des Thees".

— „Das Tageblatt ist übrigens einfach grob," — sagte die Fürstin mit der inseparablen Büchse. — „Man sollte dafür sammeln, daß man von Rom aus ein striktes Gegenblatt gründe."

— „Das wird nicht gut gehen!" — sagte Pater Benno. — „Das Landvolk möchte gerne einmal den Kindern warme Winterkleider kaufen. Uebertreiben wir die Sache nicht!"

— „Ja!" — sagte die schöne Gräfin Marianne mit einem dunklen Blicke auf den Priester. — „Sie haben Recht, hochwürdiger Herr, Sie sind ein Heiliger!" — Und ihre prächtigen Lippen zitterten wie im Gebete.

— „Ich denke aber, wir müssen doch Geld haben, um eine Macht stellen zu können," — sagte der alte Domherr ehrlich. — „Wir, haben so Viele, Viele zu bezahlen."

— „Unsere Macht ist das Weib!" — sagte Pater Benno milde. — „Und das Weib als unser Apostel sollte nie die Sammelbüchse tragen."

— „Sie haben Recht, hochwürdigster Herr! Ich gehe und stehe nie mehr sammeln, seit ich gefunden habe, daß man viel mehr Proselyten machen kann ohne Büchse!" — eiferte die potelette Stiftsdame. — „Das Sammeln schreckt ab. Wenn wir zu viel sammeln, geht der ganze männliche Adel des Offizierscorps zu dieser Baronin Milano hinüber!"

Baronin Milano war eine Offizierswitwe, die ein fröhliches Leben führte, und dem Palais der Gräfinen Amadée gegenüber logirte. Kaum war der Name genannt, als ein Pfiff der Entrüstung rings um den Tisch herum erscholl, und alle Frauenmäuler durcheinander schwirrten wie Lerchengetriller im Aprilsonnenschein.

— „Aber, meine Damen ..." — sagte Pater Benno milde. — „Vergessen Sie doch nicht, daß diese Baronin Milano nie die Gelegenheit hatte, gut und bescheiden zu werden. Ich kenne sie zwar nur par renommée, aber es ließe sich vielleicht Etwas aus ihr machen. Bedenken Sie den Triumph, ein solches Aergerniß in sein Gegentheil verwandelt und für den rechten Weg gewonnen zu haben! — Man spricht sogar davon, daß sie die Kirche nie besucht. Dabei hat sie durch Schönheit ..."

— „Schönheit?" — kreischte die potelette Stiftsdame m verzerrtem Gesichte. — „Die Milano schön! schön!? schön?!?"
— „Durch ihre Schminke, wollen Euer Hochwürden sagen?" - machte die Büchsenfürstin milde.
— „Gut also," — lächelte Pater Benno. — „Durch ihre S ch m i n l hat sie dabei großen Einfluß auf den jüngeren Adel unserer Stad Und unberechenbar sind die Einflüsse der jüngeren Cavaliere auf ih Tanten und Mütter. Ich nenne absichtlich die Mütter später als d Tanten: denn beim Adel ist die Mutter dem Kinde stets fremder a die kinderlose, testamentarische Tant°. Die Frauen also, die ein dissolut Leben führen, sind leichter für die Ehrbarkeit zu gewinnen, als mo glaubt. Ich werde mich ihr morgen durch Graf Pál vorstellen lasse Wo ist Graf Pál?"

Die ganze Gesellschaft brach in Enthusiasmus aus über die klei Predigt, die mit so tönender, weicher Stimme gehalten wurde. D Rittmeisterswitwe, die so viel Skandal machte, fromm gemacht! S mußte dann natürlich den letzten Platz einnehmen unter den vorhe gegangenen frommen Frauen, und sie mußte alle ihre Anbeter aufgebe die natürlich zu ihren alten frommen Flammen zurückkehren würden.

— „Er ist ein Märtyrer!" — flüsterte die Büchsenfürstin.
— „Aber wo ist Graf Pál?" — fragte die greise Gräfin Amadé
Man deutete auf Graf Pál, der an einem Ende der Tafel a übermäßiger Sattheit entschlummert war. Er hatte anfangs nicht gesprochen, um keinen Moment des Essens zu übergehen, und nach de Essen hatte er nichts mehr gesprochen, da er rumvoll in tiefen Schl versunken war. In den frommen Thee's machte Graf Pál nu zweimal Lärm: beim Kommen, wo er sehr laut war, und beim Gehe wo er mit dem Säbel allzu grell an die Treppenstufen anschlug. D übrige Zeit füllte er mit Essen und Trinken aus; aber dies mit solche Hingabe an seine Mission, daß ihn diese fromme Gesellschaft als de Eifrigsten der Eifrigen anerkennen mußte. Graf Pál erwachte al jählings und heuchelte, gehört zu haben. — „Man schickt nach mir?" - schnurbartete er schlaftrunken: — „Die Milano?"

— „Aber nein, Sie sollen mich ihr morgen vorstellen," — sagt Pater Benno sehr blaß, und milde lächelnd.

— „Aber vorausgesetzt, Hochwürden!" — rief die Büchsenfürstin, — wenn sie auch bekehrt wird ... Einsammeln gehe ich nicht in der Gesellschaft der Baronin Milano, nein, wahrhaftig nicht!!" — Und die alte Dame schob sich empört die staubige Haube zurecht auf den mehlfarbenen Locken.

* * *

Es war noch an demselben Abende, aber so spät, daß das ganze Palais der Amadée's sich schon zur Ruhe rüstete, als Gräfin Marianne in die Zimmer ihrer greisen Mutter trat.

Die alte Kammerfrau der Gräfin Mutter war schier erschrocken über dies wunderliche, nie dagewesene Ereigniß. Aber Gräfin Marianne, die schlanke prächtige Gestalt in ein weites weißes Deshabillé à la Pompadour gehüllt, die Rabenhaare wirr über die Schultern hinabwallend, ging direkt durch das altmodisch-häßlich tapezirte Vorzimmer bis zur Schlafzimmerthüre ihrer Mutter, wo sie die Hand auf die Klinke legte. Die alte Drachen-Zofe eilte ihr keuchend nach. Erst an der Thüre blitzte das dunkle Auge der Gräfin noch einmal in das dunkellampige Vorzimmer zurück. — „Ist Mama schon zu Bette, Kathi?"

— „Aber freilich, und deshalb ..."

— „Desto besser!" — sagte Gräfin Marianne, und ließ ihre großen Augenlider sinken, und verschwand im Schlafzimmer ihrer Mutter.

Die alte fromme Dame lag bereits im Bette, und las beim Scheine eines blauen Astrallichtes in einem kleinen Thomas a Kempis mit gleichsam gefalteten Lippen und Blicken. Wie ihre Tochter eintrat, erschrak sie tödtlich. Denn niemals noch war sie in einer Abendandacht gestört worden. Sie meinte zuerst das Palais stehe in Flammen, dann, daß ihre Zofe mit dem Koche durchgegangen sei, dann, daß eine Revolution gegen den Kaiser ausgebrochen sein könne, endlich, daß der Papst sich telegraphisch für confessionslos erklärt habe. Auf ihre wirren Fragen beruhigte sie ihre Tochter, indem sie ihr sagte: — „Es ist nichts Mutter. Ich konnte nur nicht einschlafen, ohne mit dir geplaudert zu haben."

— „Geplaudert!"

— „Ja, Mama. Ich habe heute ein bischen Fieber. Ich möcht⸗ noch ein wenig lachen über die Gesellschaft von heute. Ist es nicht komisch, daß man eine Person wie die Milano fromm machen will?"

Dabei setzte sich Gräfin Amadée neben das Bett ihrer Mutter und hob den Thomas a Kempis vom Teppich auf, welcher der alten Dame im ersten Erstaunen bei dem späten Eintritte ihrer Tochter aus den Händen geglitten war. Die Falten des weißen Cachemirpeignoirs legten sich wie Malerschatten⸗Phantasien übereinander, und ihr Gesicht war seltsam geröthet.

— „Es ist wohl schwierig, ein so mondaines Weib wie die Milano fromm zu machen," — sagte die alte Gräfin salbungsvoll.

— „Aber es ist nicht unmöglich, wenn ein so imponirender Mann wie unser Freund Pater Benno diese Mission übernimmt."

— „Er? Aber gerade Er darf es nicht, Mutter, Er nicht!"

— „Er nicht? Aber mein Gott, ich wüßte Niemanden, der so geeignet wäre für dieses Amt, wie eben Pater Benno..."

— „Aber siehst Du denn nicht, daß ich ihn liebe, Mutter?!"

Die schöne junge Gräfin rief das jäh mit einem gräßlich⸗zuckenden Gesichte, welches lächeln sollte. Aber sie hatte diesen ihren Gedanken noch niemals laut gehört, und sie entsetzte sich jetzt vor ihm, da sie ihn aus ihrem eigenen Munde hörte.

Aber ihr eigenes Entsetzen war nichts gegen das tiefe Erstauntsein der alten Gräfin. Die faltete zuerst die Hände, dann rollten ihre Augen wie wirr von ihrer Tochter zum Christus der Alkove hinauf, und endlich öffnete sie den Mund, wie um mitten in einem glühenden Lavastrome Athem zu schöpfen. Die gute alte Dame war noch aus dem Anfang unseres Jahrhunderts, wo man es für eine Unmöglichkeit hielt, einen katholischen Priester zu lieben, nachdem die Revolution von 93 eine so sichtbare Sündfluth über die Orgien der Geistlichkeit der Cotillonreiche gebracht hatte. — „Was!" — keifte die alte Dame mit zitternder Stimme. — „Lieben, Du, den... Nein! Nein! Was hast Du gesagt, Marianne?"

Das heftig erregte Antlitz der jungen Gräfin hatte sich wieder ganz in eine ruhige, marmorne Starrheit zurückgezwungen, und ihre dunklen Augen waren blicklos und starr, und ihre dunklen Haare lagen gleich todten Schlangen regungslos über ihren Nacken herab.

— „Ich habe gesagt, daß ich ihn liebe, Mutter. Oh, schauen Sie mich nicht so an," — sagte sie mit starrer, heller, eintöniger Stimme, wie der Diamant über Glas fährt. — „Ich liebe ihn, ja, nicht wie Sie ihn lieben, oder wie man ihn als Priester verehren soll: ich liebe ihn heiß, unaussprechlich, wie ich meinen Gatten geliebt haben würde, wenn er kein Greis gewesen wäre. Ich möchte ihm nicht nur all mein Vermögen geben, sondern auch mich selber. Ich verschmachte nach ihm, und ich bete ihn an! Nicht wahr, das ist schrecklich, Mutter? Aber ich habe Ihnen das sagen müssen, weil ein Ende werden muß, weil ich's nicht mehr aushalte, ihn täglich und stündlich verehren zu dürfen, und ihm nicht um den Hals fallen zu können! Und ich habe Ihnen das sagen müssen, weil Sie mir helfen müssen, denn S i e haben mich doch so weit gebracht!"

Die alte Gräfin fuhr mit den zitternden Händen vor sich hin: — „Kind, Du rasest!"

— „Oh, wollte Gott, ich raste!" — rief Gräfin Marianne, und kreuzte ihre Arme unbarmherzig fest über der wogenden Brust und schüttelte das flammende Antlitz gegen ihre Mutter. — „Aber ich weiß nur zu gut, w a s ich spreche, und z u w e m ich spreche. O Gott! Wer hat mich so erzogen, daß ich an d i e s e m Punkte angelangt bin, als Sie? Der H i m m e l war mein erstes Ziel in diesem Leben. Der Himmel war Mode in unserem Hause, und ich wurde auf diese Mode erzogen! Meine Gouvernante war eine ehemalige Nonne, und meine Grammaire war ein Andachtsbuch in vier Sprachen. Oh, lassen Sie mich ausreden, Mutter. Die höchsten Höhen der Menschheit sind mir die Priester gewesen, seit ich denken kann. Nach meiner ersten Communion wurde ich krank vor Glück, und wenn Einer der hochwürdigen Herren unseres Thee's die Hand auf mein Haupt legte, da meinte ich zitternd, der liebe Gott selber habe mich berührt, und habe mir den Handkuß gewährt, und ich stünde schon mit einem Fuße im Himmel. Meine Jugend schwand in einer unaussprechlichen Verzückung hin, denn die Frömmigkeit unserer Familie ist keine Phrase, sondern immer ein echtes Gefühl gewesen. Onkel Hans ist ja Bischof und Vetter Lactan=

zius ist Kardinal. Meine Lektüre waren der combat spirituel und die actes des Saints, und meine erste Liebe, Gott verzeih' mir die Sünde! war das heilige Gerippe in dem Glassarge der hiesigen Adelskirche, das ich mir jenseits inbrünstig als Bräutigam erbat von Gott in kindischer Schwärmerei! Dann heirathete ich den alten Grafen Romano Bißehrad, den der Onkel uns sandte, weil er eine Säule des Glaubens sei. Graf Romano war sechzig Jahre alt, geistlos und frömmelnd aus seelischer Faulheit und aus Familienrücksichten. Dabei war er neidisch auf Alle, die jünger waren, und boshaft gegen alle Freude, alles Vergnügen und alles Glück. Ich lernte da zum erstenmale einen alten Tartüffe kennen, und dieser Tartüffe war mein eigener Gatte . . .! Ich wurde noch frömmer als Gattin, als ich als Mädchen gewesen war. Ich klammerte mich an das Bildniß des Erlösers, denn ich wollte eine brave Gattin bleiben, und ich mußte doch Etwas lieb haben! Da starb mein Mann, und in meiner vollen Jugend stand ich in der Welt — eine Witwe, frei, schön, unabhängig. Man betete mich an, man verlangte nach mir, und ich war eine Witwe, das heißt, ich konnte mich losmachen von der Tradition unseres Palastes, und ich konnte das Frommsein verläugnen für die Lebenslust. Aber ich that es nicht, denn ich war echt fromm und ehrlich gläubig. Ich blieb also bei Dir, Mama, und bei dem Kirchenleben. Da kam aber das Unglück mit i h m . . .!"

Gräfin Marianne schwieg, und wie sie so am Bette ihrer alten zitternden Mutter saß, schlang sie ihre Arme um dieselbe, und wühlte ihr dunkles Haupt in die Kissen ein. Die alte Gräfin rief in ihrem Entsetzen wirre Worte: — „Marianne! Aber, o Gott! Komm' zu dir! Warum weinst Du! Was habe ich Dir gethan! Mit wem kam das Unglück! Mein Kind, mein Kind . .!"

— „Dein Kind!" — rief Gräfin Marianne wildathmend, während sie ihr Haupt aufrichtete. — „Wann war ich je Dein Kind? Wann hast Du je bedacht, was aus meiner Seele und aus meinem Herzen werden sollte? Du hattest schon gelebt und überstanden, als Du Dich so ganz Gott weihtest mit allen Deinen Gedanken, Deinen Dienern, Deiner Habe, Deinem Hause und Deinen Hoffnungen. Aber ich! Du hast nie bedacht, Mutter, daß ich ein wenig Glück und ein wenig Liebe brauche! Aber das Glück und die Liebe waren ja S ü n d e! Und dabei sagte man mir, daß ich schön sei, und man wollte mich besitzen . . .! Aber ich war tugendhaft. Nicht von jener starren Tugend, die damit Reklame macht, sondern von jener echten Tugend, die keinen Menschen begehrt, weil sie G o t t liebt! Weil sie Jesus zu ihrem Bräutigam erwählt hat, seit sie denken kann. Denn ich bin nie eine Frömmlerin gewesen, Mutter, so wie auch Du keine gewesen bist, — ich war f r o m m. Was kümmerten mich die Männer, die Schönheiten, die Geistreichen, die Anbetenden? Ich liebte Jesum, den Heiland. Vorzüglich nahe war er mir in den Bildern des griechischen Cultus, mit dem schwarzen Haare, das von der marmorweißen Stirn zurückfiel, und mit den sanften grabschauenden dunklen Taubenaugen. Da, Mutter, da kam Pater Benno in mein Leben."

Gräfin Marianne schwieg, wie athemlos, ein unbeschreiblicher Liebesglanz kam in ihr Gesicht, und nur um den Mund faltete sich ein großer Schmerz zusammen.

Die alte Gräfin wollte die gefalteten Hände lösen, und bewegte die zitternden Lippen, wie um zu sprechen. Aber Gräfin Marianne wehrte ihrem Reden und fuhr fort, schneller, athemloser, heftiger. Dabei erhob sie sich, und wich langsam vom Bette zurück, die weißen Hände in ihr dunkles Haar drückend. — „Da kam Pater Benno in mein Leben. Er kam, hieher gesandt nach Wien um zu predigen. Der Ruf eines unübertrefflichen Predigers ging ihm voraus. Sie wissen, was das in unseren Wiener katholischen Kreisen heißen will. Tausend Freundinnen schrieben uns von tausend Seiten Hymnen über ihn, und schwärmten für ihn und nannten ihn einen Heiligen, einen Abglanz des Erlösers, — einen Gott. Solche Modeprediger, die bei Diners und an Whisttischen in die Mode kommen, sind gewöhnlich schöne Männer ohne Geist und mit starkem, modulationsfähigem Organe. H i e r war das anders. Pater Benno war schön d u r c h seinen G e i s t, und sein Organ schwoll an und flüsterte, bewegt von dem Hauche seines echten G e f ü h l s. O Gott, ein neues Licht fiel mir auf die Liebeslehre Christi, da sie von einem echten Jünger echt vorgetragen wurde! Nie zuvor hatte ich den Erlöser so heiß, so inbrünstig geliebt, nie war ich frömmer gewesen. Aber bald, Mutter, bald verschwamm mir das Antlitz des Erlösers mit dem seinigen, so daß ich mitten im Gebete ganz verwirrt inne halten mußte, um vor meinen geistigen Augen das Bild des **Menschen** zu verwischen, und das echte ruhige Erlöserantlitz an seine Stelle zu setzen. Verzeih mir's Gott, mir war's oft, als ob ich zu **Benno** bete! Ich wollte mich an ihm selber aufranken zur alten Frömmigkeit; ich wollte mich durch seine eigenen Worte heilen von meinem Wahnsinn; mit brünstigem Verlangen hing meine Seele an seinen Lippen. Aber da wurde er mir erst recht zum Erlöser, zum Messias, zu **meinem** Jesus von Nazareth! Die beiden Bilder verschwammen mir nicht mehr in einander, es gab nur Ein Bild mehr, und das war **Sein** Bild! Er blickte mich an von den Wänden der Kirche, der Priester, den ich liebte, Er erfüllte mir den Azur des Himmels, Er hatte mich geschaffen und mir das Herz in die leere Brust gelegt, **sein** Werk war die ganze Natur, der grüne Hügel, die Sonne, die Blumen, die Freuden der Welt waren **sein** Werk, und ich, die Fromme, die Sündenreine, die Tugendhafte, die Gläubige, ich erkannte in einer schrecklichen Stunde, daß ich die größte Sünde aller Sünden untilgbar beging, daß ich sie unausrottbar im Herzen hege, die Sünde gegen das Gebot: „**Du sollst keinen andern Gott haben neben mir!**"

Gräfin Marianne rief diese Worte mit erstickter Stimme, und sie brach in ein verzweifelndes Schluchzen aus, und in diesem Schluchzen wimmerten die Worte: — „Ich liebe ihn, Mutter, hörst Du? Ich liebe ihn, namenlos, unaussprechlich, leidenschaftlich. Und ich bin elend, elend! denn ich Verworfene verlange nach ihm, ich schmachte nach ihm, ich werde seine Geliebte werden, wenn er mich will, und ich werde ihn darum auf den Knieen anflehen, wenn er mich verschmäht. Aber ich bin schön, er wird mich nicht verschmähen; und ich werde eine Gefallene, eine Verworfene sein, verworfen hier in die Schande und Heuchelei, und jenseits in die ewige Verdammniß, denn ich werde Gott seinen besten Priester geraubt haben für mich uud mein Laster! So weit bin ich gekommen!"

Und wimmernd stürzte die schöne, stolze Gräfin auf den großblumigen Teppich des Schlafzimmers nieder, wie das Wild, vom Pfeile des Jägers getroffen, zwischen die Blüthe des Waldes sinkt und die Seele verstöhnt.

Die alte Gräfin hatte sich starr aufgerichtet im Bette, und stierte mit einem schrecklichen, wirren Blicke auf ihre Tochter: Die Seele der alten Dame wirbelte einen Augenblick in einem namenlosen und zeitenlosen dunklen Raume umher, der über dieser Welt war. Konnten denn die Andacht und Frömmigkeit andere Früchte bringen als Friede und Segen? Konnten sie in die wahnsinnige Sünde stürzen und in die Verzweiflung? Konnte das das Ende einer echten Erziehung und eines ungeheuchelten Glaubens sein? Alles, was die Greisin in ihrem Leben gemeint und geglaubt hatte, lag zerschmettert zu ihren Füßen da, und das Gerüste jahrelanger Seelenruhe prasselte stürzend über ihrem Haupte. Sie wollte um Hilfe rufen, aber die Stimme versagte ihr den Dienst, die zitternde Hand fand die Klingel nicht, sie wankte aus dem Bette auf ihre schluchzende Tochter zu, und ihre bebenden Lippen vermochten nur das erstickte Wort zu artikuliren: „Gott, Gott, Gott!!"

* * *

II.

Die Baronin Gisa Milano war unstreitbar eine schöne Frau. Sie war sogar zu schön, wie Oberlieutenant Graf Sommsich von den Husaren sagte. Sie war ein bischen zu weiß auf der Stirne, ein bischen zu roth auf Lippen und Wangen, ein bischen zu schwarz in den Augenbrauen und unter den Augenlidern. Aber daran waren eben ihre Schminkapparate schuld. Eine Freundin, die schöne walachische Lola=Montez: Cari de Prasch, hatte ihr einst gesagt: „Liebe Gisa, Du streichst Dich doch gar zu sehr an, wer wird denn so eitel sein!" — Darauf antwortete die Milano mit der ihr eigenthümlichen Zungenbewegung: „Liebe Cari, wenn ich eitel wäre, würde ich mich für schön genug halten, und würde mich folglich nicht „anstreichen", wie Du es nennst. Ich streiche mich aber an, weil ich mich nicht mehr für schön genug halte, folglich bin ich nicht eitel. Hast Du mich verstanden?" — Gisa Milano war eine spezifisch österreichische Figur: Die italienische Offizierswitwe. Ja, ich möchte sie eine spezifisch Wiener Figur nennen. Denn die österreichischen Offizierswitwen ziehen alle nach Wien, da sie

von der Kaution eben nur „leben" können, und das Abenteuern
ihnen die Longshawls und robes princesse liefern muß. Und wie lange
kann eine Offizierswitwe in einem Garnisonsneste abenteuern, ohne
von Mann und Weib dem schlimmsten Kasernbesen gleichgestellt zu
werden? Sie geht also nach Wien, nimmt eine kleine Wohnung,
miethet ein Frauengeschöpf zur Begleitung auf den Graben und im
Stadtparke, und lebt lustig, so lange es geht. Ich habe gesagt, daß die
italienischen Offizierswitwen der österreichischen Armee eine strikte
Spezies sind, die noch dazu bald, sehr bald sogar, ausgestorben sein
wird. Es lohnt sich also wohl der Mühe, eine solche aussterbende
Gattung in der schönen Milano zu schildern. So lange Oesterreich im
Besitze der Lombardei war, wurde dies reizende Land mit böhmischen
Infanterie-Offizieren überfluthet. Die böhmischen Lieutenants, welche
daheim auf eine reiche standesgemäße Partie nur in den seltensten
Fällen Anspruch machen konnten (denn die Banquierstöchter und Fabriks-
besitzerstöchter thaten's nicht unter einem Husaren, oder wenn's
schon Infanterie sein mußte, so mußte es mindestens ein Major sein
— und darin hatten sie recht. Wenn man auf den Markt geht, kauft
man sich immer das Beste). Diese Infanterielieutenants nun fanden in
Italien einen ganzen Flor von reichen Mädchen, die zu haben waren.
Denn in Italien flüchtet sich der Reichthum auch in die geringeren
Stände, und die Wirthstöchter, die Modehändlerinen, die Krämers-
töchter, die Hutmacherinen, die Orangenhändlerin, die doch für einen
Husarencavalier oder einen Infanteriemajor trotz ihres Reichthums
unmöglich waren, nahmen sich Infanterielieutenants, um quasi
hoffähig zu werden. Fast kein Infanterieoffizier kam ohne Frau aus
Italien zurück; diese Frau war freilich aus der Krämerschichte: aber
wer wußte das in Steiermark oder in Galizien? In den Jahren des
lombardischen Besitzes sechste sich Böhmen in Italien fort. Und die
Orangenhändlerin und die Hutmacherin spielten ihre Rolle in der Gar-
nison ganz gut: Wer fragte nach ihrer Geburt? Sie war eben eine
„Italienerin". Wer fragte nach ihrer Bildung? „Sie sprach eben
gebrochen Deutsch." Wer lachte über ihre bunte schreiende Kleidung?
„Das war eben italienisch." (?!)

Nach und nach aber starben die Lieutenants, und ihre Witwen zogen nach Wien. Sie kehrten nie in ihr Vaterland zurück, denn dort achtete man sie nicht nach ihrer Würde, sondern nach ihrer Geburt und ihrer Bildung. Und sie fingen an, die Zinsen ihres zur Kaution herabgeschmolzenen Kapitals sehr klein zu finden, und sie waren heißblütig, und wollten das Leben weiter genießen. In ihrer Garnisonsstadt in kurzer Zeit verrufen, zogen sie sich nach Wien, und bildeten hier die Spezies der „Offizierswitwe". Eine lebenslustige Spezies, deren Lebenslust aus den Börsen ihrer Anbeter bestritten, und deren Schönheit von Adolf Atz auf dem Graben conservirt wird. Doch, wie gesagt, fängt diese Spezies an auszusterben; seit wir die Lombardei verloren haben, liefert Italien keinen Nachwuchs mehr an reichen Oebstlerinen; sowie auch die Race der Offiziere auszusterben beginnt, die sich schrecklicherweise noch immer nicht davon erholen können, in Trapani, Pola, Gorizeto, Majanacci oder Maccarono stationirt gewesen zu sein, und deren drittes Wort eine „Gondel" oder eine „diva Marietta" ist.

Die Baronin Gisa Milano war also eine Lieutenantswitwe aus Italien, und lebte mit einer Bonne dem Palais Amadée gegenüber. Sie ging stets in grelle Farben gekleidet, schleppte ihre langen Roben im Kothe, hatte ihren kostbaren Shawls stets halb verschoben über der Schulter hängen, und war auffallend schön, so was der Engländer strikingly beautiful nennt, schön wie eine lautlachende Bajadere. Sie war eine Mailänderin, und man sagte, daß sie zuerst Kellnerin in der Kneipe ihres Vaters gewesen sei, wie die Maddalena Sparafucile im Rigoletto, weshalb ihr auch Rittmeister Orás den Namen „die Sparafucile" beigelegt hatte; dann sollte sie, wie eine andere Offizierswitwe aus der Gegend wissen wollte, Kunstreiterin im Cirkus Cinifelli gewesen sein, wo sie sich von einem Juden Geld verdient habe zur Kaution für ihren seligen Lieutenant, der sie zur Baronin machte und dann zufrieden starb. Die Milano hatte alljährlich einen andern Geldhaber zum Anbeter, und „machte Alles mit". In einem Jahre wurde sie regelmäßig mit einem Vermögen fertig. Sie knabberte mit ihren weißen Zähnen Goldbarren, als ob es Kandiszucker sei. In diesem Augenblicke wurde ihr Leben von einem alten Grafen bestritten, der allein in der Welt stand. Graf Erwin Lobositz hieß er, und war an siebzig

Jahre alt. „Also gerade um fünfunddreißig Jahre älter als die Milano!" sagte ihre gute Freundin Cari de Prasch mit boshaftem Lächeln Jedem, der es hören wollte. Neben dem jedesmaligen „Geldgeber" und Beschützer liebte es die Milano, sich mit Husaren= und Uhlanen=Offizieren zu umgeben, die sie nach der Reihe „mit dem Herzen" liebte. Da sie, wie gesagt, auffallend schön und köstlich ausgelassen war, hatte sie in der That einen kleinen Hof um sich, wenn sie ausritt oder in den Prater fuhr oder auf der Ringstraße promenirte. In der adeligen Damenwelt wurde sie natürlich gar nicht zugelassen, denn ihr Ruf war so schlecht als möglich, das heißt, sie h a t t e gar keinen Ruf mehr: ihr Name „Milano" sagte genug. Sie war eine Frau, „mit der man lebt". Man erzählte in den Zimmern der Gardeoffiziere manche hübsche Anekdote von ihr.

In einer Sylvesternacht goß sie Blei in einer Gesellschaft. Die Form, die ihr Bleistückchen bildete, hatte unverkennbar die Form eines Sternes. Alles beglückwünschte sie zu dem glücklichen Vorzeichen, nur sie selber rief enttäuscht: „Ein Stern! Also nur ein Lieutenant?" . .

Bei all dem war die Milano eine gute Haut und ging in die Kirche, auch wenn sie Niemand sah.

* * *

Es war ein prächtiger, heiterer Tag voller Vogelzwitschern.

Die Milano ging über die Ringstraße heim von einem Spaziergange, begleitet vom Husarenoberlieutenant Grafen Than, vom Rittmeister Orás und von ihrer lieben Freundin, der Moldauer Abenteurerin Cari de Prasch. Man war sehr laut gewesen, und hatte sehr laut gelacht, wie man auf der Ringstraße immer thut, wenn man von Adel ist und mit Offizieren geht. Die beiden Frauen hatten offiziell die Toiletten gemustert, und dabei im Augenwinkel nach interessanten Männergesichtern ausgeschaut. Die Ringstraße ist der „Graben" des Herzens. Auf dem Graben sucht die zweideutige Dame einen Geldgeber, auf der Ringstraße sucht die bereits mit einem Geldgeber versorgte Dame einen Herzensfreund mit Wappen oder Uniform. Denn es ist ein Kalkül der Offizierswitwe, ihr Herz niemals zu tief sinken zu lassen. Das verdirbt den Teint der Seele. Denn gemeine Menschen liebt man zu sehr.

Man kam schon zur Heimatsbrücke, als ihnen ein Kadet entgegenkam, den der Rittmeister mit den Worten vorstellte:

— „Graf Baar Béla, Baronin, ein Freiwilliger."

Baar Béla, ein hochgewachsener Husaren-Freiwilliger von etwa zwanzig Jahren, verbeugte sich mit der graziösen Ungraziösität der Jugend und der Neuheit vor den Damen. Die Milano schaute ihn eine Sekunde hindurch mit sehr großen Augen an. Dann erwachte sie gleichsam und lud den Neuvorgestellten ein, sich ihnen anzuschließen. Cari de Prasch zischte lachend auf, gegen den Oberlieutenant gewendet und zwei Schritte vorauseilend. „Was haben Sie, gnädige Frau?" sagte der Oberlieutenant, ihr nacheilend. — „Was ich habe?" erwiederte sie erstickend vor Lachen. „Sehen Sie denn nicht, Graf, daß die Milano sich verliebt hat? Aber rasend! In den Kadeten. Ich kenne die Symptome bei ihr! Jetzt geht's bei ihr an, wie sie zu sagen pflegt. Nun ist sie fertig für sechs Monate. Denn kürzer liebt sie nie „echt". Ihr armer alter gefoppter Graf Erwin! Schnell, rufen Sie den Kadeten zu uns, damit wir sie ärgern!"

Der Oberlieutenant winkte wirklich dem Freiwilligen, und Rittmeister Drás, der jetzt mit der Milano allein ging, sagte: „Sie mögen sonst die Freiwilligen nicht, Baronin, aber der junge Baar muß sie mit dem freiwilligen studentenhaften Helden versöhnen; er ist aus blutarmer Adelsfamilie und er ist ein fleißiger Student neben seinen Exerzitien. Er ist weit entfernt von der Arroganz geoffizierter schlechter Akademiker, er schämt sich fast, daß er nächstens den Lohn seines Fleißes erhalten wird. Er wird ein braver Student bleiben, er wird die Hoftheater fast niemals besuchen, weil er Abends lernen wird, und er wird ein echter Kamerad des besten Offiziers am Schlachtfelde werden, weil er Takt besitzt und nicht Prahlerei. Ihm ist die Uniform ein Sporn zum Ziele, aber keine Toilette, welche freien Eintritt verschafft. Sie müssen ihn acceptiren und ganz, Baronin, denn .."

— „Sagen Sie mir nur, Drás, weshalb Sie mir den Menschen so entsetzlich loben!" — machte plötzlich die Baronin heftig. — „Ich denke, er lobt sich selber genug. Und da sind wir beinahe zu Hause."

—„Wo nur Graf Pál heute steckt?" — machte die Cari de Prasch, wie man sich aus der Ringstraße in die Palaisfronte wandte.

— „Er hat mir gesagt, er wolle mir heute den berühmten Pater Benno vorstellen, der sich für unser Seelenheil interessirt!" — lachte, die Milano.

— „Den Pater Benno?" — riefen die zwei Offiziere erstaunt.
— „Den Heiligen?"

— „Will er Dir vielleicht das Schminken verbieten?" — zischelte die Moldauerin boshaft.

— „Ich weiß nicht, was er will, ich weiß nur, daß er sich bei mir aufführen läßt," — sagte die Milano. — „Es gilt vielleicht eine Wette mit den frommen Weibern gegenüber, wo er täglicher Theegast ist. Aber da sind wir schon. Meine Herren, Sie kommen zu mir hinauf auf ein kleines kaltes goûter? Ich habe ein paar Repphühnerflügel und mixed-pickles und ein Fäßchen Caviar."

— „Sie haben immer Caviar!" — rief der Oberlieutenant entzückt.

— „Was wollen Sie? Graf Erwin ißt ihn für die Gesundheit. Bitte, Monsieur Baar, reichen Sie mir den Arm. Sie sind das jüngste Glied unserer kleinen Bande, und ich ernenne sie hiermit zu meinem Märtyrer."

Der Freiwilligen-Kadet sagte etwas Glückliches und Erröthendes und die Milano legte ihren Arm fest in den seinen. Sie hatte eine eigene Manier sich einzuhängen; man fühlte kaum ihren Arm, aber man spürte ihr Herz pochen.

— „Jetzt geht's an!" — rief die Milano, in ihre Zimmer rauschend. — „Bischa, Thee machen! Hörst Du? Und die kalten Knochen bringen, und die Gläser mit dem Eingemachten! Vite, vite!"

Die Zimmer waren bald voll Lärm und Fröhlichkeit. Der Nachmittag war wundervoll sonnendurchgoldet, und eine frische Brise vom Kahlenberg herein schwellte die Vorhänge der geöffneten Fenster. Cari de Prasch setzte sich an's Piano, und griff Tanzakkorde. Die Offiziere knieeten und wälzten sich auf Tabourets, Balzacs, und hockten auf Tischen. Die Milano, als taktvolle Hausfrau, suchte es ihrem neuen Gaste, dem Freiwilligen-Kadeten heimisch zu machen, indem sie ihn vorzugsweise in's Geplauder zog, da er sonst vor den Offizieren verstummt wäre, und so zog sie ihn zu sich auf's Sopha nieder, und fing an ihm ihr Album zu erklären.

Ehe noch der Thee kam, kam der alte Graf Erwin, steckte den grauen Kopf zur Thüre herein, und zog ihn gleich wieder zurück. Da Bischa, das Stubenmädchen, das goûter richtete, hatte er nichts von der großen Gesellschaft erfahren. Wie er aber das Zimmer voller Uniformen sah, trat er rasch zurück, und stieg unten wieder in seinen Wagen.

— „Was war das für ein Kopf?" — fragte der Oberlieutenant.

— „Das? Das war nur Gisa's Graf," — sagte Cari de Prasch.

— „Oh, Ihr alter Graf? Baronin, Sie haben da einen sehr galanten und bescheidenen Beschützer!"

Die Milano schaute ihre Gäste mit ihren hellgrünen Augen hell an. — „Gewiß," — sagte sie. — „Gewiß ist mein Graf Erwin Lobositz galant; galanter als es die heutige Welt sein kann. Aber bescheiden? Ich sehe keine Bescheidenheit darin, daß er sich wieder trollte, da er Gesellschaft sah. Er ist es ja, der diese Wohnung, der die Möbel gezahlt hat, auf denen wir sitzen, er ist also der Herr hier und wir Alle sind seine Gäste. Wenn er sich zurückzog ohne einzutreten, so ist das also nicht Bescheidenheit von ihm, sondern einfach Unlust an Uniformen."

Alles lachte halb verlegen.

— „Sagen Sie mir, Baronin, Sie scheinen den alten Herrn wirklich zu lieben?" — rief der Rittmeister.

— „Lieben? Aber sie betet ihn ja an!" — zischte die Prasch, und raschelte mit ihrer Schleppe am Pianotabouret wie mit einem Klapperschwanze. — „Sie betet ihn an, denn er hat ja noch seine Uhr."

Der Oberlieutenant lachte über den Witz, der Rittmeister wartete auf die Antwort der Milano.

— „Ich liebe ihn so sehr, daß ich ihn a ch t e, meine Herren," — sagte die vom Divan aus. — „Und daß ich jeden Scherz über ihn unerträglich finde — hier — in seinen Zimmern. Er ist mir wie mein Vater. Aber jetzt bitte ich Sie, meine Herrschaften, mich ein Wort mit Graf Baar hier reden zu lassen. Er erzählt mir Etwas." — Und während die Prasch eine Offenbach=Arie auf dem Piano intonirte, und während der Oberlieutenant in ihren Locken wühlte, und während der Rittmeister die dicke Bischa unterstützte im Arrangiren des Thee= tisches, sagte die Milano zu dem schüchternen, verlegenen, ehrlichschauen= den, erröthenden Kadeten: — „Aber bleiben Sie doch sitzen, Graf Baar. Sagen Sie mir, was denken Sie von dem Allen, und von mir?" — Der Kadet wurde sehr verlegen, und sagte: — „O, ich denke gar nichts, aber ich bin so froh hier, ich weiß gar nicht, wie ich hierher komme."

— „Gefällt es Ihnen also da, in diesem Zimmer."
„Oh, sehr. . ."
— „Dann müssen Sie oft kommen — alle Tage. Wenn weniger Leute da sind. Sie müssen mir Alles von Ihrem Elternhause erzählen. Sie haben keine Verwandten hier, sagten Sie? Nun gut, wollen Sie mich als Tante? Sie müssen mich aber auch so nennen . .!" — Der Kadet beugte sich gluthroth über die Hand, die sie ihm reichte, und dieser Handkuß durchfieberte die laute Offizierswitwe so jäh, daß sie sich jäh erhob. — „Meine Herrschaften, Graf Baar ist von heute an mein Neffe, und steht unter meinem Schutze! Nun? Was gibt's?"

Die Prasch endete mit einem schlechten, grellen Akkorde, und höhnte mit dem Munde wie eine Katze. Der Rittmeister wurde ernst, und der Oberlieutenant warf einen Haß auf den Kadeten. Dazwischen hinein brachte Bischa die letzten Teller, und das goûter begann zu klirren und zu kauen. Der Kadet blieb an der Seite der Milano sitzen, die ihn zu ihrem „Vorkoster" machte. Es herrschte eine wahrhaft orientalische Nonchalance in dem Salon der Offizierswitwe. Die mixed-picles waren noch nicht zum Drittheil verzehrt, als Graf Pál mit einem geistlichen Herrn eintrat. — „Tschau, Graf!" — rief ihm die Milano entgegen.

Er stellte der sich erhebenden Hausfrau seinen guten Freund Pater Benno, vor.

Benno war blässer als je, und sein Haar glatt wie ein schwarzer Fels, so hart lag es von den marmornen Schläfen zurück, und seine

Augen waren gleich dunklen Flammen, und sein bartloser Mund war wie ein Rosenkuß.

Cari de Prasch zitterte vor Andacht. — „O Gott, ein Geistlicher!" dachte der Rittmeister seufzend — „was sucht der hier in dieser Galeere? Er wird salbungsvoll thun und predigen. Ich habe die Geistlichen genug von meiner Großtante aus."

Der Oberlieutenant schaute von seiner Mütze zum Imbiß, und vom Imbiß zu seiner Mütze.

Der Kadet wurde rosenfarben beim Anblicke des Priesters, und er dachte: „O! Ich bin also doch bei braven Frauen!" Denn das Herz hatte ihm schon furchtsam zu pochen angefangen neben der Milano. Aber jetzt durfte er sie lieb haben! Und das machte ihn so selig!

Die Milano ging ihrem neuen Gaste bis in die Mitte des Salons entgegen, und begrüßte ihn mit einer ehrfurchtsvollen Empfangsverbeugung, ohne ihr scharfes berückendes Lächeln aufzugeben. Sie sagte einige verehrende Worte. Pater Benno sagte einige höfliche Worte, Graf Pál tastete Phrasensilben. So standen sich die Offizierswitwe und der Geistliche inmitten des Zimmers einige Augenblicke fast isolirt gegenüber, überfluthet vom Abendpurpur, der über die Simmeringer Berge herein fiel.

Die Milano trug ein georginenrothes Sammtkleid, welches von einer goldenen Gürtelschlange um ihren schlanken Leib gefaltet wurde. Ihr lohfarbenes Haar glich einem verglimmenden Strohfeuer in der Abendgluth, und ihr Antlitz, so lächelnd und die großen Augen so nahe an den Besucher bringend, erschien dem Geistlichen wie das eines Dämons, welcher andere Menschenherzen ebenso unglücklich machen will, wie sein eigenes ist. Er hatte dieses Weib zu lieben angefangen beim ersten Blick, als er sie einmal auf der Promenade begegnet hatte.

Er hatte früher noch nie geliebt; wie eine Flamme ergriff ihn das. Er hatte ihr seitdem aufgelauert, beim heiligen Meßopfer dachte er an das laute frische Lachen des Weibes, in seinen Studien verirrte er sich in die kühnen Lichter ihres himmlisch=tollen Gesichtes. Die Liebe ist ein unlösbares Räthsel durch ihre Wahllosigkeit. Er hatte dann täglich das Palais der Amadée's besucht, um manchmal das selt=

same Weib zu sehen — zufällig — am Fenster, im Erscheinen und Verschwinden nur. Er hatte erfahren, daß sie eine übelberufene gefallene Dame sei, und das hatte seinen unseligen, unbesiegbaren Drang noch verstärkt, anstatt ihn zu vermindern. Er hatte zuletzt beschlossen, sie persönlich kennen zu lernen, „um sie zu bekehren". In Wahrheit aber, um sich zu heilen an ihrer geschminkten Nähe, an ihrer „Frechheit", an ihrer Feilheit. Und jetzt stand er ihr endlich gegenüber. Das georginenrothe Kleid erinnerte ihn an einen Pfarrgarten, den er in seiner Kindheit zur Herbstzeit oft besucht hatte. Die Erinnerung kam so seltsam über ihn, er fühlte, wie seine Seele in sich erschauerte und gleichsam zu den ersten Erinnerungen seines reinsten Kinderlebens zurückflüchtete. Die goldene Schlange um den Leib dieses Weibes erfüllte ihn mit Entsetzen, ohne daß er im Augenblicke wußte, warum. Dann erhob er seinen Blick zu ihrem ihm zulächelnden Gesichte . . . .
. . . . Er wurde im Nu wieder ruhig. Und in dieser seltsamen Ruhe fühlte er, daß er verloren war.

* * *

Pater Benno erhielt beim goûter seinen Ehrenplatz neben der Milano, aber sie ließ deshalb den Kadeten nicht los, welcher ihr an moins links auf einem Tabouret neben dem Sopha bleiben mußte, so daß man den Ehrenplatz links am Tische à la rigueur vom Rittmeister angenommen glauben konnte. Das Gespräch war jetzt weniger tollschwirrend seit der Ankunft des geistlichen Herrn. Wenn man aber geglaubt hatte, Pater Benno werde salbungsvoll sprechen, so irrte man sich. Pater Benno war lange Hofmeister in den höchsten Adelsfamilien des Landes gewesen, und geberdete sich in dieser Gesellschaft wie ein Gentleman der feinsten Ordnung. Er lachte und sprach vom Wettrennen, dem er als Zuseher beigewohnt hatte. Die Ehrfurcht der Cari de Prasch steigerte sich bis zur Anbetung. Man fing an, von seinen berühmten Predigten zu sprechen. — „Ich habe einmal Eine davon gehört," sagte die Dame des Hauses, — „wunderbar! sind sie nicht in Druck erschienen?"

— „Wir Priester gleichen den Herren Offizieren," — sagte der Geistliche lächelnd. — „Wir dürfen reden, aber das gesprochene Wort verfliegt."

— „Oho, Hochwürden! Wenn Sie heute drei Bücher schreiben im Sinne Ihres Ordens, so werden Sie belobt!" — sagte der Rittmeister. — „Aber wenn wir österreichische Offiziere nur Einen Zeitungsaufsatz schreiben, selbst im engsten und loyalsten Sinne unseres Regimentes, so werden wir verdächtig. Der Offizier in Oesterreich darf erst dann geistig handeln, wenn er wegen Schulden quittirt hat oder infam kassirt ist. Andernfalls muß er sich damit begnügen, für seinen Oberen die Aufsätze zu stilisiren, die dann ihren Namen darunter setzen."

— „Ach! wir Alle haben unsere Disziplin, die uns drückt!" — machte Pater Benno lustig. — „Ihnen, meine Herren, steht wenigstens die S c h ö n h e i t offen!"

— „Und Ihnen nicht?" — machte der Oberlieutenant, indem er den Priester in die Rippen stieß.

Man weiß nicht, was für eine entsetzliche, todtenartige Drohung in das steinern-schöne Gesicht des Priesters trat bei diesen Worten. Aber es ist seitdem von allen Theilnehmern dieser Szene behauptet worden, daß der Offizier schnell eine Entschuldigung näselte für den Spaß, wie scherzend.

— „Schönheit, meine Herren!" — rief die Milano, die Herrin des Salons, aufspringend. — „Aber versäumen wir doch nicht die Schönheit des Momentes!" — Dabei zog sie den Kadeten mit der Hand, und den Priester mit den Augen zum offenen Fenster. — „Sehen Sie doch! Der Sonnenuntergang verstreut seinen letzten Purpur auf die fernsten Berge, und die stahlgraue Nachtdämmerung rehaussirt die kecksten Sterne. Ist das nicht Schönheit?!"

— „Es ist die Stunde, wo man anfangen muß lustig zu sein!" — rief die Prasch, und warf sich gleichsam auf türkische Art vor dem Piano nieder, und intonirte den himmlischen Lärm des Walzers „les gardes du roi". Ich weiß nicht, was in den Tönen dieses Walzers liegt — aber ein süßer Rausch hauset darin, und noch dazu ein Rausch von Atlasroben und Gardesäbelgeklirr; es ist ein Taubengirren in einem Seidennest, ein Nachtigalllocken in einer Königseiche. Der Priester, diese ästhetisch=exklusive, aber eben dadurch echt aristokratische Natur, wurde dadurch zu einem seltsamen Muthe angestachelt. Er löste die Hand seiner Wirthin aus der des Kadeten wie ein alter Freund, und führte sie in das Nebenzimmer, von wo aus man das Abendverdunkeln noch weiter hinaus über den Kahlenberg erblicken konnte.

Sie waren da fast allein. Der Kadet nur stand auf der Schwelle des dunkelnden Salons. Wohin sollte er auch? Draußen quikte die Moldauerin zwischen seinen beiden Vorgesetzten auf, als ob sie gekitzelt würde. Und da herein war seine freundliche Wirthin mit dem Priester bis an das sternhelle Fenster gegangen. Und Alles um ihn versank so seltsam schnell in die nächtlichste Graudämmerung.

Der Priester stand mit der Milano am offenen Fenster, und deutete ihr auf zwei ferne Sternbilder: — „Dort ist die Venus und die Berenice," — sagte er. — „Diese Sterne berühren mich immer wie eine Aufforderung zur Sünde. Wie ein lautes Gelächter sind sie so in den Himmel hineingestreut. Man muß sich lieben in dieser schwülen Nachtstille, beim Lichtgelächter dieser Sterne."

— „Lieben? Warum?" — sagte die Milano sehr laut.

Die laute Stimme einer Frau in solchen Augenblicken ist wie eine Beleidigung. Der Priester faßte fest ihre Hand, wie er fortfuhr: — „Frau Baronin, man hat mir gesagt, daß Sie fröhlicher sind, als ich Sie finde."

— „Ja? Nun, dann hat man gelogen."

Ihre Stimme war kalt wie das Flimmern der Sterne.

— „Gelogen? Man sagte mir doch, daß Sie lieben können," — flüsterte der Priester. — „Lieben Sie bis zum Verständnisse!" — Und er preßte ihre zarten Finger heftig in seiner starken Hand. Er betete dabei im tiefsten Herzen um Erlösung, aber er faßte ihre Hand mit einem Griffe, in welchem sich jeder Sinn seines Körpers concentrirte.

— „Bis zum Verständnisse?"

Der Priester konnte nicht mehr athmen. — „Sie haben ja einen schlechten Ruf!" — sagte er stark und doch zitternd lachend.

Die Milano lachte in das schwüle Sternenfunkeln hinaus. — „O ja freilich, ich habe Liebhaber, wie man sagt. Aber Liebhaber nach dem Herzen."

— „Sie wollen sagen nach dem Gelde?" — wagte er zu sagen. Denn er wollte, daß sie ihm zürnen möchte.

— „Nein. Wenn ich liebe, liebe ich nur mit dem Herzen. Was das Geld anbetrifft, das errathe ich. Ich habe ein **geschicktes Herz**. Dieses Herz wittert seine Liebe zum öftesten da, wo Geld ist. Hochwürden bitte, nehmen Sie das nicht als Beichte. Ich habe noch keine Reue . . .!"

— „Ich — ich habe auch Geld . . ." athmete Pater Benno fast unverständlich leise.

Die Dunkelheit war vollständig geworden, die georginenrothe Zauberei mit dem goldenen Schlangengürtel eilte in das Hauptzimmer zurück und rief nach Licht, und der Geistliche folgte mit seinem weißen Marmorlächeln. Cari de Prasch, Graf Pál, die beiden Offiziere und der Kadet hatten im goûter-Zimmer gebummelt. Graf Pál hatte alle Kannen und Teller geleert, und bauchte hilflos und versöhnend grinsend in einer Ecke.

— „Ah! Da seid Ihr noch!" — rief die Milano, und eilte auf den Kadeten zu, als ob er ihr zunächst gestanden wäre. — „Ich dachte schon, Béla bácsi, Du seist weggegangen, ohne Deiner Tante „Auf Wiedersehen zu sagen"!

— „Die ist seine Tante, wie der polnische Graf ihr Onkel ist!" — zischte die Prasch in das Ohr des Oberlieutenants. — „Prächtige Verwandtschaft!"

Die Bischa brachte Lichter. Man sah jetzt, daß der geistliche Herr unwohl geworden war. Er lehnte, blaß wie ein Todter, an der Wand, welche die Milano mit ihrem Schützlinge so eben verlassen hatte, und von seiner Unterlippe sickerte langsam ein Blutstropfen über sein bartloses bläuliches Kinn herab. Er hatte zu scharfe Zähne oder zu scharfe Gedanken mitten in diesem Frohsinn von Sternenlicht, Bosheiten, Nachtduft, Plauderei und Liebes-Einladung.

* * *

III.

Das Zimmer, welches Pater Benno in einem der geistlichen Häuser Wien's bewohnte, war so wie das Zimmer aller österreichischen Stadtgeistlichen: unwirthlich, kahl und wie unbewohnt. Diese Zimmer sind keineswegs ärmlich oder geschmacklos eingerichtet, sondern im Gegentheile elegant, comfortabel und männlich-geschmackvoll möblirt. Die Wände sind freundlich bemalt, die Möbel vollkommen „chic", tausend Nippsachen, von verehrenden Frauenhänden gefertigt, liegen auf der Kommode und bedecken überquellend alle Tischmöbel. Kein Offizierszimmer hat so viele „Handarbeiten" aufzuweisen, wie das Zimmer eines Stadtgeistlichen: da gibt es zwölf gestickte Uhrenhälter, Cigarrentaschen in allen Formen und Größen, künstliche Blumensträuße wie vor einem Wunderbilde der Dorfkirche, Albums auf 500 Bilder, genetzte Vorhänge und Bettdecken, Riechsäckchen und Lesepulte mit Straminstickerei. Und trotzdem haben diese Zimmer immer das Aussehen, als würden sie nicht bewohnt. In was das liegt, kann ich nicht sagen, aber es ist so. Der Herr der Wohnung hat immer das air einer vorübergehenden Afterpartei. Alles und Jedes hat das Gesicht, als ob die Frauenhand fehle — wenn auch eine Frauenhand der Bedienerin die Sachen täglich ordnet. Aber eine Frau muß selber in einem Zimmer leben und athmen, um ihm die Frische der Lebensweiblichkeit mitzutheilen. Es gibt außer den österreichischen Geistlichen noch viele garçons, aber über den armseligen Möbeln der Letzteren hängt doch das Bild einer Geliebten, mit welken Blumen umkränzt, und in der Tischlade knistern die Briefe einer Braut. Nicht die Geliebte ist es, die dem Geistlichen vielleicht fehlt, aber es ist die eingestandene Geliebte, mit dem frohen Lerchenliede im halboffenen Busen, die Sonntagsgeliebte, die Geliebte, welche in stürmischen Winternächten, in der Einsamkeit, wenn sie weinend und verlassen entschlummert ist, vielleicht doch von einem Brautschleier träumt, und im Schlafe lächeln kann unter einer kaum getrockneten Thräne. Das Zimmer des österreichischen Geistlichen hat Etwas, was Einen berührt wie das Anfühlen eines kaltfeuchten, klebrigen Frosches. Auch die Hand eines Priesters erzeugt dasselbe Gefühl. Der katholische Priester ist ein Mensch, welcher außerhalb der Ordnung von Mann und Weib steht — ein sächliches Geschlecht, und seine Wohnung macht einen sächlichen Eindruck. Und wenn dieser Priester im Geheimen das wird, was er sein mußte, ein M a n n, dann macht er den Eindruck eines schlechten Mannes, eines Verbrechers an Eid und Gott, und seine Wohnung wird zu einer Zelle der schlimmsten Heuchelei.

Pater Benno schlief noch nicht, trotzdem die Nacht schon weit vorgeschritten war. Er hatte in einem jener lateinischen Bücher studirt, die, schwarz gebunden und mit Gold verziert, wie eine Sargdecke berühren. Die Lampe brannte kalt neben ihm, wie ein Mond, der kein Gebüsch findet, in welchem er spielen könnte. Um ihn herum war es so still, daß diese Stille laut sauste in seinen Ohren. Er las nicht. Er studirte nicht im Buche, sondern in seinem eigenen Herzen. Zuletzt ließ er den Kopf schwer auf seine verschränkten Arme herabsinken. O welch' schreckliche Lektüre that er da in seinem Herzen! Der Grund der Blätter war schwarz wie ein verkohltes Dasein, und die Lettern waren Flammen. „Ich liebe sie!" stöhnte er. „Ich liebe sie unaussprechlich! Lieben? Nein! Ich brenne in ihr! Ich möchte in ihrem Herzen wühlen und ihr Blut trinken! O Jesus, ich vermag nichts dagegen, und Niemand hilft mir! Ich glaube nicht mehr als sie, an das Glück und an eine Rettung! Ich könnte ein Götzendiener werden, wenn ein Götze mir helfen wollte! Mein ganzes Leben flammt mir auf, und ich stehe wie ein Bettler vor der feuerprasselnden Stätte meiner Geburt, meines Reichthums und meines Stolzes! Ich m u ß glücklich sein! Ich möchte dieser Frau die Spitzen der Haare küssen! Und ich verachte, ich hasse sie, aber sie ist mir Alles, Alles! Was ist denn das, die Liebe? Stolz? Ich habe keinen mehr. Würde? Ich würde ihr gerne dienen wie der geringste Knecht. Seligkeit? S i e ist die Seligkeit: denn s i e ist die Liebe! Mein Gott, mein Gott, warum hast Du mich verlassen?!"

Er biß mit den weißen Zähnen in seine Hand, wie der Verhungernde auf dem Wrack, und seine Seele glühte wie ein Sodoma in der Nacht des Gerichtes.

* * *

IV.

Es war am andern Tage, einem Feiertage, als Pater Benno die Milano in der Siestastunde besuchte. Er fand sie ohne Besuch. Der alte Herr, welcher täglich mit ihr zusammen speiste, hatte sie eben verlassen. Die Dessert=Früchte und der Käsesturz und die winzigen chinesischen Mokkaschalen standen noch auf dem derangirten Speisetische. Pater Benno traf die Milano in dem Momente, wo sie den Hut aufsetzte und Bischa den Shawl herbeischleppte.

— „Sie gehen aus, Frau Baronin?" — sagte er.

— „Wie Sie sehen. Wenn Sie da bleiben wollen, werfe ich den Hut weg. Uebrigens könnten sie mich gut begleiten. Denn ich gehe in die Kirche."

— „In die Kirche?"

— „Ja."

— „Jetzt, zu dieser Stunde?"

— „Gewiß, jetzt zu dieser Stunde. Ich kann am besten beten, wenn die Kirche leer ist; und in dieser Stunde ist sie sicher leer. Und an Sonntagen allein hat man ja die Gunst, eine katholische Kirche zu allen Zeiten, wo das Herz uns hineinzieht, besuchen zu dürfen. Begleiten Sie mich also, Hochwürden?"

Sie gingen miteinander über die sonnige Ringstraße in die nächste Stadtkirche.

Die Straßen wogten von fröhlichen, geputzten Menschen, von bunten Adelsdamen und handschuhsicheren Gecken. Eine Feiertagsstimmung lag über den geschlossenen Läden, in den schlummerstillen arbeiterleeren Seitengassen, in den weißen glänzenden Wolken, ja selbst in dem Vogelgezwitscher, welches man an einem Feiertage deutlicher zu hören glaubt als sonst.

Sie kamen in die erste Kirche, die auf ihrem Wege lag. Es war eine weißgetünchte, freundliche, menschenleere Kirche. Sie waren beinahe allein da. Nur ein Kerzelweib kehrte die Stühle aus für den Nachmittagssegen, und ein Meßner im kornblumenblauen Großvaterrock schmückte, auf einer Stufenleiter wackelnd, die Hochaltarkerzen mit künstlichen Blumensträußen. Eine echte Sabbathstille herrscht in der Kirche zu solchen Stunden. Das Kerzelweib und der Meßner stören nicht. Die Sonne blitzte in den Vergoldungen der Engelsköpfe, und warf bunte Farbenlichter durch die gemalten Fenster auf den Steinboden. Millionen Sonnenstäubchen flimmerten in diesen dicken Fensterstrahlen, und Fliegen surrten an die Fenster, und eine verirrte Lerche, die einen Ausgang suchte, schlug sich das Köpfchen wund an den Scheiben.

— "Sagen Sie mir, Hochwürden, kann man da nicht besser beten, als im Gedränge?"

— "Das kommt auf das Gefühl an," — sagte der Geistliche mit einem dürstenden Blicke. — "Man kann das Gedränge vergessen über der heiligen Handlung am Altare."

— "Ich kann das nicht. Ich liebe solche Stunden, wo man allein ist im Gotteshause, wo unser kleines Gebet wie eine Weihrauchwolke auf der Himmelsleiter der Sonnenstrahlen hinansteigt, und der stille Friede Gottes auf einem zweiten Strahle herniederriefelt."

— "Beten Sie wirklich, Frau Baronin?"

"Aber für was halten mich denn Euer Hochwürden..!" — Sie lachte. Sie trug heute ein giftbeerenrothes Kleid und einen goldgelben Shawl. Sie stand schlank nnd faul da in einem Sonnenstäubchenstrahle, wie ein schimmernder Paradiesvogel sich auf seinem Zweige wiegt. Sie fingen dann an, an den Seitenwänden der Kirche fortzugehen und die Bilder anzusehen. Es gibt nichts Lieblicheres, als Heiligenbilder in einer sommerstillen Feiertagskirche zur Zeit, wo keine Leute um uns sind. Das lieblich geneigte lilienhafte Gesicht des heiligen Aloisius, das liebdurchglühte, verschmachtende Antlitz der heiligen Theresia; die heilige Anna, wie sie ihrem hellschauenden Töchterchen die Lettern der heiligen Schriften erklärt; alles Dies eingerahmt in dickvergoldete Engelsköpfe und Wolken und Leuchterpostamente, und darüber der Sonnenschein des Himmels, in welchem alle Seligen für uns beten; es ist ein Eindruck, der jedes Herz besser und vertrauender macht. Die Milano sprach über jedes Bild mit dem Priester. Die alte Frau hatte geknixt, und war mit dem Besen bis in die Vorhalle gekommen. Der Meßner hatte sich entfernt. Sie standen fast allein in der Sabbathskirchenstille, und die Schritte seiner hochgeglänzten Stiefel und ihrer Stöckelschuhe widerhallten in tausend Echo's.

Sein Antlitz, sonst so marmorweiß, wurde immer röther und belebter im Sprechen. Wie sie vor dem Hochaltare standen, und er ihr das Bild des heiligen Augustinus erklärte, da ergriff er ihre Hand. Er wußte, daß sein Herz es nicht länger ertragen konnte, unverstanden zu verschmachten, und sie wußte, daß er sie liebe. Sie sprachen von der Versuchung des Heiligen. Und er sagte ihr, daß er keiner Versuchung hätte widerstehen können, in welcher s i e eine Rolle gespielt habe. Er sagte das galant, lächelnd, weltmännisch, wie ein scherzhaftes Kompliment, zu welchem ein Priester wohl berechtigt ist. Aber seine Hand faßte wieder die ihrige fester, und sein Auge glühte flackernd, wie eine ewige Lampe in dunkler Gruft.

— „O, Hochwürden, ein Priester muß doch immer widerstehen und über die Hölle siegen?" — sagte sie rasch, lächelnd.

— „Ein Priester ist aber ein Mensch . . !"

— „Ganz wohl, Hochwürden. Ich verstehe, daß ein Priester Versuchungen haben kann, aber ich verstehe nicht, was für eine Stelle das Weib in dieser siegreichen Versuchung einnehmen kann. Man kann doch nicht die Geliebte eines Priesters werden, wenn man Katholikin ist . . !" — Sie sagte das leise, wie zögernd. So meinte er wenigstens. Er sah den klaren Blick nicht, den sie mit ihren langen Wimpern dämpfte. Er glaubte, sie wolle nur über die Form einer Vereinigung belehrt werden. Und er neigte sich zu ihr, und eine Himmelsahnung stieg in seiner Brust auf, wie er zu ihr mit heißer Stimme und geschlossenen Augen sagte: — „Man kann nicht die Geliebte eines Priesters werden, wenn man eine gute Katholikin ist, aber man kann seine S e e l e n b r a u t werden. Verstehen Sie das, was das ist, eine S e e l e n b r a u t , Frau Baronin? Es ist die Ehe der Seelen, wie es eine Ehe des Körpers gibt; und diese Seelenehe ist dem Priester nicht verwehrt, im Gegentheil, sie ist ihm gestattet, als Ersatz des sinnlichen Glückes, und es ist ein Ersatz, der dieses Glück oft übersteigt. Eine Seelenbraut! O, gesegnet ist der Priester, der eine Seelenbraut findet, mit der er die geheimste Sehnsucht, den geheimsten Gedanken tauschen kann! Sie enthüllt ihm ihr ganzes Herz, und er ihr das seine! Ihre beiden Seelen verglühen in einander mit einem namenlosen Gefühl der himmlischen Wollust, wie es vielleicht das irdische Leben nie gewähren kann. Er gehört ganz der

Braut seiner Seele, und sie gehört ihrem Bräutigam, und Beide gehören dem Himmel! — Er faßte ihre Hand an seine Lippen hinauf, und preßte, zitternd an allen Gliedern, diese Lippen auf ihr Handgelenk zwischen den Handschuh und der Manschette.

Sie schaute ihm tief in die Augen, mit einem kaltgrünen Blicke, der wie bereiftes Gras anmuthete. — „Seelenbräute?" — sagte sie langsam, und wandte sich vom Hochaltar weg, und schritt mit ihm langsam durch einen Seitengang dem Kirchen ausgange zu. —„Seelenbräute? O, Hochwürden, ich weiß, was das ist. Ich habe Freundinen gehabt, welche Seelenbräute eines Mannes waren. Mit der Schwärmerei fängt man an, und mit der Liebschaft füttert man dann diese Schwärmerei, damit sie nicht verhungert. Eine Seelenbraut währt höchstens acht Tage, bis sie zur wirklichen Geliebten wird. Eine Seelenehe endet immer mit der Sinnlichkeit, wie eine Freundschaft zwischen Jüngling und Jungfrau. Nur daß die letztere manchmal anfangs ehrlich gemeint war, und die Seelenehe direkt auf ihr Ziel losgeht: die Seelenbraut ist stets eine verheirathete Frau, die ihren Mann satt hat, und der Seelenbräutigam ist stets ein Mann, den die Verhältnisse zwingen unverheirathet zu bleiben. Wenn Sie also sagen, ich solle Ihre Seelenbraut werden, so weiß ich, daß ich Ihre Geliebte werden würde. Und nicht um alle Schätze der Welt möchte ich die Geliebte eines Geistlichen sein!"

Er war auf's Aeußerste gebracht: nicht äußerlich, sondern im Herzen. Und je heftiger es in ihm tobte, je weiter er die glänzende Frucht seiner Sehnsucht von sich entschwinden sah, desto lechzender krallte er sich an jeden Strohhalm gegen die Strömung, die ihn in einen Abgrund des Verdurstens riß — das fühlte er. — „Sie würden nicht um die Welt die Geliebte eines Priesters werden," — flüsterte er mit leiser, concentrirter Stimme. — „Wohl aus Tugend, Frau von Milano . . . eh?"

Sie schaut ihn unbefangen an, aber ihre grünen Augen sind halbgeschlossen, und der dünne Blick hat die Schärfe einer Messerklinge. „Nein, nicht aus Tugend, Hochwürden, das wissen Sie recht wohl, denn ich bin nicht tugendhaft; ich bin nicht einmal brav. Ich bin eine leichtfertige Frau. Aber ich mag keinen Geistlichen; zuerst, weil mir dieselben nicht gefallen. — Der Geistliche ist immer unhübsch und unmännlich angezogen über einem unproportionirten Körper: er ist entweder hager oder fett. Und dann renommire ich gern mit meinen Anbetern vor den Freundinen; ich bin stolz und lachend, wenn ein frischer, echter, rechter Mann mich ein bischen närrisch lieb hat, und wenn ich allen meinen Freundinen das zeigen kann, damit sie platzen vor Neid! Bei einem Geistlichen kann man das Alles nicht. Da muß die Anbetung ein tiefes Geheimniß bleiben. Man muß Seelenfreundschaft und religiöse Gespräche heucheln, man muß vor der Welt in der Kirche beten ohne Lust, nur damit man sie über seine Frömmigkeit täuscht, man muß verläugnen, was man gern hat, und heucheln, was man nicht fühlt. Pascholl! Das bringe ich nicht zusammen. Nicht einmal ein Oberst könnte mich zu solchen Komödien zwingen, um wie viel weniger ein bartloser, in einen langen schwarzen Unterrock gekleideter versteckter halber Mann! Denn eine Komödie ist das Frommsein, sobald man einen katholischen Geistlichen zum Anbeter hat. Man hat da einen Menschen zum Meineid gebracht, und man nimmt die Hostie aus der Hand, die uns schändet. Kurz, eine katholische Christin sein, und einen Priester zum Anbeter haben, dazu muß man schon eine Feinschmeckerin gepfefferten Geschmackes sein. Und ich, ich bin zwar leichtfertig, aber noch nicht blasirt. Und ich habe noch Scheu vor der Sünde. Ich bin eine geborne Mailänderin. Ich liebe ein bischen Religion, und sehr viel eine goldgestickte Uniform. Basta."

— „Sie sind in den Kadeten verliebt, in den Laffen!" — stieß er wüthend zwischen den Zähnen hervor.

— „Und wenn das wäre?"

— „Er ist viel zu jung für Sie, Frau Barouin," — sagte er scharf, und das Herz pochte ihm dabei bis in den Hals hinauf.

— „Oh, Sie meinen, ich sei zu alt für ihn, Hochwürden? Beruhigen Sie sich doch; ich werde ihn nicht m e h r verderben, als es seine Kameraden thun würden, und ich werde ihn gewiß glücklicher machen — ich verstehe mich ein wenig darauf, junge Herzen glücklich träumen zu machen"

Sie standen jetzt am Weihbrunnkessel der Ausgangsthüre. Er wußte, daß er ihr Herz nie gewinnen könne, wenn er sie jetzt nicht zwang. Ein namenloser Angstwirbel ergriff seine Seele. Seine Züge wurden sehr dunkel und seine Lippen sehr trocken, wie er sprach — mit heiserer, verhaltener Stimme, in der es wie fernes Sturmgeheul wimmerte: — "Frau Baronin, ich habe sie mit gefalteten Händen angefleht, meine Seelenbraut zu werden. Ich will ein echter Priester bleiben, wenn ich kann, und Sie sollen besser werden; aber ich liebe Sie; ich kann nicht anders; und ich muß es Ihnen sagen, ich kann nicht anders. Es ist so schön draußen, ich meine, jeder Mensch, und auch der Priester ist ja doch ein Mensch!.. sollte sich an einem solchen Tage f r e u e n dürfen! Sehen Sie, die Orgel wird gleich ertönen, und man sagt Ihnen nach, Sie hätten ein gutes Herz... Ich weiß nicht, was ich Ihnen noch sagen soll! Sie thun mir so weh im Herzen... Oh! q u ä l e n Sie mich nicht so!!!" — Er neigte seine erröthende, jungfräuliche Priesterstirn über ihre Hand, wie ein Schamerfüllter und wie ein Sklave.

Sie bekam Angst. Die Milano war ein gutherziges Geschöpf. Seine Worte und seine Stimme und seine Geberde war so rührend, weil er sonst ein so stolzer, echter, ehrlicher, segnender Priester gewesen war. Sie küßte fast seine Hand, aber sie lächelte dabei wie versöhnend: — "Oh, lassen Sie mich fort, Hochwürden! Ich ertrage es nicht mehr in der Kirche. Der Segen wird bald angehen. Nichts für ungut, aber das Priestergewand flößt mir immer — zu viel Ehrfurcht ein..!"

— "O! in Stücke wollte ich es reißen, wenn es mir das Herz des Weibes raubt!" — athmete Pater Benno wie verwildert. — "Hören Sie mich, o hören Sie mich! Aber dann schlingen Sie ihren Arm um mich, und stützen Sie mich bis ich bei I h n e n erwache, sonst bin ich verloren! In jeder Nacht, wenn ich studire, denke ich Dein, Gisa, Dein! Wenn ich mit meinen Collegen über Ordenssachen conversire, wie klein erscheint mir da Alles, denn ich denke Dein! In stiller Messe, da denke ich Dein, und bete: "Herr, Herr, laß mich glücklich sein!" Du siehst, Gisa, ich bin verflucht, wenn Du nicht..."

Die Milano war wie im Fieber. Sie fühlte, daß der Mann neben ihr verloren sei, wenn sie ihn nicht lieb haben konnte, aber sie fühlte auch, daß er ein Priester sei, und sie erschauerte bis in ihr innerstes Mark. Es kamen Leute über die Kirchentreppe herauf, der Meßner begann die Altarleuchter anzuzünden, und sie flüsterte nur noch: — "Sie haben gescherzt, Hochwürden; nicht wahr?"

Dann war sie im Sonnenschein draußen verschwunden, wie ein Kolibri mit seinen buntesten Farben im Waldesdickicht verflattert.

Die Kirche füllte sich nach und nach. Die Thurmglocke läutete; und der Priester lehnte noch immer starr an der Stelle, von wo ihm das räthselhafte, einzige und erste Glück seines Lebens entflattert war — für immer. Seine dunklen Augen bohrten in die Steinplatten der Kirche hinab, während seine wachsbleichen Hände über dem breiten Hute gefaltet waren. Man glaubte, er bete. Während der Auszeigung des Hochwürdigsten, da Alles kniete, blieb diese lebendige Natur, in ihren Sonnenschatten gedrängt, stehen. Ich habe von einem Augenzeugen gehört, daß Mancher glaubte, dieser blasse Geistliche sei gestorben, stehend, vom Herzschlage getroffen, und man näherte sich ihm forschend.

Wie das Geläute des kleinen Segensglöcklein erschallte, lösten sich zum erstenmale wieder die starren, trockenen Lippen des Priesters. — „Ich liebe sie mehr als je! Ich liebe sie desto mehr, je mehr sie mir Böses thut! O, wenn diese Steine fühlen könnten, was ich in ihnen begraben habe." — Er drückte die Hände vor sein todtenweißes Gesicht. Und in diese Hände, die ihm die Nägel in die Augenhöhlen bohrten, schluchzte er hinein: — „Die Steine selber würden sagen: Das ist ein Opfer dieses Allerheiligsten dort!... Ach, ich bin ein Elender... und — elend..!"

* * *

V.

Und Pater Benno blieb elend sein Leben lang, und er wurde ein Elender.

All die prächtigen Blüthen seines Geistes brachten jetzt Giftbeeren, und seine Seele wandte sich dem Schatten zu. Alle die Güte seines Christenthums wandte sich in die schreckliche Freude an den Leiden Anderer, die in negativen Neid und in aktive Bosheit zerrinnt.

Sein Gottesglaube hatte sich in jenen Gotteshaß verkehrt, welchen das Dogma „Verzweiflung" nennt.

Er wurde ein Prediger, welcher unerbittlich Alles dem Dogma Feindliche angriff und bekämpfte und verfluchte. Nicht aus irrendem Eifer für Gott, sondern weil es ihm ein finsteres Glück gewährte, Jemanden anzuklagen und zu verwünschen.

Die Kirche von Rom hat manchen solchen Priester, dessen Fana=

tismus im Angreifen man nicht begreift. Und ach! immer findet dieser heilige Zorn seinen Ursprung in dem Elende des Herzens. Denn Satan selbst müßte aufhören böse zu sein, wenn er glücklich wäre.

Er wurde berühmter als je, und kam mehr in die Mode als je. Die Nippsachen der Damen vermehrten sich, und die Einnahmen der Sesselträgerinen der Kirchen und der Platzaufhebungsweiber wuchsen bei seinen Predigten fast zu Renten an. Er wußte, daß Gräfin Marianne, diese stolze und fromme Tugend ihn liebe, und er nahm diese heiße, selbstanklagende Liebe an. Es that ihm wohl, sie leiden zu sehen. Er wurde ihr Seelenbräutigam, und dabei fachte er ihre Reue über die beiderseitige Herzenssünde an. Er küßte sie, und er sagte dann: — „Nun sind wir Beide verdammt. Du noch mehr als ich, denn Du hast mich verleitet zur Sünde!" — Es war eine entsetzliche Hölle diese „Seelenehe". Aus einem fieberhaften Glück fiel das arme Geschöpf in einen Abgrund von Gewissensbissen und Todesängsten. Aber er war erbarmungslos: Die Leiden, die wir Anderen einflößen, sind uns gleich dem Branntwein, der uns die eigenen Leiden vergessen macht.

Sie beichtete ihm regelmäßig allwöchentlich, und die größte Sünde nannte sie: — „Ich liebe Dich!"

— „Dann sind wir verflucht!" — antwortete er und küßte sie mit kalten Lippen.

Gräfin Marianne Bißehrad=Amadée war die anerkannte „Seelen= braut" des Predigerfürsten Benno, und sie wurde beneidet.

Sie starb bald nach einem dreitägigen, schrecklichen Todeskampfe, in welchem sie unaufhörlich schrie: — „Wenn nur i h m vergeben wird!" — Und an ihrem Sarge sah man den Pater Benno zum erstenmale weinen. Weinen, als ob ihm das Herz bräche. „Wie er sie geliebt haben muß!" sagte man.

Und sein Herz brach ihm wirklich. Denn zu seinem Schmachten kam jetzt noch die Reue. Er ging durch's Leben, als ob er aus Stein gehauen sei, und man fing an ihn als Seligen und Erwählten zu ver= ehren. Er war so unerbittlich und so makellos!

Er war ein Elender, und — elend.

Wiener Lieblinge.

Der Stephansthurm.

Der Stephansthurm ist wohl das älteste, beliebteste und weitbekannteste Wahrzeichen Wiens. Wien ohne Stephansthurm ist nicht denkbar. Würde heute der alte Thurm rasirt, so wäre Wien nicht mehr Wien, es könnte dann ebenso gut jede andere Stadt sein. Es hat ja seine eigenthümliche Physiognomie ohnedies schon längst verloren, und nach und nach die Miene aller übrigen Residenzen angenommen. Aber so lange der „Steffel" steht, so lange ist der Haupttypus der Kaiserstadt gerettet; um ihn schaaren sich alle Reminiszenzen, alle Erinnerungen, die seit vielen, vielen hundert Jahren sich angesammelt haben innerhalb der Ringmauern der alten Vindobona; man will sie zwar vertreiben, das Terrain wird ihnen unter den Füßen weggerissen, man baut ihnen Zinshäuser auf die Zehen und drängt sie von den Linien an immer enger und enger aneinander; man macht es mit den Erinnerungen Wien's, wie's ein gewissenloser Hausherr mit seinen langjährigen Parteien macht, wenn ihm ein Geschäftsmann um hundert Gulden mehr bietet: er darf nicht aufsagen, er ist kontraktlich verpflichtet, aber er sucht der guten alten Partei das Quartier unleidlich zu machen; der Hausmeister bekommt den Auftrag, grob zu sein, vor der Wohnungsthüre wird eine Sägefeile aufgestellt, ein Ukas verbietet das alte unschädliche Schooßhündchen, und die Thüre wird mit Spottversen bekritzelt. So macht es Wien, das heutige Wien mit seinen Reminiszenzen. Friedrich der Streitbare, Albrecht mit dem Zopfe, der Kollonitz und der

Kara Mustapha, die gute Kaiserin Maria Theresia mit ihrer Karoline Pichler, der Erzherzog Karl im Jahre 1809, das Gespenst auf der Bastei und das Donauweibchen, Abraham a Santa Clara und der liebe Augustin, Leopoldine Coeurd'ange und Wenzel Scholz, der Basilisk und das süße Löchel, der Grasel und Metternich, der Kongreß und der arme Herzog von Reichstadt, Heinrich Jasomirgott und die Herzogin Agnes mit dem Schleierkloster, alle die trüben und fröhlichen, melancholischen und heiteren Elemente werden immer mehr und mehr in die Enge getrieben von dem lauten, fremdländischen Neu=Wien, welches eigentlich nicht mehr Wien ist: von den Howe'schen Nähmaschinen mit ihren Odalisken, von den Sodahütten, der Mademoiselle Finette, der Fiakermilli, der schönen Helena und dem Konstantinhügel. Und alle diese Reminiszenzen drängen sich dichter und dichter in die innere Stadt zurück, verfolgt von dem Geschnatter der Börse, den Insulten der Cancandirnen und dem Lärm des Landtags, und der Stephansthurm ist es, zu welchem sich Alle flüchten, denn er allein verleiht ihnen heute noch Schutz und Rettung vor Insulten, wie er allein noch den Typus Wien's aufrecht erhält und ihm Achtung und die altgewohnte Pietät bewahrt. Denn wer würde es dulden, daß man über den „Steffel" lächle! Man nehme uns das „süße Löchel", und man verspotte die fromme Herzogin Agnes; man verläumde die Therese Krones, und man finde das Koltschitzki Bruderherz langweilig, wir werden das dem Fortschritte und dem Zeitgeiste — mit schwerem Herzen vielleicht! — zugestehen. Aber wehe dem, der uns den „Steffel" geringschätzig behandeln würde! — Und das wissen all die anderen Wiener Denkwürdigkeiten und Wahrzeichen, die in seinem Schatten groß geworden sind, und sie suchen Schutz an seinem Fuße, und klettern an ihm hinauf, ängstlich, verzagt, wenn die Fluth der ausländischen Neuerungen steigt, und hocken auf seinen Zinnen, Schnörkeln und Karyatiden, wie die Bewohner einer Uferhütte zur Ueberschwemmungszeit auf das Strohdach ihrer Keusche klettern.

Denn der Stephansthurm ist heilig. Ich rede jetzt nicht von dem prachtvollen düsteren alten Dome selber, nicht von dem ganzen Gebäude mit seiner Geschichte und seiner majestätischen Pracht, sondern blos von dem Thurme.

Wie breit und lang ist sein Schatten zur Abendzeit, wenn die Augustsonne glühend hinabsinkt hinter den Giebeln der hochgeschulterten Häuser. Weithin wirft dieser Schatten seine gekrümmte, phantastische Gestalt. Und jeder Wiener fühlt sich wohl, wenn er in diesem Schatten rasten kann, die Hand über die Augen gelegt, und zu dem blitzenden Gipfel dieses Riesenobelisken aufschauend: Was ersieht man droben Neues? Nichts als ein funkelndes Schimmern und weiße Sommerabend= wolken, die darüber hinfluthen wie Schwäne auf einem wogenlosen und unergründlich tiefen See. Aber wenn Einer stehen bleibt, bleiben Viele stehen. Und Jeder legt die Hand über die Augen und blickt nach auf= wärts, und will nichts Anderes sehen als den — Stephansthurm. Die Gedanken, die Seele des Wieners finden da mitten im wüsten Treiben und im Lärm des Tages ihren Halt, ihre Beruhigung. Er ist gleichsam der Leuchtthurm, welcher jedem verirrten Gemüthe die Stelle der Sammlung, des Friedens weist. Das schwankendste Herz, das rastloseste Gemüth ersieht da oben in der funkelnden Spitze dieses Leuchtthurms eine Stätte der Ruhe, zu welcher Niemandem der Weg verwehrt ist, und er deutet einen Hafen, in welchem man gefahrlos übernachten kann.

Dieser Hafen ist die Erinnerung.

Und dieser Leuchtthurm spendet Jedem das gleiche Licht und spricht zu jeder Seele mit denselben verständlichen Worten; zum Athei= sten wie zu dem Gläubigen, zum Obdachlosen wie zum Reichgewor= denen, zum Bettler wie zum Banquier, zum Verzweifelnden wie zum Hoffnungsvollen, sobald er — ein Wiener ist.

Denn jedes Schnörkel an seinem alten Gestein ist ein Gedenken an die Kindheit, und jedes Licht, wie es über ihn hinrieselt von Sonne, Mond oder Wetterstrahl, weckt eine längstvergessene gute Zeit oder einen längstgegrabenen guten Willen in unserem allerinnersten Wesen.

Jene seltsame Arabeske, deren altes Gestein ganz übergoldet ist von der Mittagsgluth, so daß man deutlich jede Faser des Löwenhaares oder jede Schuppe des Drachenkörpers ausnimmt, erinnert uns vielleicht plötzlich an eine frohe Stunde, wo wir an der Hand des Vaters im sonntäglichen Gewühle von unserer ersten Communion heimgegangen sind: an eine Zeit und an einen Tag, wo wir noch viel besser waren als heute — oh, um so viel besser! Wir glaubten an den Herrn, der in uns eingezogen war, und wir selber waren ein rechter Tempel der Reinheit für diese beglückendste erste Hostie! Wir fühlten uns damals engelgleich, weil es ja noch nicht lange her war, daß wir noch Englein gewesen waren, und alle Welt sagte uns durch den Mund des Priesters und durch den Mund der Mutter, daß der Weg zum Himmel zurück ganz leicht sei: man müsse nur brav sein, fleißig beichten, und nicht naschen. Ach, wie selig waren wir an jenem ersten Communiontage gewesen, denn keine andere Seligkeit der Welt gleicht derjenigen, die uns der Glaube an unsere eigene Reinheit gibt! — Ach, viele viele Jahre sind seitdem verflossen, und wie tief sind wir vielleicht gesunken — nicht in den Augen der Welt, aber in unserem eigenen Gemüthe. Wir mißtrauen, und wir glauben nicht mehr, und wir haben keine Kraft mehr zur Liebe.

Da glänzt ein freundlicher Sonnenstrahl über eine groteske Arabeske des alten Stephansthurmes, und wir kommen eben dazu, und — werden wieder jung. Ach, nichts, gar nichts fast auf der ganzen Welt, in dem ganzen weiten Wien, welches ja unsere Welt geblieben ist, hätte dieses Wunder bewirken können, nur „der alte Steffel". Alles hat sich ja verändert seitdem, Alles hat ein fremdes Gesicht, bekannte Stätten sind leer geworden und der leere Raum hat sich mit neuen Gestalten bevölkert. Die Eltern sind dahin, die Jugendfreunde sind unsere Feinde und Konkurrenten geworden, die Häuser sind abgerissen und verschönert wieder erbaut, die Straßen sind regulirt, der Schusterjunge ist ausgestorben, die Fiaker sind umgeformt, die Basteien sind abgetragen, der Prater ist bis zur Unkenntlichkeit civilisirt, die Stadt Wien selber ist außerhalb den Linien versetzt in's Colosseum und in die Thalia-Säle, und wir selber sind anders geworden mit der veränderten Stadt. Aber Eines ist dasselbe geblieben: Der Stephansthurm! Und mein Auge liest in seinen Schnörkeleien meine eigene bessere Vergangenheit zurück — so wie die Juden zurücklesen ihre heiligen Schriften. Wenn ich an ihm hinaufblicke, wird mir Alles wieder lebendig: meine Unschuld, der Frohsinn, der um sich sang, die echten alten Wiener Figuren, der gute Pathe, der alte Dialekt, der alte solide Reichthum und die alte Liebe; der Schwindel, die raffinirte Prostitution, die zerstörende Weisheit einzelner Gemeinderäthe und meine eigene fieberhafte Geld- und

Sinnesverdorbtheit schmelzen wie Schnee in dem Sonnenstrahle, welcher den unveränderten heiligen Thurm belebt, wie der Frühlingshauch die kleinen Blumen unverändert erstehen läßt für unser Auge wie für unser Herz!

O, lieber Stephansthurm, du hast ein doppeltes Aussehen. Wie anders bist du in der Sonne, und wie anders im Schatten!

Das Tageslicht läßt ihn recht alt erscheinen. Man sieht viel tausend Risse und Runzeln, die ihn überdecken von unten bis oben. Fast geckenhaft nehmen sich dazwischen die Renovirungen aus mit der neuen Farbe und dem frischgeweißten Ornamente. Aber diese kleinen Koketterieen machen das ehrwürdige, liebgewordene Alterthum nicht lächerlich, sondern blos rührend: gleich wie es einer alten Dame wohl ansteht, wenn sie ihre weißen Locken sorgfältig kräuselt.

Und wie seltsam lebendig wird der Thurm in der Sonne. All die tausend Blätter und Blättchen seiner Ornamente schwellen gleichsam auf, rollen in einander und bewegen sich um unsichtbare Spiralen. Alle sind dunkelbraun vor Alter, wie abgewelkte Herbstblätter, welche unter dem thauenden Frühlingsschnee ganz geschwärzt wieder zum Vorschein kommen. Und nun vollends die Ungeheuer, die Drachen und Löwen und Affen und Basilisken. Alle bellen mit weitoffenen Rachen seit Jahrhunderten gegen die Sonne, und ihr Blutdurst und ihr Heißhunger hat sich noch immer nicht gelegt! Sie sind stets die Besiegten, aber sie geben nicht nach. Aus ihren offenen Rachen tröpfelt der Geifer, den die Wärme aus dem alten Steine ausschwitzen macht, und grellrothe Rostflecke gleichen blutenden Wunden; dem fehlt eine Tatze, aber der Rachen droht noch immer; dem fehlt wiederum der ganze Kopf, aber die Pranken strecken noch immer die Krallen aus. Es ist eben das alte Vieh von Stein — ohne Herz und ohne Gefühl, welches das Licht feindlich angrinst, stimmlos und erwürgt, blos weil der Strahl es beleben will. Und dann die stolzen Kuppelknäufe! ein jeder davon ist wie ein Szepter und weist nach oben.

Die Gallerieen des Thurmes schlängeln sich verstohlen zwischen den Zierrathen durch, hoch hinauf bis fast zum Giebel. Man merkt sie kaum durch die einzelnen Fensterlucken, die wie die Augen eines Todtenkopfes schwarz und blicklos und dabei dennoch blinzelnd über das Häusermeer der Stadt auslugen gleich einem Seemann, der von der Höhe des Mastbaumes aus die grollende See überwacht.

Von einem dieser Fenster aus ward ja auch in den Türkenkriegen treue Wacht gehalten über die Stadt. Der treue kühne Starhemberg ließ von da aus seinen Adlerblick gleiten über das weißglänzende Lager der Türken. Wie grell glänzte das in Weiß, in Smaragdgrün und blitzendem Gold.

Seidenstoffe flatterten fröhlich durch die Lüfte, und rauschten Siegeshymnen für den Ketzer aus tausend feingestickten kabbalistischen Zeichen, welche den Gott des einzigen Propheten als Giranten für jedweden Erfolg aufstellten. Das ganze weite Lager glich einem Festsaale. Ueberall schimmerte da der Reichthum in Sammt und Seide und Edelstein; die Waffen, die da rasselten, strotzten von Smaragden und die Leckerbissen dampften freche Wohlgerüche gegen die hungersbedrohte, vom Feindesheere eingepreßte christliche Stadt.

Wie anders sah es aus in dieser Stadt! Ueberall war die Noth und die Angst. Nicht die Noth des kargen Lebens und der Armuth des Verhungerns. Und nicht die Angst vor dem Tode, sondern die Angst vor der Schande, die Angst vor der Mißhandlung des Kreuzes, des Weibes, des Kindes. Man vertheidigt niemals so zuversichtlich, wie man angreift; der Angreifer hat stets nur sein Leben zu verlieren, aber der Vertheidiger seine ganze Lebensphase: die Vergangenheit und die Zukunft zugleich.

Und hoch über dieser angstgedrückten Stadt und für diese Stadt lugte Starhemberg aus von dem Thurme. Er sah den Glanz des heidnischen Lagers, das Blitzen der bisher unwiderstehlichen Waffen und die Freude des Angreifers, den nichts bedrängte und nichts lähmte. Und in diesem kleinsten Thurmgelasse, bei einem rauchigen Lichtlein, welches das Pergament beleuchtete, auf welchem die Befehle gegeben wurden, ward die Vertheidigung geplant, und der letzte große Muth gefaßt, welcher Alles auf's Spiel setzte, um Alles zu retten oder unterzugehen. — Und heute zwitschert eine friedliche Schwalbe in dem Geschnörkel dieses Thurmfensters und dreht sich gelangweilt nach rechts und links, da sie keinen Feind zu fürchten hat für ihre kleine, blinde, gesättigte Brut —.

Von dem hohen Thurme aus hat oft und oft die Glocke getönt, die große Glocke, die mit ihrem mächtigen, weithin zitternden Schalle nicht nur die Stadt, sondern auch die Umgebung durchdröhnt mit feierlichen, donnerähnlichen Klängen. Diese Glocke ist eine der größten Glocken der ganzen Welt, und sie ist geformt aus vaterländischem Siege über heidnischen Unglauben. Im Jahre Siebzehnhundert und eilf ließ sie der erste Joseph aus dem Metalle der eroberten türkischen Kanonen gießen. Bei zehn Fuß ist dieses Glockenungethüm hoch, und bei zehn Fuß mißt ihr Durchmesser, und bei dreißig Fuß ihr Umkreis, und über 400 Centner ist sie schwer, da das Eisenwerk, an welchem sie befestigt ist, bei 82 Centner wiegt. Oh, wenn der Schall dieser Glocke ertönt in wildem Klange, welches Wienerherz wird da nicht bewegt bis zur größten Höhe seines Gefühls? Wenn der dumpfe, schauerliche Ton Sturm läutete, dann widerhallte er stets in jedem Herzen wie ein Donner des Gerichts, der selbst das todteste Herz emporraffte zum Kampfe gegen einen Feind — mochte es nun der Türke, eine Feuersbrunst oder der „Krawat" sein. Die eherne Brust dieser Glocke hat eine Stimme, der keine Wiener Natur das Ohr und das Herz verschließen kann. Dieser gewaltige Schall dröhnt gleichsam aus der Erde empor und aus den Wolken herab zugleich; er hat eine Stimme, die dem Wiener bekannt ist, und er hat Worte, die der Wiener deutlich versteht, mitten aus dem wilden metallenen Gebrüll heraus. Wehe dem Usurpator, gegen welche diese Glocke heult, und wehe dem Frembling, über den diese Glocke Sturmgebrüll klagt!

Und dann — wie sanft versteht der alte Thurm hinwiederum zu sprechen, wenn er will! Er ist in der grandiosen Comödie des Lebens tragischer Held und Naive zugleich. Er hat eine Glocke mit freundlichem Bimmelklang für die Communion, das Hochamt und für die Trauung zugleich. Und ein Glöcklein birgt auch der breite Thurm für die eben Gestorbenen — ein hartes, eiliges Glöcklein, dem man das Geschäftsmäßige anhört in der heiseren Stimme.

Und so kommt es, daß das Kind und der Mann und der Greis die Stimme des Thurmes wohl zu unterscheiden verstehen, und daß sie ihnen die ersten Festfreuden, das erste Liebesglück des Ehebundes und die Schmerzen der endlichen Verluste gleich deutlich und unabweislich in die Seele zurückruft, so oft sie ertönt.

Dem Wiener, der über den Stephansplatz geht, ist also der alte Thurm ein weltbekannter Haltpunkt für seine Gedanken, wie für seine Reise von einer Vorstadt in die andere. Ist er müde, so betritt er gewiß die Kirche und rastet in einem der hintersten Stühle an dem Wunderaltar des heiligen Aloisius. Und ist er so schwer bepackt mit Einkäufen, dann wählt er erst recht den Stephansdom als Durchhaus, um einen Weg abzuschneiden und um sich vor den Menschen nicht zu arg schämen zu müssen über seinen großen Pack. Und so kommt es, daß die alte schwarze ehrwürdige Stephanskirche ebensowohl Tempel als Durchhaus ist für scharfriechende Schinken in Körben, frischgesteifte Röcke und Gemüsebutten. Die Köchin sowie die Wäscherin und Oebst= lerin machen an der bestimmten Stelle des Kirchenschiffes ihren Knix und ihr Kreuzzeichen vor dem lieben Herrgott, ihn gleichsam um Ent= schuldigung bittend, daß sie seinen Tempel als Bazar benützen. Und unser Herrgott hat seine beiden Hände am Kreuze des Hochaltars fest= genagelt, und findet keine Peitsche mehr, um die Schächer zu vertreiben, die aus dem ehrwürdigsten Dome eine Markthalle machen — mit hoher obrigkeitlicher Bewilligung. Wie hoch steht da der Feueranbeter und der Hottentotte, welcher keinem Unreinen den Eintritt in den Tempel gestat= tet, über dem Wiener!

Trauter noch und werther erscheint der alte Thurm dem Wander= burschen auf der Heerstraße, dem Müden, dem Fröstelnden.

Niemand, der's nicht erlebt hat, mag sich eine Vorstellung davon machen, wie der Anblick des Thurmes das Herz erwärmt und den Muth stählt und alle schwindenden Hoffnungsgeister wieder belebt! Man sieht ihn ja schon lange, lange, ehe man noch die Stadt erblickt, und stundenweit hat man noch zu wandern, bis man sie endlich erreicht. Aber diese langen Stunden werden uns verkürzt durch den Anblick des „Steffels", der uns freundlich mürrisch zu winken scheint und in seiner stummen Sprache sagt: „Nur Courage, Kind! Hier ist Wien! 's ist zwar noch weit, aber wenn Du mich nur festhältst mit dem Blicke, so kann's Dir nimmer entwischen. Ich bin sonst nicht so hoch wie heut', ich strecke mich blos Dir zu Liebe so aus, damit Du einen Wegweiser hast und Dich zusammenrafftst. Denn mir liegt viel dran, daß Du zu mir kommst. Du bist ja auch mein Kind, und ich war schon in Sorge um Dich! Wie oft hab' ich ausgelugt auf alle fremden Wege, auf denen Du Dich herumgetummelt hast, und oft dacht' ich, Du kämst nicht wieder, wenn Du Dich recht tief im Laster und in schlechter Gesellschaft herumtriebst. Aber da bist Du wieder, Wiener Kind! Recht blaß, recht abgezehrt und recht zerlumpt, aber das wird sich schon machen bei mir! Hast Du je gesehen, daß ich eines meiner Kinder verlassen hab', welches mich geliebt und an mich geglaubt hat? Schau mich nur an, bin ich anders geworden seit Deiner Kindheit? Komm nur schnell. Dein alter Onkel lebt noch, und die gute Mahm mit den Zwanzigern auch. Und morgen früh komm' zu mir, zu dem Seitenaltar, Du kennst's ja, zu dem Du immer an der Hand Deiner Mutter gegangen bist als Kind, schön frisirt, die Mütze mit der großen Trobbel in der Hand und mit der weißen Hose, dem ersten stolzen Traume Deines Lebens. Komm' nur dorthin — vielleicht findet sich zwischen den Blumensträußen des Altars noch was für Dich. Du zweifelst? Du bist gescheidt geworden und glaubst an keinen Gott und an keinen heiligen Aloisius mehr? Unsinn! Das kannst Du ganz gut sagen — aber fühlen? Was wär' denn nachher ich? Wofür stünde ich denn da, wenn's keinen Herrgott gäbe? Und wer hat mein uraltes Haupt beschützt so lange Jahrhunderte hindurch, im Sturm, im Gewitter voll zuckender Blitze und im Gewitter voll sausender Bomben und Granaten? Und ich stehe noch immer da, gerade, fesch, und kein Härchen ist mir gekrümmt worden; wer hätte denn das Alles zuwege gebracht, wenn der liebe Gott nicht existirte? Und Du glaubst, was er an mir Riesen thut, wird er an Dir nicht thun können, kleiner Kerl? Aber ich sag' Dir, auch Dir wird kein Haar gekrümmt und auch Du bist in seiner Hand, denn Du bist ihm ja noch mehr als ich selber: in Dir schlägt ein Herz und in Dir jammert eine Seele; „wahrlich sage ich Dir," armes Waisenkind, ein Mensch ist dem Herrgott noch mehr als sein Tempel, den er doch so sichtbar schützt. Und dann — laß mich aus mit der dummen Rede: „Es gibt keinen Gott und keine Heiligen!" Wo wär' denn nachher Dein seliger Vater? Diese Gescheidtheit war ganz gut da draußen unter den Fremden, aber jetzt bist ja wieder da, bei mir! — Was, Du bist müde? Du kannst nicht mehr weiter? Und der Herbststurm zerrt an Dir herum? Aber schau mich an! Und schäm' dich, jetzt wo

Du mich siehst, wo ich Dir winke; wo ich dich erwarte, willst Du Dich auf die Landstraße niederlegen und sterben? Das wär' was Schönes! Wenn Du mir das anthust, dann ..! Ja, damit's wieder heißen möchte: Da ist schon wieder so ein Wiener Früchtl ein Lump geworden draußen im Reich, und ist krepirt auf der Straße! — Nichts da! Jetzt ist ja Alles wieder gut, Kleiner, raff' nur Deine letzte Kraft zusammen! Der Onkel soll Dich immerhin ausschelten und die Mahm dich fortjagen, aber Du bist ja in Wien, was fehlt dir denn da? Sag' zum ersten besten Fiaker: „Bruder, ich war so lang weg, laß mich heut' bei deine Roß' schlafen, 's is ja doch auch in Wien!" und ich wett', er selber legt sich unter seine Pritsche, damit Du die erste Nacht in Wien 's Höchste hast! — Schau, jetzt siehst schon die Dächer auch, gelt? Jetzt bist ja gleich da, Kleiner! Jetzt nimmst ja auch schon die Tauben aus, die um meine steinernen Borduren kreisen? Du meinst, es sind noch immer dieselben? Ach Gott, von den Deinen existirt keine mehr in meiner Nestgarnitur. Aber diese da thun's ja auch! Jetzt hörst Du auch schon die Glocke von der Karlskirche? Ist recht nett, freilich nichts gegen die meinigen. Ich möcht' Dich gern mit einem kleinen Glockendonner empfangen — aber du hättest zu Frohnleichnam kommen sollen. Na, Du weißt, ich mach' nicht viel Worte, aber ich bin Dir doch lieber wie die Karlskirche, gelt? Da schau, du siehst mich kaum mehr, weil's schon dunkel wird, und weil unter mir der Lichtdunst stärker wird von den tausend Laternen und tausend Fenstern! Merk' Dir nur die Richtung. Und morgen auf Wiedersehen, mein armes, müdes, verzagtes Kind. Denk' nur, jetzt ist ja Alles gut — !"

So schwatzt der alte Stephansthurm in den wildtosenden Herbststurm hinaus, dem Wanderer entgegen. Und seine Stimme ist klar und deutlich und ruhig, als sei sie lauter als der Orkan, und doch hört sie Niemand auf der ganzen weiten Welt als nur der, den es angeht. Und seine wunden Füße werden wieder heil, so nahe am Ziele, und sein Kleinmuth löst sich in Hoffnungen auf, und das stärker pochende Herz erwärmt ihm den frostdurchkälteten Körper, und er gelangt an's Ziel. Solche Wunder wirkt der alte Thurm.

* * *

Es ist Nacht und Mondlicht. Der Himmel ist tiefblau und von den Wolken sind manche wie aus purem Silber gegossen und leuchten schwer aus der Tiefe des nächtlichen Azurs heraus wie feste Zauberinseln, und manche wieder gleichen Zauberfederchen aus den feinsten Fäden des „Altweibersommers" gewebt, und man meint, man könne sie mit einem Hauche fortblasen vom Firmament. Zu solcher Zeit belebt sich der ganze Thurm so gänzlich, wie nie im Sonnenlicht. Die Drachen gähnen und blinzeln mit den Augen, die Löwen schütteln die Mähne und die mystischen Pflanzen sprühen bläuliche Silberfunken in die stille, athemlose Nacht. Es ist manchmal, als ob weiße Schleier wehen würden aus seinen hinter dem Schnörkelwerk halbverborgenen Fenstern, und der ganze Thurm hat das Aussehen eines geheimnißvollen, verschwiegenen Zauberobeliskes, der durch seine starre, unbewegliche Haltung die Welt zu täuschen sucht über das rastlose Leben und Treiben in seinem Innern. Wer möchte es auch wagen zu solcher Zeit allein die Wendeltreppe zu betreten und sich in die verschiedenen Zellen der verschiedenen Stockwerke zu wagen? Denn wer wüßte nicht, daß in stillen Nächten der dunkle Koloß im Innern erwacht, wer könnte glauben, daß die Geister der Tausenden, die unter dem Thurme begraben liegen in den Katakomben, Ruhe finden können in ihren grausigen Gruben? Die Opfer der Pest, die Opfer des Krieges und die geheimnißvoll Gerichteten sind zu jäh und zu grausam aus dem Leben gerissen worden, um sich nicht klagend und drohend um Rache oder Erlösung zu mühen. Sie wirbeln treppauf und treppab von der Gruft bis zur Zinne hinan, und vom Gipfel wieder hinab bis in die Todtengänge, und sie zerren an den Glockensträngen, daß sie ihrer stummen Anklage oder ihrem stummen Jammer eine Stimme leihen möchten. Und weh dem, der sich in der gefeierten Stunde der Mitternacht auf dieses Terrain wagen würde. Nur unten in dem Wohngelasse des Kirchendieners herrscht Ruhe und die Nachtlampe leuchtet friedlich über der Wiege eines schlummernden Kindes. Die Geister haben ihre unantastbaren Menschen, welche durch die Pflicht an ihren Tummelplatz gefesselt sind. Und hoch oben in der höchsten Thurmwohnung wacht ebenso furchtlos und unbehelligt der Thürmer und lugt aus durch die Fenster der vier Weltgegenden über die pechfinster gewordene Stadt, über welche noch kein Dämmerungsgrauen kriecht, ob sich nicht ein züngelndes, brandiges Lichtlein zeige auf dem First eines fernen oder nahen Daches. Der Telegraph, welcher inmitten des kleinen Gemaches steht, vibrirt manchmal leise im Dröhnen des Sturmwindes, welcher den luftigen Sitz umtost, wie begierig, der ganzen schlummernden Stadt die Schreckenskunde mitzutheilen: „Es brennt!" So wacht „der alte Steffel" über seiner Stadt, wenn Alles um ihn ruht: unermüdlich und unverdrossen. — Und Feuersflammen und Feindesschaaren haben keinen ärgeren Feind als den alten treuen Thurm, welcher stets der Erste ruft: „Auf, zur Vertheidigung, der Feind ist da! das Heer, die Flamme oder der Verrath."

* * *

Er ist auch ein Chamäleon der Form, der alte Thurm der alten Kaiserstadt, ein wahrer Proteus. Von jeder Seite hat er eine andere Figur. Betrachtet man ihn vom „Stock im Eisen" aus, dann steht er stramm da, sichtbar vom Kopf bis zu den Füßen, die Arme gleichsam eng an den Leib gedrückt, die Schultern hoch, den Kopf mit der spitzen Mütze steif und die Nase in der Luft. Er gleicht da ganz einer Schildwache nach dem Habt Acht!-Rufe. — Von der Brandstätte aus gesehen ist er bei weitem breiter und behäbiger und sieht viel riesenhafter aus als er ist, durch den Vergleich mit dem kleinen unausgebauten Thurmansatze an seiner Seite. Er sieht dann aus wie eine Riesin in brauner Robe mit reichen Spitzenfalbeln, die sich faul an ein Guéridontischchen lehnt. — Von den Durchhäusern aus erblickt man nur seinen Oberkörper, als ob sich der Alte neugierig über eine Balustrade herüberneige, um nach der Leopoldstadt hinzulugen.

Von allen Seiten und in jedem Wetter und in jeder Beleuchtung aber ist er unser alter lieber Stephansthurm, das unverwüstliche Monument der großen und tragischen Geschicke unserer einzigen Kaiserstadt. Unverwüstlich in der That; denn wenn wir auch absehen von dem nagenden Zahne der Zeit und von dem wüsten Anprall der Stürme aller Jahreszeiten, welch' unzerstörbare Lebenskraft und welch' solide Constitution muß der Alte haben, daß er noch immer nicht dünner und schäbiger und rissiger geworden ist unter den Händen der Legion von alten Jungfern, die ihn seit fünf Jahrhunderten ununterbrochen reiben?

* * *

Und so bleibe denn ewiglich stehen, du Mittelpunkt unseres Lebens, du Ariadnespindel in dem Labyrinthe der Kaiserstadt. Sei unverwüstlich wie der Ruhm der Stadt und sinke nicht früher in Trümmer, als bis der letzte Wiener dem Fremden Platz gemacht hat. Mahne uns an unsere Siege, und erinnere uns an die Eintracht, wenn wir selbstsüchtigen Bruderstreit erheben. Bring' uns das Gottvertrauen unserer Väter in die Seele, wenn wir den Irrlehrern des Atheismus folgen, und laß von deiner Spitze flattern die Flagge des Babenbergerländchens, wenn wir das Vertrauen verlieren auf uns selber, und uns klein und ohnmächtig dünken wollen mitten in dem Riesenkörper des großen Kaiserthums. Sind wir ja doch das H e r z Oesterreich's, und wie klein und zart das Herz auch sei, von i h m aus strömt die Liebe, der Glaube, das Glück und der Frieden.

Der Hansjörgel.

Der Hansjörgel hat kein Alter. Niemand wenigstens erinnert sich an die Zeit, wo er n i c h t existirt hätte. Es gibt wohl Leute, welche behaupten, der Hansjörgel sei in dem und dem Jahre entstanden, sein Erfinder sei ein Schriftsteller, und vor diesem Zeitpunkte habe man von ihm ebenso wenig gewußt, wie wir vor dreißig Jahren von der Existenz der Pferdeeisenbahn eine Ahnung hatten. Das ist Alles sehr möglich. Aber wir Alle, die wir noch keine silberweißen Greisenhaare haben, fallen schon in die Generation der Hansjörgliaden, und wir können uns keiner Zeit entsinnen, wo wir den Namen nicht aussprechen gehört hätten mit geheimer Schadenfreude, mit versteckter Drohung oder mit heimlicher Furcht. An unserer Wiege schon hörten wir durch unsere Kinderträume hindurch, wie die Amme dem Stubenmädchen kichernd eine Anekdote aus dem Hansjörgel mittheilte zwischen dem Füllen einer Saugdute und dem Plätten eines Ballkleides der Gnädigen. Und als wir die Schule besuchten, da verbreitete sich schon manchmal in den hintersten Bänken der Strafkompagnie das rachelüsterne freudige Gerücht, der Herr Lehrer sei im letzten Hansjörgel verrissen; was für eine Strafe glich d i e s e r ? Weder ein Blitzstrahl aus heiterem Himmel, noch eine Katzenmusik hätte unserem ohnmächtigen Schülergrolle eine s o l c h e Befriedigung gewähren können! Und noch später, als wir den ersten Flaum auf unseren Lippen fühlten und unser Herz unter der ersten Uhrkette mit starkem Pochen zu errathen anfing, daß der Schulfreund eigentlich ein recht plumper, häßlicher Tölpel sei gegen die Nachbarstochter am offenen Fenster, und als wir anfingen die ersten Nelken in's Knopfloch zu stecken und die ersten Hexameter zu fabriziren, da sahen wir hinter unserem Fenstervorhange hervor die Angebetene oft ein kleines rothes Heftchen durchblättern mit süßlächelnden Lippen, und unser junges schüchternes Herz schwoll in brennendster Eifersucht auf ihn — auf ihn, der ihr dies himmlische Lächeln entlockte, auf den Hansjörgel!"

Und später, als wir Männer geworden waren und uns in dem Getümmel des Kampfes um das Leben befanden, als wir fetter und gesetzter waren, da wurde uns in manchen Fällen der Hansjörgel, den wir in der Bierstube beim abendlichen Schoppen gar gerne lasen, ein lieber Gesellschafter, der uns aber dabei stets eine Art leiser Furcht einjagte. Und wie oft regulirte er deshalb unser Privatleben, vor wie viel dummen oder launenhaften Streichen hielt uns die Befürchtung ab in den Hansjörgel zu kommen! —

Der Hansjörgel, diese mächtige Verkehrsader des Wiener Lebens, deren Fäden sich spinnwebengleich über alle Provinzen verzweigen, dieser gemüthliche Hausfreund und dieser unerbittliche Behmrichter, erscheint seit undenklicher Zeit in unserer Familie in Gestalt eines rosenfarbig brochürten Wochenheftes. Er hat immer dieselbe lächelnde Physiognomie und birgt immer dieselbe Peitsche unter seinem Rosa=Domino. Er tritt ein ohne zu klopfen, wie der beste Kamerad, und fällt gleich mit der Thür in's Haus, wenn er etwas zu tadeln hat an uns. Er macht gar keine Umstände mit uns. Er ist gleichsam der Knecht Ruprecht unserer Privatfehltritte, der Batzen=Austheiler in der Schule des häuslichen Lebens. Das, was die Polizei nicht erreichen kann, erreicht der Hansjörgel. Er hat eine größere Armee von Spitzeln und Detektives als der Polizeiminister selber. Sein kleiner Finger ist allwissender als weiland Pietri, napoleonischen Andenkens. Er trägt unter seinem Domino keinen Besuchsrock, sondern ist stets in Hemdärmeln. Seine Sprache ist im Lerchenfelder Dialekt und er weicht selbst den derbsten Schimpfworten nicht aus, um seinen Verweis eindringlich zu machen. Er ist nicht möglich in guter Gesellschaft, aber er kommt auch nur zu Denen, die sich selber eine gesellschaftliche Blöße gegeben haben. Am liebsten bewegt er sich im Wirthshaus und ist bekannt als Gourmand in der Hausmannskost. Er ist das Brochüre gewordene Prototyp des Wiener Vorstädtlers zwischen seinen vier Wänden, wenn er sich nicht zu geniren braucht. Er ist korpulent, hat ein Doppelkinn, und wenn er seine scheltende Stimme erhebt, widerhallt es an allen Lesetischen der ganzen Monarchie. Die Kellner ducken sich, die Gäste suchen ängstlich, ob sie nichts Etatswidriges an sich tragen oder vielleicht das Tischtuch beschmutzt haben und der Wiener Gemeinderath, der Erbfeind des Hansjörgels, beeilt sich durch den Kanzleidiener die Thüren seines Saales schließen zu lassen, um in seiner behäbigen Verdauungskonferenz nicht gestört zu werden.

Und so kommt es, daß der Hansjörgel nicht nur unser alter Hausfreund, sondern auch unser Nothanker ist; er ist gleichsam der „Onkel", dem die großen Kinder Alles klagen und klatschen, um Hilfe oder Recht zu erlangen, manchmal auch, um für die eigene Bosheit oder Rachsucht einen Helfershelfer zu finden, wie eben echte Kinder thun. Und Onkel Hansjörgel horcht, keift, thut Fürbitte, stellt die Alten zur Rede, hilft Fuchsangeln aufstellen, belobt, schopfbeutelt und echauffirt sich, bis er zinnoberroth wird im Gesichte und ihm der Athem ausgeht.

Was thäten wir ohne den Onkel Hansjörgel! Wie zuchtlos und ungeberdig würden wir großen Wienerbuben in der Kinderstube herumpoltern, wie vergebens würden wir trotzen, wie geduldig müßten wir manchen Rippenstoß hinnehmen, und endlich wofür sollten wir „brav sein"?

Der Hausirer.

I.

Die Hausirer sind die eigentlichen Heimatlosen und Obdachlosen, selbst wenn sie ein zu Hause haben in irgend einem Zinsgebäude, eine Stube, ein Bett und Kinder. Gehört diese Stube zu ihnen? Können sie darin leben und weben, schaffen und sorgen, machen sie Freud' und Leid durch in dieser Stube, an ihrem Herde, bietet er ihnen Augenblicke der frohen oder trüben Erinnerung? Ach nein. Diese Wohnung ist für sie blos für ein, zwei Nachtstunden hindurch ein Stein am endlosen Wanderwege, auf welchem sie ihr Haupt ausruhen können in einem kurzen Schlummer, wobei aber die Hand des Schlafenden den Wanderstock nicht losläßt. Der Hausirer hat keine Familie und hat kein Familienleben, wie es selbst der wandernde Gaukler hat. Dem Gaukler ist ein ewiges Ineinander- und Miteinanderwirken mit seiner Familie gewährt, wie jedem Karavanenwanderer, wie jedem Zigeuner, der Abends sein Schloß aus Fetzen erbaut am Ufer des Wiesenbaches. Aber der Hausirer ist allein auf seinen Wanderungen, die sich Tag für Tag in demselben Geleise bewegen. Der Handwerksbursche, der Gaukler, der Weltreisende, alle diese ruhe- und rastlosen Wanderer haben doch einen geraden Weg vor sich, der sie immer weiter führt und niemals zurück auf denselben Fleck. Und ein Weg, der stets vorwärts führt, mag er noch so lang sein, mag er auch ein halbes Leben beanspruchen, er führt endlich doch an ein Ziel. Der Weg des Hausirers in einer Residenzstadt dagegen ist endlos, weil er sich stets im Kreise dreht. O entmuthigende Reise, die täglich denselben Kreislauf, dieselben Stationen macht, um Abends stets wieder auf demselben Fleck anzukommen und des frühen Morgens wieder denselben Kreislauf anzutreten!... O traurige Reise, welche den Geist ertödtet, anstatt ihn anzuregen, welche ihn mit keinem Schritte irgend einem Ziele näher bringt, welche des Abends nie die Hoffnung auf den neuen Morgen erweckt, sondern stets nur die Ermattung des ewigen Einerlei und die entsetzliche Tyrannei des glühenden Skorpionkreises, dem der Hausirer nie entrinnen kann.

Und so ziehen sie denn hin, die Hausirer Wien's, ihre Waare auf dem Arme und ihre stereotypen Anpreisungen auf den Lippen, immer in derselben Runde, wie die Tanzfiguren auf den altmodischen Leierkästen unserer Kindheit: vom Nachtlager aus in das Kaffeehaus, vom Kaffeehaus in's nebenliegende Gasthaus, vom Gasthaus in die nebenliegende Kneipe, von der Kneipe in das nebenliegende zweite Café, vom zweiten Café in die nebenliegende Bierhalle, von der Bierhalle in den nebenliegenden Restaurationsgarten — und so fort, bis wieder der Abend heruntersinkt, trübwolkig, regenschwer, winddurchsaust, oder sonnengoldig, von Vogelstimmen durchzwitschert und von dem Jasmin= und Rosenhauche der öffentlichen Anlagen durchduftet. Er hat seine Familie, sein Heim den ganzen regenfeuchten oder sonnigen Tag hindurch nicht gehabt. Und jetzt, um Mitternacht, ist er todtmüde, und er muß schlummern, um morgen früh zeitlich wieder auf den Beinen zu sein. Und von seiner Familie erfährt der Hausirer nur das Wichtigste, und selbst darauf horcht er nur noch mit halbem Ohre. War er doch den ganzen Tag über Trottirmaschine, wie soll die jetzt so schnell zum Menschen werden? Er war rastlos wie das Rad in der Mühle, wie der Hammer in der Schmiede bei seiner nutzlosen Arbeit: die Etablissements und Gärten Wien's zu durchstreifen, um — Andere in ihrem Vergnügen zu stören und manchmal mit leerer Tasche nach Hause zu wandern. So leben sie Alle, wie sie nun auch heißen mögen, diese Ahasvere auf einer Quadratmeile: die Hosenträgerhändler, die Seifenverkäuferinen, die Papier= und Siegellack=Hausirer, die Slovaken mit den Kochlöffeln, die Salamucci, die Socken=Verschleißerin, die Blinden mit der Vogelleier und die Gotscheer mit dem Nummernsacke —.

* * *

Es ist Sonntag, und der Prater wirbelt von Menschen, Pferden und Staubwolken. Denn es ist ein Sonntag im August.

Im Nobelprater jagen junge Herren in gespannten grauen Hosen oder junge Offiziere mit Schnürleibern unter der Uniform hinan und hinab die lange Zeile entlang, alle mit wichtig vorwärtsstierenden Augen, und mit jenem armen Schmunzeln um die Lippen, welches sagt: „Ich fühle, wie man mich bewundert!" In der Fahrallee rollen große badewannenartige Kaleschen geräuschlos über den dicken Staubteppich. Die Kutscher sind livrirt, manche sogar gepudert. Die Pferde sind fast so kokett mit Maschen und Bändern geputzt wie ihre Herrinen. Die Damen in den Equipagen sind sämmtlich sehr licht gekleidet und sehr licht geschminkt. Die jungen Gräfinen sitzen mit auf den Knieen gefalteten Händen und schauen marienhaft. Die alten Gräfinen sitzen selbstbewußt mit dem Lorgnon vor den Augen, und die Schauspielerin thut, als ob sie gar nicht daran denke, daß sie in einer Equipage fahre. In den drei Kaffeehäusern gab es frische, frohe Militärmusik und viele bunte Gäste an grünen Tischen, auf welche beim leisesten Luftzuge Raupen, kranke Blättchen und Vogelfedern herabfielen. Vor den Kaffeehäusern auf den eisernen Stühlen der bebrillten strickenden Stuhlvermietherinen saßen Stutzer mit rothen Nelken im Knopfloche, Damen in écru-farbigen Battistkleidern und Gouvernanten in pensionsfarbigen Roben: Alle sehr stolz im Bewußtsein, ihren Sitz bezahlt zu haben und nichts mehr fürchten zu müssen von dem strengen Argusauge der strickenden Vermietherinen, welche im Aussehen und in der Erbarmungslosigkeit den berüchtigten Trikoteusen Robespierre's nichts nachgaben.

Wenn man zwischen den Kaffeehäusern links gegen die Wiesen abbiegt, kommt man zum „braunen Hirschen", diesem Verbindungsgliede zwischen dem Wurstel- und dem Nobelprater. Man hört da noch die energische Regimentsmusik der Kaffeehäuser, aber man wird auch schon von den wüthenden oder klagenden Tönen des Wurstelpraters durchzuckt. Das Charivari ist an Sonntagen da so grell, daß man sich rasch entschließt, ob man sich in das orientalische Geldair- und adelige Stallknecht-Rayon des Nobelpraters oder in das bunte, mit Jammertönen erfüllte Gebiet des Wurstelpraters stürzen soll. Menschen, die ein wenig pittoresken Geschmack und ein frohes Herz haben, ziehen stets das Letztere vor. Die falschtönende Musik, der rohe Vagabundenschwindel, die Kinderlust, das Gedränge, alles Das irritirt; montirt, erregt, ärgert, macht lachen und macht lächeln, und erfreut und ist doch Leben; während der Rayon jener falschen Noblesse mit den matten geldstolzen Augenlidern und der Livrée=Bravour wahrhaft nerventödtend wirkt auf jeden Menschen, der nicht Kammerfrau bei einer Gräfin=Witwe oder Buchhalter auf Beförderung bei einem kleinen Gewürzkrämer ist.

Also in den Wurstelprater!

Ah! Schon wenn wir über die Wiese schreiten, empfängt uns ein fernes Höllenspektakel. Ein heiserer Leierkasten, dessen Tönen man anhört, daß er nach der Mode von Anno 1800 gebaut ist und jetzt von einer zu Grunde gegangenen Vogelhändlerin gespielt wird, kreischt wüthend und athemlos in ein bierstimmiges böhmisches Orchester hinein. Der Leierkasten hat das Asthma; von drei Tönen werden anderthalb durch den Dampf erstickt; aber desto greller klingen die andern — es ist wie bei den kropfigen Pudeln, welche desto wüthender bellen, je weniger Athem sie haben. Das vierstimmige böhmische Orchester dafür schenkt dem Publikum keinen Ton, ja es gibt ihm noch zehn Töne in jedem Takte als Zugabe, Töne, die weiß der Himmel woher kommen in das Instrument und in die Kehle des Musikanten. Wenn der Böhme musizirt, musizirt sein ganzer Körper mit; und während Zunge und Kehle den rechten Instrument=Buchstaben blasen, greifen seine Finger zehn falsche Töne in einem wahnsinnigen Triller und aus jeder seiner Poren scheint ein markerschütternder disharmonischer Pfiff hervorzudringen. Mitten in dieses Brouhaha hinein jammert in Katzentönen eine ungarische Musik. So süß die Klage Reményi's klingt auf seiner Wundergeige, und so glöckchenhell das Zimbal der Farkas=Kapelle läutet, so schrecklich ist das Wimmern jener „ausgemusterten" Ziganen, welche in den deutsch=österreichischen Landen Gastrollen geben in Gärten und Bosquets. Ein neuerrichteter Cirkus aber überdröhnt momentan alle diese Quirkeleien mit dem olympischen Tone einer wirklichen Pauke. O, eine Pauke! Wie viel Neid erregt im Prater der Besitz einer Pauke!..

In diesem Chaos von Musik=Unarten werden aber auch Menschenstimmen laut. Das ist ein Jauchzen!.. Nein, das klingt wie ein Wehruf, ein Hülfschrei!.. Jetzt wieder ist es, als ob ein Kind bitterlich weine, und dann wieder ein rohes Lachen, ein entsetzliches Lachen, weil es aus der Kehle eines Weibes kommt. Aber nein, das Ganze ist ja nur ein Lied, von einem betrunkenen Strizi gesungen — das „Höher Peter!" — Aber im nächsten Augenblicke sind es wieder Schimpfworte, die sich — ich möchte sagen mit beiden Ellenbogen stoßend — durch den Lärm durchdrängen; ein Hütteninhaber, der einen Knauser beschimpft, oder ein Gast, der einem Wirthe Rache schwört für vergifteten Wein.

Wir eilen näher dem Chaos zu. Aber weiß Gott, wie lange dieser Weg dauert. Sonst war man ja mit zwei Schritten schon im Wurstelprater vom braunen Hirschen aus. — O mein Gott, ist denn die Erde verwandelt? Die lieblichen grünen Wiesen haben sich verloren — und die großen prachtvollen Bäume auch. Wir müssen jetzt Straßen überschreiten, steinige, staubige, endlose Straßen, wo wir früher über duftiges, kühlendes Sommergras gingen! Als ob es in Wien nicht ohnedies schon Staub genug gäbe!.. Nein, man hat den Staub auch in den Prater „gepflanzt", um — ja warum? Um den Fremden die Wiener Hauptplage allüberall nachfolgen zu lassen? — Es scheint fast unmöglich, und dennoch, dennoch ist es so! Der Prater, diese einzige Rettung des Handwerkers und der Arbeiterin, ist zerstört für — die Weltausstellung!.. Der Prater, wo alle die Armen, die Aermsten, welche selbst die Tramway-Sporteln nach Dornbach nicht erschwingen konnten, des Sonntags einen frischen Wiesenteppich und Blätterschatten, wo die Lungensüchtigen Staublosigkeit und Buschduft fanden, der Prater der Armen ist zerstört, für die Chinesen und Engländer und Franzosen und Berliner, welche sich eine Medaille holen wollen; — zerstört für immer! für die Gloire einer Hauptstadt, welche sechs Monate lang währt und dann zerplatzt wie die Seifenkugel der Pariser Exposition, welche weder dem empereur noch dem Volke ein dauerndes Lustre gegeben hat.

Eine Weltausstellung ist wohl etwas Schönes, Grandioses. Aber nur darf um ihretwillen der Arme nicht beraubt werden, um den Reichen noch reicher zu machen. Hätte man nicht den ganzen Nobelprater rasiren können mit seinen drei Kaffeehäusern, seinem Constantinhügel und seinen kleinlichen Blumenbeeten, und mit seinen eingezäunten Wiesen, deren Betreten mit Arretirung bestraft wird? — Wer hätte da einen Schaden gehabt? Der reiche Wiener hat ja sein Baden, sein Vöslau, seine Schweiz und sein Ischl. Aber nein, diese gekünstelte, häßliche Praterpartie wurde verschont — und man zerstörte lieber dem Armen sein langverbrieftes „Baden, Vöslau, Schweiz und Ischl". Das Geschenk Kaiser Josef's soll nur mehr den Reichen gehören.

Diese entsetzlichen Straßen voll Staub und Untiefen! Und sind denn gar keine Bäume mehr hier? Da liegen die schönsten und größten auf der Erde — bestaubt, zerbrochen. Vogelnester liegen daneben, aus denen Junge, die noch nicht flügge sind, kläglich emporzwitschern zwischen Strohgeginster. Die Alten schreien hoch oben in der Luft, ohne sich näher zu getrauen vor dem Dunkelwerden. Wie gut erinnert man sich noch an diese stattlichen Bäume: Jahrhunderte alt, groß, breitstämmig, mit überwuchernden Aesten standen sie da, ein prächtiger Anblick, der fast mit heiliger Scheu erfüllte und uns lange Zeitläufte zurückwandern ließ im Gedanken. Sie waren noch immer ein Liebling der Götter, diese Bäume, denn bis in die neueste Zeit waren sie überwuchert von reichem Mistelgewirr. Der gelbgrüne saftreiche Zweig des Thor hatte sich auf diesen uralten Zweigen seinen Lieblingssitz gewählt, und seine wunderkräftigen weißen Fruchtkügelchen glänzten wie märchenhafte silberne Beeren im dunklen Geäste der uralten Bäume. Da liegen nun die ehrwürdigen Stämme, gefällt, vom Falle zersplittert, um von den italienischen Arbeitern zur Feuerung bei der Polenta-Bereitung benützt zu werden. Der heilige Mistelzweig mengt sich zertreten mit dem Staube, und die Böglein, die seit Menschengedenken den Prater als ihre Heimat betrachteten von Nest zu Nest, die flattern klagend über den gelichteten Räumen. Um die Bäume, die noch nicht gefällt sind, sind schon breite Gruben gegraben, und ihre Wurzeln, die sich in die wärmende Erde hinabgeflüchtet hatten, frösteln entblößt mit ihren haardünnen Fasern im Lufthauche. Ja, gibt's denn hier nur überall noch Staub, grundlose Straßen und gefällte Bäume und in Kothwüsten verwandelte Wiesen? Wir hören ja doch Musik und Stimmen! Aber wir finden sie nicht, obwohl wir schon lange im ehemaligen Wurstelprater umherirren. Ah, da sind Hütten . . . Aber nein, es sind Ruinen. Zerbrochene Häuser aus Holz, zertrümmerte Buden, zerrissene Zelte liegen im kothigen Staube. Es sind dies Wirthshäuser, Panoramen, Schießstätten, andere

Schaubuden, die auf behördlichen Befehl zerstört worden sind, um einer
neuen staubigen Straße zwischen entwurzelten Bäumen Platz zu machen.
Jahre hindurch waren diese bescheidenen Gebäude Wohnhäuser und
Verdienst zugleich für arme Wirthe, arme Thierbändiger und arme
Mißgeburten. Jetzt sind sie zertrümmert und vermorscht rasch: faden=
scheinige Krapp=Ueberzüge, Vorhangfetzen, wurmstichige Jalousieen, zer=
stückelte Stühle, vermoderte Dachschindeln, rostige Goldleisten liegen im
schmutzigen, ungezieferüberkrochenen Durcheinander am Boden.

Man überschreitet diese Ruinen und zertritt die morschen Bretter
und Planken, über welche der rücksichtslose, pietäts= und poesiearme
Bureaugeist der „Zerschönerung" gefahren ist, und man sucht den
Wurstelprater, von welchem her das Musiziren und Schreien bald
näher, bald ferner klingt. Jetzt steht man auf dem Rayon des Welt=
ausstellungsplatzes. Ueberall gibt's da Planken, Stakete, Balken und
Schienen. Lokomotive durchsausen im langsamen Tempo der Milchkarren
die Bauplätze. Die Arbeiter, braune wildblickende Gestalten, die allwö=
chentlich ihr Kontingent für die Zeitungsrubrik: „Todtschlag bei einem
Exceß im Prater" liefern, arbeiten an Steinen und Eisenhebeln herum,
und schnattern dabei das häßliche Italienisch der Bocca=Gegenden und
der Triestiner Gemüsegärten. Großartige Gerippe von langgestreckten
Gängen und dickrippigen Skeletten von Thurmkuppeln ragen in die
staubwolkige Luft des verschönerten Praters empor: man ahnt die Größe
des Weltausstellungspalastes schon an ihrem Gestell. Wie herrlich mag
das Alles werden, sobald einmal diese eisernen und hölzernen Knochen
durch Glastafeln verbunden und mit vergoldeten Zinken geschmückt sein
werden. Für jetzt macht das Ganze noch den Eindruck eines vorsünd=
fluthlichen Thiergerippes, dessen Fundplatz lebensgefährlich werden kann:
hier braust eine Maschine, dort grinst ein Flaschenzug über unserem
Haupte, dort fluchen zwei Arbeiter auf einander und heben die Hämmer,
dort wieder lächelt uns ein Cassenzerberus entgegen; denn man muß in
Wien sogar die Gefahren und die Unannehmlichkeiten bezahlen, welche
Einem das Betreten der Baustellen macht.

Aber Gott sei Dank, jetzt endlich kommen wir dem Lärmcharivari
näher. Hier, auf diesen kleinen Raum hat man die Volksfreude zusam=
mengepfercht. Freilich wandert man auch hier über Hüttentrümmer und

zerbröckelte Freudentempel und wird von Arbeitern angebellt, und riskirt
von fallenden Bäumen erschlagen zu werden, und Kreuz= und Querwege,
vulgo Staubquellen werden angelegt für Chinesen und Engländer und
Berliner. Aber man sieht doch einen matten Abglanz der alten Volks=
lust, und die letzten Ueberbleibsel der alten Volksfreuden. Am grausam=
sten ist man mit den Marionettentheatern verfahren — kaum eins
oder zwei sind noch da von den Dutzenden derselben. Der Pulcinell ist
verjagt, der Teufel ist exorzisirt vom Magistrate, die hölzerne Jüdin
mit der großen Weinflasche liegt zerbrochen im Pratergraben, und mit
dem gelehrten Kaninchen, welches sich so geduldig in den Sarg legen
ließ, hat die Familie des letzten Marionettenmannes ein Mittagsmahl
hergestellt — der erste Künstler des Unternehmens wurde der letzte
Braten des Unternehmers, welchen derselbe mit bitteren Thränen verschlang.

Aber die gewissen Hütten sind zum Glück noch geblieben: die Hütte
„des beaux arts", bei der Niemand weiß, was darin gezeigt wird.
Zwei, drei Damen sind in Seidenkleidern an der Casse, mit hochge=
thürmten Frisuren, essen Kochsalat und trinken Bier, ordnen sich manch=
mal das Dekolletement und werfen feurige Blicke auf die Hessen=Soldaten
und auf die Strizi's. Ein verdächtig schauender Kerl, mager, gelbhäu=
tig, fahlblond, ganz jung, mit Schwindsucht=Backenknochen, schreit was
er kann auf der Treppe dieser unheimlichen Bude von der „Billigkeit"
derselben, und wenn Herren (ohne Frauen und Kinder) vorübergehen,
dann macht er einen langen Schritt herab und drückt Einem eine Affiche
in die Hand, welche erklärt, daß man hier „Schönheiten" sieht. Und
dann flüstert er dem Empfänger etwas in's Ohr. Diese Bude ist
glücklich verschont worden von der Verschönerungs=Commission; wahr=
scheinlich auch aus Rücksicht für die Chinesen. Ebenso ist der schreckliche
amerikanische Velocipede=Cirkus beibehalten worden... Und die schönste
Riesin, welche zugleich Klaviervirtuosin ist, und dann die Riesin, welche
auf ihrem Busen ein Kaffeeservice aufstellen läßt und so ihr degoû=
tantes Goûter einnimmt. — Diese unheimlichen Buden werden wahr=
haft wohlthuend unterbrochen von unschuldigen Mißgeburten: von Kühen,
welchen zwei Menschenarme aus dem Bauche wachsen (die Kuh soll
einen Knecht verschluckt haben, welcher in der Verzweiflung seine Arme
aus ihrem Leibe stieß, um die Hände ringen zu können), da von fünf=

füßigen Schweinen, vom treuherzigen hübschen Riesen Anderson aus
Schweden und von den Ringelspielen. — Das Ringelspiel! Ich glaube,
wenn man dem Wiener auch dieses rauben wollte, dann würde die Empörung
beginnen. Denn das Ringelspiel ist unumgänglich nothwendig zum Leben
des Wieners, wie die Luft, wie das Backhendel. Wir brauchen es als
Kind ebenso nothwendig wie als Greis! In der Kindheit ist es unsere
herrlichste Freude, unsere beste Belohnung! Mit einem Ringelspiele am
Sonntage kann man uns an den Wochentagen Freude am Multiplizieren
und Liebe für den richtigen Gebrauch des „ä" und des „eu" einimpfen.
Denn gibt es etwas Köstlicheres als die Rundfahrt, wo wir unser
eigener Herr sind, deren Ziele wir uns wählen können, bei denen uns
die frische Luft die selig geschlossenen Augen umschmeichelt, wo die
Musik uns nachjubelt, und wo wir endlich sicher sind, immer wieder zu
unseren lieben Eltern zurückzukommen, die uns lächelnd an derselben
Säule erwarten, von der wir ausgefahren sind? — Und dann als
Greis — womit könnten wir den unbeugsamen kleinen Enkel
kirren, womit könnten wir seine Liebe gewinnen, wenn wir nicht
den „großen Chinesen" als mächtigen Bundesgenossen hätten, diesen
Chinesen, der in der kleinen Welt so berühmt ist, wie der Stephans=
thurm bei dem Erwachsenen? Du lieber riesiger Chinese mit dem Zopfe
und dem prachtvollen, märchenhaften, goldenen Gewande und dem ohr=
zerreißenden sinnlosen Geklapper deiner Schienen: keine glückliche
Mutter, keine liebevolle Wärterin ist je mit so echter Lust angejauchzt
worden von kindlichen Lippen, ist je mit solcher Sehnsucht erstrebt
worden von dicken kurzen Grübchenarmen, wie du, dessen Inneres
hohl ist und herzlos, und der sich aus dem Kinderjubel ebenso wenig
macht wie aus der Weltausstellung. Und wenn du heute noch gefällt
würdest gleich den ehrwürdigen Bäumen in deiner Nähe, du würdest
auch gefällt — noch grinsen!

Zwischen den Ringelspielen schwingt sich die Haspel in die Höhe,
und das große Schaukelschiff. Vor Fürst's Volkstheater sind Schotter=
steine aufgehäuft, so viele, daß man sie nicht überwaten kann, außer
man ist mit Hufen gesegnet. Die verschiedenen Bierhäuser haben außer
ihren unwiderstehlichen großgedruckten Lockrufen: „11 Kreuzer die Halbe"
auch noch künstlerische Magnete engagirt; hier ist ein böhmischer

Taschenspieler, dessen Frau auf zwei Meilen in der Runde einsammeln geht bei allen Vorübergehenden, auch wenn sie weit über'm Wiesenplan wandeln und von der Kunst ihres Gatten nichts sehen konnten. Diese unerbittliche Böhmin steht im Verdachte, alle doppelten Böden ihres Gatten mit sich herum zu tragen, weil sie stets wie ein kreisender Berg einherwandelt mit einem Löwengesichte, welches sie zu einer abschreckenden Berühmtheit des Praters gemacht hat. In einem andern Wirthshaus=rayon präsentirt sich der Jason mit seiner Gesellschaft. Er war früher Maurer, jetzt ist er Athlet. Von schlechtem Bier umschäumt und von altem Käse umduftet, widmet er sich hier der „Kunst". Er läßt Felsen=steine auf seiner Brust zerschlagen, auf seinem Bauche läßt er Holz spalten, und mit seinen Zähnen hält er eine vollständige übereinander gethürmte Möbelgarnitur fest. Er ist gebaut wie ein Riese und blond wie Armin. An den Wirthshaustischen sind Handwerker, die sich mit Bier eine krampfhafte Sonntagsfröhlichkeit antrinken, Frauen, welche ängstlich die Männer überwachen, damit sie nicht in's Raufstadium kommen, und Kinder, welche beim Klange der Bratengeiger über unsicht=bare Reife hüpfen, was sie „tanzen" nennen. Daneben sitzen böhmische Köchinen in grellgrünen oder rosenfarbenen Orleanskleidern, einen weißen Atlashut mit grobgrellen Blumenbüscheln auf dem spärlich behaarten Haupte. Ihr breiter Rachen ist unwillig gekräuselt, ihre Knopf=nase schnauft, ihre kleinen, farblosen Schweinsäuglein funkeln wie die eines wüthenden Mopses unter ihrer weitgebauchten, stets glänzenden Stirne. Denn sie muß das Bier zahlen und die Frankfurter, und ihr „Kerl" schaut auf die Damen dort, vom Bazar und von der Walhalla! Und er ist doch nur ein Gefreiter, ein „Nichtsnutziger, vom Regiment deutschen, vermaledeiten"!

Dazwischendurch singen elegante Taschendiebe fröhliche Lieder, zahlen splendid, drängen sich durch ein besetztes Tischchaos, und kommen mit dem Gewinnst von drei Uhren und zwei Börsen aus der grünumschat=teten Bierhalle, deren Gäste den noblen Cavalieren bewundernd nachstarren.

In einem solchen vielbesuchten Biergarten mitten im Wurstel=prater, wo man sich um jeden einzelnen Stuhl, um jedes einzelne Glas raufte, wo eine Musikbande quickte und Jason Steine zerhauen ließ auf seiner Brust, wo der Hessen=Soldat seine Köchin hinführte und der Strizi mit seiner Walhalla-Dame ein momentanes Rendezvous hatte, damit sie ihm ihr volles Portemonnaie und er ihr seine drei neuen Uhren zeige; wo der Handwerker sich zu einer „halben Gans" aufschwang „mit Salat" für Kinder und Gattin, da strömten natürlich auch alle Hausirer zusammen. Der Slovak in der blaugeränderten Halina von Ungarisch-Brod schrie heiser: „kupite, kupito te wieci, pro deti, pro kuchin!" — Dabei rückte er den Hut zurück und athmete laut durch die Nase, und ließ Augen und Lippen matt auf die Tischgäste herabhängen wie ein faules Fragezeichen. Die Hosenträger- und Seifen Verkäuferinen liefen hin und her in dem Garten, betheuernd, schwörend, grinsend; die Salamucci schrieen ihr: Duri, Duri, gaesi, od' Veronese, od' ungrisch?" „Dwardi, Dwardi," rief ein böhmischer Italiener dazwischen. Die Bierhalle im Freien war voll, und die Hausirer hatten vollen Absatz. Auch ein „Godschewer" (Einer aus Gottschee) schlenderte durch das Gedränge von Stühlen und Verkäufern. Es war ein kräftiger älterer Mann. Ein echter Gottscheer. Groß, kräftig gebaut, das ergrauende Haar und den Bart in malerischer Unordnung, die fettige Mütze in der linken Hand, den großen Korb voll Schachteln mit Rocksdrops, Kalmus, Pfeffermünzzelteln und Sardinenbüchsen sorgsam überzogen von einem feinen Rebschnurnetze. In der rechten Hand schüttelte er einen schwärzlichen Sack mit Nummernkugeln. „Gefällig zu setzen?" fragte er. Und dabei schloß er die Lippen nicht, wie stets zur Antwort bereit. Während nun da der Schlossermeister mit seiner Schlossermeisterin unterhandelte und endlich das Schlosserkindchen zweimal Gewinnst-Nummern zog aus dem Beutel des Gottscheers, zupfte diesen ein Duri, Duri-Salamucci-Mann mit gebogener Nase und stechenden Tiber-Augen am Arme, und flüsterte ihm zu: „Camarado, kommen dort, zu'n Fassel, una novalla granda, per noi tutti" — und nickte und winkte und ging weiter, sein scharfblinkendes Messer schwingend und den halben Emmenthaler-Laib auf dem Arme wiegend, als ob er ein Wickelkind sei.

— „Gutto! Gutto!" — macht der Gottscheer, sein Deutsch italienisirend; beklagte dann noch sein Malheur, schüttelte noch einigemal schmeichelnd seinen Nummernsack und bat, man möge noch einmal ziehen, um wenigstens e i n m a l zu verlieren, — „damit Niemandem Unrecht geschieht, meine Herrschaften."

Dann ging der Gottscheer zu dem Faſſel, das heißt zu dem leeren Tiſche neben dem Schanke, an welchem die Salamucci und Gottſcheer gewöhnlich ihre Zuſammenkunft hatten; ſie zahlten dem Bierwirthe eine Abgabe, und wurden daher hier geduldet.

Hier war ſchon ein erſticktes, haſtiges, halblautes Geſpräch im Gange, während die Abendſonne grell aufleuchtete.

— „Das iſt unmöglich!" — rief Einer der braunen Männer und ſeine ſchwarzen Locken zitterten — jede einzeln — über ſeiner bronzefarbigen kurzen Stirne. Er ſprach in dem ſüßen Dialekte Tos= kana's, der aber in der Leidenſchaft einen abſcheulichen gutturalen Cha= rakter annimmt. — „Das iſt unmöglich, beim Bacchus! So wahr meine Seele iſt! Wir Hauſirer abgeſchafft aus dem Prater für die Weltausſtellung? Aber das iſt ja eine Narrheit! Wir haben ja auf die Weltausſtellung gerechnet, um unſere Schulden zu bezahlen! Und ſie iſt ja unſere Rettung!" — Seine Lippen zitterten, wie er ſo ſprach, ſeine Locken vibrirten und in ſeiner Hand blinkte das Käſemeſſer im Abendſonnenlicht.

Die Italiener müſſen ſtets die Köpfe zuſammenſtecken, wenn ſie eifrig reden, und können nur Aug' in Auge, Naſe an Naſe ſtreiten. So fanden ſich denn jetzt auch vier Naſen, acht Augen und acht braune, rauhe, geſtikulirende Hände zuſammen über dem Tiſche, auf welchem die Käſe= und wurſtgefüllten ſchmutzigen Zöger lagen.

— „Die Salamucci verbieten! Was für ein Wahnſinn!" rief ein blondbärtiger brauner Bergamotte in dem gequetſchten Dialekt ſeines Kreiſes. — „Von was wollen denn die Fremden leben? Wie können ſie es denn ſtundenlang im Prater aushalten ohne Käſe und Sala= mini? Speiſen kriegt man ja ſogar nur an Wochentagen aus Gnade, und Zahlkellner gibt's nur zwei im Umkreis von drei Stunden! Ich glaube nicht d'ran!"

— „Und wer kann's denn verbieten?" — rief der Gottſcheer, d. h. vielmehr ein Krämer, in ſeinem halb Wiener, halb dalmatiner Dialekte. — „Wer kann's verbieten, frag' ich?"

— „Wer?" — sagte ein alter grauhaariger Salamucci wild."
— „Der Baron Schwarz, siehst!"

— „Zum Teufel, das kann nicht einmal der Kaiser verbieten!" — rief der Krainer gedämpft und zornig, und stellte seinen Korb heftig auf den Tisch. — „Ich zahl' meine Steuer," und die Fremden essen gern Sardinen, und im ganzen Prater gibt's keine, außer bei uns Godschewer!"

— „Was nützt das Alles!" — zürnte das Schwarzauge von Toskana. — „Das Gesetz ist heraus! Der Kaiser kümmert sich ja nicht um die kleinen Gesetze, der kann nichts dafür! Aber der Baron Schwarz! Kennt ihn wer von Euch?" — Er spielte dabei noch immer mit dem Messer über seinem Käsekorbe, und die Sonne war schon so tief gesunken, daß sie auf solche blinkende Gegenstände blutrothe Lichter warf. Ebenso blutroth blinkte sie in den breiten Ohrringen des Erregten.

— „Das Hausiren verbieten! Und ich wollte meiner Mutter eine Hütte miethen im Friaul unten, vom Erlös der Weltausstellung!" — knirschte der braune Blondbart. — „Und es wird ja da nur im Prater ein Geschäft zu machen sein!"

— „Und ich, ich habe meinem Weibe versprochen, eine lichtere Wohnung zu nehmen nach der Weltausstellung!" — sagte der Krainer. — „Drum, das ist ja gar nicht möglich."

— „O, wohl ist möglich!" — machte weinerlich ein Slovak mit aufgestülpter Nase und glattem fahlblondem Haar, der einen Korb voll Holzwaaren auf seinem Magen trug, und schüchtern hinzu getreten war. — „Der Wirth will mir schon nit mehr verkaufen lassen von heut' an, weil is Befehl kommen! — O bitt' ich Ihnen, wenn's möchten mir schenken ein bissel Käs', Herr Italiäne!"

Das Schwarzauge zauberte mit seinem Messer ein papierdünnes Stück von seinem Käse herab, als wollte er mit diesem Schnitte die Haut eines Feindes vom Fleische schälen, und reichte sie dem Slovaken, der dafür dankbar ein Holzmännchen auf seiner Leiter tanzen ließ. Dann stieß das Schwarzauge entschlossen sein blinkendes Messer in den Tisch, blitzte mit seinen Augen im Kreise herum, während er seine Nase allen übrigen Nasen näherte, und zischte heftig: — „Das darf nicht sein — was meint Ihr?"

Und alle Augen der Hausirer näherten sich einander, und die geballten Hände lagen auf dem Tische, und die energischen Lippen zischten: — „Nein!"

— „Wir müssen Etwas thun!"

— „Ja. Eine Deputation."

— „Eine Deputation, und die Zeitungen!"

— „Gut, morgen Vormittag besprechen wir's weiter. Sagt's den Andern!"

— „Wenn Sie mir noch Stückl Käs' geben!" — meinte der Slovak, und streckte die harte Hand aus, und zuckte schmeichelnd mit den aufwärtsstrebenden Nasenflügeln.

Man rief nach Salami. Die Gruppe trennte sich. Die Sonne war fast unter. Immer lebendiger und wirrer wird in solcher Stunde der Prater. Wenn Viele mit dem Abendsinken nach Hause gehen, so strömen doch noch Mehrere herbei während des Dunkelns. Noble Damen, feine Herren, alle zu Fuß, Arbeiter, die Strike machen oder vazirend sind, und die des Morgens nicht zeitlich auf sein müssen, und Dienstmädchen, welche einen Dienst suchen. Aber diese Praterbesucher des Spätabends bilden wirre, unruhige Gruppen; sie strömen hastig herein zwischen die dunklen Alleen, und sie haben keine Kinder bei sich. Keine Kinder, da die jetzt schon schlummern, und da diese Abendbesucher keine Kinder haben.

Der große Krainer schreitet auch wuchtig aus im Abenddämmerschein, unter dem Bahnviadukt durch aus dem Prater. Er ist ein großer starker Mann mit kräftigen Zügen und breiter Brust. Er hat Bart und Haar schon etwas gemischt mit Grau. Mit der einen Hand stützt er den Zöger von unten, die andere ruht an dem Achselgurt. Unter dem Schwibbogen geht er an einer alten Hausirerin vorüber, welche eine ganze Riesentraube von rothen Gummiballen an den Schnüren festhält. — „Schon nach Haus', Frau Wabi?" — sagt er, ohne anzuhalten.

— „Ja," — grinst sie, schneller gehend, so daß die blutrothe Traube über ihr im Abendgrau schwabbert und zittert. — „Denn jetzt gibt's keine Kunden mehr im Prater. Die Kinderln werden schon alle heimgetragen, und die uns jetzt noch entgegenkommen, die kaufen keine Luftballons mehr."

Der große Krainer lachte. — „Gut so, Frau Wabi. Sie wohnen ja im Freihaus gleich ober uns; wenn Sie nach Hause kommen, so gehen Sie zu meiner Frau hinein, und sagen Sie ihr, sie soll heut' aufbleiben bis ich komm'. Ich geh' jetzt nur noch in zwölf Gasthäuser ..."
— „Gut ist's, Herr Federberg." — Die Alte nickte, und alle ihre rothen Ballons schienen mitzunicken. Und die kleine Hausirerin war stolz darauf, daß sie eine Post zu bringen hatte der Gattin eines großen Hausirers.

* * *

II.

Das Freihaus ist das größte Haus in ganz Wien. Man will es jetzt abreißen, und vierzig große Zinshäuser an seine Stelle bauen. Es datirt noch vom vorigen Jahrhundert, wo es auch seine größte Glorie erreichte. Es war damals für die Wiener das, was für unsere genüg= samen Provinz=Residenzler der bescheidene Heinrichshof wurde, dessen Prestige in seinen vergoldeten Simsen bestand.

Das Freihaus aber hatte ein echtes Prestige — seine wahrhaft imposante Größe und den kühnen Bauwurf, mit welchem es vier heterogene Gassen verband. Das Freihaus war im vorigen Jahrhundert ein sogenannter „nobler" Wohnsitz; nur distinguirte Leute logirten im ersten Stockwerk desselben, im zweiten wohnten reiche Wucherer, im drit= ten Künstlerinen mit reichen Amanten. Heutzutage hat sich der Charakter des Freihauses bedeutend geändert. Zu ebener Erde gibt's nur mehr Werkstätten, im ersten Stockwerke nur noch Werkstätten, Hausirer und Abenteurer, und im zweiten Stockwerke Arme und wieder Hausirer, aber von der bescheideneren Klasse. In den Höfen tummeln sich Kinder mit Stropheln, Lehrburschen mit Pech an den Schuhen, und geheimniß= volle geschminkte Wesen mit langen Schleppen, welche von acht Uhr Morgens an schon nach der „Tanzschule" fragen.

Im Freihause, im Hausirerhofe, wohnte auch der Krainer mit seiner Frau und mit seinen zwei Töchtern. Die beiden Töchter schlum= merten schon, aber die Frau, eine blasse kleine Gestalt, welche aussah als sei sie nicht ganz ausgebacken, erwartete ihn wachend. Sie fabrizirte künstliche Blumen für eine „Pariser" Galanteriewaarenhandlung auf der Ringstraße, bei einer schlechtbrennenden Petroleumlampe.

Das Zimmer ist groß, es hat Möbel, die nicht schlecht sind, es hat auch Bilder, die nicht unfreundlich blicken: ein „Kaiserpaar mit den Kinderln", einen „Schlick", eein Madonna mit aufwärtsgewendeten Augen und mit einem brennenden Herzen in der Hand und ein Bild als Haarsträhnen. In einer Ecke des Zimmers stand sogar ein Nähtisch, und mitten auf dem Fußboden lag ein zerbrochenes Kinderspielzeug. Aber dennoch hatte das Zimmer wenig Heimatliches. Es sah aus, als ob es unbewohnt sei, auch wenn Leute drin waren. Man kann nicht beschreiben, woher und wodurch man das fühlt in gewissen Wohnungen, deren Familie des Tags über auswärts ist. Neben dem großen Zimmer lag das Schlafzimmer. Dort standen die Betten für Vater und Mutter; der Sohn ist Tischlergeselle beim Meister Lohrheimer in der Margrethenstraße, und nächtigt beim Meister. Die Mutter ist Blumenmacherin, und arbeitet den Tag über im Geschäft und Abends daheim „für i h r e Kundschaften". Und das war für Herrn Federberg, den strammen Krainer, ein tiefes, ewiges Herzleid, daß ihm Weib und Kind so aus der Art geschlagen waren: sein Sohn, der Karl, ein Tischler, und seine Alte, die Marie, eine Blumenfabriksarbeiterin! Es ist wahr, Beide verdienten sich ein schönes Geld und waren brav —. Aber halt doch! Er hatte die Marie aus einer Blumenfabrik weggeheirathet als junger Mensch, wie er von Laibach aus herauf nach Wien kam — aus reiner L i e b' hatte er sie geheirathet. Wie sie dann verheirathet waren, hatte er ihr einen neuen Korb, mit Hosenträgern, Manschetten und Zahnbürsten gefüllt, angeschafft. Aber sie hatte ihm rundweg gesagt: „Na, Sepp, hausiren geh'! ich nicht. Ich hab' die Blumenmacherei g'lernt, und das is ein ordentliches G'schäft, bei dem ich auch meine Sach' verdienen kann, und bei dem bleib' ich!" — Daran hatte nun Josip Federberg gar nicht gedacht. Er hatte sich seine Frau stets nur als das vorgestellt, was er war, was seine Eltern gewesen waren: hausirend. Er zankte, er brummte, er kränkte sich, aber was wollte er machen? Er hatte sein kleines schmächtiges emsiges Weiberl so gern! — Und wie sie dann einen Sohn bekamen, da schnitzte er dem Kleinen kleine Körbe, und legte ihm verfaulte Citronen hinein und Zuckerkandelbröseln, und machte ihm ein Säckchen mit neunzig Zieh=Nummern und sagte, er solle damit „hausieren" spielen, ehe er fortging. Aber sobald der Vater mit seinem „süßen Korb" weg war, nahm die Mutter den kleinen Karl auf den Arm, herzte und schäkerte mit ihm, bis er auf die Spielerei vergaß, trug ihn dann hinüber zum Nachbar Kärner, dem Tischler, empfahl der guten Kärnerin das Kind, und ging in die Fabrik. Und der kleine Karl brachte so seine Tage bei der guten kinderlosen Kärnerin zu, und in der Werkstatt, wo er bald mit einem kleinen Hobel Holzscheite abhobeln lernte. Das ging so Tag für Tag. Und wie er groß wurde, zwölf, dreizehn Jahre alt, da wollte er nichts Anderes werden als ein Tischler. Der Krainer fluchte und eiferte, er zwang dem Burschen einen Korb auf, er nahm ihn mit in die Bieglerhütte und in den Prater, aber Alles war umsonst. Der Karl folgte wohl seinem Vater, aber er machte kein Geschäft, und wurde von Tag zu Tag trauriger; und mit ihm die Mutter. Was wollte der Krainer machen? Er hatte sein alterndes Weiberl noch so gern, wie er sie in der fröhlichen Jugendzeit gern gehabt hatte. Und er gab mit einem krainerischen Fluch und mit einem deutsch=österreichischen Segensbrummer den Buben in die Tischlerlehre, und der wurde da wieder froh, groß und stark und breitbrüstig und gesund, wie der Vater selber.

— „Na, Mann, was ist's denn?" — fragte die kleine, 'magere Federbergerin, und legte ihren Blumenorgantin und die grünen Drähte vor sich hin, und rieb sich die röthlichen Augen. — „Ist was g'schehn? Hast heut' viel verloren?"

— „Na, es wird sich schier gleich geblieben sein!" — sagte der Krainer und stellte seinen Korb auf einen Sessel nieder, warf den Nummernsack auf den Tisch und fuhr, sich vorneigend, mit beiden Händen durch seine licht mit grau gemischte schwarze Haarwildniß.

— „Aber ein großes Unglück soll uns treffen! Das Hausiren im Prater soll verboten werden!"

— „Das Hausiren!" — rief die Federbergerin erschrocken.

— „Im Prater, ja! Denk' nur!" — rief der Krainer, und schlug mit seiner wuchtigen Faust auf den Tisch, daß es hallte.

— „Aber doch nur im Prater?" — meinte dann die Federbergerin.

— „Ja, und ist denn das nicht genug? Im Prater! Und während der Weltausstellung!" — rief der große Krainer mit blitzenden Augen. — „Während der Weltausstellung, wo Alles gewinnen wird, sollen nur wir verlieren! Unsinn! Das kann nicht sein! Das darf nicht sein!"

— „Ja, ja, es ist ärgerlich und ungerecht!" — warf die kleine Frau tröstend hin, indem sie ihre Blumen wieder aufnahm. — „Aber am Ende! bei der Weltausstellung ist ja ganz Wien voll von Fremden; und da gibt's ja überall „Schritt" genug!"

— „Du redest, wie Du's verstehst!" — zankte der große Krainer heftiger, und seine weißen Zähne und seine dunklen Augen blitzten. — „Der Prater, das ist der einzige Herd des Reichwerdens! Verstehst Du? Alles, was handelt und erwirbt, wird sich da zusammendrängen: Die Fabrikanten, die Waarenhäusler, die Maler, die Blumenmacher, die Zeitungsschreiber, die Schuster und Schneider und die Taschendieb' — und nur wir — wir sollten bei dieser Geldquelle verdursten? Wir, die wir Steuer zahlen, wir, die wir mit der Weltausstellung unsere Schulden zahlen und unsere Kinder ausstatten wollen? Wir, die wir da zum erstenmal ein paar Gulden auf unser Begräbniß zusammenlegen wollen? . . . Himmelkreuzdonner . . ." — Die Riesenfaust dröhnte abermals wuchtig auf den Tisch nieder.

Die Federbergerin stand jetzt rasch auf und nahm diese starke braune Hand in ihre beiden kleinen dünnen Hände, und legte ihm dann die eine derselben über den Mund und beschwichtigte und zischelte: — „Pst! Nicht so laut, Sepp! Ich hab' das Kind von den Nachbarischen da!"

— „Das Kind von der Tochter der Gefälligerin?" — sagte der Riese durch die Finger seiner Frau hindurch.

— „Ja, das Kind von der Bartfrau. Du weißt, Alle drei sind heut' spät nach Hauf' gekommen, die Alte aus den Gasthäusern, die beiden Mädel aus dem Prater, und da hat das Kind nicht allein bleiben können, und so hab' ich's wieder zu uns schlafen genommen. Also weck' mir's nicht auf!"

— „Wegen so einem Fratzen!" — ärgerte sich der Krainer weiter, aber schon gedämpfter. — „Der Mensch muß doch seine Gall' auslassen können! Aber ich weiß schon! Du bist sogar noch schadenfroh über das Malheur, Du hast kein Herz und kein' Sinn für's Hausiren!

Du bist unsere Feindin, Du jubelst drüber! Du und Dein Sohn, den Du dem eigenen Vater abspenstig gemacht hast nnd zur Tischlerei beredet hast! O, es ist schrecklich, wenn der Mensch, der sich den ganzen Tag hindurch plagt und rackert, zu Hauf' nicht einmal Mitgefühl findet bei seinen eigenen Leut'! Du bist immer gegen die Hausirer, und bist doch eine Hausirersfrau! Wenn ich nicht die Nachbarin Gefälligerin hätt'… und den Salamucci-Pesca, die Gefälligerin, das ist ein Weib, eine echte Hausirerin, die wird noch im Jenseits mit dem Korb herumgehn und heilige Hosenträger ausbieten! Die hat schon ihr Vermögen beisammen, und könnt' faullenzen und sich ein Zinshaus kaufen! Aber nein, so reich sie ist, sie geht hausiren, sie kann's nicht lassen, und ihre Töchter müssen ebenso öffentlich arbeiten, die eine als Bartfrau, die andere mit dem Jurbazar; das ist eine Familie! Aber ich — ich bin in meiner eigenen Stube verrathen und verkauft! Ich…"

Der Krainer gestikulirte immer heftiger nach Art seiner Landsleute, und redete sich immer mehr in die Hitze. Seine kleine blasse Frau ließ ihn geduldig ausreden, ohne ihre Hände von seinem Arm wegzugeben. Dann sagte sie: — „Sepp, geh, Du weißt nicht was Du red'st! Ich Deine Feindin, weil ich lieber mein erlerntes Geschäft treib'? Und Dein Sohn, der brave Karl, der morgen wieder in aller Früh mit seinem Sonntagsgewandel kommen wird, um Dir ein' guten Morgen zu wünschen —!"

— „Herrgott, morgen is Sonntag? Da heißt's in's Bett schau'n! Morgen geht's schon in aller Früh an! Den Korb mach' mir heut' noch zusammen, Alte!" — Der Krainer brummte noch fort, aber leiser, wie er in's Schlafzimmer trat, und die Federbergerin öffnete einen Schubladkasten, setzte den halbleeren Korb daneben nieder, und fing ruhig an, ihn mit frischen Pomeranzen und Bonbonsschachteln zu füllen.

— „Da wird's schlecht gehen mit dem armen Karl seinem Anliegen bei der Gefälligerin!" — seufzte sie. — „Wenn jetzt die Hausirer alle so aufgebracht sind, da wird er's wohl verschieben müssen, der Bub'."

* * *

In dieser selben Nacht wurde auch in Cavalierkreisen die Hausirerfrage scharf betont und diskutirt; die angesehensten Blätter von Wien machten seit einigen Wochen Reklame für eine verunglückte Dame der höchsten Kreise. Sie war eine Italienerin (wie die Blätter erzählten), sie war die Gattin eines Kaufmanns oder eines Obristlieutenants oder eines Grafen gewesen (darin differirten die angesehenen Blätter) und sie war von ihrem Gemahl verlassen worden, und sie mußte nun ihre Kinder ernähren auf folgende Weise: Die unglückliche hochgeborne Dame erschien in den großen Gärten, Hôtels und Kaffeehäusern von Wien, indem sie kleine Sträußchen aus einem kleinen, aber unerschöpflichen Korbe vor die Gäste hinlegte mit einem milden, flehenden Lächeln, bei welchem die Backenknochen fast hungrig sich aus dem Gesichte herauß= weiteten. Sie sprach dabei nur stets ein schlecht accentuirtes: bon soir m'sieur. Sie war in eine gelbe Seidenrobe gekleidet, und hatte einen schwarzen Spitzenshawl um das Haupt geschlungen, nach Art der spanischen Mantillas. Kein Mensch getraute sich, ihr weniger als zehn Kreuzer dankend und höflich zuzuschieben für ein welkes Salbeiblatt. Denn die Zeitungen erzählten ja, daß die Dame eine unglückliche Witwe sei, von Adel, vom Manne verlassen, zwei Kinder versorgend — enfin einen Roman. Da entdeckte aber eines Tages der junge Graf Saint= Pierre, als er um Mitternacht in den Freihausgarten trat, wo Bier geschenkt wird, daß die interessante Witwe mitten unter besoffenen Männern den meisten Lärm machte.

Sie warf den leeren Korb in die Ecke, sie schüttelte ihre schwarze Mantilla zurück, sie schlug die Kerle auf die Achseln, sie fluchte italienisch im Dialekt der Kellnerinen von Udine auf den Kellner, sie warf frech die Beine übereinander, sie schmauchte eine Cigarre, und ein häßlicher Kerl mit einem Vollbart, den der naive Wirth als den „Mann" der unglücklichen Witwe qualifizirte, zählte die Einnahme des Abends, wobei er seinem frechen, gemeinen Weibe manchmal mißbilligende Blicke zuwarf, wenn ihm ein falscher Kreuzer zwischen die gierig zitternden Finger kam.

Das war also die italienische Mustermutter, welche, von ihrem Gatten verlassen, ihre Kinder mit halbwelken Nelken und Katzenkraut= stengeln ernährte! — Das war also die Romanfigur, für die drei — sage drei der ersten Wiener Journale Reklame machten! — Dies war also die adelige verwitwete und verschämte Arme, welcher allabendlich Jedermann schon aus Verlegenheit vor der Würde des Unglücks ein

Silberstück oder einen Guldenzettel reichte! — Und diese interessante
Mutter mit dem schmachtenden „merci, monsieur!" — eilte dann,
sobald ihr Blumenvorrath erschöpft war, in den Freihausgarten, gefolgt
von ihrem häßlichen Bartkerl, dem das Geld in allen Taschen klimperte,
und geberdete sich dort, die Cigarre im breiten Maul, mit der Faust
auf den Tisch schlagend, den Kellner tyrannisirend und die Gäste über-
schreiend, wie ein freches Uferweib. Graf St. Pierre bereute die vielen
Banknoten, welche er der durch die e r st e n Wiener Zeitungen poussir-
ten Schwindlerin gewidmet hatte, aber er lachte dabei doch herzlich,
wie er seinen Kameraden im Klubb die Sache mittheilte. Und alle die
jungen Cavaliere schwuren: „Dieses Geschöpf darf uns nicht mehr
unter die Augen! Baron Schwarz muß uns vor diesem ... Geschöpfe
schützen! — Er muß die Hausirer abschaffen!"

Ein bleicher, aber heller Augustmorgen kroch schon über die Dächer,
als der Fluch der Junker so erscholl im Michaelerhause. Es war ein
reiner, greller Augustmorgen. Die jungen Cavaliere standen nicht mehr
fest auf den Beinen, wie sie gähnend die Vorhänge des Casino's öffneten
und auf die thaunassen Scheiben hinaus gähnten.

— „Sie ist eine Canaille!" — sagten sie leise untereinander.
— „Das Hausirerverbot bleibt, so wahr ich noch Herr bin da!" — setzten
sie hinzu, indem sie ihren Muskat-Lunel da capo verlangten in der
ersten scharfen Morgenluft, welche laut durch die Blätter fuhr.

* * *

Des andern Tags war Sonntag.

Einer jener Sonntage, wo man den Feiertag gleichsam in der
Luft spürt. Wo die Sonne gleichsam fromme Strahlen wirft, und jede
Blume zu lächeln scheint. Es gibt solche Sonntage. Worin eigentlich
ihr unnennbarer Zauber liegt, und wie er sich äußert? Wer vermöchte
das zu ergründen! Genug, er ist da, und ich glaube, wenn ein Mensch
aus einem jahrelangen Zauberschlafe erwachte an einem solchen Tage,
er müßte sich nach den ersten Blicken sagen: Es ist Sonntag —.

Solche Sabbathe gibt es aber nur im Sommer. Die Luft ist
da ganz goldig, und im Azur ist höchstens ein einziges kleines Lämmer=

wölkchen sichtbar, und selbst dieses ruht. Die Blätter an den Gebüschen erscheinen frischer als sonst, gleichsam in Festtagskleidern, und man vermeint, daß die ganze Welt anders sei als an Wochentagen. Die Luft ist stiller, man hört den fernsten Ton über Hügel und Berge herüber. Die Kirchenglocken tönen heller als sonst, und man ist gut in seinem eigenen Herz. Es ist, als ob an solchen Sommersonntagen die Natur ihre Hände falte.

Und selbst bis in die Stadt, ja bis in die Großstadt bringt die ruhige Pracht dieses Sabbaths. Die Läden der innern Stadt bleiben geschlossen, die Handwerker haben es versucht ihre Hände zu waschen, und die kleinen Mädchen tragen bunte Kleider und haben Blumen in's Haar gesteckt.

Der Sommersonntagmorgen über dem Freihause zeigte ein solches Bild. Die Gesellen der zahllosen Handwerker, die da wohnen, zeigen sich zeitlich mit grellen Kravaten, pomadisirtem Haare und mit dem gewissen Gesichte, welches unbedingt an eine Blume im Knopfloch erinnert. In der kleinen Rosalienkapelle tönt die Orgel, und alle Betschwestern des Riesenhauses strömen mit Gebetbüchern dem Horte zu, wo man um glückselige und gebenedeite Lotterie-Nummern bitten kann. Der Wirthshausgarten des Herrn Leeb ist schon von Früh an voller Gäste, über welchen die Akazien- und Kastanienbäume ein grünes frisches Blätterspiel entwickeln.

In den Wohnungen der zahllosen Hausirer herrscht schon zeitlich das regste Leben. Vor Allem in der Wohnung der Frau Gefälligerin, die unter den Hausirern den Rang einnahm, welchen Rothschild unter den Bankleuten behauptet. Frau Gefälligerin hatte eine der schönsten Wohnungen im Freihause inne. Küche, Vorzimmer, Schlafzimmer, Salon und zwei Gastzimmer. Im Salon standen elegante Seidenmöbel, im Schlafzimmer befand sich eine wunderhübsche Toilette für die Hausfrau und ihre beiden Töchter.

Die Hausfrau der Wohnung selber war ein stattliches, noch immer hübsches Weib, robust, einfach, aber mit einer gewissen bürgerlichen Eleganz gekleidet. Sie hatte sich soeben ihren Hausirerkorb zusammengerichtet, wie allmorgendlich — nur etwas früher, weil am Sonntag das Hauptgeschäft zu machen ist. Sie hatte eine Magd, aber sie besorgte ihren Korb stets selber, — sowie sie sich's nicht nehmen ließ, ihre feinen Seifen und soliden Parfümflaschen in den großen Hôtels feilzubieten. Sie hätte bequem von ihren Renten leben können, aber sie konnte nicht leben ohne ihren Korb, ohne ihre Kunden, ohne das „Herumtragen". Sie war aber durch ihren Reichthum die Königin der „Herumtragerinen. Alle Hausirer fürchteten sie, und suchten sie dennoch auf. Denn sie war gleichsam à l'unanimité zur Präsidentin der ganzen Genossenschaft erkürt worden.

Und so kam es auch, daß die zahlreichen Hausirer und Hausirerinen, welche im Freihause wohnten, sämmtlich guten Morgen zu sagen kamen zu der Königin des Hausirerthums.

Und so öffnete die „Millionärin" Frau Gefälliger auch an diesem Sonntage schon angelweit ihre Pforte und ließ die kleineren Leute eintreten. Da kam vor Allen die Frau mit den Lebkuchen-Herzen, und dann die Frau mit den Hühnern, welche ausgelost wurden, und dann der hübsche schwarzhaarige junge Mann, welcher Genrebilder ausloste. Der allgemeine Refrain war: „Man will uns für die Weltausstellung den Prater verbieten, wir sind ruinirt!"

Die Frau Gefälligerin ordnete ihren Korb und antwortete einfach, mit der Miene einer Kaiserin, welche auf ihrem Throne steht: — „Keine Furcht, liebe Leute! Die Weltausstellung? Aber das sind ja wir! Wenn einem Präsidenten sein Hosenträger reißt? Wer rettet ihn? Wir! Wenn einem Chinesen die Hand schwarz wird vom Antasten, wer rettet ihn? Wir. Wenn eine Dame vom langen Wege heiser wird — wer bietet ihr Rettung vor der Lungensucht? Ihr. Kurz, das Hausirverbot im Prater ist ein Unsinn! — Ach, küssen Sie mir doch nicht die Hand, Schmiedin! Gute Geschäfte heut', Maier —" Die Hausirerfürstin theilte beinahe Segen aus unter den übrigen Hausirern des Freihauses. Man küßte ihr die Hände; der Blinde mit dem Werkel küßte ihr zitternd den Saum ihres Aermels.

Die Hausirerin, eine vierschrötige, frische Frau, schritt dann pustend ein paarmal im Zimmer auf und ab, während sie ein bestelltes Beefsteak mit Gurkensalat erwartete, um sich für die Tagesreise zu stärken. Sie klopfte mit der Faust oftmals an das Zimmer, wo ihre beiden Töchter schliefen. Endlich erschien die ältere, welche einen dünnen

Knebelbart erreicht hatte mit Hilfe des Kammfetts und die im Prater als Bartfrau figurirte. Die jüngere, Marie, hatte als Lebenszweck in einer kleinen Glücksbude des Praters zu sitzen und ein gläsernes, mit Nummern gefülltes Rad zu drehen. Die Bartfrau nahm raschen Abschied, um mit einer Tramway dichtverschleiert nach dem Prater zu fahren. Die Jux-Bazarin, ein liebliches blondes Mädchen von neunzehn Jahren, hatte ihr Geschäft erst des Nachmittags zu beginnen. Sie sagte ihrer Mutter Adieu, um in die Kirche zu gehen.

— „Hörst, Maritschel! Bet' auch für die Manschettenknöpf'!" — rief ihre Mutter nach. — „Die gehn nicht mehr seit einiger Zeit!"

— „Nicht wahr?" — rief Frau Rosel, die Hausirerin, welche die rothen Ballons feilbot, zur Thüre herein. — „Sie verzeihen schon, daß ich nicht eintrat, Frau Gefälligerin, aber die Gummiballons gehn nicht durch die Thür. Aber schlechte Geschäfte machen wir seit einem Jahr, was? Seit so viele Luftballons für die Weltausstellung gemacht werden, ist Unsereiner gar nichts! Gestern hat mich sogar die Kipfelfrau gar nicht zuerst gegrüßt!"

— „Die Kipfelfrau! Nicht zuerst gegrüßt!" — rief die Gefälligerin empört. — „Die immer auf die altgebackenen Kipfeln Lose ziehen läßt? Und sie hat nicht zuerst gegrüßt, wo Sie doch Gummiballen haben, die immer abgehen und die wenigstens Niemanden vergiften? Ah, das ist zu viel! . . . Wohin soll das kommen! — Wenn Sie einmal vor Gericht mit ihr was auszumachen haben, ich diene Ihnen gern als Zeugin!"

Damit entließ sie die Ballon-Hausirerin, und hing sich ihren eigen elegant geglänzten Korb stolz um den mit einer echten Granatenschnur geschmückten Nacken, um in die verschiedenen Kummer-, Bischof- und Dreher-Hallen zu wandeln mit ihrer feinen Seife, den echten Eau de Cologne-Flacons und den theuren englischen Patent-Hosenträgern. Denn es ist Sonntag und es ist Sommer, und jedes Lokal ist mit Gästen überfüllt.

Aber wie die stattliche Hausirerin aufbrechen will, tritt ihr auf der Zimmerschwelle ein riesengroßer schwarzhaariger junger Mann entgegen, der die Frau um ein paar Worte bat. Sie erkannte in ihm den Sohn des Hausirers Federberg, den Sohn, welcher aus der Art geschlagen und Tischler geworden war. Und die dicke Frau kreuzte die Arme über den splendid ausgestatteten Hausirerkorb und sagte: — „Ach ja. Was wollen Sie denn, Herr Karl? Setzen Sie sich nicht nieder?"

— „Aber ich halt' Sie doch nicht auf, Frau Gefälligerin?"

— „Na, so zehn Minuten habe ich noch Zeit, aber länger nicht. Ist der Vater schon fort?"

— „Nein, er wartet auf Sie, Frau Gefälligerin. Sie wissen, der Vater ist am liebsten in Ihrer Gesellschaft beim Hausiren," — sagte der riesengroße junge Mensch verlegen und stäubte seinen Hut ab und räusperte sich und strich mit der Hand die glänzend schwarzen Haare vor.

— „Ja," — sagte die stattliche Frau und strich ihren prächtigen geblümten halbseidenen Rock glatt. — „Es ist aber auch ein Vergnügen, mit einem guten Hausirer zu hausiren. Dann geht man mit einander durch die Straßen, man erzählt einander, was in der letzten Bierhalle beim Handel vorgefallen ist, man stellt sich vor das Stacket des nächsten Gartens und mustert die Gäste, und vertheilt sie mitsammen; denn man kennt es Jedem an, ob er einen Hosenträger oder eine Parfüm=flasche braucht, je nachdem er ein guter Gesell oder ein galanter Strizi ist. Das erleichtert so das Herz, wenn man mit einander rathen und schelten kann. Und Ihr Vater, Herr Karl, ist ein Hausirer aus dem ff! Seine Frau, Ihre Mutter, ist eine brave Frau, ich hab' sie gern und acht' sie in ihrer Art — aber — sie paßt nicht für ihn! Sie versteh'n mich? Ja, ich mach' sogar keinen Hehl d'raus, hätten ich und Ihr Vater, Herr Karl, uns zehn Jahre früher kennen gelernt, kein Anderer wär' mein Zweiter geworden. So aber . . . war er schon verheirathet — und so ist er mein bester Freund geworden. Und daß die Frau Mutter das einsieht, und daß sie niemals eifersüchtig war, weil sie mich als eine ehrliche und brave Wittfrau kennt, das schätze ich an ihr. Aber Sie haben mir Etwas zu sagen gehabt, Herr Karl. Jetzt müssen Sie geschwind reden, denn die Gäste kommen schon bald überall zum Gabelfrühstück hin."

Der große hübsche Geselle war stets nett angezogen, heute aber mit besonderer Sorgfalt. Er trug einen Sammtrock mit einer rothen Blume im Knopfloch, eine weiße Hose, eine hübsche gestreifte Halsbinde, und hatte sein schwarzes Haar heftig nach vorne gestriegelt mit ungarischer Pomade. Sein keimendes Schnurbärtchen selbst zeigte zwei dünne Spitzen in den hübschgeformten Mundwinkeln. Er hatte stets rothbraune Backen auf seinem männlich=gebräunten Teint. Aber jetzt war sein ganzes Gesicht gleichsam tief erröthend oder vielmehr erbraunend.

— „Ich — möchte . . . Ich hätte . . .“
— „Na?“
— „Sie sind eine gute Freundin von uns, nicht wahr, Frau Gefälligerin?“
— „Natürlich — und?“
— „Na also, ich hätte so gern von Fräulein Marie geredet. Ich . . . ich werde in acht Tagen Meister. Das Geld ist beisammen, das Meisterstück ist fertig, der Meisterbrief ist aufgesetzt, und — und“ — Der hübsche riesengroße Bursche hatte rasch, hastig geredet. Jetzt endete er mit einem versöhnenden Lächeln. Und drehte wieder seinen Hut, und machte wieder einen Schritt zurück.

Die Gefälligerin stand da, ihre drallen Arme über den Korb gelegt, leise mit dem Kopfe nickend, und den jungen Mann mit traurigen Blicken anschauend. Endlich sagte sie mit einem herzlichen Seufzer: — „Trösten Sie sich, Karl. Es — es thut mir so leid um Euch!“

Der große Karl wurde jetzt sehr blaß. — „Leid! — Aber . . . also!“

Die Hausirerin löste ihre Arme vom Korbe, trat auf ihn zu, und legte ihre breite Hand auf seinen Arm. — „Karl, nichts für ungut. Aber aus der Geschicht' kann nichts werden. Ich bin Euch eine gute Freundin, das wißt Ihr. Weiß Gott, ich gäb' was d'rum, wenn unsere zwei Familien so in einander kämen und mein Enkerl und das Enkerl eures Vaters ein tüchtiger Kerl werden könnte: ein Hausirer, der unser Geschäft vereinigen möcht'. Aber das ginge nicht. Ihr seid ja aus der Art geschlagen. Ein Handwerker. Na, mich geht's nichts an. Ihr habt das halt von Eurer Mutter, und ich hab' kein Leid davon, nur Euer Vater. Aber kurz, ein Handwerker seid ihr einmal, und ein Handwerker kriegt einmal meine Tochter nicht, und wenn er auch noch so brav ist. Denn ich will nichts Fremdes in meinem Haus, in meiner Familie. Ich hab' schon lange Zeit her bemerkt, daß Ihr meine Tochter Marie gerne habt, und sie ist auch freundlich und herzlich zu Euch. Ich hab' auch.

gewußt, daß es einmal zu der heutigen Frage kommen wird. Und d'rum hab' ich mir auch meine Antwort schon im Voraus eingerichtet. Herr Karl, nichts für ungut, Ihr seid's ein braver Bursch', aber meine Tochter bekommt's Ihr niemals, so lang ich die Augen offen hab'."

Der große junge Mann wurde jetzt so braunblaß, als es ihm nur möglich war, seine rauhe Arbeiterhand zitterte leicht, wie sie den Hut um und um drehte. — „Frau Gefälligerin!" — sagte er mit zitternden Lippen. Dann strich er sich den Schatten des künftigen Schnurbärtchens, um diese Lippen wieder fester zu machen. Dann sagte er: — „Weil ich ein Handwerker bin?"

— „Ja, Herr Karl."

— „Ein Handwerker ist Ihnen also zu schlecht, Frau Nachbarin? Ich bin Tischler, werde jetzt Meister, kann mein Weib ernähren und werde gleich anfangs einen Gesellen und zwei Lehrbuben haben. Meine Werkstatt wird im Freihaus hier sein. Wir wären ganz in der Nähe. Und was Ihre Juxbazarhütte im Prater betrifft, so könnt' ja die Marie für's Erste drin sitzen bleiben. Ich bin ein ehrlicher Mensch, Frau Nachbarin, und ich hab' die Marie so herzlich gern! — Ein Handwerker ist also in Ihren Augen ein schlechter Kerl?"

Die stattliche Frau richtete sich ihr Korbband wieder zurecht, strich sich über ihre glänzenden Scheiteln und schüttelte ernst den Kopf. — „Der Handwerker ist aller Ehren werth, aber — er ist kein Hausirer. Der Handwerker gehört doch immer zum Volk, und der Hausirer, Herr Karl, der ist ein freier Mensch, er gehört schon zu den Fabrikanten, er ist eine Art Banquier, kurz, er gehört doch schon den höheren Ständen an. Und der höhere Stand und der Handwerkerstand sollen sich nie vermischen. Das bringt immer Unglück und Unfrieden. Was ist z. B. der Rothschild Anderes als ein Hausirer mit Wechseln? Baron Erlangen hausirt mit Losen! Und dann die Künstler! sind sie nicht alle Hausirer? Die Gallmayer, unsere größte Künstlerin, geht hausiren von Stadt zu Stadt mit ihren Rollen. Der Schriftsteller hausirt mit seinen Recensionen von Redaktion zu Redaktion, bis er wo unterkommt. Der Maler hausirt mit seinen Bildern von Ausstellung zu Ausstellung, bis er sie anbringt. Und ich hausire mit meiner feinen, echten Waare von Hôtel zu Hôtel. Das nennt man die „große Welt". Der Handwerker? Das ist eine ganz andere Race. Bedenken Sie, Herr Karl, meine älteste Tochter ist Künstlerin; sie ist eine Bartfrau. Die Marie sitzt in meinem Jurbazar, wo man für zehn Kreuzer ein Los kriegt und eine feine Toilettesache gewinnt. Wenn wir Abends zusammenkommen, reden wir davon, was für Glück wir den Tag über gehabt haben. Oft bringen wir den ganzen Sack voll Geld nach Haus, wenn viel Leute da waren, und ein paar lustige reiche, junge Herren drunter. Aber beim Handwerker! Da kommt kein Glück vor! Das geht kreuzerweis' Tag für Tag weiter. Die ganze Woche über hat man keinen frischen Athemzug und macht keine Bewegung. Die Männer werden vom Hobeln taub, und die Weiber vom Flicken bucklig. Und dann heißt's immer: O je, so ein Tischler, so ein Schlosser! — Mit einem Wort, Herr Karl, ich will meine Tochter nicht unter ihren Stand heirathen lassen. Gott sei Dank, ich hab' ein hübsches Vermögen und als Jux-Bazar-Fräulein kann meine Marie einen Grafen kriegen, wenn's b'rauf ankommt. Und so ist's, und dabei bleibt's. Alle Achtung sonst vor ihrem Stand. Herrgott, was wär's denn, wenn Sie nicht so aus der Art geschlagen und ihrer Mutter nachgerathen wären. Da schau'n Sie sich einmal an! sieben Schuh! U e b e r sieben Schuh! Sie könnten als schwedischer Riese ihr Glück machen, und in einem Jahr von der Reise zwanzigtausend Gulden mitbringen. W a r u m sind Sie nicht ein Künstler geworden? — Na, jetzt Adieu. Nein, reden's mir nichts mehr. Mein Entschluß steht fest. Werden Sie Hausirer wie Ihr Vater, oder werden Sie Riese, dann kommen Sie wieder. Dabei bleibt's." — Die stattliche Hausirerin nahm dann ihren Korb auf, rückte kokett ihr Spitzenhäubchen zurecht über den glatten schwarzen Scheiteln, und klopfte an die Thüre des innern Zimmers. — „Ich geh', Mädeln! Macht Euch bald fertig, und nehmt die Tramway in den Prater. Heute wird's schon um Mittag voll werden unten. Adieu, Herr Karl."

Und damit ging sie fort. Der junge Tischler ging mit ihr über das Vorhaus und suchte noch zu sprechen, aber sie grüßte nur kurz und verschwand auf der Treppe. Der junge Mensch blieb wie vernichtet stehen am Vorhausfenster, neben einer Hühnersteige, und starrte in den baumbepflanzten schmutzigen Hof hinab. Da öffnete sich die Thüre der

Wohnung der Frau Gefälligerin, und die Marie steckte ihren Kopf heraus, und rief: — „Karl! Du Karl!"

Der große Tischler machte nur einen einzigen großen Schritt bis zur Thüre und in die Wohnung zurück.

— „Marie!" — rief er, und die Augen wurden ihm naß, und seine Stimme zitterte. — „Was sagst Du denn dazu, Marie?"

Die Marie, eine hübsche liebe Blondine in einem grellgrünen Seidenkleid mit einem grellrothen Ueberschooß, legte ihr Gesicht an seine breite Brust, und fing an bitterlich zu weinen. — „O Gott, Karl, ich geh' durch, wenn ich Dich nicht haben soll! Die Mutter ist aber nicht zu erweichen! — Ich bitt' dich, vielleicht könntest Du doch ein Riese werden! Nicht? Ich kränke mich sonst zu Tod'!"

— „Aber ein Riese! Geh', Marie, mach' mir das Herz nicht schwer!"

— „Also ein Hausirer!"

— „Ich bin und bleib' ein Tischler! Schau, ich hab' halt für nichts Anderes Sinn, als für ein sicheres ordentliches Handwerk! Glaubst Du denn, mir bricht das Herz nicht auch, wenn ich Dich nicht krieg'? — Aber Deine Mutter m u ß nachgeben!"

— „Sie wird nicht!"

— „Dann . . . Maritscherl! Dann heirathen wir halt mit Gewalt! Sie wird dann schon gut werden. Geh', möchtest Du denn nicht auch eine brave Tischlersfrau werden? Oder gefallen Dir Deine seidenen Sachen so sehr?"

— „O Gott, nein, lieber, lieber Karl! Mir gefällt auf der ganzen Welt nichts so sehr wie Du! — Denk' Dir nur, den ganzen Tag muß ich da in der Buden sitzen, und das Losrad umdrehen und Notizbücher und Tabaksdosen ausliefern. Ich möcht' viel, viel lieber kochen, und dann nähen, und dann . . . Vor Allem, Karl, sind mir die Strizi schrecklich, die auch ein Los nehmen. Die sagen mir dabei immer eine Eloge, und haben alle einen Rausch. Aber die Mutter hält so eine Bazarhütte doch für nobel! Da schau her, das Seidenkleid, den Lockenschopf da, die goldenen Armbänder und die Ringe, das Alles möcht' ich gern, aber so gern im Kasten liegen lassen, wenn ich nur kochen dürft' — für Dich. Ich koch' so gern. Und dann näh' ich so für mein Leben gern! Und am meisten hab' ich Dich gern! Jetzt ist aber Alles aus!"

— Und die Marie schluchzte wieder so bitterlich, daß alle ihre Seiden=
falbeln leise aufrauschten wie ein stiller Gebirgsregen. Der kolossale
junge Tischler seufzte verzweifelt, fuhr sich mit den Händen durch die
glänzenden Sechsundsechziger an den Schläfen, und küßte dann in der
Verzweiflung sein weinendes Mädchen drei=, vier=, sechsmal auf alle
Gesichtsstellen, welche die verhüllenden Hände freiließen.

Die ältere Schwester, die „Bartfrau" kam dazu. Sie war eben=
falls in grelle Seide gekleidet. Sie trug einen dichten Schleier vor
dem Gesichte.

Sie hatte, während sie sich zum Ausgehen ankleidete, ebenfalls
Alles mit angehört im Schlafzimmer. Jetzt trat sie heraus, indem sie sich
die Handschuhe zuknöpfte. — „Geht, Kinder! Seid nicht so traurig," —
sagte sie unter dem Schleier hervor. Sie hatte eine müde, halbklagende
Weise zu sprechen, dieselbe, welche sie in der Praterbude annahm, wenn
sie von sich erzählte: „Ich bin die einzige von sechs Geschwistern, welche
so unglücklich war, einen Bart zu bekommen. Ich bin in Straßburg
geboren und heiße Donna Cervolate . . ."

— „Geht, Kinder, seid nicht so traurig," — sagte sie. — „Es ist nun
einmal nicht anders im Leben. Die Mutter wird nie nachgeben. Und
am Ende sind wir doch Alle dazu gezwungen, unser Schicksal zu ertra=
gen. Glaubt Ihr denn, daß es mir Spaß macht eine Bartfrau zu sein?
Wie oft habe ich als kleines Mädel darüber geweint. Jetzt bin
ich's aber schon so gewöhnt, daß ich glaube, ich könnte gar nicht mehr
leben ohne das „Angeschautwerden".

— „Das Angeschautwerden!" — sagte der große Tischler. — „Was
für ein Gefühl macht Einem denn das? Wenn mich Leute anschauen
möchten, die dafür zahlen, ich glaube, das — das müßte zum Ausder=
hautfahren sein! Es — es muß kitzeln. Nicht?"

Die verschleierte Bartfrau hatte die Handschuhe zugeknöpft, strich
sich jetzt die Seidenrobe glatt, und sah wirklich vollkommen distinguirt
aus, wie sie sagte: — „Kitzeln? Ich glaube das ist der beste Ausdruck.
Zuerst thut es fast weh. Dann wird man abgehärtet, und man fühlt's
nicht mehr. Und endlich werden die Nerven so daran gewöhnt, daß man
ohne diesen Kitzel gar nicht mehr leben kann. Es ist eine seltsame Sache
um das Angeschautwerden. Probiren Sie's nur einmal als Riese, Herr

Karl. Aber jetzt, Marie, schnell, mache daß wir auf die Tramway und in den Prater kommen. Adieu, Herr Karl. Trösten Sie sich. Und — bitte schön, fragen Sie Ihre Frau Mutter, ob meine Kleine heute wieder bei ihr bleiben darf — ja?"

* * *

Die Sonntagsstunden schritten weiter über Wien, wie Lämmerwolken über den Stephansthurm hinziehen. Die beiden Schwestern fuhren in's Geschäft in den Prater hinab. Die stattliche Mutter hatte mit Herrn Federberg ihre Hausirgänge angetreten gegen Kummers Bierhalle hin, um des Abends ebenfalls mit dem Prater zu schließen. Der große Tischler ging zu seiner Mutter zurück, welche sich ein wenig an's Privat-Blumenmachen gemacht hatte (Sonntags arbeitete sie daheim auf eigene Rechnung), und klagte ihr sein Leid. — „Und ich kann nicht leben ohne das Mädel!" — jammerte er der kleinen Mutter vor, und stützte seinen hübschen Kopf in die großen Hände. — „Soll ich denn Hausirer werden, Mutter, jetzt wo ich Meister werden kann?"

Die kleine Frau legte geduldig wieder ihre Blumen hin, stand auf (sie war jetzt gerade so hoch wie ihr Sohn) und legte ihre schmalen Hände auf seine dunklen dichten Haare. — „Na, na, Karl, sei ruhig. Hausirer werde keiner. Denn Du bist ein so geschickter Tischler, und taugst nicht für das Geschäft Deines Vaters. Und was die Marie anbetrifft, da wird vielleicht der liebe Gott helfen!"

— „Hat er Dir schon einmal geholfen, wenn Dir das Herz recht weh gethan hat, Mutter?" — fragte der junge Mann unwirsch, ohne seinen Kopf zu heben.

Die kleine Frau schwieg einen Augenblick. Aber der Sohn fühlte ihre sanfte Hand noch immer auf seinem Haupte. — „Ja, Karl," — sagte sie dann. — „Der liebe Gott hat zwar kein Wunder gethan für mich, aber schon das Vertrauen auf seine Hilfe hat mir das Herz demüthig und ergeben gemacht, und **das** ist ja doch die beste Hilfe! Aber jetzt geh' spaziren, damit Dir freier wird im Sinn!"

* * *

Der Sonntag verging, wie alle schönen Sonntage vergehen in Wien. Wien war nicht in Wien, sondern „draußen". Dornbach, Döbling, Mauer, Mödling, der Prater und der Augarten, der Rasumoffskipark und Schönbrunn wimmelten von Spaziergängern. Die Arbeiterinen trugen rauschende gestärkte Kleider und die Jüdinen rauschende grelle Seidenroben; so rauschte und rieselte es überall in Flur und Wald. Zwischen dunklen Föhrenbäumen blitzten grelle Strizikravaten durch, und auf grünen Hügeln kreischten kleine Lerchenfelder Kindlein französisch. Keine Hauptstadt hat eine so wundervolle romantische Umgebung wie Wien, das ist statistisch bewiesen.

Alle diese zahllosen Spaziergeher hatten gegen den Abend hin immer lachendere und frischere Gesichter. Der Wiener taucht seinen Sonntag stets in Wein, wie man sein Frühstückskipfel in Kaffee taucht.

Im Sonnenuntergange wird das Gewühl noch lebhafter. Viele strömen erst hinaus, Viele strömen schon herein. Ermüdete und angeheiterte, trunkene und luftdurstige Gesichter kreuzen sich da im seltsamen Durcheinander. Die Hausirer aber tummeln sich durch diese Schaaren unermüdet und unermüdlich. Sie alle haben heute brillante Geschäfte gemacht. Der Bildermann hat sogar seinen „Napoleon" angebracht und seine „Venetianische Gondel", die man bekanntlich nicht mehr umsonst haben will. Der Godschewer hat keine Sardinenbüchse mehr, und die Seifenfrau muß gestehen, daß ihr heute schon alle Zahnbürsten ausgegangen sind. Sogar der Sockenmann hat Geschäfte gemacht, und der Brillenhändler hat in Mödling draußen wirklich ein Fernglas angebracht und in Dornbach sogar ein Mikroskop bei einem insektengeplagten Villenbesitzer.

Der Sonntagabend sinkt tiefer und tiefer, die Sonne kritzelt noch einige grelle Hieroglyphen in die allerhöchsten Scheiben der Ringstraßen-Zinsmausoleen, und verschwindet dann — oder schrumpft vielmehr zusammen zu einem dünnen orangefarbenen Streifen, der von den Dachfirsten aus jählings, wie ein Floh, auf die westlichen Bergkuppen hinüberhüpft. Die Dämmerung entfaltet ihre schwärzlichen Schleier und läßt sie gleich alterswelken Trauerspitzen an den Häusern und Bäumen hinabrinnen. Das größte Gedränge herrscht im Prater: von unzähligen Heimkehrenden und vielen späten Hinausströmenden. Es herrscht nun da ein ganz anderes Leben wie bei Tage. Man hört kein Kinderlachen mehr, desto häufiger aber ein lautes unverschämtes Lied. Die Hauptalleen sind erleuchtet. Zwischen den Gebüschen aber flattern unheimliche Nachtfalter durcheinander, und gefährliche Raubvögel mit Katzenaugen und blitzschnellem Elsterschnabel nach Goldketten oder Börsen.

Endlich ist der Mond hell und leuchtend geworden am herrlichen dunkelblauen Sommerhimmel. Er zerreißt die Dämmerschleier nicht ganz, er durchsilbert sie nur an den Bäumen hinab und das Wiesengrün hindurch.

In einem lauten Praterwirthshause, wo der Tischler Karl sein Abendbier getrunken hat, hat er auch zwei Nachbarn seiner Eltern aus dem Freihause getroffen, zwei Hausirer, italienische Matrosen.

Es sind zwei Brüder. Echte Kinder der See, von frühester Jugend auf schon dem Meere anheimgegeben mit allen seinen Stürmen und Gefahren. Der Vater der Beiden war ein reicher gelehrter venetianischer Hausbesitzer gewesen. Er war durch unglückliche Spekulationen verarmt und seine beiden Söhne waren dort und dahin auf's weite Meer geschleudert worden als Schiffsratten, Schiffsjungen und endlich Matrosen. Als sich die beiden Brüder nach Jahren in Triest wieder zusammenfanden, sprach der Eine fast ausschließlich nur englisch, und der Andere fast nur französisch: der Eine hatte eben bis zu seinem zwanzigsten Jahre in den Häfen der vereinigten Staaten gekreuzt, und der Aeltere in den Häfen der Philippinen.

Sie waren Nachbarn der Familie Federberg im Freihause. Sie waren hier in Wien ebenfalls Hausirer geworden, obwohl sie noch immer die Seemannstracht trugen. Der ältere Marineur hatte von China und Japan und Indien viele seltsame Waaren mitgebracht, die er jetzt mit großem Nutzen in Wien verhandelte: feine, spinnwebendünne Sacktücher aus Bombay, die in einer Nuß Platz hatten, und die zwei starke Männer mit Anwendung all ihrer Kräfte nicht zerreißen konnten, denn sie waren fest wie aus Demantfäden gesponnen, wahre Märchentücher. Ferner hatte er Seidenstücke aus Hongkong und goldgestickte Teppiche aus Yeddo. Und mit diesen Sachen hausirte Pietro Wanko in Wien. Er ist eine allgemein bekannte Persönlichkeit. Er geht nur in die Paläste der adeligen Damen, die sich um seine indischen und japanesischen Stoffe beinahe raufen. Er ist klein, aber wunderschön, braun, mit feurigem Auge, gekraustem Haar, und mit dem Benehmen eines echten Gentlemans. Die Matrosenkleidung steht ihm reizend, und er liebt es eine rothe Camelie oder eine dunkle Nelke in seinem Knopfloch zu tragen — aber es muß das Geschenk einer Dame sein. Und die Damen schenken ihm gern alle Blumen, die sie nur im Bereiche ihrer Hand finden. Seine Taschen sind mit kleinen parfümirten, zierlich beschriebenen Billeten gefüllt, welche, mit neunzackigen Kronen geschmückt, süße Einladungen zum „Seidenhandel" in den verschiedenen Palästen der Residenz, ja selbst bis hinaus nach den Villen=Orten enthalten. Der schöne Seiden=Hausirer lächelt auch stets verschmitzt, wenn er einen hohen Adelsnamen nennt. Er kennt alle Damen der österreichischen Aristokratie genau. Und man begreift das, wenn man sieht, wie er sich durch sein prächtig gelocktes Haar fährt, das Schnurbärtchen streicht, das blühendweiße gestickte Hemd zurechtzupft und den weißbeborteten malerischen Steuermannskragen ordnet. Er hausirt eben so viel mit seiner Liebe wie mit seinen indischen Tüchern. Er spricht am besten französisch und köstlich zischelnd deutsch. Er ist mit dem großen Tischler auf dem Heimwege von dem Prater. Sie schreiten an den Hütten vorbei, wo ein Mohr mit heiserer Stimme die Bartfrau ausschreit, und der Tischler wirft einen traurigen Blick auf die gasbeleuchtete Zehnkreuzer=Gewinnstbude, wo seine Marie im schillernden Seidenkleide unermüdlich das Losrad dreht. Sie gehen dann weiter den Eisenbahnbrücken zu, welche den Ausgang des Praters bilden. Der Marinajo erzählt und plappert tausend Sachen in einem Athem. Unter den großen Bäumen des Eingangs, welche man noch verschont hat, bleibt der Tischler stehen, vertieft sich ein wenig zu den im hohen Grase stehenden dunkleren Baumgruppen, und lehnt dort sein Gesicht in seine Hände. — „Ich kann mir nicht helfen, Pietro," — sagt er. — „Aber mir ist das Herz wie zum Zerspringen. Ich weiß nicht, was ich thun soll! Wenn ich sie so lieb und gut sehe, so meine ich, ich kann nicht leben ohne sie, und als ob ich ihr zu Liebe doch Hausirer werden müßt! Wenn also diese Seiltänzer, Wundermänner und Ringelspiele um mich herum musiziren und sich prahlen, kommt mir die ganze

Geschichte fast leicht vor, aber daheim ist mir wieder, als könnte ich nimmer lassen vom Hobel und von meinem ehrlichen Gewerb!"

Der Matrose lehnte sich an einen Baum ihm gegenüber; er sprach stets in der leichten, lächelnden Art der Franzosen, die man nur mit den Cancanbewegungen vergleichen kann, und dabei radebrechte er die deutsche Sprache auf köstliche Weise. Er nutschte gleichsam an jedem kräftigen Buchstaben wie an einem Bonbon. Er stand mit den Füßen im hohen, überquellenden Grase der verschonten Praterwiese; er lehnte am Baume mit seiner schlanken graziösen Gestalt, und das Mondlicht rieselte an ihm herunter und beleuchtete voll sein hübsches wettergebräuntes Gesicht und blitzte momentan weiß auf in seinen Augen, wie er sprach: — „Aber jawohl! Du wirst niemals bringen die Frau Gefälligerin zu einer andern Ansicht. Denn siehst Du, ich weiß sehr gut, wie ist zu Muth dem Hausirer, und daß es für ihn nichts gibt Stolzeres und Schöneres auf dem ganzen Lande. Ich als Marineur weiß das. Das ganze Leben geht da wie in einem Sturm. Jeder Tag, jede Stunde ist anders. Man lebt nur von einer Minute auf die andere. Man hat keine Gelder in der Sparkasse liegen; man hat nur sein Packet Waare unter dem Arm. Aber vielleicht wird es heute regnen, vielleicht machen alle Herren Bankerott heute, und ich mache keinen Handel, ich muß also hungern. Ich muß Wasser trinken an einem Brunnen und dann in die unterirdischen Garküchen hinunterriechen. So ist es heute. Und dafür morgen vielleicht mache ich ein Geschäft von siebzig Gulden, oder eine Gräfin will mit mir plaudern. O, da ist dann jour de bombanco! Ich bin dann so reich, daß ich daran denke, einen Bedienten zu nehmen. Jeder Tag anders! Immer das Schlimmste fürchten müssen, und immer das Reichlichste hoffen, das ist wirklich leben! — Lieber Tischler-Karl, wenn ich nicht hausiren möchte, ich könnte es nicht aushalten auf dem Lande. Aber als Hausirer bin ich immer im Sturme in meinem Lebensbrod, zwischen den chants und bas, und das — das ist so das Echte im Leben, wenn man mit den beiden Beinen immer muß suchen zu erhalten das Gleichgewicht! . . Und das ist auf dem Land nur möglich als Hausirer. Für den Hausirer ist die feste Erde immer eine See, voll Sturm und Falschheit und Ueberraschung zum Guten oder zum Bösen!"

Der Marineur schwieg, fischte aus seinem blauen Tuchhemde eine Handvoll Cigaretten, und bot sie dem Tischler an.

Der schüttelte nur den Kopf, kreuzte die Arme und schaute dann mit seinem lieben traurigen Gesichte zum mondbeglänzten Himmel auf, der zwischen dem hohen Baumgeblätter so beruhigend und licht herniederleuchtete. — „Nein!" — sagte er heftig. — „Und ich kann's doch nicht! Ich kann nichts anders sein als ein Handwerker. Ich versteh' das Leben auf den Zufall hin nicht. Ich glaub', ich könnt' da keine Nacht hindurch auch nur ein Aug' zumachen! Die Späße von den Herren, oder die Lieb' von den adeligen Damen, nichts für ungut, Pietro, aber ich glaub', ich müßt' da grob werden! — Ich kann mir das Leben nur denken, wenn es einen Zweck hat für Jahre hinaus, und nicht nur für morgen. Ich muß wissen, was ich geschaffen habe. Und wenn ich einmal sterbe, will ich etwas geschaffen haben: einen schönen Kasten, einen schönen Tisch, eine Wiege vielleicht. Wenn ich todt bin, soll man wenigstens noch drei Monate lang davon reden: Das war ein fleißiger, ein geschickter Handwerker, und manches Stück macht ihm Keiner nach. Aber der Hausirer? Sein Leben besteht nicht darin etwas Gutes, etwas Besseres zu schaffen als die Andern, sondern nur darin, sein Leben von Minute zu Minute weiter zu fristen durch — sei nicht bös', Italiener! — durch Uebervortheilung seines Nächsten. Seine Arbeit besteht darin, das so theuer als möglich zu verkaufen, was er selber billig gekauft hat. Das ist vielleicht kein Betrug — aber es bleibt immer Uebervortheilung. Kann der Hausirer jemals eine Freude und Stolz empfinden über den Fleiß eines Tages? Es kann immer nur die Freude über einen Gelderfolg sein. Und zu dem, zu dem bin ich nicht gemacht. Man muß Freude haben zum Hausiren, sonst ist man dabei der unglücklichste Mensch oder wird ein Lump."

— „Und Dein Vater ist selber einer!"

— „Jawohl. Er kann eben nicht anders. Es ist ihm angeboren, wie anderen Menschen das Seiltanzen — wie mir das Tischlern. Ich seh' es schon, ich werd' recht, recht unglücklich. Aber ich — ich kann meinen Stand nicht verlassen, und wenn ich auch noch so lang warten müßt' auf mein Maritschel."

— „Che va piano, va sano!" — machte der kleine Matrose achselzuckend, steckte die Hände in die Hosentaschen, pfiff einen Cancan und tänzelte in das grelle Mondlicht der Hauptallee hinaus.

Karl folgte mit jenem schweren Herzen, welches die Hoffnungslosigkeit gibt. Und dieses schwere Herz wird durch nichts so sehr erhöht, als wie durch die Fröhlichkeit unserer Umgebung. Und was ist fröhlicher, lauter, jauchzender, als der Ausgang aus dem Prater bei Nachtanfang? Die Kinder sind berauscht von den gesehenen Wundern, die Großen von Wein oder Liebe. Alles schreit und lacht und drängt sich der Stadt zu. Und die Stadt selber ist ein neuer Mißton in das mißtönende Herz. Denn aus jedem Gasthause tönt Lärm, Lachen und Gläsergeklirr. Unter den rothbestreiften Leinwand-Marquisen vor den Kaffeehäusern sitzt ein lustig Volk, welches um so lauter wird, je dunkler die Nacht herabsinkt. Und in den großen Hôtels der inneren Stadt und auf der Ringstraße ist es nicht anders als draußen. Alles ist voll Gäste, voll Frohsinn und Lustigkeit, Streit, Gefräßigkeit, sinnlichen Annäherungen, ehrlichen Räuschen und Champagner-Prahlerei.

In einer der brillantesten Restaurationen der Ringstraße, wo Uhlanenoffiziere, pomadisirte Adelige, Damen in Seidenkleidern und Bankfürsten zu soupiren pflegen, bricht plötzlich spät Nachts ein kleiner esclandor los. Der junge Graf St. Pierre, welcher mit einem Dragoner-Oberlieutenant in Civil und mit einer französischen Cousine an einem Seitentische in einer tiefen Fensternische soupirte, ist bestohlen worden. Man hat ihm seine prachtvolle, mit Diamanten besetzte Uhr gestohlen, mit der allerfeinsten Kette und mit einem Anhängsel aus den unschätzbarsten schwarzen Perlen gebildet. Das Ganze war ein Verlust von vielen tausend Gulden. Die schwarzen Perlen allein waren kaum mit Ziffern zu schätzen, wie sämmtliche Juweliere Wiens bestätigten.

Der Graf von St. Pierre hatte die Brillantenuhr und die Kette noch gehabt beim Beginn des fröhlichen Soupers. Niemand hatte sich der kleinen Gesellschaft genäht außer den Garçons. Von diesen aber konnte Keiner der Thäter sein, da sie sich nur so lange aufgehalten hatten, als es eben an Zeit bedarf, um ein gebackenes Huhn oder eine Flasche Wein auf den Tisch zu setzen. Die Gesellschaft selber bestand blos aus „guten Freunden": einem quittirten Offizier, einer französischen

Cousine. Wer konnte also den frechen Diebstahl begangen haben? — Den ganzen Abend hindurch waren nur noch drei Leute dem Tische nahe gekommen: eine elegante stattliche Parfüm= und Knopfgarnitur=Händlerin, dann ein armer Blinder mit einer Spielschatulle, den ein Kind von fünf Jahren führte. Nur eines dieser Beiden konnte der Thäter sein.

Sobald die Entdeckung gemacht war, entstand allsogleich ein großer Lärm im ganzen Lokale. Alles rief und fragte durcheinander. Die Kellner schoben hin und her. Der Herr des Lokales erschien. Man rief den nächsten Sicherheitsmann herbei. Der Graf war außer sich. Die Uhr war nicht nur Tausende werth, sie war auch ein Familienstück. Er fluchte auf die Hausirer. Seit seiner Désillusion mit der adeligen Sträußchen=Italienerin, war er ohnedies empört gegen sie. Man fahndete sogleich gegen alle Hausirer, die den Abend über das Lokal besucht hatten. Einen Siegellackmann fand man noch in der Schwemme sitzen.

Und die stattliche Parfüm= und Knöpfefrau entdeckte man noch glücklich in dem benachbarten Cavalier=Kaffeehause. Der arme Blinde aber war verschwunden. Der Siegellackmann, welcher Herrjeses hieß, und die Seifenfrau, welche die Frau Gefälligerin war, wurden noch in derselben Nachtstunde durch Sicherheitsmänner auf das Wachbureau geführt und verhört. Auch der Graf von St. Pierre mit seiner französischen Cousine und seinem quittirten Freunde, sowie der Zahlkellner des Hôtels erschienen dort, um ihre Aussagen zu machen. Alle drei schimpften und lachten abwechselnd. Der Siegellackmann wurde ohnmächtig, wie man ihn vorführte. Es stellte sich heraus, daß es ein ehrlicher Mann, vom Unglück verfolgt, der diesen Handel als den letzten Nothzweig ergriffen hatte, nachdem er seinen Gläubigern den letzten Heller gegeben hatte. Die stattliche Parfüm= und Knopf=Hausirerin war vor Gericht stärker als je. Ihre Stimme dröhnte barsch. Sie stemmte beide Arme in die Seiten, aber sie war merkwürdig blaß und nur auf ihrer Stirne zeigte sich manchmal eine flammende Röthe. Sie war sichtlich auf's Höchste erregt. So oft ein Sicherheitsmann den Fuß wechselte beim Stehen, machte sie eine höchst verdächtige Handbewegung. Sie sagte, daß sie schon seit ihrer Jugend die Hausirerei betrieben habe, daß sie als Zündhölzchen=Mädchen begann, dann mit der Zeit so reich geworden sei, daß sie heute schon zwei Praterhütten gepachtet habe für ihre beiden Töchter, und daß sie in Unterhandlung sei mit der Baugesellschaft um ein großes Zinshaus für die Weltausstellung. — „Und ich, ich sollte ..! Ich, die ich das ganze Graferl auskaufen will! ..“ — rief sie empört.

Der Polizeicommissär aber hielt sich der wüthenden Frau gegenüber einfach an die Prämissen der Situation. — „Liebe Frau, Sie können so reich sein, wie Sie wollen. Sie sind aber eben n u r eine Hausirerin.“

— „N u r eine ...! Was soll das heißen?“

— „Das heißt, Sie sind Eine von den Frauen, welche Hendeln ausspielen, wo die gewinnende Nummer im Sacke stets fehlt, die Seifen verkaufen und dabei Sacktücher mitgehen lassen. Wenn Sie wirklich so reich sind, daß Sie das Hausiren nicht nöthig haben, so wird die Sache nur noch verdächtiger. Ihr Collega, der Blinde mit der Spielorgel ...“

— „Mein Collega?“ — entsetzte sich die Frau Gefälligerin. — „Wer sagt Ihnen denn, daß das mein Collega ist ... ein Bettler ..!“

— „Nicht doch!“ — antwortete der Commissär. — „Ein Hausirer mit Musik. Also dieser Ihr Collega war mit Ihnen fast zugleich an dem Tische. Es ist ein armer blinder Mann, der sich fast nicht rühren kann. Man hat ihn nicht gefunden. Von dem Siegellackhausirer ist bewiesen, daß er sich dem Tische gar nicht genaht hat. Also bleiben nur Sie übrig. Sie haben dort lange geschachert, und sich an die verschiedenen Gäste gedrängt, bis man Ihnen abgekauft hat.“

— „Aber ... aber!“ — rief die Hausirerin, tiefroth im Gesichte und beide Hände zusammenschlagend in höchster Erregung. — „Ich! Und eine Uhr stehlen! Ich hab' ja so viel Geld, daß ich um ein Haus unterhandle. Verstehen's mich denn nicht, Herr Commissär? Jesus Maria, ich schenk' ja dem Grafen' so viel, was die Uhr werth ist, nur um Gottes Christi willen thun's mir die Schand' nicht an, mich da zu behalten. Herrgott von Mannheim, das könnt' ich nicht überleben! Ich ... ich ...“

Der Commissär zuckte mit den Achseln und kritzelte weiter im Protokoll. — „Ja, da kann ich nicht helfen. Sie sind halt ebenso gut eine Hausirerin, wie der Siegellackschacherer und der blinde Bettler mit der Musik. Und nur Sie und der Bettler waren am Tische, und ...

Aber ich will Ihnen was sagen, Madame. Ich kenne sie dem Namen nach, weil ich auch im Freihaus wohne. Ich will Sie also nach Hause gehen lassen. Sie haben Geld genug, um heut' noch eine Caution von 500 Gulden zu erlegen. Im Uebrigen sind Sie aber in den nächsten Tagen verpflichtet, zu Hause zu bleiben und auf jeden Ruf von uns zu erscheinen. Verstanden?!"

Die Gefälligerin nickte nur. Dann sagte sie mit würgender fremder Stimme zu dem Sicherheitsmanne, der sie begleitete. — „Gehen Sie h i n t e r mir, Herr Müller." — Nahm ihren Korb auf und wankte aus der Kanzlei, so, als ob sie in einer Stunde um dreißig Jahre gealtert wäre.

* * *

Die Affaire der Frau Gefälligerin machte nicht nur im Freihause, sondern auch in allen diesbezüglichen Kreisen das enormste Aufsehen. Sie war zwar auf freien Fuß gesetzt, und kein Mensch dachte daran, daß sie schuldig sein könne — aber der Fall war doch zu eklatant —! Alle Bekannten strömten zu der Frau, und lobten sie, und betheuerten ihr ihre Freundschaft, und entsetzten sich über die Ungerechtigkeit der Welt; aber viele Bewohner des Freihauses, so wie ärmlichere und neidische Hausirergestalten schauten vom Hofe aus mit giftigen, schadenfrohen, frechen Blicken zu den Fenstern der reichen Handelsfrau auf. Die Hühnerausspielerin sagte im Abendsinken ganz laut zur Bretzenlotteristin, indem sie ihren Säugling (um ihn in den Schlaf zu lullen) mit Vehemenz in die Luft schwang, wobei sie mit dem rechten Fuße den Takt schlug, ohne die Ferse vom Boden zu entfernen, und dabei mit dem ganzen Hinterkörper die heftigsten Taktschwingungen ausführte: „Sie ist natürlich unschuldig. Sie hat's ja, sie kann's ja thun! Während Unsereins, wenn man in Verdacht käme (was die heilige Ranuncula von den sieben Pappelbäumen verhüten möge!), sicher hinter Schloß und Riegel gehalten werden möchte. Na ja, Unsereins könnt' keine Cautia erlegen. — Aber natürlich, wenn man zwei „Menscher" als Töchter hat, und — es is eine Sünd' und eine Schand', pfui, es gibt keine Gerechtigkeit mehr! Die Sicherheitswachmänner sind — sind gerupfte Feldschnepfen! Und ich betritt nie mehr wieder die Schwelle von der

— Bagasch! Eher hau' ich meinen kleinen Hansl da mit dem Kopf um den Eckstein, daß ihm das Gehirn bis nach der Donauregulirung fliegt!" — Und dabei schwang die Frau in ihrer Empörung ihren ahnungslosen unschuldigen Sprößling so vehement in der Luft, daß seine natürlich=rosige Gesichtsfarbe bald in ein entsetzliches Kirschbraun überging.

Wie gesagt. Die Gefälligerin war auf freiem Fuße, aber es lastete wie ein Fluch über der Stätte, wo sie weilte; es war, als ob ein Pestkreuz an ihrer Thüre angeröthelt sei. Man sprach leiser, wenn man im Gange daran vorüberschritt, denn man sprach ja von der „Sache". Und die beiden Töchter der Gefälligerin gingen jetzt dicht verschleiert über die Stiegen. Die Gefälligerin selber aber war ein total verän=dertes Wesen. Sie schaute verwirrt und stumm vor sich hin, als wäre ihr die Welt, ihre ganze Vergangenheit, ihre eigene Seele umgetauscht oder zerfasert oder entlarvt worden. Denn sie sagte einmal: „Mir ist, Kinder, als ob Alles bis jetzt eine Larven getragen hätt', und als ob ich jetzt erst das Gesicht säh'!" — Man versuchte zu lachen und sie zu erheitern. Aber ihre Finger blieben fest in einander gefaltet. „Was!" — sagte sie. — „Ist's denn vielleicht nicht wahr, daß mir ein Prozeß bevorsteht? Daß ich auf der Anklagebank sitzen werd', daß ich in der Zeitung gedruckt sein werd'? Und w a r u m, warum?! Weil ich — eine H a u s i r e r i n bin —!" — Bei dem Worte legte sie sich stets mit dem Gesichte in die verschlungenen Arme und fing an bitterlich zu weinen.

Sie ging nicht mehr hausiren in den nächsten Tagen. Man wollte sie zerstreuen, man brachte ihr den Korb, aber die arme Frau fing da so zu zittern an, daß man ihn schnell wieder forttrug. Der Anblick der Waaren und das Wort Hausirerin hatten bei der guten Frau Gefälli=gerin seit jenem Abende dieselbe Wirkung, wie eine hastig weggezogene Schleuße bei einem Wasserfalle. Der am meisten durch die „Affaire" in Aufregung gekommene Mensch war aber der Krainer Josip Federberg. Er hielt daheim beinahe revolutionäre Reden über die Fehler in der Gesetzgebung, über die Willkür der Beamten, über die Verderbtheit des Adels. Auch er vernachlässigte fast seinen Handel. Sein Korb schwitzte in der Stubenecke, und seine Pomeranzen faulten unbemerkt dahin, Fleck an Fleck reihte sich an den goldig=rothen Schalen. Er besorgte der Ge=fälligerin fast alle ihre Gänge bei Gericht, er suchte ihr den geschick=

testen Advokaten, er konferirte mit diesem Advokaten, dem er als Hauptrefrain der Vertheidigung die Behauptung angab: „Hausirer und Hausirer ist zweierlei!".

— „Ja, Hausirer und Hausirer ist zweierlei!" — demonstrirte er dann daheim bei seiner sanften kleinen Frau, wie sie beim Blumenmachen saß, und er mit großen Schritten im Zimmer auf= und abschritt. — „Das muß man unseren Herren beweisen, da sie es nicht einsehen wollen — da..."

— „Aber Seph!" — sagte seine Frau, und hielt eine Azalea gegen das Licht, um die Stellung der Blätter zu prüfen. — „Das ist Alles gut, aber echauffir' Dich nur nicht so sehr dabei!"

— „Was! Ich mich nicht echauffiren!" — eiferte der Krainer außer sich. — „Du glaubst vielleicht, ich thu's der Gefälligerin wegen? Nein, ich thu's wegen der Ehre von uns Allen! Der ganze Hausirerstand ist hier angegriffen, verdächtigt. Denk' nur, eine so reiche Frau! Und der That für fähig gehalten, blos weil sie eine Hausirerin ist — ! .. Handelt sich's da nicht um den ganzen Stand selber? Und müssen da nicht alle Hausirer in die Höh' gehen?.. Ich..."

Die kleine Frau legte die Azalea in ihren Arbeitskorb, erhob sich in ihrer ruhigen Weise, legte ihre schmale Hand auf seinen Arm, und sagte erst lächelnd, wobei sie ihn so sanft zwang still zu stehen: — „Nein, Seph; ich glaube nicht, daß Du nur der Gefälligerin wegen so erregt bist. Ebenso wenig wie ich's glaube, daß Du sie lieber hast als mich, wie mir's die boshaften Leute früher so gern eingeredet hätten; denn ich kenne Dich. Ich kenne Dein braves, ehrliches Herz, ich liebe Dich, Vater, wie am ersten Tag unserer Ehe. Aber ich glaub', daß Du diese ganze traurige Sach' auch zu etwas Gutem benützen sollst. Du bist ein Hausirer mit Leib und Seel', gerade so wie die — Gefälligerin. Kein anderer Stand war Dir gut genug im Vergleich zu dem Deinigen. Jetzt bist Du so wild und gekränkt und empört, weil Du siehst, daß der Stand um seines Namens willen verdächtigt wird, sogar in seinen ehrlichen Leuten. Das ist wohl traurig; aber denk' jetzt, daß der Handwerkerstand auch ein bissel was werth sein muß. Denn mancher Verklagte ist vorsichtiger gerügt worden, weil er so lange ein braver unbescholtener Handwerksbursch' war, für den ein Bürger eingestanden ist. Und der bravste Hausirer wird strenger beurtheilt, weil er — so viel schlechte Kollegen hat. Dein Stand ist brav und echt wie alle andern, Seph, aber schau, gelt, so ein Fabriksherr, so ein Tischlermeister, so ein fleißiger Stubenhockergesell ist doch auch so viel werth wie ein freier eigener Herr, auf den der Schatten so vieler allzufreier Kollegen fällt?"

* * *

Der große Tischler-Karl war heute in seiner Werkstätte sehr zerstreut, so zerstreut, wie er seit vielen Tagen war. Der Umsturz im Hause der Gefälligerin gab ihm viel zu sorgen, viel zu denken, viel zu grämen. Er kam später zur Arbeit und er ging früher fort; er hatte so viel zu thun im Freihause, so viel zu trösten, denn Fräulein Marie war so untröstlich über die Kränkung ihrer Mutter. Sie hatte ihre Juxbazar-Bude im Prater geschlossen, um daheim bleiben zu können bei der krankhaft niedergeschlagenen Gefälligerin, denn die Bartfrau war durch einen Contrakt an ihren montrour gebunden und mußte nach wie vor im Prater lächeln und ihre Geschichte erzählen. Und merkwürdiger Weise bedurfte Fräulein Marie fast ebenso sehr des Trostes wie ihre Mutter, und den holte sie sich stets im Vorhause des Erdgeschoßes, wo sie zu bestimmten Stunden des Tages den Tischler Karl an der kleinen Seitenhausthüre, welche in das Mühlbach-Gäßchen führt, stehen sah.

Und der Tischler-Karl erschien wirklich dreimal des Tages da, des Morgens, des Vormittags und des Abends. Sein Meister, der ihn lieb hatte als seinen besten Gesellen wie seinen Sohn, und welchem er die ganze Nachbarschaftsaffaire erzählt hatte, ließ ihm auch in diesen aufgeregten Tagen so viel Freiheit als möglich. „Denn die Arbeit geht doch schlecht, wenn man eine unruhige Hand hat." Und so schickte er ihn jetzt zumeist zu Kundschaften, Gelder einzucassiren, Bestellungen abzuholen, Möbelmaße zu nehmen. Und da führten denn alle Wege, ob sie nun in Margrethen oder gegen die Heumarktskaserne oder gegen das Bräundhaus hin lagen, durch das Mühlbachgäßchen. Und dort fand sich stets schon nach einigen Sekunden die Marie ein (welche am Fenster arbeitete, und daheim ein hübsches Hauskleidchen trug, welches ihr tausendmal besser stand als das seidene), und da wurde dann „getröstet".

— „Und wenn wir sie nur trösten könnten! Wenn nur was zu thun wär'!" — meinte der große Karl, und küßte vor Theilnahme die Schläfe des hübschen Mädchens. Der Hausgang war leer.

— „Ach, wegen der Geschichte wegen dem Gericht macht mich noch weniger verzagt, als die Veränderung an der Mutter!" — klagte Marie und zupfte an einem Westenknopfe ihres Trösters. — „Sie sitzt so dahin, wenn sie mir nur nicht krank wird!"

— „Und sie will noch immer nicht hausiren gehn?"

— „Gott bewahre. Sie will ihren Korb gar nicht sehn!"

— „Maritscherl, ist das nicht Hoffnung für uns? Vielleicht ist sie jetzt nicht mehr stolz auf's Hausiren!"

Das hübsche Mädchen wurde sehr roth, wie vor Hoffnung, aber sagte dann rasch schmollend: — „Pfui, das ist garstig, Herr Karl, daß Sie das Unglück meiner Mutter benützen wollen! Glauben Sie denn, man könnte jetzt von so Etwas zu ihr reden, oder ich könnte an mich denken jetzt, wo es sich um sie handelt? — Aber Herr Karl..!"

— „Na, na, ich meinte ja nur — später! Sein Sie nicht böse! Also auf dem Rückweg komm' ich wieder zurück —"

— „Das heißt daher? Ich ... weiß nicht, ob ich so schnell wieder herunter kann. Wo gehen Sie denn hin?"

— „Nur auf die Hauptstraße, bei einer französischen Gräfin — oder was — Möbelmaß nehmen zu einem Himmelbett. Sind Sie noch bös'?"

— „Ist die französische Gräfin hübsch?" — sagte als Antwort das hübsche Mädchen halbängstlich. — „Und dauert das Möbelmaßnehmen lang?"

— „Wenn Du nicht wieder herabkommen kannst, lasse ich mir Zeit!" — sagte der große Bösewicht.

— „Ich komme ja, ich komme ja!" — machte Marie hastig, und wollte zur Stiege zurück. Denn vor der Thüre draußen auf der Gasse hielt eben ein Kartoffelfuhrmann brüllend seinen Gaul an.

— „Ein Pfand darauf!" — rief der Tischler-Karl, und hielt sie fest.

— „Was denn für Eins?" — fragte sie, und schaute rasch in den innern Hof, wo ein kleines Mädchen ihre Puppe in einem Wassertroge badete. Er antwortete nichts. Wenigstens hätten der Fuhrmann sowohl als das Kind beschwören können, daß sie in der nächsten Minute kein Wort reden hörten im Vorhause. Gleich darauf saß Marie wieder bei ihrer Arbeit, und der Tischler-Karl musterte mit einer Visitenkarte in der Hand die Hausnummern der Hauptstraße.

* * *

Da fand er endlich das Haus, den Hof, die Stiege.

Ein reizendes Kammermädchen führte ihn zu Mademoiselle Louise Ranch, der französischen „Gräfin", wie der Hausmeister sie nannte und die Zofe, der französischen „Baronin", wie die Greißlerin und die Parteien sie titulirten; der französischen „Fräula", wie die honette Nachbarschaft sie mit spöttischem Achselzucken nannte.

Mlle Louise Ranch war die Cousine eines Grafen, eines französischen Grafen St. Pierre. Ihr Cousin (welcher vielleicht im feudalen Schlosse ihrer Eltern unter den blühenden Baumgruppen von L'Orme an der Saone erzogen worden war) sorgte für sie wie ein Bruder. Er hielt ihr die Wohnung, er beglich ihre Rechnungen, er leistete ihr stundenlang Gesellschaft — es war rührend. Und sie war so undankbar! Man hatte schon oft belauscht, daß sie mit ihm kreischend zankte, daß sie ihn quälte.

Die Wohnung der Mademoiselle war sehr **hübsch** möblirt, aber sehr **zerfahren**. Man sah, daß die Bewohnerin viel Geld ausgeben durfte, daß sie aber täglich andere Launen habe und gar keinen Geschmack. Die Wohnungen solcher Damen nun haben immer das Aussehen einer reichen Trödelbude; sie sind eine theure Parodie auf ein Zigeunerbivouak.

Das Himmelbett sollte in dem Boudoir Mademoiselles zu stehen kommen, und die hübsche Jungfer (welche ganz darnach aussah, als ob sie ihren Stand baldigst mit dem ihrer Herrin vertauschen und „Mademoiselle" werden wolle) führte den Tischler-Karl in das betreffende Gemach. Das Boudoir war ebenfalls voll bric-à-brac-Möbel. Die langen seidenen Vorhänge paßten nicht zu den Tapeten, und mitten unter blauen Möbeln stand ein grünes Fauteuil, welches der Mademoiselle im Vorübergehen gefallen hatte.

Mademoiselle selber war anwesend. Sie war im Negligé, das heißt sie trug einen langen bunten Schlafrock und hatte das kurze schwarze Haar noch durch keine blonde Perrücke rehauffirt. Ihr Teint jedoch war glycerin-milchweiß und ihre Augen ebenholzschwarz ausgezogen. Sie hatte einen köstlichen Charakterkopf mit funkelnden schwarzen Augen. Sie saß an ihrem Secretär, und kramte in Sammtetuis, welche reiche Schmuckgegenstände enthielten. Sie grüßte den Tischler-Karl zuerst ganz kurz, wie ihr die Zofe den Zweck seines Kommens sagte. Dann aber schien ihr diese Reckengestalt Interesse einzuflößen. Sie nahm ihr Lorgnon zur Hand, musterte ihn zwei- dreimal, wie er an den Wänden Maß nahm, und klopfte dann die verschiedenen Etuis zu, verschloß das Fach, und erhob sich dann um zuzuschauen.

Der Tischler-Karl, welcher beim Eintritte ziemlich dreist und phlegmatisch gewesen war wie sonst, war bei seiner Arbeit merkwürdig erregt. Er war sehr roth im Gesichte, seine großen Hände zitterten leicht, wie er den Stab an die Tapeten hin und her anlegte, und wie plötzlich die Mademoiselle Gräfin neben ihm stand, das goldgefaßte Lorgnon auf ihn gerichtet, da ward er ganz athemlos und konnte kaum antworten.

Die Jungfer Zofe war ganz erstaunt und verblüfft über den Eindruck, den ihre Herrin auf den großen Tischler gemacht hatte. „Sie dürfte, weiß Gott, wie schön sein!" — zischte sie gallig für sich.

Während dem interessirte sich die Mademoiselle Gräfin ungemein für das Maßnehmen, wobei sie den jungen Tischler voll neugieriger Theilnahme schmachtend ansah. Sie sprach schlecht deutsch, aber es war nicht ganz der echte französische Dialekt.

— „Das muffen swer sein, so ausz'messen?" — sprach sie gebrochen lerchenfelderisch.

— „Ja..." — machte der Tischler-Karl, und athmete tief, und legte den Zollstab mit zitternden Händen an einen andern Ort, nachdem er einen scheuen, schüchternen Blick auf die schöne Dame geworfen hatte.

Sie berührte mit ihrer Hand seine Achsel, wie um ihrer Frage Nachdruck zu verleihen: — „Sein Sie volontiers a Tischlerg'sell?"

— „Ich?... Ja..." — sagte der Tischler-Karl wieder recht verlegen und roth, und schaute wieder die schöne Dame an. Er war fast fertig mit seiner Arbeit, und hatte nur noch am Fußboden etwas zu messen. Er kniete daher nieder, und da sie vor ihm stand, so kniete er vor ihr. Seine Haare streiften die Falten ihres türkischen Schlafrocks, welcher süß parfümirt war. Sie schaute lächelnd auf ihn herab und sagte: — „Wie viel söne Haare Sie haben, Herr Tischler. Eine ganze Zottelkopf!"

Der große Karl kicherte verschämt. Dann erhob er sich. Mademoiselle reichte ihm die Hand zum Kusse. Sie sagte, er solle manchmal kommen, um ihr zu sagen, wie weit das Bett schon fertig sei. Er stotterte ein „Ja"; die Zofe, welche vor Wuth schier platzte, mußte sehen, wie er ohne Gruß für sie durch's Vorzimmer eilte und die Treppe hinunterpolterte. „Nein, daß muß wahr sein!" — schimpfte sie ihm halblaut nach: „So schnell hat sich noch kein Esel in eine angestrichene Gans verliebt!.. Und anfangs war er so höflich mit mir!"

*   *   *

Der Tischler-Karl mußte wirklich verliebt sein. Er hatte nirgends Ruhe noch Rast. Der Marie, welche ihn unter der Hausthüre der Mühlbachgasse sehr zerstreut fand, gab er nur halbe Antworten. In der Werkstatt sagte er dem Meister, da er schon einmal im Gehen wäre, so wolle er heute alle Geschäftsgänge abmachen, in puncto Eincassirens, Nachfragens und so weiter. Er begann auch wirklich um die Mittagszeit diese Gänge, und sein erster Weg war — zum rothen Rössel bei der Paulanerkirche, wo, wie er wußte, der kleine hübsche Marineur zu speisen pflegte.

Er traf ihn glücklich in einer Fensternische schon bei der Mehlspeise angelangt, und gesellte sich zu ihm. Der Marineur war ganz verblüfft über das verstörte Aussehen des sonst so frischen jungen Mannes, und sprudelte in seiner südlichen Lebhaftigkeit eine ganze Fluth von Fragen im reizendsten Drei-Sprachen-Kauderwelsch heraus. Der Tischler-Karl aber deutete ihm zu schweigen, schaute links und rechts um, und da er sah, daß das Geklirr der Gläser, Messer und Gabeln, das

„Bitte sehr, bitte gleich!" der Kellner, das Geschnatter der Gäste und das Gestöhne des Riesen=Spieluhrwerkes sie so ziemlich isolirte, so begann er wichtig, hastig, unzusammenhängend, fast in die Augen des Marineurs hineinzischelnd: — „Pietro, sag' was Du willst, aber es gibt doch was, was wir nicht begreifen können, und unser Herrgott lenkt es wunderbar ... Ich hab' die gestohlene Uhr gesehn — mit der Kette ... Die Uhr, Du weißt, die die Gefälligerin gestohlen haben soll dem jungen Gschwufen, dem französischen Grafen."

— „Was, Du hast sie gesehn, Tischler? Doch nicht bei ihr?!" rief der Marineur.

Der Tischler=Karl legte ihm die breite Hand auf den Mund. — „Pst!" — machte er ärgerlich. — „Schrei nicht so, Pietro. Bei ihr gesehn! Was fällt Dir denn ein? Bei einer Gräfin hab' ich's gesehn, bei einer französischen Gräfin!"

— „Unsinn, nicht möglich!" — rief der Marineur, dem Mehlspeisteller einen Stoß versetzend. — „Du hast Dich geirrt."

— „Geirrt? Schwarze Perlen, die sonderbar gefaßte Kette, Alles, o ich hab' die Uhr aus den Beschreibungen auswendig gelernt! Ich sag' Dir, es gibt ja nur eine einzige Uhr, das steht ja in der Beschreibung selber! Und ich hab' sie gesehn, g'rad vor mir, auf dem Tische, wo sie ihren Schmuck geordnet hat. Sie kümmerte sich anfangs nicht um mich, bis ich schon hinter ihr stand..."

— „Die Gräfin?"

— „Die Gräfin. Sicher hat sie sie von dem Dieb gekauft. Ich wußte nicht, wie ich ihr das hätt' sagen sollen. — Aber es muß noch heut' geschehn. Wir müssen zu ihr hingehen und ihr sagen, daß sie eine gestohlene Uhr gekauft hat ... Sie wird uns den Verkäufer beschreiben und die Polizei kann forschen ... Die Gräfin ist ja so gut, sie war so herablassend mit mir ... Alles ist jetzt gewonnen!"

Der Marineur machte ein so unbeschreibliches Gesicht, daß der Tischler=Karl verstummte und ihn fragte: — „Na, was ist's denn?"

— „Ich meine, daß Du vielleicht die Uhr gesehen haben kannst, daß es aber schrecklich unwahrscheinlich ist, daß der Dieb sie unter der Hand an eine Gräfin verkauft hat. Ein Mensch, der eine so werthvolle Uhr unter der Hand verkauft in einem großen Hause, risklrt immer

angehalten zu werden — es wäre dies der beste Weg sich selber anzu=
zeigen. Und vollends so bald nach der That! Nein — d a s ist
unmöglich —!"

— „Ja, aber die Gräfin kann doch die Uhr nicht selber gestohlen haben."

— „Sicher nicht. Das ist eben das Unbegreifliche. Vom Diebe
selber hat sie sie sicher nicht gekauft. Und wenn wir so hingehen — selbst
mit Polizei — und von der Uhr reden, so wirft sie uns hinaus —
denn zur Parade wird sie sie nicht aushängen. Du m u ß t Dich geirrt
haben. Wie heißt denn die Gräfin?"

— „Da — da ist ihre Karte. Ein französischer Name — Louise
... Louise de Ranch..."

— „Louise de Ranch," — las der Marineur nachdenklich
und schaute die Velin=Karte nach allen Seiten an, als sei sie ein
Zauberspiegel. — „Hm. Bei der habe ich noch nichts verkauft...
Weißt Du was, Tischler, ich glaube, Du mußt Dich geirrt haben.
Aber einen Gang ist's werth. Ich gehe heut' Nachmittag noch hin mit
meinen Seidenstoffen und Battisttüchern. Ich gehe täglich und stündlich
mit den großen Damen um; im Sommer in Gmunden, Ischl, Gastein,
im Winter in Wien. Es gibt keine Fürstin, keine Gräfin und keine
Banquiersfrau und keine sonstige Dame hier, die ich nicht kennen
würde oder, wenn ich sie nicht kenne, der ich nicht anmerken würde, wie's
mit ihr steht. Heute Abends sprechen wir beim Leeb im Freihause über
die Gräfin. Hörst Du?"

— „Aber ich h a b e mich nicht geirrt."

— „Das werde ich aus dem ersten Seidentüchel ersehen, welches
mir Deine Gräfin abkauft," — sagte der Marineur kategorisch und
selbstbewußt.

* * *

Am Abend, als es schon finster war, und der Tischler=Karl in den
Freihaushof und an das grünüberbuschte Stacket des Leeb=Gärtchens
trat, sah er drin schon zahlreiche Gesellschaft. Auf allen Tischen brannten
Lampen, an jedem Tische saß eine lustige Gesellschaft bei Schnitzel und
Syphons, in der Gartenecke ließ der Leeb=Musikus, ein junger Conserva=
torist, seine Ziehrer'schen Tanzweisen ertönen, und der gemüthliche dicke

Wirth bot seine vertröstende Tabaksdose an Jedem, der auf seine Speise warten mußte. Der Tischler-Karl suchte noch mit den Augen den Marineur, als dieser plötzlich hinter ihm stand, ihn am Arme ergriff, und mit dem energischesten Dialekte von Fiume zuflüsterte: — „Da bin ich. Wir gehn nicht in den Garten hinein. Gehn wir auf den leeren Naschmarkt hinaus. Ich weiß Alles."

— „Na, habe ich mich geirrt?" — fragte Karl hastig, während sie durch die dunklen, belebten Höfe schritten.

— „Nein. Aber sei still bis wir draußen sind."

— „Und — und kann man der Gräfin sagen, daß sie eine gestohlene Uhr hat?"

Der Marineur lachte. — „Das weiß sie besser als wir. Aber ich sage Dir, wart' bis wir draußen sind."

Endlich standen sie auf dem Naschmarkte. Die Stände waren alle geschlossen, die Tische zusammengeklappt, die ganze Stätte öde und leer, kaum durchhellt durch sparsame Laternen. Nur der Obst-, Käse- und faule Eierduft, den selbst die reinere Nachtluft nicht vertreiben konnte, erinnerte an das Tagewerk des Platzes.

— „Nun!" — sagte hier Karl laut.

„Nun!" — entgegnete der Marineur kokett-siegreich in seiner tänzelnden südlichen Weise. — „Ich war mit meinen Foulards bei der französischen Gräfin Louise Ranch. Und ich erkannte in ihr eine alte Kundschaft, eine Baronin Lerchfeld, der ich vor einem Jahre in Vöslau ein Dutzend Battisttücher verkauft habe, und der ich früher schon einmal, wie sie in der Brühl als Türkenluise mit einem Raitzen wohnte, einen Seidenshawl verkauft hatte. Sie hat mich auch wieder erkannt, und hat gelacht, und hat mir sogar einen Kuß gegeben, und eine schöne Rose aus einem Strauß — denn sie ist sehr lustig. Und ich hab' sie gefragt, wer sie zur Gräfin gemacht hat, und sie hat gesagt, daß sie jetzt einen Grafen St. Pierre habe, und französisch rede — das habe sie schon als Kind gern geredet, denn ihr Vater war Spekulant und hat sie bei den Englischen erziehen lassen. Von dort aus bin ich gleich auf die Polizeidirektion gegangen, und habe gefragt, ob eine Französin Louise Ranch gemeldet sei, und das hat man verneint. Dann habe ich gefragt, ob eine Baronin Lerchfeld gemeldet sei, und da hieß es ja.

Dann hab' ich gefragt, ob eine Türkenluise gemeldet sei, und die haben sie im schwarzen Buche gefunden als Louise Trebitsch, genannt Türkenluise, Weißnähterin, Tochter des Cajetan Trebitsch, früher reicher Börsenspekulant, jetzt Vagant. Gibt sich oft für blind aus und hausirt mit einer Vogelorgel an den Gasthaustischen. — Na, Tischler, was sagst Du dazu?"

Dem Tischler-Karl stürmte es im Kopfe, daß er gar nichts antworten konnte. Er schlug nur die Hände zusammen.

— „Und jetzt," — fuhr der Marineur fort, — „hast Du nur Eins zu thun. Du lassest mich ganz aus dem Spiele, damit die Gefälligerin Dir allein die Rettung verdankt. Du gehst morgen zu ihr, und gehst mit ihr zu Eurem Polizeicommissär, und machst Deine Angaben, und bittest ihn, darauf hin eine Haussuchung bei der Louise de Nancy machen zu lassen, die eigentlich Louise Trebitsch heißt, und deren Vater ein blinder Vagabund ist, der den Leuten im Gasthause die Uhren abzwickt beim Handküssen, und den Schmuck seiner Tochter liefert. So ist Dir und der Gefälligerin geholfen. Denn nun kriegst Du die Marie zum Lohn. Na, was hast Du denn?!"

Der Tischler hatte nämlich den schlanken zierlichen Matrosen erfaßt, ihn in die Höhe gehoben und küßte ihn so herzhaft ab, daß er mit Händen und Füßen zappelte.

* * *

Und Alles war so, und Alles kam so. Sobald die Polizei so sichere Kombinationen und Anhaltspunkte in den Händen hatte, „gelang" es ihr auch augenblicklich, der ganzen Gaunerei auf die Spur zu kommen durch „ihren Fleiß, ihren Scharfsinn und ihre Umsicht". Der Graf von St. Pierre erhielt sein bijou wieder, und viele Andere die ihrigen. Denn der blinde Spieluhrmann, der Vater der französischen Cousine, hatte sein Metier schon lange getrieben im Prater, im Volksgarten und in den ersten Hôtels der Stadt. Dieser „Hausirer", welcher in wasserblauen Augen machte", hatte seit langer Zeit die verschiedensten Werthsachen bei seiner Tochter hinterlegt, welche dann im Hochsommer dieselben auf einer Badereise in's Ausland „umzusetzen" wußte. Als man diese hübsche aventurière nach Neudorf abführte, sagte sie der Schwester, welche sie in Empfang nahm:

— „C'est égal. Hier ist es sehr garstig. Aber meiner Seel', wenigstens kann ich eine Weil' hindurch wieder reden, wie mir der Schnabel gewachsen ist."

— „Sie sollen hier bereuen," — sagte die fromme Schwester.

Die Ankommende schaute sie achselzuckend an. — „Sie reden, wie Sie's verstehn. Sie sind für's Kloster erzogen worden, und halten es für schrecklich leicht, tugendhaft zu sein. Ich aber bin vom Vater für eine Fürstin erzogen worden, und wie er arm worden ist — hab' ich ihm helfen müssen — und mir selber. Ich hab' gehört, hier in Neudorf muß man täglich laut vierundzwanzig Vaterunser beten und alle acht Tag' zur Beicht' gehn, und mit der Frau Vorsteherin darf man nur knieend reden, damit man tugendhaft wird. Bereuen werde ich hier jedenfalls Etwas — daß ich mich an Euch nicht rächen kann. Denn ihr habt ja nicht einmal einen Liebhaber, den man Euch untreu machen könnt'!"

* * *

Und die Gefälligerin wurde für unschuldig erklärt, und das Fest dieser Ehrenrettung wurde in Dornbach draußen gefeiert an einem schönen Herbsttage. Die Gesellschaft bestand aus der Gefälligerin, dem Federberg, seiner Frau, dem Tischler=Karl, der Marie und dem Marineur. Denn die Bartfrau hatte nie einen Freitag. Und beim Hinausgehen sagte die Gefälligerin, welche mit der kleinen Frau Federberg voraus= ging, zu dieser:

— „Wird denn Ihr Karl nicht um meine Marie anhalten, Frau Federberg? Er hat mir so zu sagen das Leben gerettet jetzt; und die beiden Leute haben sich schon so lange lieb. Meine Marie bekommt ihre paar Tausend Gulden Aussteuer auf der Stelle. Oder sollten Sie Etwas dagegen haben?"

Die kleine blasse Blumenmacherin drückte herzlich die breite Hand der Gefälligerin und sagte: — „Ich, und Etwas dagegen haben, was unsre Kinder glücklich macht, Frau Nachbarin? Da kennen Sie mich wenig. Nein, mich freut's in der That vom Herzen. Nur fürcht' ich Eins: daß eine Jurbazar=Besitzerin nicht recht für eine Tischlersfrau paßt; da gibt's so viel zu thun in einem Meisterhause. Zu kochen für die Gesellen, zu flicken, überall dabei zu sein, und wenn dann vollends die Kinder kommen!"

Die Gefälligerin blieb stehen und mit ihr die Federberg. Die übrige Gesellschaft ging im Hohlweg unten, während die beiden Frauen auf dem erhöhteren Feldraine gingen. Es gab von da eine reizende Fernsicht, einestheils auf die Wienerstadt, welche im reinen Herbstlichte dalag klarer als je im schleierartigen Sommerlichte, anderntheils auf die in allen bunten grellen Herbstlichtern flimmernden Waldeshöhen. Die Schwalben sammelten sich in den Büschen zur Berathung, fröhliche Lieder hallten hie und da auf oder ein Gejauchze. Es war ein Nachmittag, so recht um sein Herz zu öffnen. Und die Gefälligerin faßte die Federbergin an beiden Händen, seufzte so tief auf, daß ihre breite Büste förmlich brodelte, und sagte dann mit ihrem männlichen Accente. — „Frau Nachbarin, meine Marie wird eine Frau Meisterin, und den Juxbazar verkaufe ich. Ich kann ihnen nicht sagen, wie's gekommen ist, aber diese Geschichte hat mir einen Riß gegeben. Ich weiß nicht, wie der sich wieder verkitten läßt — ich weiß nur Eins, daß ich nicht mehr hausiren gehen kann. Es ist eine ganz andere Person in mir seit der Sache. Ich habe mich selber noch nicht zurecht gefunden, aber ich — möchte Ruhe haben. Es ist nicht leicht zu tragen, wenn man das plötzlich nicht mehr leiden kann, auf was man ein ganzes Leben hindurch stolz war. Ich kann jetzt die Oeffentlichkeit nicht mehr ausstehen! Ich habe meiner älteren Tochter befohlen, sie solle die Bartfraustelle aufgeben. Die ist mir um den Hals gefallen und hat vor Freude nicht gewußt, ob sie lachen oder weinen soll. Das arme Mädel! Ich bin blind gewesen bisher, und nur der harte Schlag hat mir die Augen geöffnet. Nur weiß ich nicht, was ich die erste Zeit über anfangen soll."

Die Blumenmacherin umarmte die breite Hausirerin herzlich und innig, und küßte sie auf beide Wangen und sagte: — „Was Sie anfangen sollen, Frau Nachbarin? Aber bei mir sitzen. Und auch Etwas thun zur Unterhaltung."

— „Das geht nicht, einen Verdienst muß ich haben, sonst vergeh' ich und glaube, daß ich gar nichts mehr nütze bin auf der Welt!"

— „Auch das kann geschehn! Sie arbeiten für die Gewölber!

Ach, ich sage Ihnen, das soll ein Leben werden! Jetzt bin ich immer so allein gesessen . . . . ."

* * *

Und ein Leben wurde es, und die Frau Federberg saß nicht mehr so gar viel allein. Der Tischler-Karl wurde Tischlermeister, und die Marie vom Juxbazar wurde Frau Meisterin. Das gab denn eine große Werkstatt im Freihause, und mit der Zeit Kinderlärm. Die Bartfrau rasirte sich ein= für allemal und heirathete einen Tanzlehrer, dem lange nur der Bart ein Stein des Anstoßes gewesen war. Die Gefälligerin zog sich in's Privatleben zurück, und stickte Pantoffeln und Sophapölster für eine Handlung auf der Ringstraße. Und sie ging wirklich niemals mehr hausiren. Aber die Frau Federberg mußte heimlich lachen, wenn sie sah, wie die Gefälligerin doch nur in und mit ihrem alten Gewerbe verkehrte. Sie konnte es kaum erwarten, bis der Krainer nach Hause kam. Da durchsuchte sie gleich den Korb, zählte die Stücke, und der Mann mußte ihr berichten über jeden einzelnen Umstand, der bei jedem ein= zelnen Verkaufe oder Gewinnste vorgefallen war. Dann konnte sie lachen, sich ereifern und sich ärgern. Dann gab sie gute Lehren, die Leute zu kapern, stellte sich als Beispiel auf und disputirte oft auf Leben und Tod über die Hausirermethode des Krainers. Der Marineur wurde ihr bester Freund. Sie machte Bekanntschaft mit allen Kammerzofen von Wien, um seine Waaren zu rekommandiren. Die Kinder des Tischler= Karls fing sie erst an lieb zu gewinnen, als sie zu spielen anfangen konnten. Das Erste, was ihnen da die Großmutter kaufte, war ein Salami= korb und eine Seifenhandlung.

Was den Marineur anbetrifft, so wurde er von dem Eheglücke des jungen Tischlers so sehr angesteckt, daß er behauptete, er fange auch an, müde zu werden und wolle sich zur Ruhe setzen. Er wurde ganz sentimental und fing an, Heirathsanträge in's Tagblatt zu setzen. Er bekam zahlreiche Rendezvous. Aber die Pointe derselben war stets, daß er der Kandidatin ein paar Seidenfoulards um den halben Preis verkaufte. Und er vertröstete seine Freunde im Freihause immer mit: „Die Nächste nehme ich!" — Und er hausirt weiter durch's Leben, bald auf dem Lande, bald auf dem Meere, wie wir's am Ende Alle thun, mehr oder weniger.

Im Prater.

Im Prater steht die Geburtswiege des Frühlings für den Wiener. Wenn der Schnee aufgethaut ist und die erste Sonne noch schüchtern über das Land lächelt, da erinnert sich jeder Wiener an den Prater, den er den ganzen Winter über vergessen hatte. Das „Freie", die Natur, das Land, ist für den Wiener zuerst immer der Prater. An den Kahlenberg, an Dornbach denkt er da noch nicht. Die sind zu entfernt — es sind ihm wahrhafte Inseln im australischen Ozean. Aber der Prater ist näher. Man traut dem Frühling niemals. Man betrachtet ihn wie einen Studenten, der bei jedem Eßwaaren-Lieferanten einer anderen Frau oder Tochter Treue schwört. Man traut ihm jede Bosheit zu: wenn er azurblau lächelt und süße Düfte durch eben geborne Knospen ziehen, sagt man sich: „O, der Frühling ist da! Aber es wird Nachmittags wieder regnen. Aber ausgehen müssen wir doch? Wohin? Nun, nur in den Prater. Da ist man ja im Regenfalle mit der Tramway (sprich wienerisch: Traamwaii) in einer Minute zu Hause." — Und so geht's nach dem Prater.

Der Prater ist für den Wiener nach der dumpfen Winter-Concerterei das erste Vögelzwitschern, die erste Wiese, der erste frische Athemzug — der beim Regenwetter nicht weit vom Zuhause ist.

Und für die Kinder erst! Die Kinder sind unglücklich, wenn sie nach Schönbrunn, Dornbach oder in den Augarten geführt werden, sobald sich ihr kleines Kehlchen wie das eines aus dem Winterschlafe erweckten Rothkehlchens zum Zwitschern und Frischathmen regt. Das heißt, das Kind jauchzt wohl in der Vorfrühjahrsluft beim ungewohntgewordenen Hinaustrippeln, aber draußen fröstelt es das fremde knospende Baumrauschen an.

Im Prater, da ist's was Anderes. Noch vor der Maifahrt haben da Buden ihr Entrée eröffnet, und die „Pimperltheater" fangen schon im Aprilwechsel des Wetters an, Juden todtzuschlagen und Kaninchen vom Teufel holen zu lassen. Der Frühling, der erste Maiglöckchen-Tag des Wiener Kindes, ist also der Prater. Und da das Kind der süßeste

und lieblichste Tyrann unseres Lebens ist, so ist der Prater auch für alle
Eltern das Aufathmen von den Sorgen der Winterbeheizung; man hat
seine goldene Kette noch im Versatzamte, aber man löst sie nicht aus:
man trägt das Geld dafür lieber dem unfehlbarsten Papste der Natur,
dem Kindermessias, dem Praterfrühling in die Büchse.

Aber auch der Strabanzer feiert da sein Auferstehungsfest: Die
Sechundsechziger über den Ohren, welche der Winterball fast stereotyp
gemacht hätte, machen einem weicheren Haar=Manuproprium Platz,
welches in der Sonne zerschmilzt, wie die Pomade, aus welcher es
gebildet wurde. Die Cigarre in der cigarrenungewohnten Lippe darf
wieder dampfen, und der Zylinder tritt wieder in seine Rechte.

Die Handarbeiterin ebenfalls hat im Prater ihren Liebesfrühling.
Sie hat im Winter Abends nur bei den entréelosen Volkssängern einen
Anbeter suchen können; jetzt kann sie Tausende fesseln — vielleicht
sogar Einen, der als Ehemann kleben bleibt an der Leimruthe ihres
hüftenbreiten Kattunkleides.

Die Schauhütten drängen sich da Mann an Mann, mit ernsten,
gelehrten Gesichtern. Es ist merkwürdig, daß alle Schauhütten des
Wurstelpraters für ihr Leben gern g e l e h r t sein möchten. Da gibt es
einen Haifisch, der so präparirt ist, „daß kein Museum! .. ꝛc.," mit
gelehrter Belehrung über den Haifischfang nach einem alten Sagenbuche.
Dort wieder sind fliegende Hunde, „die einzigen lebenden, die jemals in
Europa gezeigt worden sind!" Dort wieder: „Tiefgelehrte Forschungen
über die Geschlechtsorgane", von einem berühmten Arzte „zum Wohle
der Menschheit" in Wachs ausgeführt. Dort wiederum die geschichtlichen
Ergründungen über die Folter, in antiken echten Exemplaren erklärt,
welche man bei einem Schlosser des Tandelmarktes zusammenschweißen ließ.

Endlich die physiologisch=mechanischen Kabinete, wo man elektrisirt
werden kann nach den neuesten Verbesserungen, und zuletzt die mecha=
nisch=artistischen Bolzschießhallen, wo die Wissenschaft ihren Triumph
feiert in trommelnden Figuren und mechanischen Schwänen, wenn man
— in's Schwarze trifft. Das ganze Weltall mit seinen Wundern ent=
rollt sich dem Armen im Wurstelprater.

Und vollends die Marionetten, diese erste Wollust des Kinder=
herzens!! O Gott, der Teufel, der Jude, die betrunkene Frau, der
Sarg, die Schmiedegesellen und endlich das Kaninchen! .. ein wirk=
liches, lebendiges Kaninchen!!

Endlich und zuletzt ist der Wurstelprater das „Ringelspiel". Das
Ringelspiel oder das Caroussel, diese erste Reise, die wir im Leben
machen, und die uns in unbeschreiblich selig=schöne Gegenden führt —
auf Hirschen, Pferden, in Wagen, auf Greifen, sogar auf Giraffen.
Das Ringelspiel macht uns vertraut und intim mit den scheuesten und

mit den raubgierigsten Thieren. Der Hirsch, dem wir später das Hal=
lali in's Herz stoßen, sieht uns dann mit denselben Augen an, wie er
einst in der hölzernen Inkarnation stolz und ruhig uns ermuthigt hat,
seinen Rücken als Reiter zu besteigen. Und der Bär, der uns später
auf der Karpathenjagd anbrüllt, verliert in unserem Jägerherzen einen
Theil seiner Schrecken durch jenen ersten Carousel=Bären, den wir freu=
dig bestiegen haben. O Ringelspiel, du erste Wanderlust! du erste im
Kreise herumwirbelnde Trennung von der Mutter! du erste Heldenthat
und du erste vermeintliche Gefahr! . .

Zum Allerletzten ist der Wurstelprater auch das sicherste und
lustigste Rendezvous der großen Wiener Kinder „vom Pick". Die Näherin
und der Feldwebel, der Drechslergeselle und die vazirende Dienstmagd,
die stets auf Herzen ausgehen, wie Hunde auf Knochen (man verzeihe
hier diesen Vergleich! . .), finden da ihr rechtes Feld. Die Weibsbilder
mit dem dünnen fahlblonden Haare, die Herdröthe auf dem Nacken
oder die Waschröthe auf den aufgedunsenen Fingern, welche sich hier
kreischend auf der Haspel in schwindelnde Höhen emporwirbeln lassen,
und dabei laut=lachheulend die Röcke über den Köpfen der verblüfften
Zuschauer auseinander breiten, unter dem Vorwande, dieselben zusam=
menzufalten. Die Handwerkergesellen, welche, durch einen zufälligen
„Fünfer" schwindlig gemacht, im Fiaker einhergerasselt kommen, und
ihre mit „ranziger" feiner Pomade gewichsten Sechsundsechziger allso=
gleich, von Brittanica=Wölkchen umkräuselt, in die dienstbotenreichste
Schaukel tauchen . . . Ich möchte wahrhaftig den Prater auch den
Sperlsaal des verdorbenen, aber noch nicht verderbten Volkes nennen.
Im Prater ist die Vermischung der Leute, die noch arbeiten, aber schon
den Gaumen nach der Zufallsliebe haben. Die Männerliebe sucht da
keine Waare, sondern ein Kissen für den Rausch. Und die Frauen,
welche da Liebe suchen, suchen keinen Gewinn, sondern nur einen Gelieb=
ten. Wie schlecht das Bier ist, welches man da ausschenkt, so ist es doch
ein gern getrunkenes und lachend ausgeschenktes.

Im Prater findet man noch manchmal einen Refrain von der
Sage der Wiener Gemüthlichkeit: Alles gut zu finden, selbst das
Schlechte, wenn man in Gesellschaft darüber jubeln kann.

O Gott! der Wurstelprater ist eigentlich ein Uebereinkommen zwi=
schen Schwindlern und Beschwindelten; ein lustiges Uebereinkommen,
welches Niemanden zwingt und jeden Betrogenen zum Lachen bringt.
Wie lustig ist die Haspel, welche uns die Seekrankheit aufnöthigt! Wie
lieblich ist der kreischende angestrichene Mohr, welcher uns zu einer
„zusammengepickten" Wassernymphe lockt! Man geht in den Wurstel=
prater, um ganz Kind zu sein, und um an Alles zu glauben, was
wir schon längst zu erhoffen verlernt haben.

Und endlich ist der Wurstelprater das Paradies aller „Kleinen" des Evangeliums: hier beginnt das Wiener Kind sein Leben; die Elektrisirmaschine erschüttert es, das Ringelspiel führt es weit, weit, weit, so weit, wie die Welt rund ist; das junge Krokodil, welches „nichts thut", macht es zum Helden, und die Riesendame macht es zum Casanova — im Gedanken.

Das Wiener Kind hat hier seine Polytechnik des Erdballs durchgekostet — so im Vorbeigehen, im Lachen.

Wie anders gegen den Wurstelprater ist der Nobelprater.

Da gibt es eine Reitallee, eine Fahrallee und drei Kaffeehäuser mit Militärmusik. In der Reitallee reiten Herren, welche ihr Pferd, ihren Stall und ihren Putzer blos darum halten, weil sie zeigen wollen, daß sie nur in Ausnahmsfällen aus dem Sattel fallen.

Der echte Reiter, der sein Pferd liebt, und welcher die Reitkunst treibt wie der Vogel seine Schwingen regt: der wird nie in der Prateralle dahinsprengen, sondern in's wirkliche Freie hinaus, wo es Hecken, Widerstand und keine Zuschauer gibt, für welche die rosselenkende Hand in Rehleder gekleidet sein muß.

Und alle diese Reiter sind gekleidet wie zu einem Balle, und reiten da wirklich nicht aus Lust (denn sonst würden sie die Landstraße wählen), sondern weil sie gesehen werden wollen: in ihrem neuen Reitrocke von Worlicek, mit ihrem Reithute neuester english-fashion.

Und die Damen in der Equipage lauern und lauschen hinter ihrem Frühlingsfächer hervor, um ihren eigenen Namen zu hören:

„Das ist die Gräfin Bredi", — flüstert laut eine Stimme aus dem armen adelsdurstigen Beamten- und Fabrikanten-Spalier heraus. Eine Adelige auch nur vom Sehen zu kennen, ist der Mittelklasse schon ein Triumph. Es gibt kein süßeres Gefühl, als im erstaunenden Murmeln um sich herum zu hören: „Jesus, Die oder Der kennt ja alle Welt von den Adeligen! Die muß Bekanntschaften haben, hohe!" Jetzt denke man sich vollends den Triumph eines ehemaligen Stubenmädchens, dem eine Wagen-Herrschaft den siegesbewußt-höflichen Gruß erwiedert..! Ihr Gatte, der Inspektor oder Notar, wächst noch in seinem fünfzigsten Jahre um zwei Zoll! Der Prater erweitert sogar das Naturgesetz.

Ach, es gibt nichts Prächtigeres als die Wagenreihe der Herrschaften! Da erst bekommt das Bürgerherz einen nur halb mit Neid erfüllten Einblick in die herrliche „große Welt". Ein Duft von Luxus und von Liebesfreuden strömt aus diesen Equipagen und versüßt und erhellt gleichsam die Atmosphäre des bürgerlichen Bewundererspaliers. Alle Freuden, allen Stolz und alles Glück, welches der Reichthum, die edle Geburt und die Genüsse des feinen Geistes geben, fühlt man tief und deutlich mit in diesen reichbauschigen phantastisch-modernen Gewändern, in den Parfüm-Bouffées der flatternden Sacktücher und Spitzenshawls; die künstlichen Blumen auf den Hüten der adeligen Damen scheinen herrlicher, anmuthiger, reizender zu sein, als die Natur selber sie hervorbringen könnte. Das Bürgersmädchen begreift es da tief, daß man für einen Adelstitel sein Liebesglück opfern kann.

Und schneller und schneller folgen die Equipagen aufeinander, wie Korallenkugeln, die an einer Schnur aufgefaßt werden, oder wie die Kügelchen des Rosenkranzes dahinrinnen in den gefalteten Händen einer zahnlosen Geschwindbeterin. Hier ist die Lobkowitz, dort ist die Harrach, dies sind die Comtessen Herberstein, das dort ist die alte Gräfin Hodiz, jene Dame in Blau ist die Fürstin Liechtenstein. Von Mancher weiß man eine pikante Anekdote, die man mitunterlaufen läßt: aber man verzeiht diesen Damen Alles — im Prater! Im Prater, wo der Neid schweigt im Spalierpublikum, denn man fühlt sich ja fast selber adelig; der flatternde Kleidersaum der Fürstin Metternich hat ja meinen Ellbogen gestreift!.. Das ist also die Metternich!? Die gute Freundin der Eugenie? O, die arme Eugenie! Alle Zeitungen verspotten die entkrönte Crinoline, — und man lästert mit. Aber wärest Du hier, Eugenie, im Prater, würde Dein Wagen den Prinzessinnen von Hannover vorausjagen, und nicktest Du mit dem blonden Cäsarinenhaupte, Du wärest doch Herrscherin und Kaiserin, hier im Prater, wo Deine Phantasie die Mode und Dein Lächeln oder Dein Schmachten den Cours der Gesellschaft steigen und fallen ließe!

Und Wagen folgt auf Wagen. Wer hätte gedacht, daß es auf der ganzen Welt so viele Kutscher gibt?

Wie glücklich und schön sind alle diese Frauen! Denn Alle lächeln, gerade wie die Ballettänzerinen beim Aufgehen des Vorhanges. Es ist doch ein Unsinn zu sagen, denkt die Bürgerliche, die adelige Geburt sei nichts... weshalb macht eine schöne Baronin Teitteles nicht denselben Eindruck auf uns, wie die älteste und dürrste Gräfin Romanoff? Eine ehemalige Kammerfrau einer verstorbenen Erzherzogin, die „mit ihrer Pension" unter den Spalierbildenden steht, bestätigt das Alles. Sie ist gleichsam die Reklame für die Wageninhaber, eine Reklame, welche die verstorbene arme Erzherzogin dem Volke vermacht hat, wie Kaiser Franz ihm seine Liebe vermachte. Sie kennt alle großen Damen, sie grüßt Alle, sie bewegt ihr Erbschaftsseidenkleid wie rauschendes dürres Laub zwischen den Bewunderern. Sie erzählt vom Hofe so liebliche Idyllen, daß Einem die Haare zu Berge stehen und man sich verwundert fragt, weshalb der liebe Gott so viele Engel auf Erden belasse?.. Wagen folgt auf Wagen. Und wie sich die ehemalige kaiserliche Kammerfrau zwischen Buchhaltersgattinen, Präsidentensfrauen und Oberlieutenantinen trocken geredet hat, dann entfernt sie sich aus dem bewundernden Spalier, tragisch und schwer schwänzelnd mit ihrem kurzen Kleide, als ziehe sie wirklich die Schleppe der Legitimität nach sich.

Sie geht mit ihrer Gesellschaft in eines der drei offenen Kaffeehäuser. Man trinkt da viel und ißt wenig. Das Bier, die Salami und der Käse machen beinahe den Titel eines Kaffeehauses zur Parodie. Die Salamimänner mit ihrem wurst- und käsegefüllten „Zöger" winden sich durch die Tischgruppen gleich Schlangen, und schütteln das schwarzummähnte Haupt wie Gewitterwolken über dem blitzenden Schneefelde ihrer Zähne. Die Natur hat den Bäumen ihr zartes junges Grün übergeworfen, wie man einen grünen Schleier über die Wiege eines schlummernden Kindes breitet, damit es von der Morgensonne nicht zu früh geweckt werde.

Die wehenden Bäume und manchmal der Sehnsuchtslaut eines Kindes, welches lieber in den Wurstelprater hinüber möchte, sind die einzigen Schmuckstellen in diesem Drehorgel-Mechanismus der Herrschaftswagen, des Bewunderer-Spaliers und der Salamucci-Gäste des sogenannten „Nobelpraters", welcher alljährlich seinen fast blendenden Anlauf nimmt in dem steeplochase „vom Lusthaus aus".

Aber all die Jokeys und die Wetten und die englischen Schlagwörter, und die Salami-Delikatessen und der Musik-Hopfen und der Wagen-Rosenkranz und das Offizierssäbelschleppen ist nicht der echte Prater: es könnte ja ebenso gut der Tuileriengarten in Paris oder der Hydepark von London sein. Der Prater, der einzige, der echte, ist die Schaubude des gelehrten Vagabunden, das Jauchzen der Magd, welche ihren Ausgang hat, die Cigarre des Arbeiters, die mißtönende Musik der Caroussels, welcher man nicht zürnen kann, weil sie den Takt zu so vielen Freuden gibt, und vor Allem ist der Prater das Kinderjauchzen; die erstaunte Wonne des vor Entzücken stillstehenden Kinderherzens, der Prater ist ein Meer glänzender Kinderaugen und grellglücklicher Kinderkehlen: der Prater ist der sonnige Dom, in welchem die Einsegnung des todtgeschlagenen Marionettenjuden celebrirt wird, und er ist der fruchtbare Garten, in welchem der Same der buntesten und herrlichsten Kindertraumbilder sproßt. Das Kind, welches den Nachmittag über im Prater war, lächelt gewiß im Schlafe — die ganze Nacht hindurch. Und im Erwachen meint der kleine Rosenmund: „Ja, ist's denn nicht mehr gestern?" — O lieber Prater!

www.ingramcontent.com/pod-product-compliance
Lightning Source LLC
Chambersburg PA
CBHW032043220426
43664CB00008B/841